DESCIFRA EL
CÓDIGO
DE LA
COMUNICACIÓN

DR. EMERSON
EGGERICHS

GRUPO NELSON
Una división de Thomas Nelson Publishers
Desde 1798

NASHVILLE   DALLAS   MÉXICO DF.   RÍO DE JANEIRO   BEIJING

Dedico este libro, *Descifra el código de la comunicación,* a mi hijo Jonathan y a mi nuera Sarah, a mi hijo David y a mi hija Joy. Que este mensaje les conmueva no sólo en su vida personal, sino que puedan contarles a otros acerca de este glorioso secreto ¡escondido a plena vista de todos durante 2000 años! Gracias por creer en lo que mamá y yo buscamos decir y hacer.

CONTENIDO

QUINTA PARTE
El ciclo de la recompensa: la dimensión incondicional de la comunicación

AGRADECIMIENTOS

Agradezco a los que respondieron a mi pregunta: «¿En qué modo ha afectado tu comunicación en el matrimonio el Ministerio Amor y Respeto?»[1] Las respuestas fueron reales y motivadoras.

Agradezco a las editoriales Integrity Publishers y Thomas Nelson por su visión para llevar este mensaje de amor y respeto a las naciones.

Agradezco a Joann Blunt, a Joanne Tims y Ann Starke (mi maravillosa hermana) por su continuo apoyo y contribución durante mi trabajo en esta obra.

Agradezco a Fritz Ridenour, escritor y editor de libros cristianos durante más de cuatro décadas, por servir a este mensaje con intensidad, dedicación, visión e intercesión.

Agradezco a mi sabia y cristiana esposa Sarah por sus oraciones, consejos, aprobación, apoyo, paciencia y respeto durante los diez meses en que trabajé día y noche en este libro.

Agradezco a Dios Padre, a Dios Hijo y a Dios Espíritu Santo por revelarle a la Iglesia esta verdad simple pero profunda: los esposos deben amar y las esposas deben respetar.

PARA APROVECHAR ESTE
LIBRO AL MÁXIMO

Cuando imparto el mensaje de Amor y Respeto me intereso mucho en que los esposos y las esposas puedan aprovechar al máximo sus verdades en el matrimonio. Y esto vale en especial cuando aplico los principios del amor y el respeto a un tema como el de la comunicación. He aquí algunos consejos.

Ante todo, lean para entender cómo responder ante la conducta negativa del otro. No lean para buscar descripciones exactas de lo que dice o hace el otro, y luego poder decirles: «¿Ves? Esto es lo que tú haces. ¡Eres tú en pinta!» Al avanzar en la lectura de *Descifra el código de la comunicación,* será fácil encontrar ejemplos de los errores que comete tu cónyuge, pero no los uses para atacar. En vez de eso, usa lo que Dios te revela para aprender a responder con amor y respeto incondicional.

En segundo lugar, lean para entender al otro. Aprendan por qué el par reacciona como lo hace. El objetivo es poder entender a tu cónyuge para que puedas responder de manera amorosa o respetuosa.

Tercero, lean para entenderse a sí mismos, pero con cuidado. No busquen cosas que les ayuden a entender por qué hacen o dicen determinadas cosas, usando esto luego como justificativo. Además, no busquen entenderse a sí mismos para poder culpar al otro diciendo: «¿Ves? Eres tú quien me hace actuar de este modo. ¡Es tu culpa en realidad!» El objetivo es poder entenderte mejor, para que puedas responder a tu cónyuge con más amor y respeto.

En cuarto lugar, lee para ayudar a tu cónyuge a que te entienda, pero con cuidado también. Muchos cónyuges quieren que esta sea su prioridad, en lugar de dejarlo como última indicación. Si empiezas queriendo que te entiendan en lugar de querer entender al otro, estarás viendo el tema de la comunicación en el matrimonio de manera muy egocéntrica. Y el egocentrismo no lleva al mutuo entendimiento. Asegúrate entonces de que intentas entender al otro, además de entenderte a ti mismo. Dile que estás tratando de cambiar, y DESPUÉS pídele que te comprenda.

Cuando leas teniendo en cuenta todo esto, creo que encontrarás mejor la respuesta a lo que deseas para tu matrimonio. Honrarás más a Dios en tu vida y tu cónyuge podrá responderte mejor. ¡Es mi oración por ti! ¡Comencemos!

INTRODUCCIÓN

¿Es la comunicación realmente la clave del matrimonio?

Desde que publicamos *Amor y respeto* en el otoño de 2004, hemos recibido dos tipos de respuesta: 1) *Amor y respeto* logró llegar a la fibra íntima de las parejas que pudieron *avanzar* de manera importante en sus matrimonios; 2) otros matrimonios siguen cargando cierto *peso*, pero buscan salir de lo que llamo el ciclo de la locura, y Dios está bendiciendo sus matrimonios.

Las cartas con noticias de soluciones son muy emocionantes. Los esposos nos dicen que han aprendido qué puede suceder cuando hablan con amor y las esposas nos dicen que les asombra la diferencia cuando usan palabras de respeto para comunicarse con sus esposos. Veamos dos ejemplos de las miles de cartas y mensajes de correo electrónico:

Una esposa nos cuenta que le asombra la forma en que Amor y Respeto «sanó» su matrimonio:

> Cuando converso con mi esposo escucho lo que hay en su corazón y filtro las palabras a través de esa lente que trasluce: «No puedo sobrevivir y florecer sin RESPETO», y que marca su necesidad. No importa qué diga él, siempre me recuerdo que es un hombre de buena voluntad... Y si hace falta, comienzo disculpándome por mi falta de respeto, y luego podemos hablar del tema en cuestión. Él hace lo mismo con respecto a mi necesidad de sentirme amada y ¡ah!, ¡Sí que es divertido!

Un esposo cuenta que él y su esposa ahora tienen una nueva perspectiva de ambos:

[El mensaje de Amor y Respeto] nos ha abierto los ojos a una nueva forma de pensar en cuanto a cómo interactuamos y vemos los roles de cada uno según el designio de Dios. Nos comprendemos de manera nueva y esto nos ha llevado a mejorar radicalmente nuestra comunicación. Ya veo diferencias en mí, en cómo actúo y reacciono… Y esto me ha ayudado a expresar mis sentimientos con palabras que [mi esposa] puede entender, y comienzo a ver cómo lo que digo y la manera en que lo digo puede herirla.

> *«El que habla sabiamente sabe sanar la herida» (Proverbios 12.18, BLS).*

Las cartas y los mensajes siguen llegando. La gente se entera de la conexión de Amor y Respeto por medio de nuestras conferencias, DVDs y libros. Se enseñan los principios de Amor y Respeto en clases de todo tipo: en la escuela dominical para adultos, en los grupos hogareños, en las cocinas donde las esposas hablan con otras sobre cómo ha cambiado su matrimonio.

El amor y el respeto no son una fórmula mágica

Hay cambios positivos, pero debo advertirte que Amor y Respeto no es una fórmula mágica, ni nada que se le parezca. Recibimos muchas cartas de parejas que han leído el libro *Amor y respeto*, o que asistieron a una conferencia o vieron el DVD, y cuando tratan de ponerlo en práctica, ven que les cuesta salir de su ciclo de la locura.

Una esposa admitió que ella y su esposo habían asistido a una conferencia de Amor y Respeto y que encontraron ayuda allí, pero luego: «¿Hasta qué punto fuimos fieles en poner en práctica esos principios? Bueno, al comienzo lo hicimos bien, pero luego caímos fácilmente en nuestros antiguos hábitos… Sé que estamos madurando, cada uno como persona. Lo que pasa es que todavía no se observa en el matrimonio».

Y otra esposa confiesa:

Ojalá pudiera darles la buena noticia con respecto a haber entendido el ciclo de la locura, pudiendo hacer cambios en mi matrimonio. Por desdicha, mi esposo no me acompaña aunque intento elogiarlo y respetarlo. No sabe recibir mis elogios porque antes yo solía despreciarlo mucho. Ahora vivimos separados, aunque bajo el mismo techo. Sigo intentando y orando para que las cosas cambien pronto.

Un esposo que asistió con su cónyuge a una conferencia de Amor y Respeto intentó poner en práctica lo aprendido, pero como estaba tan dolida ella no respondió a sus sinceros intentos por mostrarse más amoroso. El hombre dice:

Cuando le pregunté qué cosas querría cambiar en mí, dijo que ponía palabras en su boca… Menciona cosas que hice en el pasado, así que quizá las heridas sean lo que la motivan. Si entendí bien, tendré que sufrir durante un tiempo, mostrando amor, humildad y sin ponerme a la defensiva antes de que tal vez podamos salir de esto, porque de otro modo no lo lograremos.

> «*Más resiste el hermano ofendido que una ciudad amurallada; los litigios son como cerrojos de ciudadela*» (*Proverbios* 18.19, *NVI*).

La comunicación es el reto más grande

En una encuesta de Enfoque a la familia realizada para el Ministerio Amor y Respeto, se le preguntó a la gente: «¿Cuál fue (o sigue siendo) el problema más grande en tu matrimonio?» Para los hombres y las mujeres, el problema mayor era la falta de comunicación.[1] Los hallazgos de Enfoque a la Familia coinciden con los nuestros, los que obtuvimos en el Ministerio Amor y Respeto. Al estudiar las cartas y mensajes de miles de cónyuges, el hilo conductor que comparten todos es que para la mayoría de los matrimonios la comunicación es un gran reto.

Sería fácil entonces deducir que la comunicación es la clave para un buen matrimonio. Pero no estoy de acuerdo con eso. Porque decir que la comunicación es la clave equivaldría a suponer que ambos cónyuges hablan el mismo idioma.

Luego de más de tres décadas como pastor, consejero matrimonial y disertante en conferencias para matrimonios, aprendí que en efecto, la esposa habla «el idioma del amor», y el esposo «el idioma del respeto». No lo ven, por supuesto, porque como él habla un idioma (el del respeto) y ella otro (el del amor), no se entienden bien y por eso la comunicación es pobre, o nula.

Como relato en *Amor y respeto*, mi esposa Sarah y yo aprendimos por experiencia propia que hablamos idiomas diferentes. Aunque teníamos un buen matrimonio nos costaba lidiar con problemas como la irritabilidad, el enojo y las ofensas. Muchas veces no lográbamos comunicarnos y no entendíamos por qué. Solía parecernos que en verdad hablábamos idiomas distintos, pero no teníamos idea de qué hacer al respecto. Era frustrante y nos avergonzaba.

Después de todo, yo era pastor y ¡claro que tendría que conocer la respuesta! Afortunadamente, por fin la encontré, o mejor dicho, Dios me la reveló en un pasaje de las Escrituras: Efesios 5.33. Dice: «Por lo demás, cada uno de vosotros ame también a su mujer como a sí mismo; y la mujer respete a su marido».

Al pensar en este claro mandamiento de Dios (no es una sugerencia), de Efesios 5.33, pude ver lo que vine a llamar «Conexión de amor y respeto». Se me manda amar a Sarah porque ella necesita amor y de hecho «habla amor». Porque el amor es el idioma que ella entiende.

> *«Pero si yo ignoro el valor de las palabras, seré como extranjero para el que habla, y el que habla será como extranjero para mí» (1 Corintios 14.11).*

Y cuando le hablo sin amor, tiende a reaccionar con palabras carentes de respeto. A Sarah se le manda respetarme porque yo necesito respeto. De hecho, «hablo respeto». Respeto es el idioma que yo entiendo, pero cuando ella me habla sin respeto tiendo a reaccionar con palabras escasas de amor. Por eso habíamos estado dando vueltas y más vueltas en el ciclo de la locura, cada uno diciendo cosas que eran todo lo contrario de lo que el otro necesitaba.

El entendimiento mutuo se convirtió en la clave de nuestro matrimonio

En el capítulo 2 «En el matrimonio, la boca importa», explicaré en mayor detalle cómo Efesios 5.33 nos dio a Sarah y a mí lo que necesitábamos para poder hablar cada uno en el idioma del otro. Básicamente, yo tenía que hablarle con más amor y ella tenía que hablarme con más respeto. No fueron cambios fáciles ni automáticos. Al principio avanzamos a los tumbos, muy lento. Pero pronto vimos que progresábamos y eventualmente, logramos un cambio sustancial.

Al hablar yo en el idioma de amor de Sarah, y ella en el mío, llegamos a ser amigos con entendimiento mutuo. Durante años habíamos sido como el ruso y el israelí, hablando cada uno idiomas diferentes. ¡Y lo único que hacíamos era hablar más y más fuerte para que el otro entendiera! Sin embargo, al aprender el vocabulario que la otra persona puede entender, al aprender yo el vocabulario del amor y ella el del respeto, comenzaron a suceder cosas asombrosas. No sólo lográbamos entendernos mejor (muchas veces por primera vez), sino que nuestra comunicación mejoró de manera radical. Por eso digo que la clave para todo matrimonio es el entendimiento mutuo del idioma del otro. *El entendimiento mutuo es lo que lleva a la buena comunicación.* (Para ver más sobre la barrera de los idiomas entre el esposo y la esposa, lee el capítulo 3: «Malos no, sólo diferentes».)

¿Significa esto que nuestro matrimonio está libre de estrés, desacuerdos y tensión? ¡Claro que no! Sarah y yo tenemos aún discusiones sobre ciertas cosas y seguimos enojándonos por hábitos y prácticas que quizá no nos gusten. Pero ahora aprendemos cómo comunicarnos y enfrentar nuestros problemas. No lo sabemos todo, pero sabemos mucho más que antes de empezar a vivir con amor y respeto.

Sarah y yo hemos visto y oído las respuestas a *Amor y respeto*, y a nuestras conferencias (que realizamos durante veinte semanas al año), y notamos que hay mucho más que podemos contar acerca de cómo pueden comunicarse una esposa y su esposo entre sí, y también con Dios, centro de todo rompecabezas matrimonial. Es por eso que creamos este libro, para ayudarte a aplicar los principios de amor y respeto para que puedas aprender a comunicarte más efectivamente a partir del entendimiento mutuo. Los principios básicos de la comunicación basados en el amor y el respeto están explicados en mayor detalle aquí, y añadimos muchas ideas y conceptos nuevos. No importa cuál sea el problema en tu caso, si la crítica, el conflicto constante, el sexo, el dinero, la crianza de los hijos, etc., te mostramos cómo puede ayudarte el nuevo vocabulario de amor y respeto para que tengan una comunión más rica al poder entenderse y comunicarse mejor, como Dios quiere.

> *«Pero en el Señor, ni el varón es sin la mujer, ni la mujer sin el varón» (1 Corintios 11.11). Ella necesita su amor, él necesita su respeto.*

Claro está que mucho dependerá de ti, y de la medida en que te abras a la sencilla idea de que los esposos y las esposas hablan dos idiomas distintos: ella, el del amor y él, el del respeto. Sabemos que no a todos les resultará sencillo sintonizar estos principios de amor y respeto, al menos no enseguida. Una esposa nos escribe para contarnos que su esposo utiliza los DVDs de Amor y Respeto para practicar tiro al blanco, y un esposo nos dice que le parece que el mensaje de Amor y Respeto es buenísimo pero que su esposa piensa que no tenemos idea alguna de cómo son las mujeres, y que soy, dicho en buen romance, «chauvinista».

Aun así, las reacciones extremas como estas sólo logran probar que tenemos razón: el matrimonio puede ser terreno fértil para el desacuerdo y los desencuentros emocionales. Sabemos, incluso, que si tienes serias intenciones de mejorar tu matrimonio (¿quizá hasta sientas desesperación?), Amor y Respeto puede ayudarte a lograrlo o siquiera a mejorar, y eso es a lo que apunta *Descifra el código de la comunicación.*

De modo que ahora que estamos listos para comenzar, quiero sólo indicarte algo sobre el primer capítulo: «Curso breve sobre Amor y Respeto». Encontrarás en este capítulo una condensación de nuestro libro *Amor y respeto.* Si lo has leído, el capítulo 1 servirá de repaso y recordatorio de los principios de amor y respeto. Claro que si sientes que no te hace falta este repaso, puedes ir directamente al capítulo 2 para comenzar a ver cómo mejorar tu entendimiento mutuo y la comunicación, a través del amor y el respeto. Aun así, hay lectores que quizá no conozcan cómo funciona esto del amor y el respeto y para ellos el capítulo 1 será una valiosa introducción que les enseñará los conceptos y la terminología de estos principios. Este curso breve podrá ayudarles a entender lo que *Descifra el código de la comunicación* quiere transmitir para ayudarles.

Así que, decide dónde querrás comenzar a leer. Si en el capítulo 1 para repasar o conocer el sistema de Amor y Respeto, o si en el capítulo 2 para iniciar el viaje hacia el entendimiento mutuo y la mejor comunicación en tu matrimonio. Y que Dios bendiga ricamente ese viaje.

> *Amor y Respeto es la forma de poner en práctica este proverbio: «Con sabiduría se construye la casa; con inteligencia se echan los cimientos» (Proverbios 24.3, NVI).*

Emerson Eggerichs
Enero de 2007

PRIMERA PARTE

Un libro dentro de otro

El siguiente capítulo en realidad es un libro dentro de otro, ya que es un resumen de los puntos clave que enseñé en *Amor y respeto* (Casa Creación, 2005). Este capítulo ofrece una visión general del sistema «Amor y Respeto», el cual tal vez ya aprendiste en dicho libro, o en una conferencia o DVD de los Ministerios Amor y Respeto. Si no conoces el sistema, este vistazo general te enseñará sus principios básicos y te mostrará que tu matrimonio puede mejorar cuando los uses, sin importar el ciclo en que te encuentres actualmente: el ciclo de la locura, el vigorizante o el de la recompensa.

CAPÍTULO UNO

Curso breve sobre Amor y Respeto

El enfoque «Amor y Respeto» con respecto al matrimonio se basa en la conciencia de que cualquier pareja se encuentra potencialmente en uno de los siguientes ciclos: el de la locura, el vigorizante o el de la recompensa. Ninguno de ellos constituye una situación estática ni permanente. Sin embargo, muchas parejas al parecer pasan la mayor parte de su tiempo en el ciclo de la locura, el cual podemos resumir así:

SIN AMOR, ELLA REACCIONA SIN RESPETO.
SIN RESPETO, ÉL REACCIONA SIN AMOR.

Es evidente que el ciclo de la locura brinda la dinámica para activarse y nutrirse a sí mismo. Cuando la esposa no se siente amada, tiende a reaccionar en una forma que su marido considera irrespetuosa. Cuando el esposo se siente irrespetado, tiende a reaccionar en un modo que su esposa considera escaso de amor. Y así los dos continúan dando vueltas y vueltas, en el ciclo de la locura.

El amor y el respeto deben ser incondicionales

En Efesios 5.33 la Biblia nos brinda la solución al ciclo de la locura: «Cada uno de ustedes ame también a su esposa como a sí mismo, y que la esposa respete a su esposo» (NVI). Este versículo es la declaración resumida del más grande tratado sobre el matrimonio que existe en el Nuevo Testamento: Efesios 5.22-33. En el versículo 33 Pablo escribe las órdenes de Dios (no sus sugerencias) de que los esposos *deben* amar a sus esposas y que ellas *deben* respetar a sus maridos. Y además, el amor y el respeto deben ser *incondicionales*.

Cuando el esposo opta por manifestarse en una forma amorosa, aunque se sienta irrespetado, puede impedir que el ciclo de la locura continúe girando y que se salga de control. Cuando la esposa opta por manifestarse de un modo respetuoso, aunque no se sienta amada, ella también puede parar o frenar el ciclo de la locura. Por otro lado, la vida se vuelve una locura cuando el marido se dice a sí mismo: «¡No voy a amar a esa mujer *hasta* que comience a mostrarme algo de respeto! ¡No le voy hablar!» Asimismo, la locura impera cuando la esposa piensa: «No voy a respetar a ese hombre hasta que se *gane* mi respeto y empiece a amarme como debe. ¡Le voy a enseñar!»

El secreto para forjar una relación feliz consiste en reconocer cuándo la pareja se encuentra en el ciclo de la locura, es decir, cuándo no están comunicándose, cuándo experimentan algún nivel de conflicto, sea este leve o grave, o cuándo la vida juntos simplemente no marcha bien. El ciclo de la locura puede ser discreto cuando ambos tratan de mantener la situación bajo control o puede ser intenso, con comentarios llenos de ira, palabras sarcásticas y mordaces, gritos y cosas peores. El caso es que, cualquiera que sea el nivel de intensidad de su ciclo de la locura, uno de ustedes (y a menudo los dos) está haciendo un disparate o una tontería que enloquece al otro. Los cónyuges pueden estar cometiendo esas locuras a propósito o inconscientemente, pero nunca dejan de reaccionar ante la falta de amor (en el caso de ella) o la falta de respeto (en el caso de él).

Aunque el ciclo de la locura no es parte del propósito de Dios para ningún matrimonio, todas las parejas algunas veces entran en él, con mayor o menor intensidad. En realidad, en 1 Corintios 7.28, Pablo declara categóricamente que cuando dos personas se casan «tendrán que pasar por muchos aprietos» (NVI). Tales problemas pueden surgir en muchas formas, pero una de las más comunes se presenta cuando el mejor de los maridos dice o hace algo que su esposa considera poco amoroso, o cuando una excelente esposa dice o hace algo que su marido considera irrespetuoso. Como lo sabe cualquier pareja de casados, la vida ofrece toda clase de oportunidades para que eso ocurra.

¿Sexo esta noche? ¿Quién decide?

Al comienzo de 1 Corintios 7, Pablo aborda un problema común en el matrimonio: las relaciones sexuales. Él deja claro que «la mujer no tiene potestad sobre su propio cuerpo, sino el marido; ni tampoco tiene el marido potestad sobre su propio cuerpo, sino la mujer» (v. 4).

Según parece, las palabras de Pablo nos plantean un callejón sin salida. Entonces, esta noche ¿quién decide si tendremos o no relaciones íntimas? Si él verbalmente insiste en el asunto, ¿se sentirá ella utilizada o poco amada? Si ella se niega de manera expresa, ¿se sentirá él irrespetado? La mayoría de las parejas entienden cómo es esta situación, la cual con demasiada frecuencia termina en un enfrentamiento. Al no sentirse amada, ella pronuncia palabras de desprecio: «Todo siempre tiene que girar alrededor de *ti*. Nunca piensas en lo que *yo* pueda estar sintiendo». Resentido por lo que él percibe como un irrespeto y una frígida indiferencia a sus necesidades, él habla con aspereza y desamor: «*Siempre* tienes dolor de cabeza. Te importan más los niños que yo. A ti sólo te interesa el dinero que gano».

Obviamente, semejantes comentarios son incendiarios y hacen girar el ciclo de la locura a toda velocidad. Pero ¿realmente alguno de los cónyuges tiene la intención de que eso pase? Casi nunca. A la mayoría de los casados les sobra la buena voluntad: ninguno desea hacerle daño al otro, sino que cada uno quiere que entre los dos nunca ocurra nada malo. Observa que Pablo dice en 1 Corintios 7.33–34 que «el casado tiene cuidado de… cómo agradar a su mujer… [y] la casada… de cómo agradar a su marido». En el curso normal del matrimonio, ninguno de los dos se levanta por la mañana pensando: «¿Cómo voy a fastidiar a mi pareja o a demostrarle que no me preocupan sus necesidades?» Aun así, en el transcurso del día ocurren incidentes. Sin notarlo, él puede sonar áspero y poco amoroso, y ella reacciona de un modo irrespetuoso. O ella puede tratarlo con irrespeto en una de las doce diferentes y pequeñas formas de hacerlo, y él reacciona negándose a ser amoroso. El conflicto se presenta y ahí es cuando los casados se tornan desagradables con sus parejas. Ambos tienen buenas intenciones, ¡pero la verdad es que en ese momento no lo parece!

Y aún queda el problema con respecto al «sexo esta noche: sí o no». ¿Cómo pueden tratar este asunto dos personas de buena voluntad para que ambas se sientan amadas y respetadas? En 1 Corintios 7.3-4 encontramos unas indicaciones excelentes: «El marido cumpla con la mujer el deber conyugal, y asimismo la mujer con el marido. La mujer no tiene potestad sobre su propio cuerpo, sino el marido; ni tampoco tiene el marido potestad sobre su propio cuerpo, sino la mujer». Dicho de otra forma, el lecho conyugal debe ser un lugar de reciprocidad en donde el marido busque satisfacer a su mujer y ella satisfacerlo a él. El matrimonio no es un lugar para «hacer valer mis derechos». La frase «lugar recíproco» denota la idea de crear una situación en la que los dos cónyuges ganen. Cuando el ciclo de la locura está activo, la actitud de ambos cónyuges muestra que uno gana y el otro pierde. La pareja que procura tener un matrimonio tipo Amor y Respeto cuenta con muchas herramientas y técnicas a su disposición para desacelerar y detener el ciclo de la locura y así crear una situación en la que ambos ganen. Los cónyuges que practican el amor y el respeto aprenden que son muy diferentes entre sí, debido a que el «color» en el que ella ve y oye es rosado, y el de él es azul. Para comprender estas diferencias, necesitan darse cuenta de que los dos se envían mutuamente mensajes en clave y deben aprender a decodificarse el uno al otro.

El meollo del problema y los problemas aparentes

Casi todas las parejas saben lo que es meterse en un conflicto que se va intensificando hasta convertirse en una batalla campal, y no entienden por qué sucedió. Las personas casadas suelen minimizar esta clase de riñas, diciendo: «Ojalá ella no fuera tan susceptible», o «Si al menos él no fuera tan quisquilloso». Pero de ninguna manera es ese el meollo del problema. Por ejemplo, cuando él no llama y llega a casa tarde para cenar y su mujer estalla en llanto y críticas con las que expresa que él es un ser humano sin amor, el meollo del asunto no es la tardanza ni que ella critique con amargura la integridad de él. El verdadero problema consiste en que ella no se siente amada y que cuando ataca con ira el carácter de su marido, él se siente irrespetado. Después de todo, ella sabe que muchas veces su esposo tiene que trabajar hasta tarde y que eso es parte del trabajo.

El ciclo de la locura se presenta cuando los cónyuges se enfocan en sus propias necesidades y pasan por alto las del otro. Ahí es cuando surgen los problemas. La esposa necesita amor y no intenta ser irrespetuosa. El esposo necesita respeto y no pretende actuar con desamor. Y una vez que la pareja tipo Amor y Respeto capta el principio fundamental de que el problema aparente no es de ninguna manera el verdadero meollo del asunto, están en camino a descifrar el código de la comunicación.

No se pisen las mangueras

Otra clave para frenar y detener el ciclo de la locura consiste en darse cuenta de que la esposa necesita amor tal como requiere el aire para respirar. Por decirlo de alguna forma, imagínate que su cuerpo tiene conectada una manguera de aire a un «tanque de amor». Cuando el marido se para encima de su manguera o la presiona de alguna manera con un comportamiento no amoroso, verá que su mujer se desinfla ante sus propios ojos. El hombre le está pisando su manguera de aire y ella comienza a gritar: «No siento que me ames en este momento. ¿Por qué me estás haciendo esto?»

En el lado de la ecuación amor y respeto que corresponde a la esposa, ella puede imaginarse que su marido tiene su propia manguera de aire conectada a un «tanque de respeto». Mientras el respeto de ella circule por esa manguera, él estará bien. Pero si su mujer empieza a pellizcarla o romperla con comentarios punzantes y críticos, el suministro de respeto tendrá una fuga o quedará cortado por completo y él reaccionará en una forma negativa ya que no está satisfaciendo la más profunda de sus necesidades. Cuando uno de los cónyuges de alguna manera le corta el suministro de aire al otro, este le pagará con la misma moneda. ¡Las dos mangueras quedan cerradas y se enciende la batalla, es decir, el ciclo de la locura!

Es extremadamente importante comprender que el color en el que los hombres ven y oyen es azul y el de las mujeres, rosado; en otras palabras, ven y oyen en una forma *muy* diferente. Por eso es esencial trabajar con empeño en la decodificación de los mensajes de tu pareja y ser cuidadosos para no pisarse las mangueras de aire (la de ella conectada a su tanque de amor y la de él, a su tanque de respeto). Sin embargo, toda esta información en poco beneficiará al matrimonio, a menos que ambos esposos se comprometan con las tareas del amor *incondicional* (del esposo hacia la esposa) y el respeto *incondicional* (de la esposa hacia el esposo).

Incondicional realmente significa «incondicional»

A las esposas no les cuesta trabajo captar lo que significa el amor incondicional. Dios las equipó para amar, pero aunque ellas me comentan que aman de verdad a sus maridos, al mismo tiempo no pueden respetarlos debido al comportamiento poco amoroso de ellos. Las esposas persisten en exigir que sus hombres se ganen el respeto de ellas. El amor es lo único importante. Si simplemente las amaran como es debido, no habría ningún problema.

A muchas mujeres casadas el concepto del *respeto incondicional* les parece un oxímoron (un término que se crea al unir dos palabras que parecen contradictorias o incongruentes). Pero cuando la esposa insiste en que su marido debe merecerse su respeto, lo coloca en una situación en que ambos van a perder. Si él debe amar incondicionalmente a su esposa como ella lo exige y *además* debe ganarse su respeto, es probable que el hombre se dé por vencido y se cierre, con la convicción de que nunca podrá ser lo suficientemente bueno para ella.

Uno de los motivos fundamentales para que a las mujeres les cueste tanto trabajo respetar incondicionalmente a sus maridos es que ven y oyen en rosado, mientras que sus cónyuges ven y oyen en azul. Una esposa nos describe el problema a la perfección: «Pensamos en un modo tan diferente. Yo ni siquiera me identifico con lo que él considera respetable (o no)». Durante muchos años me esforcé en ayudar a los matrimonios antes de poder ver la respuesta a este problema en Efesios 5.33. Lo que Dios está diciendo concretamente es: «Sí, los dos son muy diferentes y aun así les estoy ordenando amarse y respetarse incondicionalmente».

Desde que descubrí lo que todo el tiempo estuvo a plena vista, he tratado de convencer a las mujeres de que la mejor forma de motivar a sus esposos a amarlas es mostrándoles respeto, lo merezcan o no. Las mujeres necesitan aprender a entender y usar la palabra *respeto* debido a que, en verdad, eso es lo que el hombre valora más. Del mismo modo, el *menosprecio* de su mujer es lo más temido por el hombre. Y ningún marido sentirá amor y cariño por su esposa si al parecer ella desprecia lo que él es como ser humano.

¿Implica el respeto incondicional que debe respetarse un comportamiento malo? Permíteme hacer algunas salvedades con respecto a lo que me refiero cuando hablo de *amor incondicional*. Así como los hombres deben manifestarse ante sus mujeres en una forma amorosa aunque ellas no sean dignas de ser amadas, las esposas deben manifestarse antes sus maridos en una forma respetuosa, aunque ellos no sean dignos de respeto. Y con esto no quiero dar a entender que la mujer debe decir: «Respeto la forma en que te enojas y me dejas de hablar». Estas palabras resultan tan absurdas como las del esposo que dijera: «Amo el modo en que me fastidias y criticas». No se trata de amar o respetar el comportamiento pecaminoso, sino de enfrentarlo amorosa o respetuosamente.

El respeto (o el amor) incondicional tiene todo que ver con la forma en que uno suena frente al otro (tono de voz, elección de las palabras) y se ve (expresión facial, acciones físicas). Quizás el esposo no merezca respeto porque no se lo ha ganado, pero el irrespeto de su mujer hacia él es ineficaz a largo plazo, además de no ser bíblico. Así como ningún hombre responde ante las actitudes irrespetuosas, la mujer tampoco responde ante las actitudes poco amorosas. Si la mujer es encantadora, a su esposo se le facilitará amarla, pero la orden divina de amar a tu esposa no tiene nada que ver con que ella sea digna de ser amada. Y si el hombre inspira respeto, a su esposa se le facilitará respetarlo, pero el mandamiento del Señor de respetar a tu esposo no tiene nada que ver con que él sea digno de ello. El mensaje de amor y respeto no tiene que ver con que el hombre se gane el respeto de su mujer siendo más cariñoso, ni tampoco con que la mujer se gane el amor de su marido al ser más respetuosa. Siempre, el amor o el respeto se dan *incondicionalmente*, conforme a los mandamientos de Dios.

El amor es lo que la esposa valora más. Pero uno de sus temores más grandes es creer que su marido la va a pisotear si ella le muestra respeto, y que abusará de ella o algo peor. Durante años las voces feministas han proclamado esta idea a los cuatro vientos, pero yo no la creo. El hombre, con un mínimo de buena voluntad, quiere servir a su esposa e incluso moriría por ella. Si ella le expresa respeto incondicional, en la mayoría de los casos, él se sentirá como un príncipe y estará motivado para mostrarle la clase de amor incondicional que ella desea. No la pisoteará ni la tratará como una esclava. Más bien será su princesa amada y también respetada, por cierto. En 1 Pedro 3.1-7 encontramos otro pasaje clave lleno de verdad sobre el amor y el respeto. Pedro les enseña a las mujeres a mostrar una «conducta casta y respetuosa» (v. 2) incluso cuando sus esposos «no creen a la palabra» (v. 1); y añade que los maridos deben darle «honor a la mujer como a vaso más frágil, y como a coherederas de la gracia de la vida» (v. 7). Honrar a tu esposa significa respetarla y tratarla como a una igual.

Para ampliar la descripción de las figuras del príncipe y la princesa, creo que según el orden bíblico el esposo o príncipe se considera el *primero entre los iguales*, lo cual implica responsabilidad y no un derecho. Esposo y esposa son iguales ante Dios, pero él está llamado a ser el primero para proveer, proteger e incluso morir por su mujer si fuera necesario. El hombre lo sabe instintivamente y quiere cumplir su responsabilidad. Por otro lado, la esposa o princesa en forma instintiva ansía ser valorada como la *primera en importancia*. No hay nada que le dé mayor vigor. Esto no es egocentrismo, sino la naturaleza que Dios le dio.

Cuando la mujer respeta al esposo como primero entre los iguales y él la honra a ella como primera en importancia, su matrimonio está equilibrado y el ciclo de la locura no se activará. Admito que lograr tal equilibro no resulta fácil, en especial si el ciclo de la locura ha estado dando vueltas durante mucho tiempo. La mujer puede volver a las andadas al pretender que él se gane su respeto. Y el hombre puede volver a desanimarse pensando que sus esfuerzos son inútiles o, como de costumbre, puede recaer en esa conocida forma de evasión masculina llamada «muro de piedra» (negarse a hablar, lo cual enloquece a la mayoría de las mujeres). Cuando ella intenta respetar incondicionalmente puede empezar a sentirse como una hipócrita debido a que no se *siente* respetuosa, o puede recordar todas esas heridas que su esposo le causó por su falta de amor y entonces se pregunta: «¿Podré perdonarlo?» Como es natural, el hombre se sentirá tentado a emprender la retirada. Ya que ella no puede mantenerse en ese asunto del respeto, ¿de qué sirve? Lo único de lo que él oye hablar es de cómo él lo echó todo a perder, una vez más. «¿Cómo podría alguien amar a esa mujer?» Lamentablemente esta reacción es muy común. Entiende que cuando describo estas interacciones no justifico el comportamiento de ninguno de los dos, sino que deseo que cada uno descubra el poder de perseverar hasta el final en sus respuestas con amor y respeto.

El libro *Amor y respeto* está lleno de historias de esposos y esposas a quienes les costó trabajo dominar el ciclo de la locura, pero que al final lo lograron. Las mujeres han aprendido a respetar aun cuando no sientan ganas de hacerlo o aunque se sientan rechazadas debido a que sus esposos se niegan a hablarles. Por otro lado, los hombres han aprendido a amar incluso en medio de las críticas y el menosprecio de sus esposas. Han aprendido, como en el baloncesto, a «robarles» a sus mujeres la pelota de su manía de criticar y también a atrapar la bola de rebote, todo con el fin de demostrarles su amor incondicional.

En resumen, las parejas pueden aprender que el matrimonio consiste en la proposición de que dos se vuelven uno solo. Cientos y ya casi miles de cartas recibidas confirman esta verdad. La conexión entre el amor y el respeto está deteniendo el ciclo de la locura en los matrimonios por todas partes en Estados Unidos. Cuando marido y mujer pueden comprometerse a satisfacer las necesidades básicas del otro (el amor incondicional en el caso de ella y el respeto incondicional en el caso de él), la pareja da un paso gigantesco para mantener el ciclo de la locura bajo control.

Recuerda: Tu pareja y tú nunca podrán librarse por completo del ciclo de la locura. Las mujeres siempre verán y oirán en rosa, y los hombres en azul. Por esta razón una pequeñez puede convertirse en un acelerador del ciclo de la locura. ¿Significa esto que deben mantenerse en ascuas todo el tiempo, caminando como entre cáscaras de huevo para evitar los conflictos? De ninguna manera. Existe otro ciclo que les ayudará a forjar un matrimonio más bíblico, fuerte y feliz, en la medida en que ustedes se vigoricen mutuamente con amor y respeto.

El ciclo vigorizante mantiene en su jaula al ciclo de la locura

Aunque hay formas de desacelerar o detener el ciclo de la locura (recuerda que nunca se librarán completamente de él), este siempre puede volver a encender sus motores. En efecto, por lo general lo hace, incluso en los matrimonios felices y equilibrados. Para mantener en su jaula al ciclo de la locura deben entrar en el ciclo vigorizante, el cual podemos resumir de la siguiente forma:

EL AMOR DE ÉL ESTIMULA EL RESPETO DE ELLA.
EL RESPETO DE ELLA ESTIMULA EL AMOR DE ÉL.

Las parejas se encuentran en el ciclo vigorizante cuando están practicando los principios del amor y el respeto. Para expresar su amor los hombres deben vivir los principios que se resumen en el acrónimo C-A-C-C-L-E, el cual determina seis formas de demostrarle amor a una esposa:

C — Cercanía. *Ella desea que te acerques (y no sólo cuando quieres sexo).*
A — Apertura. *Tu esposa quiere que te abras a ella, que hables y que no te incomuniques (actuando con ira o indiferencia).*
C — Comprensión. *No trates de «arreglarla» a ella; sólo escúchala (y sé considerado cuando esté muy enojada).*
C — Conciliación. *Hay poder en las palabras: «Cariño, perdóname».*
L — Lealtad. *Garantízale siempre tu amor y compromiso para con ella.*
E — Estima. *Tu esposa quiere que la honres y la lleves en el corazón.*

Por otra parte, para expresar su respeto las esposas deben vivir los principios que se resumen en el acrónimo C-A-J-E-R-S, el cual ofrece seis formas bíblicas de mostrar respeto por las necesidades más profundas del esposo:

C — Conquista. *Reconoce su deseo de trabajar y dale las gracias por ello.*
A — Autoridad. *Reconoce su deseo de liderar (y no menoscabes su liderazgo).*
J — Jerarquía. *Agradécele por la motivación que tiene de protegerte y mantenerte.*
E — Entendimiento. *Con agradecimiento y aprecio escucha sus ideas y el consejo que te quiere ofrecer.*
R — Relación. *Valora el deseo de tu esposo de que seas su amiga y de que estés a su lado acompañándolo.*

S — Sexualidad. *Responde a la necesidad que él tiene de ti en el área sexual; no lo prives del sexo.*

Los dos acrónimos anteriores no son un conjunto de palabras mágicas o la panacea para todos los males. *El ciclo vigorizante funcionará únicamente si ustedes lo hacen funcionar.* Y a medida que practiquen el C-A-C-C-L-E o el C-A-J-E-R-S, su matrimonio será más feliz, fuerte, bíblico y honrará más a Dios.

C-A-C-C-L-E: Chequeo para los esposos

Si aplica cada día tan sólo uno de los principios C-A-C-C-L-E, el hombre está dando pasos gigantescos para que su esposa se sienta amada. Para revisar lo bien que están aplicando estos principios, los esposos deben hacerse periódicamente (por lo menos una vez a la semana) las siguientes preguntas basadas en la Biblia:

Cercanía: Ya que el hombre debe estar «unido a su mujer» (ver Génesis 2.24), mi tiempo cara a cara con ella la hace sentirse vigorizada y conectada emocionalmente.

¿Me he estado acercando o alejando de mi esposa? Entendiendo que ella tiene la profunda necesidad de compartir conmigo, ¿he apartado tiempo para hablarle frente a frente? ¿Le digo con regularidad que la amo, la admiro y la aprecio, o me guardo esos comentarios para cuando quiero tener sexo?

Apertura: Ya que el hombre no debe ser «áspero» (andar molesto y resentido) con su esposa (ver Colosenses 3.19), debo contrarrestar cualquier tendencia a encerrarme en mí mismo o a mantenerme alejado, con lo cual le haría creer a mi esposa que no tengo intenciones de ser tierno y transparente con ella.

¿Comparto con ella mis pensamientos y problemas (una gran parte de lo que significa la *apertura*), o me guardo las cosas para mí mismo para probar que soy fuerte y capaz? ¿Doy la impresión de estar irritado o enojado cuando trata de sacarme de mi caparazón, o soy receptivo y transparente cuando se muestra preocupada o curiosa? ¿Me predispongo más a la televisión o el periódico que al corazón de mi esposa?

Comprensión: Ya que el esposo debe convivir con su esposa «de manera comprensiva» (1 Pedro 3.7, LBLA), necesito estar pendiente de las cosas que para ella son importantes como mujer (aunque quizás yo no comparta esos mismos intereses), porque quiero hacerla sentir comprendida y valorada.

Cuando ella me expresa sus inquietudes o problemas, ¿tiendo a escucharla y dejarla hablar, o intento «arreglarla» a ella o a lo que está mal? ¿Veo a mi esposa como si estuviera hecha de porcelana o la trato como si fuera de hierro fundido? ¿Resulta cada vez más claro para mí que «simplemente hablar» (una pieza importante en la *cercanía* y la *apertura*) es clave para hacerla sentir comprendida? ¿Entiendo que hablar es tan importante para mi esposa como lo es para mí el sexo?

Conciliación: Ya que Dios dijo: «Los dos serán una sola carne» (Mateo 19.5), siempre debo buscar la forma de estar en armonía con mi esposa y vivir en paz con ella todo el tiempo, lo cual implica, sin lugar a dudas, pedirle disculpas por mi responsabilidad en cualquier desavenencia o riña entre nosotros.

¿Tiendo a hablar detenidamente sobre lo que ha ocurrido y a resolver nuestras dificultades, o prefiero decir: «Dejemos el asunto y cambiemos de tema»? Cuando mi mujer expresa dolor o ira, ¿me resulta fácil decirle: «Perdóname, me equivoqué», o tiendo a ponerme a la defensiva y entonces soy el que comienza a expresar dolor o ira? ¿Entiendo de verdad que un «perdóname» la conmueve profundamente y la hace sentirse conectada conmigo como pocas cosas pueden lograrlo?

Lealtad: Ya que la Escritura dice que ella es «tu compañera, y la mujer de tu pacto» (Malaquías 2.14), es bueno que continuamente le hagas saber que eres leal a ella y a Dios.

¿Busco la manera de expresarle mi lealtad y que mi corazón es sólo para ella, o suelo pensar: «Mi mujer sabe que la amo. No tengo que recordárselo constantemente»? En un mundo como el nuestro con «ediciones de trajes de baño», ¿admiro abiertamente a las mujeres hermosas porque sé que mi mujer se siente segura y puede lidiar con eso, o reservo mi admiración exclusivamente para ella? Mi esposa es una mujer de un sólo hombre, pero ¿está absolutamente segura de que yo soy un hombre de una sola mujer? ¿Comprendo que la certeza de mi lealtad tranquiliza el alma de mi esposa como pocas cosas pueden hacerlo?

Estima: Ya que los esposos deben honrar a sus mujeres «como a coherederas de la gracia de la vida» (1 Pedro 3.7), debo expresarle que aprecio el valor que Dios le dio a ella como mi igual.

¿Se siente apreciada mi esposa, como la mujer más amada sobre la tierra, o me falta trabajar en esa área? ¿Doy por descontado los esfuerzos de mi esposa para con la familia o le digo con frecuencia: «Gracias por todo lo que haces por mí y por nuestros hijos. ¡Jamás podría hacer lo que tú haces!»? ¿Tengo siempre presente cuán importantes son para mi esposa los cumpleaños y aniversarios, o algunas veces me pongo a trabajar y lo olvido? ¿Me recuerdo a mí mismo lo vigorizante que es para mi esposa referirme a ella como mi igual?

Esposos, por favor, tomen nota: Cada una de las letras del acrónimo C-A-C-C-L-E es un factor clave para que sus esposas se motiven a practicar los seis conceptos del acrónimo C-A-J-E-R-S, el cual discutiremos a continuación.

C-A-J-E-R-S: Chequeo para las esposas

Si la esposa aplica cada día sólo uno de los principios C-A-J-E-R-S, está dando pasos gigantescos para que su marido se sienta respetado incondicionalmente. Recuerda esta palabra: *incondicional.* Los esposos no necesitan ganarse el respeto ni merecerlo y sus mujeres deben entregárselo como un acto de gracia y de un modo incondicional.

En palabras sencillas, la mujer debe mostrar respeto por los *deseos* de su esposo que estén relacionados con los principios C-A-J-E-R-S, y no por los pobres resultados que él tenga en estas áreas ni, en realidad, tampoco por su extraordinario comportamiento en cada una de las categorías. Por ejemplo, la esposa debería expresarse así: «Respeto el deseo que tienes de proveerme», pero no debería decir: «Te respeto porque no fuiste capaz de darnos todo lo que necesitábamos este mes». ¡Este último comentario es absurdo, si bien hay quienes piensan que las esposas están obligadas a hacerlo! Otro ejemplo del modo en que debes hablar: «Respeto tu deseo de aconsejarme», en lugar de: «Te respeto por el espantoso consejo que me diste». Una vez más, decir esto no tiene sentido. Al otro extremo de lo disparatado, la esposa debería evitar las siguientes palabras: «Te respeto porque has provisto todo lo que quiero», o: «Te respeto porque tus consejos fueron perfectos para mí». Tales expresiones no son malas, pero tu marido podría pensar: «¿Y si no pudiera darte lo que quieres o si mis consejos no fueran perfectos? ¿Aun así me respetarías?» Esto lo podemos comparar con el hombre que le dice a su esposa: «¡Te amo tanto porque te mantienes linda y esbelta para mí!» ¿Dejará de amarla si ella engorda unos kilos? Así como a la mujer la afectan los comentarios sobre lo que hace o deja de hacer, también al hombre. Por consiguiente, toda esposa debería pensar en expresar respeto por los deseos de su marido que tengan que ver con los principios C-A-J-E-R-S, y no por lo bien que los esté cumpliendo.

Para comprobar qué tan adecuadamente están mostrando respeto por los deseos de su marido, las esposas pueden hacerse las siguientes preguntas con regularidad (por lo menos una vez a la semana):

Conquista: Ya que «Dios tomó al hombre, y lo puso en el huerto de Edén, para que lo labrara y lo guardase» (Génesis 2.15), necesito captar cómo y por qué todos los hombres sienten atracción y obligación por el trabajo.

¿Sabe mi marido que respaldo su deseo de trabajar? ¿Lo apoyo en lo que emprende? ¿Realmente entiendo lo importante que es para él su trabajo y que se constituye en la misma esencia de su ser? ¿Me doy cuenta de que por reconocer esa importancia le infundiré vigor a mi marido y que en él surgirán sentimientos de afecto por mí en respuesta a ese reconocimiento?

Autoridad: Ya que la Escritura les dice a las casadas: «Sométanse a sus propios esposos como al Señor» (Efesios 5.22, NVI), necesito colocarme bajo la protección y provisión de mi marido; y cuando nuestras posiciones sean divergentes y lleguemos a un punto muerto, necesito decirle que estoy dispuesta a transigir y aceptar sus decisiones, con la confianza de que Dios lo guiará.

¿Le hago saber a mi esposo que, debido a que tiene la responsabilidad de protegerme y encargarse de mi sostenimiento, yo reconozco que él también tiene la autoridad principal en nuestra familia, o exijo un matrimonio «igualitario» en el que ambos tengamos la misma autoridad, aunque con ello contradiga el concepto de «igualitarismo» al esperar que la responsabilidad recaiga principalmente sobre él? ¿Reconozco el deseo de mi esposo de ser el líder en la relación conmigo? ¿Le permito a mi marido que lidere o asumo el liderazgo porque, francamente, soy mejor que él en muchas áreas? ¿Le he dejado constancia a mi marido de que él tiene el 51 por ciento de la autoridad porque también tiene el 51 por ciento de la responsabilidad (¡de morir por mí!)?

Jerarquía: Ya que Dios lo ha llamado a él a ser «cabeza de su esposa, así como Cristo es cabeza de su iglesia» (Efesios 5.23, BLS), mi marido necesita escuchar que yo estoy agradecida por su buena disposición para protegerme, proveer e incluso morir por mí.

¿Expreso mi respeto y gratitud por su sentido de responsabilidad por mí o me ofende sutil o abiertamente el concepto bíblico del marido como cabeza, porque siento que él lo asume como un derecho sobre mí y no como una responsabilidad por mí? ¿Estoy dispuesta a enviarle una tarjeta o una nota a mi esposo en la que le diga lo mucho que lo respeto? ¿Qué le puedo decir para agradecerle su deseo de cuidar de mí? ¿Entiendo plenamente que se puede sentir profundamente conmovido por tal declaración de respeto por su compromiso de protegerme?

Entendimiento: Ya que la Biblia enseña que fue Eva la engañada (1 Timoteo 2.14; 2 Corintios 11.3), debo tener plena conciencia de que habrá momentos en los que mis sentimientos me pueden inducir al error y en los que voy a querer ignorar el consejo de mi marido.

¿Suelo dirigirme a él buscando su opinión y análisis, o tiendo a depender más de mi intuición? ¿Me doy cuenta de que somos un equipo y específicamente que nuestro matrimonio necesita de mi intuición *y* de su entendimiento? ¿Le pido consejo a mi esposo frecuentemente? ¿Lo sigo? Si mi marido ofrece ideas u opiniones contrarias a las mías, ¿estoy abierta al cambio o rechazo de plano su deseo de ofrecerme información valiosa? ¿Con frecuencia considero que mi esposo está equivocado, que está haciendo algo pecaminoso y que necesita corrección, y que yo tengo la razón y que soy una persona buena y correcta? ¿Intento ser el Espíritu Santo de mi marido algunas veces?

Relación: Ya que la Biblia expone con claridad que la mujer debe ser amiga de su esposo tanto como su amada (ver en especial Cantares 5.16), debo reconocer el valor que hay en simplemente estar con él.

¿Cuánto tiempo dedico a estar al lado de mi marido? ¿Tenemos actividades juntos como amigos y compañeros? ¿Alguna vez simplemente me siento a su lado, para ver un partido de fútbol o un programa de televisión, porque entiendo su deseo de que yo lo acompañe? ¿En algún momento me siento y lo observo trabajar, sin necesidad de hablarle?

Sexualidad: Ya que el esposo sólo debe tener ojos para su esposa (Proverbios 5.19), ella lo bendice cuando comprende sus vulnerabilidades y satisface sus necesidades sexuales (1 Corintios 7.5).

¿Me doy cuenta de que su necesidad sexual es en realidad un indicio de su necesidad más profunda de respeto? ¿Privo a mi marido del sexo porque siento que él no satisface mi necesidad de amor e intimidad? ¿Pienso que tiene que haber una cercanía entre nosotros antes de que podamos compartir sexualmente o considero que el sexo con él es una forma de sentirnos cercanos? ¿Estoy dispuesta a darle a mi esposo el alivio sexual que necesita incluso cuando yo no lo desee?

Esposas, por favor, tomen nota: Cada una de las letras del acrónimo C-A-J-E-R-S es un factor clave para motivar a sus maridos a practicar los principios del acrónimo C-A-C-C-L-E, el cual se discutió anteriormente.

Hasta aquí hemos hecho un rápido repaso acerca de cómo frenar e incluso detener el ciclo de la locura y hemos discutido que para evitar que este se active de nuevo debemos entrar en el ciclo vigorizante. Pero existe otro ciclo, el más importante de todos, del cual deben estar conscientes las parejas de casados.

El ciclo de la recompensa y tu meta final

Es bueno saber cómo desacelerar y detener el ciclo de la locura y mejor aun practicar el ciclo vigorizante mediante los principios C-A-C-C-L-E y C-A-J-E-R-S. Pero hay ocasiones en las que todas esas ayudas no bastan. Algunas veces la mujer no va a respetar incondicionalmente a su marido, no importa lo mucho que él se esfuerce en demostrarle amor a ella. Y otras veces el hombre no le expresará amor a su esposa, por mucho que ella intente respetarlo a él incondicionalmente. En tales casos, te encuentras en el ciclo de la recompensa, el cual podemos resumir así:

El ciclo de la recompensa se refiere a que Dios bendice al esposo que ama a su mujer, independientemente del nivel de respeto que ella tenga por él, y que Dios bendice a la esposa que respeta a su marido, independientemente del nivel de amor que él tenga por ella. Estas bendiciones son la recompensa que el Señor les da a aquellos que por causa de su amor y reverencia a Cristo aman o respetan a su pareja. En otras palabras, Cristo es la motivación de tales acciones.

En su parábola de las ovejas y los cabritos, Jesús nos enseña a hacer las cosas como si las hiciéramos para Él (ver Mateo 25.31-40). Efesios 5.22 les indica a las esposas que se sometan a sus maridos «como al Señor», y en 5.25 les dice a ellos que amen a sus mujeres «así como Cristo amó a la iglesia». En estos dos versículos el apóstol Pablo les enseña a unos y otras que, en el matrimonio, el verdadero creyente siempre está consciente de Cristo.

Cuando los casados vienen a decirme que la conexión entre el amor y el respeto no les está funcionando con sus parejas, mi consejo siempre es el mismo: *No renuncien. Sigan haciendo su parte porque, según la economía de Dios, ningún esfuerzo por obedecerlo a Él se desperdicia.* El Señor se propone recompensarte aun si tu cónyuge no responde.

Cuando amas o respetas incondicionalmente, sin tener en cuenta los resultados, estás obedeciendo a Dios y su voluntad para tu vida. Este es el ciclo de la recompensa, en el que no amas a tu esposa o respetas a tu marido *primordialmente* porque pueda mejorar tu matrimonio. Admito que ese puede ser un maravilloso efecto secundario, pero tu verdadero propósito es amar y reverenciar a Dios al confiar en sus órdenes para ti y obedecerlas. De hecho, el ciclo de la recompensa es tan adecuado para los buenos matrimonios como para los que andan mal y que parecen haberse quedado atascados en el ciclo de la locura. A la larga, maridos y esposas deberían estar practicando los principios del amor y el respeto antes que nada por obediencia a Dios y a su mandamiento de Efesios 5.33. No importa lo bien que creas que marcha el ciclo vigorizante, mantén tu mirada en Cristo. Justo cuando piensas que lo tienes todo resuelto, el techo se puede venir abajo.

Efesios 6.7-8 te ayudará a practicar el ciclo de la recompensa. Memorízalo: «Sirvan de buena gana, como quien sirve al Señor y no a los hombres, sabiendo que el Señor recompensará a cada uno por el bien que haya hecho» (NVI). ¿Has pensado en lo que Pablo quiso decir con: «el Señor recompensará a cada uno»? Por supuesto, esta promesa de recompensa incluye a los esposos y esposas que practican el amor y el respeto, independientemente de cuáles sean los resultados aquí en la tierra. Pase lo que pase en tu matrimonio, cuando llegues al cielo el Señor te recompensará en una forma que no alcanzas a imaginar, si practicas fielmente el amor y el respeto con la intención de obedecerlo a Él.

Con lo anterior no pretendo motivarte con vanas promesas. Después de más de treinta años de realizar terapia de parejas y conferencias sobre el matrimonio, he llegado a la conclusión de que en la iglesia no tenemos una crisis matrimonial sino una crisis de fe. Después de todo, ningún hombre o mujer puede practicar verdaderamente el amor y el respeto a menos que lo haga como para Jesucristo. ¿Es así de difícil? Puede serlo y algunos fallarán y sentirán ganas de abandonarlo todo pero, parafraseando Proverbios 24.16: «Siete veces cae una persona casada justa y comprometida, y vuelve a levantarse». Los cónyuges que se encuentran en el ciclo de la recompensa conocen el secreto del éxito y la madurez. Una y otra vez se ponen en pie y enfrentan los problemas. No exigen soluciones instantáneas, su permanencia en el matrimonio es a largo plazo y viven en obediencia a Dios con el fin de escuchar algún día estas palabras: «¡Hiciste bien, siervo bueno y fiel!» (Mateo 25.21, NVI).

El ciclo de la recompensa profundizará tu amor y reverencia por Cristo en la medida en que le brindes amor y respeto a tu cónyuge como si fuera para Él. Recuerda: *Finalmente, tu matrimonio no tiene nada que ver con tu cónyuge y tiene todo que ver con tu relación con Jesucristo.* Siempre que practiques el amor y el respeto, tu meta no debe ser simplemente frenar o detener el ciclo de la locura, ni tampoco motivar a tu pareja para que satisfaga tus necesidades. Al final practicas el amor y el respeto porque, más allá de tu pareja, visualizas a Jesucristo y te imaginas ese momento cuando lo veas cara a cara y comprendas que tu matrimonio en realidad fue su forma de probarte y hacerte madurar para que tuvieras más amor y reverencia por Él.

El ciclo de la recompensa puede funcionar ya

Antes hice énfasis en que practicar el ciclo vigorizante te garantiza la más grande de las recompensas cuando te encuentres frente a frente con tu Señor. Pero debes saber que también hay galardones que te ayudan a sobrellevar tu situación ahora mismo. He oído de muchísimos casados que afirman haber entendido la idea de cómo frenar y detener el ciclo de la locura, pero que se encuentran en una especie de limbo, sin ser capaces de entrar del todo en el ciclo vigorizante y mantenerse ahí. La «caja de velocidades» del ciclo de la locura regresa continuamente a primera, segunda o incluso a una potencia mayor, y eso es lo máximo que estas personas pueden hacer para desacelerarlo. Me siento afligido por los esposos y esposas que siguen lidiando con la ardiente furia o las hirientes críticas de sus cónyuges. Pero no necesitan mi conmiseración, sino ayuda práctica y un consejo sensato, por difícil que resulte aceptarlo y seguirlo.

Hay una palabra que contiene una de las claves para beneficiarnos del ciclo vigorizante: *incondicional.* Y admito que con frecuencia necesito prestarle atención a mis propios consejos. A pesar de lo felices que somos Sarah y yo, todavía pasamos ratos en el ciclo de la recompensa. En esos momentos yo debo recordar que Sarah no es la que me *induce* a ser como soy, sino que ella sólo *revela* mi manera de ser. Cuando actúo con desamor hacia ella, es porque todavía tengo mis problemas. Todavía necesito crecer más. Y una de dos: o admito que me falta madurar, o me hago la víctima. En este último caso, puedo culparla a ella, a las circunstancias o a lo que sea. Pero como víctima, no maduraré.

Sin embargo, supongamos que mi esposa es la que ha obrado mal. Está siendo irrespetuosa conmigo y, por lo tanto, tengo «derecho» a sentirme herido, enojado, deprimido. Pero si lo hago, asumiré de nuevo la actitud de víctima.

Sea de quien sea la culpa, no puedo tener la expectativa de que Sarah sane mis heridas o me consuele. El único consuelo verdadero vendrá de mi Señor y de ponerle mi situación en sus manos. Yo más que nadie debo aferrarme a un principio clave del amor y el respeto, y no soltarlo por nada: *No importa lo deprimente o irritante que pueda ser mi pareja, la forma en que yo reaccione es mi responsabilidad.*

Siempre tienes una alternativa

En Juan 8, Jesús se encuentra en medio de una acalorada discusión con los fariseos acerca de quién es Él y por qué ellos debían seguirlo. Explicándoles el secreto de la verdadera libertad espiritual, el Señor les dice: «Si vosotros permaneciereis en mi palabra, seréis verdaderamente mis discípulos; y conoceréis la verdad, y la verdad os hará libres… si el Hijo os libertare, seréis verdaderamente libres» (vv. 31-32, 36). Y sus palabras todavía tienen validez para nosotros. Independientemente de lo difícil que sea tu pareja en este momento, él o ella no controlan tus reacciones; pero, en cambio, tú sí. Aunque sientas desilusión, frustración o ira, *siempre tienes una alternativa.* La mujer puede escoger entre ser irrespetuosa *o* respetuosa. El esposo puede optar por ser amoroso *o* no serlo.

Cuando te das cuenta de que en Cristo eres libre y no esclavo de las viejas reacciones negativas que te llevan directo al ciclo de la locura, hallas una fuente de poder verdadero. No importa con cuánto desamor te trate tu esposo, si lo respetas incondicionalmente porque quieres obedecer al Señor, puedes ganártelo «sin palabras» (ver 1 Pedro 3.1-2), es decir, puedes influenciarlo para que siga a Cristo, lo cual también redundará en que te trate mejor. Y el mismo principio es aplicable para los hombres. Pese a lo irrespetuosa que pueda ser tu mujer, puedes ganártela si la amas incondicionalmente en obediencia a Cristo. Dios llamó al profeta Oseas a amar sin condiciones a su esposa adúltera (Oseas 3.1). El Señor sabía que el amor incondicional es el mejor modo de influenciar a una mujer para que regrese a Él y a su marido.

Entonces, comprende que el ciclo de la recompensa te da la seguridad de que cuando vengan las pruebas (y ciertamente vendrán), siempre vas a tener una alternativa. El conflicto es inevitable; sencillamente es parte de la convivencia. La clave para evitar que los enfrentamientos activen el ciclo de la locura está en decidir practicar el amor o el respeto. Cuando el esposo habla en un tono amoroso durante un conflicto, el cual puede abarcar desde una leve discusión hasta un desacuerdo mucho más serio, su esposa se sentirá una con él. Y cuando la mujer suaviza sus expresiones faciales y se muestra ante su marido en una forma más respetuosa en esos momentos de fricción, su esposo se sentirá uno con ella. ¿Resolverán el desacuerdo? Quizás, pero lo más probable es que ahí seguirá. Aun así, marido y mujer pueden sentirse unidos porque ninguno de los dos tiene que ser ganador o perdedor. En los conflictos, ni ganar ni perder es la meta. Pero sí la unidad, la cual se logra cuando la esposa se siente amada por su marido y él se siente respetado por ella. De esta forma establecen un vínculo afectivo y entonces verdaderamente dos personas se vuelven una sola.

Vivir en la práctica un matrimonio basado en el amor y el respeto es un viaje que dura toda la vida, pero no tienes que hacerlo solo. En Cristo eres verdaderamente libre (Juan 8.36) para tomar la madura decisión de amar o respetar sin tener en cuenta las actuaciones de tu cónyuge. *Sin embargo, debes pedirle ayuda constantemente al Señor.* Separado de Él, nada puedes hacer (Juan 15.5). Pedir la ayuda de Dios implica orar, y orar mucho. No con la clase de oraciones tipo lista de deseos: «Esto y esto es lo que quiero para mí. Por favor, cumple mis deseos». Las oraciones conforme al ciclo de la recompensa son de esta clase: «Señor, quiero hacer lo que *Tú* quieras. Por favor, cumple tus deseos *en mí*».

Rosado y azul se convierten en el púrpura de Dios

Una de las ilustraciones más populares que utilizamos en las conferencias Amor y Respeto compara a los hombres y mujeres con el rosado y el azul. El público reacciona de inmediato cuando explico que ellas ven a través de unos lentes rosados y escuchan con audífonos del mismo color, mientras que ellos lo hacen con lentes y audífonos azules. En otras palabras, hombres y mujeres son *muy diferentes*. Pero cuando estos dos colores se combinan, el que se obtiene es el púrpura, el color de Dios y de la realeza. Efesios 5.33 explica la forma en que se deben mezclar el azul y el rosa: «[Cada esposo] ame también a su esposa como a sí mismo, y que la esposa respete a su esposo» (NVI). Vivir este versículo es la clave para combinarse en uno solo y reflejar así la imagen misma de Dios.

Pero se requiere compromiso para poder hacerlo a diario, en el tiempo presente, cuando los desacuerdos y los malentendidos surgen de repente. A continuación tienes un modelo de oración de compromiso que invitamos a hacer a los cónyuges, juntos, cuando concluimos nuestras conferencias. Esta oración sintetiza lo que es el ciclo de la recompensa e igualmente lo que significa tener un matrimonio basado en el respeto y el amor. Vivir Efesios 5.33 es la clave para fundirse en uno solo con el fin de reflejar la imagen misma del Señor.

Oración de compromiso

Amado Padre:

Te necesito. No soy capaz de amar ni respetar a la perfección, pero sé que me escuchas cuando te pido ayuda.

Primero que todo, por favor, perdóname por las veces en que he actuado sin amor o con irrespeto. Y ayúdame a perdonar a mi pareja por su desamor o irrespeto hacia mí.

Padre, te abro mi corazón. No me enojaré contigo ni con mi pareja, y tampoco sentiré miedo. Ahora me veo a mí y a mi cónyuge desde una perspectiva completamente diferente y por eso consideraré no que mi pareja está equivocada, sino que es diferente.

Señor, también te pido que llenes mi corazón de amor y reverencia por ti. Después de todo, este matrimonio tiene que ver contigo y conmigo, y no con mi cónyuge. Gracias por ayudarme a entender esta verdad y a darme cuenta de que mi mayor recompensa la recibiré al actuar con mi pareja como si fuera un servicio a ti.

Prepárame el día de hoy para esos inevitables momentos de conflicto. Te pido en especial que pongas respeto y amor en mi corazón, cuando no me sienta amada o me sienta irrespetado. Sé que no tiene mérito amar ni respetar cuando resulta fácil hacerlo.

Por último, creo que escuchas mi oración y por eso espero tu respuesta. Te agradezco de antemano por ayudarme a dar el siguiente paso de amor y respeto en mi matrimonio. Tengo fe en que me darás el poder, me bendecirás e incluso me recompensarás por mi esfuerzo para asumir el matrimonio como para ti.

En el nombre de Jesucristo,
Amén.

—————✦—————

Lector, por favor, toma nota: Con este primer capítulo, «Curso breve sobre Amor y Respeto», queda cubierto mi anterior libro *Amor y respeto*, resumido aquí brevemente. Y en el resto del presente libro se utiliza el sistema Amor y Respeto para que tú y tu pareja enfrenten el importantísimo reto de aprender a entenderse mutuamente y para que empiecen a comunicarse entre ustedes con mayor claridad, efectividad y, sobre todo, ¡con más Amor y Respeto!

SEGUNDA PARTE

❈❈❈❈

Tres verdades esenciales para mejorar la comunicación

❈❈❈❈

En los tres capítulos siguientes se tratarán tres verdades esenciales que les resultarán muy valiosas a ti y a tu pareja para poder entenderse mutuamente y de esta forma mejorar su comunicación. Estas verdades son:

1. En cualquier matrimonio, lo que sale de la boca de cada cónyuge tiene una gran importancia. Jesús lo expresó con mucha claridad: de tu boca sale aquello que abunda en tu corazón (ver Lucas 6.45). Este libro se basa en la premisa de que sus lectores están practicando el amor y el respeto (o que al menos están dispuestos a hacerlo) en la forma como se bosquejó en el primer capítulo y que se trata con mayor amplitud en *Amor y respeto* (Casa Creación, 2005). Aprovecharás mejor estas páginas si haces el compromiso incondicional de vivir con amor y respeto y seguir las sencillas enseñanzas de la Biblia.

2. Los esposos y las esposas son muy diferentes entre sí, tan distintos como los colores rosado y azul. Es de crucial importancia que marido y mujer consideren que ninguno de los dos está mal, sino que ambos son muy diferentes: en su funcionamiento corporal, actitudes y puntos de vista. Las investigaciones y la experiencia comprueban que hombres y mujeres ven y escuchan en una forma diferente. Para alcanzar el entendimiento mutuo y una mejor comunicación es absolutamente necesario reconocer esas diferencias y adaptarse a ellas.

3. Cuando tu cónyuge tiene uno de esos inevitables momentos de resentimiento, ira o mal carácter, aun así debes considerar que es una persona que tiene buena voluntad. Tu pareja puede dejar de ser amorosa o respetuosa, pero igual debes confiar en sus buenas intenciones. Tú sabes que sus propósitos no son malos o que en el fondo no pretende hacerte ningún daño. Cualesquiera que sean sus defectos, sabes que en el fondo te quiere. Y tú deberías sentir lo mismo hacia tu pareja. Si olvidas que tu cónyuge fundamentalmente es una persona con buenas intenciones, como tú, te resultará difícil practicar el amor y el respeto.

CAPÍTULO DOS

〜〜〜

En el matrimonio,
la boca importa

Casi todos mis coterráneos probablemente hayan escuchado o leído la rima infantil que hace la siguiente declaración valiente pero ingenua: «La gente puede herirte con piedras y palos pero no con lo que digan de ti». Y casi todos los que hemos superado la niñez sabemos que, en realidad, las palabras sí pueden lastimarnos. Todos los años, en mi trato con miles de parejas de casados tengo la oportunidad de ver y escuchar que las palabras no sólo pueden herir, sino que pueden destruir una relación.

Sarah y yo también podemos testificar que la lengua tiene el poder de herir. Las palabras dichas a la ligera, las palabras sin amor, las palabras irrespetuosas, las palabras pronunciadas con ira o cuando estamos a la defensiva, todas ellas las experimentamos en los primeros años de nuestro matrimonio, a pesar de estar muy enamorados y habernos comprometido a una vida juntos en el ministerio cristiano.

Un ejemplo: cuando teníamos poco más de veinte años, con menos de uno de casados, visitamos a mis padres en Peoria, Illinois, donde vivían. Nos instalamos en la casa y por la noche, mientras me preparaba para irme a la cama, me di cuenta de que había olvidado el estuche de mis lentes de contacto. Quise improvisar alguna clase de recipiente que los protegiera durante la noche y fui a la cocina, tomé dos vasos con agua y dejé caer los lentes en su interior. Al regresar al baño, los coloqué encima del tanque del inodoro, uno al lado del otro.

Pero a la mañana siguiente cuando me preparaba para ponerme los lentes, ¡descubrí que uno de los vasos estaba vacío y que faltaba el lente! Mientras intentaba imaginarme lo sucedido, Sarah se convirtió en la principal sospechosa.

La ira comenzó a invadir mi cuerpo. Entonces, fui a la puerta y grité: «Sarah, ¿hiciste algo con mis lentes de contacto que estaban en los dos vasos que dejé encima del tanque del inodoro?»

Mi esposa se encontraba afuera en el patio con mis padres y su primera respuesta fue negativa. Sin embargo, segundos después la oí decir: «¡Ay, no!», y tuve la clara sensación de que enfrentábamos un verdadero problema. Yo estaba en lo correcto. Con nerviosismo, lo siguiente que dijo Sarah fue: «A medianoche me levanté para tomarme una pastilla y me tomé uno de los vasos de agua». En una millonésima de segundo yo estaba hecho una furia. «Que hiciste ¿QUÉ? ¿Cómo pudiste? Sarah, ¿cómo es POSIBLE que alguien haga algo así? Había dos vasos, uno al lado del otro en el inodoro, ¡santo cielo! ¡Te BEBISTE mi lente de contacto!»

> *Todos los casados saben que «la palabra áspera hace subir el furor» (Proverbios 15.1).*

A esas alturas, ella ya estaba conmigo en el baño, la escena del crimen, pero con la puerta abierta mis padres podían oír todo lo que hablábamos. Sarah se sentía herida por partida doble: por mi ira y porque mis padres escuchaban la forma en que me expresaba con mi esposa. Me replicó: «¿Por qué alguien en su sano juicio no podría avisarle a todo el mundo lo que hizo o poner un letrero de "No Usar"?»

«¿Y por qué alguien tomaría agua de un vaso que parece usado y que está encima de un inodoro?» Quería saber yo.

«¿Sí? ¿Por qué una persona iba a dejar un vaso de agua ahí, si quería que nadie lo usara?» Una y otra vez le dimos vueltas a lo mismo y la situación se volvió una locura. Nuestra mutua frustración y rabia era provocada en gran parte porque no teníamos dinero para remplazar el lente, que en aquella época era muy costoso. A nuestra ansiedad se le sumaba la preocupación con respecto a cómo iba yo a leer o conducir.

Lentamente nos fuimos calmando y comencé a sentirme como un tonto por haber estallado así con Sarah y, además, enfrente de papá y mamá. En menos de una hora, los dos nos pusimos a orar e invitamos a mis padres. Pedí perdón por mi ira y lo mismo hizo Sarah. También reclamamos la promesa de Romanos 8.28 de que a los que aman a Dios todas las cosas les ayudan a bien. Y eso fue exactamente lo que Dios hizo, pero dejaré el desenlace para la conclusión de este libro. Mientras tanto, mi esposa y yo seguimos aprendiendo a vivir juntos y amarnos mutuamente, pero muchas veces se presentaban tensiones entre nosotros, lo cual nos llevaba a preguntarnos cuándo surgiría el próximo enfrentamiento.

Un plácido viaje que termina en carrera destructora

Nuestra relación no era un desastre, ¡ni muchísimo menos! Pero teníamos nuestros momentos, los cuales nos hacían girar como un trompo y terminábamos mareados debido a la confusión y la consternación. Nos sentíamos como dos locos enamorados que pasaban como un bólido por la maravillosa carretera llamada matrimonio, pero que cada cierta distancia alguna palabreja, o tal vez unas cuantas, convertían nuestro dichoso viaje en una carrera destructora, de esas que se corren en una pista en forma de ocho y en la que los autos chocan a sus rivales para inutilizarlos. Esas colisiones nos sacudían y magullaban, dejándonos un poco asustados por los latigazos verbales con que nos golpeábamos entre sí.

Pero, irónicamente, mi ministerio me llevó al área de la terapia de parejas.

Mientras en mi casa recibía, y repartía, palabras hirientes, también oía hablar mucho del tema por boca de personas casadas que acudían a mi oficina en busca de ayuda. Por lo general eran esposas que se presentaban solas porque sus maridos no habían querido acompañarlas. Sentían un intenso dolor y confusión, y las lágrimas no faltaban. Esas mujeres ansiaban mejorar su matrimonio y estaban dispuestas a hacer lo que estuviera a su alcance para que crecieran los sentimientos de amor entre ellas y sus esposos.

> *Tu pareja no escuchará lo que hay en tu corazón, si tú eres alguien que «hiere con la lengua como con una espada» (Proverbios 12.18, NVI).*

Yo creaba estrategias con ellas sobre la manera de motivar a sus maridos a ser más amorosos y ellas salían con la flamante determinación de darle un vuelco a su matrimonio. Pero, casi invariablemente, regresaban con un parte de más heridas y rechazo: «No quiere hablarme», «Se limita a enojarse conmigo» o «Usa palabras que me hieren profundamente».

Lo que me impresionaba, sin embargo, era que esas mismas mujeres a menudo confesaban: «Sé que actúo en una forma desagradable con él», «Me doy cuenta de que debería ser más positiva» o «Sé que mis palabras pueden obstinarlo». Y después, casi siempre añadían: «Pero él debería *saber* que lo hice sin querer. Debería saber que estoy herida. Pastor, *¿por qué* él no me entiende a mí, ni lo que hay en mi corazón. ¿Por qué no me *ama?*»

Cómo descubrí los tres ciclos del matrimonio

Estas mismas historias se repetían una y otra vez, y me desesperaba intentando ayudar a aquellas mujeres que se sentían tan poco amadas. Podía entender el porqué de sus críticas, pero cuanto más cosas hacían, menos amor les mostraban sus maridos. Entonces, un día mientras trabajaba en la oficina de mi casa, se me ocurrió preguntar: «¿Qué dice la Biblia sobre cómo motivar a un esposo para que sea más amoroso?» ¡Ahí estaba yo, todo un pastor y maestro de la Biblia, pero nunca me había hecho esa pregunta tan obvia! Tratando de encontrar la respuesta, estudié el libro de Efesios, en particular 5.22-33, un pasaje que contiene la mejor enseñanza del Nuevo Testamento acerca del matrimonio y que concluye así: «En todo caso, cada uno de ustedes ame también a su esposa como a sí mismo, y que la esposa respete a su esposo» (v. 33, NVI).

> *En tu matrimonio recuerda que «podemos confiar en sus mandatos» (Salmos 111.7, BLS).*

Ahí lo tenía, un mandamiento de Dios, porque obviamente Él sabe que la esposa necesita amor y que el marido necesita respeto. Al meditar en el versículo 33, comencé a notar que había una conexión entre el amor y el respeto. Me pregunté a mí mismo: «¿Qué le sucede a un hombre cuando su esposa satisface su necesidad de respeto?» La respuesta me vino al pensamiento: «Se siente lleno de vigor». Pero, vigor para hacer ¿*qué*? Me pareció que se sentiría motivado a satisfacer la necesidad de amor de su esposa.

Luego pensé: «¿Qué pasa cuando el hombre satisface la necesidad de amor de su esposa?» Y una vez más me vino la respuesta: «Ella se siente llena de vigor». ¿Para hacer qué? ¡Por supuesto! ¡Ella se siente motivada a satisfacer la necesidad de respeto de su esposo!

Cuando terminé mi argumentación, se hizo evidente que tenía la respuesta a la pregunta que me había hecho: «¿Qué dice la Biblia sobre cómo motivar a un esposo para que sea más amoroso?» Mientras más pensaba en cómo se pueden motivar y vigorizar mutuamente los cónyuges, más me daba cuenta de que había dado con algo poco convencional, extraordinario y electrizante que podía ayudar a muchos matrimonios. Pronto encontré una forma concisa de describir la secuencia a partir de un ciclo:

El ciclo vigorizante
El amor de él motiva el respeto de ella
El respeto de ella motiva el amor de él

Las ideas se agolpaban en mi mente. Junto con el positivo ciclo vigorizante de Efesios 5.33, también reconocí un ciclo negativo que nos quita el vigor. Me pregunté: «¿Qué le sucede a un hombre cuando su esposa *no* satisface su necesidad de respeto?» La respuesta parecía obvia: él no se siente vigorizado en su matrimonio y pierde su motivación para satisfacer la necesidad que ella tiene de ser amada. En efecto, analicé que si la mujer irrespeta a su esposo, él pierde sus sentimientos de amor y afecto por ella y es proclive a reaccionar de un modo que ella percibirá como poco amoroso, ¡sólo para «enseñarle» a ser más respetuosa! (¡Y, por supuesto, eso no da resultado!)

«¿Y la mujer?», me pregunté. «¿Qué sucede cuando su marido no satisface su necesidad de amor?» Una vez más, la respuesta era lo suficientemente clara: una esposa no amada no se siente vigorizada en su matrimonio y pierde su motivación para satisfacer la necesidad de respeto de su esposo. ¡Cuando se siente poco amada tiende a reaccionar de un modo crítico e irrespetuoso! (¡Eso tampoco da resultado!)

A esas alturas supe que me había topado con algo realmente enorme que explicaba en buena medida por qué hombres y mujeres caían una y otra vez en ese loco comportamiento del que yo me enteraba en mi oficina de consejería, ¡y en el que yo también caía con Sarah de vez en cuando! Una forma concisa de exponer esta conexión negativa entre amor y respeto me vino a la mente de la siguiente forma:

El ciclo de la locura
Sin el respeto de ella, él reacciona sin amor
Sin el amor de él, ella reacciona sin respeto

Me ocupé del ciclo vigorizante y su antagonista, el ciclo de la locura, pero todavía quedaba una pregunta decisiva por resolver: «¿Puede el esposo o la esposa justificar el trato a su pareja con desamor o irrespeto?» Mi mente se puso a trabajar a toda marcha cuando estudié de nuevo Efesios 5.33 para entender lo que el versículo *no* afirmaba. En ese pasaje no dice que «cada esposo debe amar a su esposa *si y sólo si* ella lo respeta a él primero» y tampoco dice que «cada esposa debe respetar a su esposo *si y sólo si* él la ama a ella primero en una forma que ella considere significativa».

La respuesta a mi interrogante fue bastante obvia: tanto el amor del marido por su mujer como el respeto de ella por su marido deben ser *incondicionales*, un acto de gracia, un favor inmerecido. Esa idea era tan importante que busqué una forma de expresarla en el «idioma» de los ciclos y se me ocurrió lo siguiente:

El ciclo de la recompensa
El amor de él bendice sin tener en cuenta el respeto de ella
El respeto de ella bendice, sin tener en cuenta el amor de él

En otras palabras, cuando un esposo o una esposa aman o respetan incondicionalmente, Dios bendice o recompensa la fidelidad de esas personas. Sin tener en cuenta cómo actúe tu pareja, el respeto por tu marido debe ser incondicional, al igual que el amor por tu mujer. No existe justificación para algo diferente. Es el mandato de Dios para marido y mujer, independientemente de que su cónyuge merezca el amor o el respeto. Uno no puede discutir con el Señor: «¡Para que yo obedezca lo que me ordenaste, mi pareja primero tiene que ganarse el amor o el respeto!» Y esta es, sin lugar a dudas, una tarea difícil. Al hombre se le ha ordenado amar a su esposa incluso si es irrespetuosa, crítica y aunque lo menosprecie. Y debe ir más allá para satisfacer la más profunda de las necesidades de ella, el amor, aunque su propia necesidad de respeto no se esté satisfaciendo e incluso si ella le reprocha que «no se lo ha ganado». Sin embargo, es más difícil todavía, debido al condicionamiento cultural, el deber de que la esposa respete a su marido, incluso si él es poco amoroso, frío y desconsiderado.

> *Respetar incondicionalmente a tu cónyuge implica hacerlo «con todo respeto, no sólo a los que son buenos y afables, sino también a los que son insoportables» (1 Pedro 2.18, LBLA).*

Quiero destacar el aspecto novedoso de este mensaje en nuestra cultura actual: el respeto incondicional hacia el esposo. Este concepto les causa risa a muchas mujeres, debido a lo que ellas creen que es la definición de *respeto incondicional*. Algunas preguntan: «Entonces, ¿tengo que darle a mi esposo licencia para que haga lo que le dé la gana? ¿Tengo que decirle: "Respeto la forma en que casi nunca me hablas. Sí, claro, ve y pasa más tiempo con tus amigotes que conmigo"?» Eso es absurdo para cualquier mujer. Y lo que en un principio la mayoría no entiende es que el respeto incondicional no tiene que ver con darle carta blanca al marido. Al contrario, implica confrontarlo a él de un modo respetuoso por su hiriente comportamiento: sin blanquear los ojos ni lanzar profundos suspiros, sin apoyar las manos en la cadera ni señalar con el dedo, sin miradas avinagradas ni comentarios exagerados como: «¡Tú no sientes nada por mí!» No es sencillo, sin embargo, las correcciones despectivas son ineficaces a largo plazo.

¿Respeto incondicional para mi marido? ¡Ni loca!

Para la mujer no tiene sentido la idea de que debe mostrarle respeto incondicional a su esposo porque él lo necesita profundamente. Ella piensa: «Se supone que él tiene que amarme y *después* tendrá mi respeto» Aun más desalentador es el hecho de que el respeto incondicional para el esposo vaya en contra de la cultura. Cuando hice mis hallazgos en Efesios 5.33 a finales de los noventa, el feminismo había ejercido su dominio durante muchos años y en la mente de muchas mujeres había conseguido la igualdad de condiciones. Si algún hombre esperaba recibir el más mínimo respeto por parte de una mujer, ¡mejor que se lo ganara!

Comencé a pensar: «¡Esta idea del respeto incondicional hacia los esposos de seguro no tendrá buena acogida!» Preguntándome si estaba en lo correcto o no, decidí buscar en otra parte de la Biblia una confirmación de las palabras de Pablo en Efesios 5.33 acerca del respeto incondicional. Tal confirmación surgió con una fuerza impactante cuando llegué a 1 Pedro 3.1-2. Aquí el apóstol les habla a las mujeres casadas con «maridos desobedientes» que sean incrédulos o que sean creyentes carnales que no siguen a Cristo como debieran. Pedro hace la audaz declaración de que incluso «si algunos de ellos son desobedientes a la palabra, puedan ser ganados sin palabra alguna por la conducta de sus mujeres al observar vuestra conducta casta y respetuosa» (LBLA).

Creo que cuando Pedro mencionó a los «maridos desobedientes», estaba pensando en todas las posibilidades: desde los no creyentes hasta los cristianos ásperos, bruscos y que no tratan muy bien a sus familias. Aun así, Pedro les dice a las esposas que su respeto incondicional es fundamental para ganar a esos hombres. El marido incrédulo puede ser ganado para Cristo y el cristiano carnal puede ser rescatado de una vida de desobediencia. Es más, el respeto incondicional motiva a cualquier esposo a cambiar su comportamiento inadecuado. El respeto de la mujer reflejado en sus palabras, tono de voz y la apariencia de su rostro le darán a él convicción de sus faltas. Con el tiempo, ella puede ganarse su corazón. Al satisfacer su necesidad de ser respetado, ella está impresionando su corazón del mismo modo que el hombre afecta el de su esposa cuando satisface su necesidad de sentirse amada. El matrimonio no se trata de dos personas que se merecen el amor o el respeto, sino de dos personas que necesitan ambas cosas. Pedro no habla en ningún momento de que esos esposos se ganen o se merezcan el respeto de sus mujeres. ¡La verdad es que habla de unos tipos desobedientes a Jesucristo y muy indignos! Déjame repetírtelo: ¡que no se merecen el respeto! En realidad, el apóstol simplemente dice: «Sin tener en cuenta cómo actúa, de todas maneras muéstrate respetuosa hacia el grandísimo zopenco». Dicho con otras palabras sencillas y claras: «Muéstrale respeto *incondicional*».

Los tres ciclos se presentan en todos los matrimonios

A medida que mi alma se saturaba de esas ideas que Dios me dio por medio de Pablo y Pedro, al principio me sentí atemorizado y, luego, rebosante de alegría. Literalmente me puse en pie y grité: «¡Gloria, gloria a Dios!» Luego llamé a Sarah (que en realidad ya venía a medio camino porque no es usual que su esposo grite «¡Gloria a Dios!», cuando está estudiando). Al entrar apresuradamente, le dije: «Creo que acabo de tener una revelación. Mira las conexiones que encontré entre el amor y el respeto».

Mientras le explicaba los bocetos de mis diagramas de los tres ciclos, ella entendió la idea casi de inmediato y exclamó: «¡Estos son los ciclos que están ocurriendo en nuestro matrimonio y en el de todo el mundo también! Es tan simple, pero a la vez capta lo que todos vivimos».

Yo quería saber: «¿Qué opinas del ciclo de la recompensa y de la parte incondicional?» «Ese es el ciclo que más me impresiona», replicó Sarah. «¡Eso es! ¡Incluso el que esté viviendo el peor de los matrimonios puede escuchar esta enseñanza y Dios puede hacer una obra poderosa en el alma de esa persona, aunque su pareja no esté en la conferencia!»

Sarah y yo seguimos hablando de los tres ciclos, especialmente del de la recompensa porque ella lo consideraba muy liberador. Mi esposa también creía que Dios me había puesto en el camino de algo muy importante y ansiaba compartir esas ideas con todo el que pudiera. Ella siempre se había sentido cargada por una buena parte de las enseñanzas sobre el matrimonio que decían, literalmente: «Si haces esto y aquello, todo marchará sobre ruedas; pero si no funciona, es porque estás haciendo algo mal». Según sus propias palabras: «El ciclo de la recompensa no afirma que exista una fórmula mágica para los matrimonios. Algunas veces debemos hacer las cosas por amor y reverencia a Dios. Debemos obedecerlo a Él *a pesar de*. Cuando amamos o respetamos, el Señor nos recompensa. Y esa es la más grande de las motivaciones para actuar. Una persona puede hacerlo, aunque su pareja no responda».

En el libro *Amor y respeto* doy una versión mucho más breve de cómo descubrí el ciclo de la locura y la conexión entre el amor y el respeto, pero creo que es útil explicar lo que sucedió con más detalle en esta obra, que se enfoca en que logres el entendimiento mutuo y una mejor comunicación en tu matrimonio. Para que tú y tu cónyuge aprovechen al máximo este segundo libro, resulta crítico entender la importancia de la forma en que interactúan el amor y el respeto en los tres ciclos. En nuestras conferencias sobre el tema siempre comenzamos con el ciclo de la locura porque es allí donde en alguna medida se encuentran tantas parejas, al menos una parte del tiempo. Luchan por comunicarse, pero lo que desencadena la locura muchas veces surge a partir de lo que sale de la boca.

Aun después de que los cónyuges capten la idea de que el amor y el respeto pueden mejorar su relación, es que apenas la batalla empieza, como lo entendimos muy bien Sarah y yo. Una cosa es descubrir la conexión entre el amor y el respeto, y otra muy diferente vivir de acuerdo a eso. Practicar el amor y el respeto requiere de trabajo, mucho trabajo. Y gran parte de ese esfuerzo tiene que ver con la forma en que usamos nuestra lengua. En el matrimonio, la boca importa muchísimo. Pero aun más importante es el corazón, porque lo que hay en él se manifestará por mi boca. Como dijo Jesús, de la abundancia del corazón habla la boca (Lucas 6.45).

Pablo tenía mucho que decir sobre el uso de la boca

Pablo conocía las enseñanzas de Jesús y estoy seguro de que estaba pensando en sus palabras cuando escribió la carta a la iglesia de Éfeso (Efesios 4.20-21). Observa en particular lo que Pablo afirma en Efesios 4 y 5, en donde trata varios puntos sobre la manera en que los cristianos debemos usar la boca:

Debemos dejar la mentira y hablar la verdad (4.25).
Debemos dejar las palabras corrompidas y hablar con palabras que edifiquen (4.29).
Debemos dejar los gritos y maledicencia y ser benignos y perdonadores (4.31-32).
Debemos dejar las conversaciones necias y las groserías y ser agradecidos (5.4).
No debemos embriagarnos con vino sino ser llenos del Espíritu, hablándonos unos a otros con salmos, himnos y cánticos espirituales (5.18-19).

Todo lo que Pablo escribe en el capítulo 4 y en la primera parte del capítulo 5 es aplicable a todos los cristianos, pero nota que después se dirige específicamente a los casados, en Efesios 5.22-33. Estoy convencido de que él sabía que si había alguien que necesitaba aplicar lo que acababa de decir sobre el uso de la lengua, eran las parejas casadas.»

En capítulos posteriores examinaremos con mayor detenimiento algunos de los pasajes ya citados, pero por ahora podemos hacernos esta pregunta: «¿Puedo esperar de mi pareja que confíe en que en mi corazón hay amor o respeto, si hablo palabras falsas, corrompidas, que expresan rencor o desagradecimiento, o que no sean bíblicas?» Es obvio que la respuesta es no pero, de igual modo nos podemos preguntar: «¿Qué sucedería en mi matrimonio si mis palabras *fueran* veraces, íntegras, si expresaran perdón y agradecimiento, y si fueran conforme a la Biblia?»

Tus palabras revelan lo que hay en tu corazón

Debes darte cuenta de que tus palabras son un excelente indicio de lo que ocurre en tu corazón; y tu pareja lo sabe. Si el hombre promete amor y la mujer respeto, pero aun así se expresan con palabras que su cónyuge sentirá sin amor ni respeto, simplemente están plantando semillas de duda sobre lo que realmente hay en su corazón. Por ejemplo, si Sarah me está hablando y yo le respondo distraídamente con un «ajá» mientras que mi atención se pasea por la pantalla de televisión o el periódico, fácilmente ella podría comenzar a sentirse poco amada.

O imagínate que nos enfrascamos en una discusión por algo en lo que no estamos de acuerdo y al final me exaspero y le digo: «Parece que no captas el mensaje y me dejas aturdido por la cantidad de ideas inconexas que acabas de decir y que no llegan a nada. Creo que jamás voy a entenderte». Ella sentirá no un poquito de desamor sino mucho. Y empezará a cuestionar si realmente la amo, ya que mis palabras dicen lo contrario. Sarah también podría tomárselo en broma, comentando que de todas maneras los hombres nunca podrán entender a las mujeres, pero aunque se ría por fuera, algo más podría estar sucediendo en su interior. Como lo indica la Escritura: «Aun en la risa, el corazón puede tener dolor» (Proverbios 14.13, LBLA).

Las causas de la inseguridad de la esposa no son difíciles de entender. Ella cree firmemente que si su marido la ama en su corazón, él le comunicará ese amor, lo cual no implica necesariamente que él deba colmarla todos los días de versos románticos. Pero ella espera que de alguna manera y en algún momento él le hable del amor que le tiene, porque él lo siente en su corazón.

Los hombres también necesitan seguridad. Si intento compartirle a mi mujer la satisfacción que sentí por haber ayudado a alguien que se me acercó con un problema y Sarah me responde con un simple: «Aaaaah, ya. Fantástico, mi amor. ¿Qué quieres de cenar esta noche?», yo podría comenzar a pensar que ella no valora mucho mi trabajo.

O si la invito a que simplemente se siente y descanse conmigo por un rato para observar el par de gansos canadienses que vienen todos los años a tomar posesión del pequeño pantano detrás de nuestra casa, pero ella dice: «Tú *sabes* que tengo cosas que hacer y en verdad no tengo tiempo para ponerme a mirar unos gansos», yo podría deducir fácilmente que para mi esposa no es de gran valor estar conmigo y que lo que me vigoriza a mí en la pantalla del radar de ella no se ve como algo muy importante.

Y si Sarah se la pasara diciéndome cosas como: «Ve y mira el noticiero de la noche, yo necesito llamar a algunas amigas», no me costaría trabajo preguntarme si ella realmente quisiera estar conmigo porque soy su amigo querido; y a partir de ahí no me costaría trabajo cuestionar si en verdad ella me respeta en su corazón.

El punto es que los hombres también se pueden sentir inseguros si no escuchan de sus esposas palabras que les expresen de muchos modos, sutiles o no tan sutiles: «Te respeto». Cualquier hombre sabe que si su esposa lo respeta, ella le comunicará eso, lo cual no implica que deba componerle canciones de admiración y cantárselas de madrugada y al atardecer. Pero en algún momento, de alguna manera sencilla, el mensaje se recibirá, si en su corazón verdaderamente hay respeto.

A estas alturas tal vez puedas pensar: «Un momento, Emerson. Sólo porque cometí un error y fui imprudente para hablar no significa necesariamente que carezca de amor o respeto en mi corazón. ¡Vamos! Yo no puedo hablar a la *perfección* todo el tiempo. No siempre puedo decir justo lo correcto, en cada momento del día». Buen punto y tanto Sarah como yo estaríamos de acuerdo en que ninguno de los dos habla perfectamente todo el tiempo. Como está escrito: «Si alguno no ofende en palabra, éste es varón perfecto» (Santiago 3.2). Santiago estaba muy consciente de que nosotros ofendemos y advierte que «la lengua es un miembro diminuto, ¡pero cuánto daño puede hacer!» (3.5, BAD). Por la misma razón, mi esposa y yo entendemos que si estamos interesados en vivir con amor y respeto, debemos hacer todo lo posible para medir nuestras palabras con más cuidado. Somos imperfectos en nuestra forma de hablar, *¡pero le podemos pedir a Dios que nos ayude a hablar con menos imperfección!* La Biblia claramente nos exhorta a usar nuestra boca para expresarnos con más sabiduría. He aquí sólo dos ejemplos:

- «El corazón del sabio hace prudente su boca, y añade gracia a sus labios» (Proverbios 16.23).
- «El corazón del justo piensa para responder; mas la boca de los impíos derrama malas cosas» (Proverbios 15.28).

Las palabras provocadoras nos pueden meter en problemas

Después de haber practicado y enseñado el amor y el respeto durante más de ocho años, Sarah y yo nos asombramos continuamente del poder que tienen las palabras y del modo en que se dicen. De acuerdo con mi experiencia, me atrevería a decir que casi todos los matrimonios tienen ciertas palabras o frases provocadoras que generan conflictos. Por ejemplo, cuando Sarah está muy preocupada (irritada) por algo que hice o dije (otra vez), ella utiliza la expresión: «Tú siempre...» Cada vez que la escucho, inmediatamente me cierro por dentro y pienso: «No es verdad. Yo no *siempre* [hago o digo cualquier cosa de la que Sarah me esté acusando]». Y me siento tentado a lanzar un contraataque sobre cuán absurdo me suena que me reclame que «yo siempre...» y evito prestarle atención a lo que en realidad está tratando de decirme.

Felizmente, con los años he aprendido a conectarme con lo que mi mujer intenta comunicarme cuando me acusa de que yo siempre... Tales palabras, que en alguna época eran una verdadera provocación para mí, no significan: «Tú haces esto el cien por ciento del tiempo». Ella asume mi comprensión de que no está emitiendo un juicio estadístico sobre mi comportamiento. Trata de captar mi atención con respecto a sus sentimientos y quiere ayudarme a entender su irritación.

> «Quien fácilmente se enoja, fácilmente entra en pleito; quien mantiene la calma, mantiene la paz»
> (Proverbios 15.18, BLS).

Utiliza el «tú siempre...» para reflejar la intensidad de su descontento. En realidad está diciendo: «En este momento me sacas de quicio».

De acuerdo con su verdadera dimensión, he aceptado en gran medida el uso que Sarah le da al «Tú siempre» y trato de evitar que esta expresión provocadora me distraiga de lo que verdaderamente quiere decir. Me doy cuenta de que no la utiliza para irrespetarme. En definitiva, ella habla de esa manera para aumentar el entendimiento y el amor entre nosotros. Ella quiere que yo capte el dolor que siente en su corazón y no desea crearme una herida en el mío.

Por ejemplo, algunas veces descubro que la puerta trasera se quedó sin cerrar con llave durante toda la noche. Cuando le pregunto si usó la puerta y olvidó cerrarla antes de acostarse, ella me replica en forma defensiva: «Tú siempre me culpas de que la puerta no quede cerrada con llave. Yo siempre soy la culpable». Como sé que no siempre la culpo, enfrento la tentación de irritarme y contestar: «Yo no te echo la culpa SIEMPRE». Entonces, en vez de entrar en la polémica de «No, no lo hice» y «Sí, sí lo hiciste», trato de reconocer que mi esposa se siente atacada, tanto más si no tiene nada que ver con que la puerta se haya quedado abierta. Estoy aprendiendo a informarme bien de los hechos antes de sacar conclusiones precipitadas y hacer acusaciones.

En efecto, últimamente cuando encuentro que la puerta está sin llave, le pregunto a Sarah sobre el tema con muchísimo más tacto y ahora es menos probable que me responda: «Tú siempre me culpas». Cuando le hablo con mayor discreción, es más fácil que me conteste en el mismo tono que usó conmigo apenas esta mañana: «No, estoy muy segura de que no la dejé abierta. Yo me fui a acostar y tú saliste al garaje por algo, ¿te acuerdas?» Y luego, como siempre, caigo en la cuenta que en realidad yo soy el culpable y con cara de vergüenza me disculpo por siquiera haber pensado que fue la responsable.

La otra cara de la moneda corresponde a las palabras que uso y que podrían enfurecer a mi esposa: «Cariño, ¿te puedo hacer una sugerencia?» Cuando le digo esto, con frecuencia Sarah percibe un mensaje de verdadera desaprobación. ¿Por qué ocurre esta situación? Porque el meollo del asunto con las palabras provocadoras es que cuando se dicen, el oyente tiende a esperar el peor significado posible. Un ejemplo: supongamos que digo: «Sarah, ¿te puedo hacer una sugerencia con respecto a tu papel como vicepresidenta de los Ministerios Amor y Respeto?» De inmediato ella se siente tentada a pensar: «Estoy fallando en mi cargo y es tan grave que estoy arriesgando el funcionamiento completo del ministerio». En su mente Sarah sabe que eso no es cierto, pero emocionalmente sufre un arranque de impulsividad y cree que ha hecho algo que amerita una carta de despido.

Con los años mi esposa ha aprendido a evitar que sus impulsos la lleven a reaccionar en una forma defensiva. Cuando le pregunto si puedo hacerle una sugerencia, Sarah se da cuenta de que busco acercarme a ella con delicadeza y comprensión. Mis comentarios son sugerencias sinceras que ella puede recibir y aprovechar como estime conveniente. Hoy en día, los impulsos naturales de Sarah no le permiten gritar de alegría las raras veces en que le digo: «¿Te puedo hacer una sugerencia?» Pero, en cambio, ella entabla un diálogo conmigo con madurez y disposición para escuchar y cuando terminamos de hablar, expresa agradecimiento por mi aporte. Y lo que le digo ahora ya no le resulta tan provocador como antes. Emplear palabras provocadoras y reaccionar ante ellas es sólo una de las maneras en que mi esposa y yo podemos empezar a girar en el ciclo de la locura como todos los demás. Sin embargo, podemos encontrar formas de frenarlo y detenerlo por completo. Como dice Sarah: «Lo visitamos, pero no nos quedamos en él».

En otro capítulo trataré de nuevo el tema de las frases provocadoras y explicaré cómo expresar tus mensajes de un modo diferente para que a tu cónyuge le resulte menos incitante. Por ahora sólo quise expresar que mi esposa y yo estamos muy conscientes de lo poderosas que pueden ser nuestras palabras cuando tratamos de practicar el amor y el respeto. Recibo muchas cartas de personas casadas que también conocen ese poder, en especial a partir del momento en que se les presenta el sistema de Amor y Respeto.

Su teoría sobre el hockey los metió en el ciclo de la locura

Un hombre me escribió para contarme lo que puede suceder incluso durante una de mis enseñanzas en una conferencia. Yo acababa de plantear que las mujeres crecen desde niñas relacionándose con otras personas y que desarrollan un gusto por la expresión sincera y directa de sus ideas, mientras que los hombres crecen aprendiendo que deben sostener y proteger a sus esposas e incluso morir por ellas. Debido a los conceptos que exponía desde la plataforma, este hombre recordó una teoría personal que él había desarrollado, o más bien una especulación sobre el comportamiento masculino y femenino, según la cual «en Minnesota, los varones crecen jugando hockey y las chicas crecen mirando cómo juegan hockey los varones».

En ese momento el marido de la teoría me escuchó hablar sobre cómo a los hombres se les puede acosar para que quieran irse a los golpes cuando no se les muestra respeto. Por razones que únicamente él conoce, este señor se inclinó y le susurró la teoría a su mujer. Lo único que ella comentó fue: «Eso me exaspera».

> *«Iniciar una pelea es romper una represa; vale más retirarse que comenzarla» (Proverbios 17.14, NVI).*

Cuando ella utilizó el verbo *exasperar*, lo que él le escuchó decir fue que no lo respetaba a él ni a sus teorías. El hombre comenta: «Me cerré por completo. Le volví la espalda a mi mujer y me volteé hacia el otro lado de la silla».

Yo continué hablando de la facilidad con la que los matrimonios quedan atrapados en el ciclo de la locura y entonces él se dio cuenta de que ¡eso era exactamente lo que había sucedido! Su carta continúa:

Empecé a decirme a mí mismo: «¿Qué te pasa? Estás en una conferencia de parejas y el hombre de la tarima se está refiriendo precisamente a lo que haces ahora. Y está hablando de lo fácil que es entrar en el ciclo de la locura y lo difícil que es salirse de él. ¡DESPIERTA!»

El hombre pasó a explicar que no pudo librarse de su estado de ensimismamiento. La sesión terminó poco después y durante el receso evitó a su esposa y no le dirigió la palabra. Afortunadamente ella comprendió que estaban atrapados en el ciclo de la locura y cuando por fin pudo llegar a él, le pidió perdón por lo que había dicho. ¡Se quitaron la carga de encima y los dos pronto estaban riéndose de la ironía de asistir a una conferencia de parejas para que su matrimonio se fortaleciera y al mismo tiempo haber caído en la misma trampa que la conferencia pretendía enseñarles a evitar!

La carta terminó con la observación de que ambos habían aprendido una valiosa lección a partir de lo sucedido: las parejas realmente necesitan ser conscientes de lo que se dicen mutuamente y de la forma en que reaccionan a lo dicho. El esposo que escogió un mal momento para compartir sus ideas sobre el hockey también añadió que él y su mujer no se suben al ciclo de la locura con mucha frecuencia, pero que la experiencia vivida en la conferencia con respecto a ese ciclo prueba que se puede presentar en cualquier lugar y ocasión, «debido a la forma en que nos diseñaron por naturaleza».

Un hombre perspicaz como este percibe que a los hombres y a las mujeres nos crearon con «circuitos» diferentes y, cuando los cables se nos cruzan, ¡los problemas de comunicación nos dejan echando chispas! ¿Por qué Dios creó al marido y a la mujer tan diferentes? ¿Cuán importantes son esas diferencias para aprender a comunicarnos y cómo podemos identificarlas? Estas preguntas las responderemos en el siguiente capítulo.

CAPÍTULO TRES

⸻ ⟁ ⸻

Malos no, sólo diferentes

Una de las analogías más populares que utilizamos en nuestras conferencias de Amor y Respeto identifica las diferencias entre hombres y mujeres de acuerdo con los colores rosado y azul. Las mujeres contemplan el mundo a través de unas gafas rosadas, mientras que los hombres ven el mismo mundo a través de unas gafas azules (¡y créeme, no necesariamente ven lo mismo!).

Por ejemplo, he escuchado muchas veces la generalización de que las mujeres van al cine para estimular sus emociones y que los hombres lo hacen para escapar de las suyas. En otras palabras, aunque una mujer pueda tener una carrera, debido a que está orientada a las relaciones le gustan mucho las películas de chicas que apelan a su pasión por el romance o a sus sentimientos familiares. Las mujeres pueden ser científicas o ingenieras, pero aun así sienten una inclinación hacia la familia debido a que poseen la naturaleza de alimentar y cuidar.

Y como la mayoría de los hombres están orientados hacia sus profesiones y los logros, disfrutan de las películas de acción que les permiten apartar de la mente lo que ocurrió ese día en el trabajo. Los hombres pueden ser estupendos esposos y padres, con una gran capacidad para el amor y para el cuidado de los hijos, pero aun así tienen su lado como «varones» a los que les gusta ver cómo el gladiador derrota a su despreciable enemigo.

No muchos años atrás, esos mismos hombres eran niños que construían fuertes para proteger a los inocentes y derrotar a sus malvados enemigos. Y esas mismas mujeres fueron niñas que amoblaban sus casitas y cuidaban a sus amadas muñecas. Tales diferencias entre niños y niñas son evidentes y enigmáticas al mismo tiempo, y continúan hasta la adultez expresándose a través de las preferencias cinematográficas. En general, los hombres se inspiran por las películas que tratan sobre el honor, mientras que las mujeres lo hacen con las que abordan el tema del amor.[1]

Los hombres y las mujeres escuchan las mismas palabras en una forma diferente

Percibir el mundo en color rosado o azul no sólo afecta nuestra visión, sino también nuestro oído. Mi trabajo tanto con esposos como con esposas me indica que ellas escuchan con audífonos rosados y ellos con azules. Y cuando tú y tu pareja están en el proceso de procurar una mejor comunicación, es tal vez aun más importante que comprendan que los dos escuchan las mismas palabras, pero que cada uno entiende un mensaje diferente.

Mi ilustración favorita sobre este punto es la de una esposa que comenta: «No tengo nada que ponerme». Ella quiere decir nada *nuevo* que ponerse. Y cuando su marido comenta lo mismo, lo que intenta decir es que no tiene nada *limpio* que ponerse (ver *Amor y respeto*). ¡Ambos utilizan las mismas palabras, pero con significados diferentes que se basan en su visión rosada y azul! Ahora consideremos la frase: *aceite en exceso*. Dos mujeres que hablan sobre el exceso de aceite están preocupadas por su piel, mientras que dos hombres que discuten sobre lo mismo están interesados en alguna máquina o quizás en el piso resbaloso del garaje. El azul y el rosado hacen parte de dos mundos diferentes, los cuales tienen un impacto sobre el significado de las palabras. «Vámonos de compras», lo traducirá una mujer en su pensamiento como un: «¡Qué maravilla!» (¡Mi esposa, Sarah, es una excepción a la regla!), pero su marido pensará: «¿Cómo me puedo escapar de esta?» (¡Yo, Emerson, confirmo la regla!) Cada uno escucha un mensaje diferente basado en lo que a cada cual le gusta o le disgusta como hombre o mujer.

Sin embargo, la diferencia entre los dos sexos va mucho más allá de unas gafas o unos audífonos de diferente color. Como lo señalo en el capítulo 2, el esposo de la teoría sobre el hockey, a él y su mujer los crearon con «circuitos diferentes». Y esa diferencia generalmente lleva a unos y a otras a tener intereses distintos, los cuales en ciertos momentos conducen a una mala comunicación que termina en tensión (es decir, en el ciclo de la locura).

La esposa quiere hablar y conectarse emocionalmente, pero su marido responde que está cansado. ¿Él sólo está informándole sobre los hechos o la está rechazando? Cuando una mujer pide conversar más de lo que su esposo lo hace (y ella siente esta necesidad porque es parte de su condición de mujer), las palabras de él se interpretan como rechazo. Sin embargo, para ese hombre el día ha sido agotador y por eso quiere desconectarse viendo televisión. En el otro lado de la ecuación, cuando el esposo quiere tener intimidad sexual, ¿su esposa sólo está informándole los hechos o está rechazando a su marido si le contesta: «Estoy cansada»? Como el hombre normalmente presiona más con respecto a la intimidad sexual que la esposa (y él siente esta necesidad porque es parte de su condición masculina), las palabras de ella se interpretan como rechazo. Pero a ella las actividades de ese día la han dejado muy cansada y quiere ducharse, lavarse el cabello y acostarse temprano. ¡No están actuando mal, sólo son diferentes! Sin embargo, estas diferencias entre el rosado y el azul afectan negativamente la comunicación, lo cual algunas veces lleva a uno de los cónyuges a acusar al otro de ser malo, cuando él o ella simplemente está siendo diferente.

«¡La próxima vez pregunta por lo que importa verdaderamente!»

Por ejemplo, hace poco tuve una larga y agradable charla con nuestro amigo Ray, que durante varios años ha sido miembro de la patrulla de carreteras. Después de colgar el teléfono, Sarah me preguntó: «¿Qué tal tu conversación con Ray?» Le expliqué de un modo típicamente parco y azul que «fue buena», pero ella siguió preguntándome: «¿De qué hablaron?», a lo cual respondí: «De nada importante». Sarah apenas comenzaba: «¿Le preguntaste a Ray por Connie y la familia?» Y le contesté: «En realidad, no». Mi esposa pasó rápidamente a la siguiente pregunta: «¿Por qué no?» Debido a que yo empezaba a sentirme como si estuviera en un interrogatorio, le contesté: «No lo hablamos directamente, pero él mencionó sus nuevas responsabilidades en la patrulla. Ahora está a cargo de una unidad especial que ayuda al Servicio Secreto y al Departamento de Estado a proteger al Presidente siempre que visite Los Ángeles y utilice el sistema de carreteras».

Sarah no lo podía creer: «¿Y nunca hablaron de Connie y los niños? Eso es increíble. La próxima vez asegúrate de preguntarle a Ray por su familia». A esas alturas yo me sentía un tanto irritado, lo suficiente como para comentar sarcásticamente: «Bueno, la próxima vez que hables con él, pregúntale por el voto de confianza que la patrulla de carreteras le demostró para que ayude al Servicio Secreto a proteger al presidente de Estados Unidos».

Mi esposa se veía herida. «¿Por qué me dices eso? Tu comentario me dolió. Sólo estaba tratando de ayudar porque a veces tú pasas por alto lo que realmente importa».

«Ese es precisamente el punto», le dije bruscamente. «Hablo con Ray sobre las nuevas e importantes responsabilidades que tiene y parece que tú piensas que nuestra charla no vale la pena porque no le pregunté por su familia. Eso me hace sentirme juzgado, como si yo no fuera una buena persona debido a que la naturaleza de mis conversaciones no es como la tuya».

Desconcertada, Sarah dijo en tono de disculpa: «No intentaba juzgarte. Sólo quería ayudar para que te acordaras...»

Sintiéndome un poco culpable, le dije con más suavidad: «No estoy tratando de herirte, pero lo que dijiste me enoja. Yo simplemente intentaba hacerte entender que Ray se siente muy entusiasmado por la forma en que Dios lo está usando y quería hablarme de eso. Él cree que tiene una misión muy importante».

> *El rosado y el azul son diferentes en muchos aspectos. Por eso, «acéptense mutuamente, así como Cristo los aceptó a ustedes» (Romanos 15.7, NVI).*

Buscando mi consuelo, Sarah respondió: «Lamento de veras haberte dado la impresión de que yo consideraba trivial tu conversación. ¿Me perdonas? *Estoy* emocionada por Ray. Es sólo que sentía curiosidad por saber de su familia».

«Lo sé y te pido perdón por reaccionar en la forma que lo hice. La próxima vez que hablemos me aseguraré de preguntarle por la familia. Pero, como tú sabes, él y yo hemos platicado sobre su familia en otras ocasiones y estoy seguro de que si ocurriera algo grave, me lo contaría».

«Está bien, te agradezco que me lo dijeras», respondió mi esposa mientras reiniciaba la actividad que había estado haciendo y yo volvía a mi computadora.

Lo que nos ocurrió no es algo inusual. ¿Qué marido no ha recibido una llamada de sus amigos mientras su esposa estaba fuera y cuando ella se entera más tarde, lo bombardea con una docena de preguntas sobre lo que «olvidó» preguntar? Después de mi llamada telefónica con Ray, el rosado (Sarah) y el azul (Emerson) superaron una tensa conversación que pudo haber terminado en el ciclo de la locura, pero mi maravillosa esposa rosada nos sacó con madurez del apuro al pedir perdón por cualquier palabra que ella hubiera dicho y que sirviera para aumentar la tensión, mientras que yo, como de costumbre, en un lento estilo azul finalmente llegué a admitir que mi reacción no había sido buena.

Unas cuantas palabras pueden cambiarlo todo

En muchos de los diálogos entre el rosado y el azul existe la amenaza de que se ponga en marcha el ciclo de la locura, pero lo podemos detener con unas cuantas palabras que cambian toda la situación. Sarah y yo hemos observado que nuestras conversaciones son como un baile. Queremos bailar un vals con gracia, pero muy a menudo nos pisamos los dedos. Afortunadamente, un humilde «perdóname» puede impedir que gire el ciclo de la locura.[2]

Cuando trabajamos en este capítulo, mi esposa me recordó otras charlas «azules» que he tenido cuando «olvidé lo que realmente importaba». Tengo un amigo cuyo hijo está emplazado en Irak y hablamos muchas veces por teléfono sobre asuntos de negocios. Cuando Sarah se entera de que hablé con Kevin, siempre me pregunta: «¿Le preguntaste a Kevin por su hijo?» Por alguna razón mi respuesta nunca cambia: «No».

Tan sólo anoche pasamos por la misma rutina y Sarah agregó: «Apuesto que Kevin tampoco saca el tema a colación, ¿verdad?» Con una tímida sonrisa le respondí: «No, supongo que no».

Yo podría referirte muchos otros ejemplos de cómo el rosa y el azul piensan en cosas diferentes. La siguiente es una muestra de la clase de historias que escucho todo el tiempo. Michael y Tom trabajan juntos como ingenieros mecánicos y son muy buenos amigos. Los dos hicieron un viaje de cacería de tres días y cuando regresaron a sus hogares, la conversación que tuvo Tom con su esposa Dawn fue más o menos así:

—¿Cómo la pasaste con Michael?

—Bien.

—¿De qué hablaron?

—Bueno, más que todo cazamos... Hablamos algo sobre la incubadora para bebés que estamos diseñando. Le podría salvar la vida a miles de niños cada año.

—¿Me estás diciendo que estuvieron juntos allá durante tres días y que no hablaron ni siquiera una vez de cómo se siente Katelyn desde que está embarazada? Es su primer hijo. No puedo creer que al menos uno de los dos no hubiera tocado el tema.

Confundido, Tom le replicó:

—¿Katelyn está embarazada?

Te puedo brindar los detalles de lo que Dawn dijo a continuación, pero tienen que ver con lo indiferente, insensible y poco amoroso que fue Tom al no haberle preguntado ni siquiera una vez a Michael por su esposa encinta. Tampoco creo necesario decir cómo le respondió Tom a su mujer, sorprendido de que ella pudiera juzgarlo con tanta facilidad porque en las conversaciones que sostuvo con su compañero de cacería no tocaron el tema de los embarazos. Los esposos como Tom me escriben para contarme esta clase de incidentes (de cómo los coloca a los dos en el ciclo de la locura por un par de días) y me preguntan: «¿Cuál es la mejor forma de evitar situaciones similares?» Cuando les contestó sus cartas, lo primero que señalo es que una de las razones principales por las que se presentan esta clase de diálogos es debido a cómo creó Dios al hombre y a la mujer. El Señor hizo diferentes al rosa y al azul y Él espera que nosotros reconozcamos tales diferencias y que las enfrentemos de un modo amoroso y respetuoso.

En el principio, Dios los creó azul y rosa

A lo largo de la Escritura encontramos referencias a las diferencias que existen entre hombres y mujeres. En un encuentro con los fariseos, Jesús les recordó la primera diferencia fundamental: «¿No habéis leído que el que los hizo al principio, varón y hembra los hizo?» (Mateo 19.4). Jesús estaba citando Génesis 1.27: «Y creó Dios al hombre a su imagen… varón y hembra los creó».

Una advertencia a las parejas casadas: «Pero si siguen mordiéndose y devorándose, tengan cuidado, no sea que acaben por destruirse unos a otros» (Gálatas 5.15, NVI).

No es una coincidencia que el primer capítulo de la Biblia establezca desde el comienzo que Dios nos creó hombre y mujer, como tampoco lo es que el segundo capítulo de Génesis explique detalladamente la creación cuando Dios pone a Adán en el huerto con la orden de «cultivarlo y cuidarlo». Luego, al notar que no era bueno que Adán estuviera solo, Dios creó a una mujer para que lo acompañara y ayudara.

Todo marchaba bien en el Paraíso hasta que entró el pecado y entonces todo cambió. Adán pasó a ser «maldito en el campo», como lo son todos los hombres después de él. Y quedó destinado a trabajar, sudar y luchar, y el campo nunca será lo que él esperaba (ver Génesis 3.17-19). Sin embargo, así como Dios hizo a Adán para trabajar, la mayoría de los hombres se identifican con respecto a sus «campos», es decir, sus ocupaciones. Tom y Michael, los dos cazadores, discutieron sin ningún problema lo que estaban haciendo para salvar las vidas a los bebecitos, pero no hablaron de la esposa de Michael y su embarazo. ¡Es más, Tom ni siquiera lo sabía!

Por otro lado, Dios creó a Eva para que diera a luz, pero después de la caída fue «maldita en la familia». Eva y las demás mujeres después de ella sufrirán en el parto y tendrán conflictos con sus maridos. La familia nunca será lo que ella espera. Aun así, la mayoría de las mujeres se identifican en cuanto a sus familias. La doctora Laura Schlessinger, entrevistadora radial de fama mundial, todos los días se presenta al aire de la siguiente forma: «Yo soy la mamita de mi hijo» y vende miles de camisetas con ese eslogan.

Entonces, las diferencias de género se establecieron desde el principio. Las mujeres tienden a estar orientadas a las relaciones, las cuales se desarrollan principalmente en el escenario de la familia. «¿Te sientes amada?» es la pregunta más profunda que le puedes hacer a una mujer y ella misma se la hace con mucha frecuencia.

Sin embargo, los hombres tienden a estar orientados a los logros y el «campo» en que se desenvuelven es el escenario principal para la realización de esos logros. La pregunta más profunda que le puedes hacer a un hombre es: «¿Te sientes respetado?», la cual él mismo se la hace con mucha frecuencia. Entonces, no es extraño que en un matrimonio el rosado quiera que el azul sea más amoroso y que el azul quiera que el rosado sea más respetuoso.

Una vez más, estas generalizaciones nos ayudan a comprendernos mutuamente. No pretendo encajonar ni avergonzar a nadie. Después de todo, el enfoque de mi vida entera es ayudar a mejorar las relaciones. Tengo inclinación hacia el aspecto familiar de las cosas (¡y mi madre trabajaba tiempo completo!). A ella todavía la escucho decirme: «Estoy de acuerdo con lo que estás diciendo de nosotras las mujeres». ¡También intento generar una mutua comprensión entre los sexos en vez de promover una batalla entre ellos!

Con estas diferencias fundamentales en la esencia misma del rosa y el azul que se establecieron en los primeros capítulos del Génesis, la Biblia registra muchos otros ejemplos de sus diferencias e incluso muestra que cada color debe ser tratado de un modo distinto. Por ejemplo, en 1 Pedro 3.7 dice: «Y vosotros, maridos, igualmente, convivid de manera comprensiva con vuestras mujeres, como con un vaso más frágil, *puesto que es mujer*» (LBLA, la cursiva es mía). Con la expresión *vaso más frágil*, Pedro no está enseñando que ante Dios la mujer es inferior o que no es igual al hombre. En realidad, la porción restante de 1 Pedro 3.7 habla claramente de que a ella se le debe dar honor «como a coheredera de la gracia de la vida».

Como lo expliqué en el libro *Amor y respeto*,[3] el apóstol Pedro está hablando de la vulnerabilidad de la mujer frente a su marido. Ella no es una olla de hierro fundido, sino más bien es como un delicado tazón de porcelana en el que creo que Dios puso un letrero para que todos los esposos lo lean: «Trátese con cuidado».

Y también está el tema de la maternidad. Como Jeremías lo señala, aparentemente en un tono irónico: «Pregunten, a ver si es posible que un hombre dé a luz» (Jeremías 30.6, DHH). Y cuando Pablo quiso recordarle a la iglesia en Tesalónica con cuánta compasión él, Silas y Timoteo cuidaban de los nuevos convertidos, comparó sus esfuerzos con los cuidados maternos cuando dijo: «Demostramos ser benignos entre vosotros, como una madre que cría con ternura a sus propios hijos» (1 Tesalonicenses 2.7, LBLA). En la mujer vemos la naturaleza de criar, la cual es instintiva y fue creada por Dios. En muchos lugares de la Escritura también se describen los rasgos masculinos. Por ejemplo, aunque para darse a entender Pablo dijo que él procuró imitar la naturaleza maternal con respecto a la crianza, para aclarar otra idea también pudo hacer un giro y utilizó una analogía masculina. Por ejemplo, en el cierre de su primera carta a los Corintios, Pablo los exhorta del siguiente modo: «Estad firmes en la fe; portaos varonilmente, y esforzaos» (16.13). (A propósito, las mujeres han sido llamadas a emular ciertas virtudes de nosotros, pero ellas nunca podrán ser hombres y viceversa. Las mujeres no tienen un «lado masculino», así como los hombres tampoco tenemos un «lado femenino». Somos creados como varón y hembra. No obstante, podemos apreciar las virtudes de cada cual y reflejar las cualidades más nobles.)

Cuando Nehemías intentó reunir a las tropas para defender el muro que estaban reconstruyendo, dio un discurso en donde incluyó la consigna: «pelead por vuestros hermanos, por vuestros hijos y por vuestras hijas, por vuestras mujeres y por vuestras casas» (4.14). No existe ningún lugar en la Biblia en el que alguien les ordene a las esposas pelear por sus maridos.

Los versículos anteriores no los he citado para sugerir que los hombres no pueden encargarse de la crianza. Obviamente, Pablo alimentó y cuidó las nuevas iglesias que comenzó en Asia y Europa. Tampoco estoy diciendo que las mujeres no pueden ser audaces defensoras de sus hogares. Y una buena ilustración bíblica sobre el tema la encontramos en Jael, la esposa de Heber el ceneo, la cual mató a Sísara, un general cananeo, con la estaca de una tienda (Jueces 5.24-27). Y no debemos olvidar a Débora, una jueza de Israel cuya contribución fue decisiva en la derrota del ejército de Sísara (ver Jueces 4-5).[4]

Sin embargo, con una simple observación podemos constatar que la mujer tiene el cuerpo apto para alimentar a los hijos. Su naturaleza la equipa para la crianza. El esposo no sueña con amamantar a un bebé. Su naturaleza lo equipa para otra clase de sueños. Por ejemplo, apriétale el brazo a un hombre típico y tensará los músculos. Hay algo en su interior que lo impulsa a querer demostrar que es fuerte. Y esa misma naturaleza es la que lo lleva a querer proteger a su esposa. Pero aprieta el brazo de una mujer típica y ella no intentará sacar los músculos. Al contrario, podría pronunciar un «¡ay!» debido a que no tiene la necesidad intrínseca de demostrarles a los demás lo dura que es.

¡Que viva la diferencia!

En verdad los hombres y las mujeres son tan diferentes como el color azul y el rosado. Sin embargo, especialmente en nuestra cultura actual, resulta fácil pasar por alto esas diferencias. En los últimos años el movimiento feminista ha hecho énfasis en la igualdad de los sexos, y con toda la razón. Pero al hacerlo, a menudo han tratado de reclamar que como somos iguales, somos idénticos. Obviamente, no estoy de acuerdo. Sarah y yo somos iguales en el valor que tenemos, pero *no* somos idénticos. ¡Y que viva la diferencia!

La Biblia es muy clara afirmando que Dios nos ve como iguales: «No hay varón ni mujer; porque todos vosotros sois uno en Cristo Jesús» (Gálatas 3.28). Pero este versículo no acaba con las diferencias de género. La sola anatomía nos lo prueba. Lo que este pasaje está diciendo es que, ante los ojos de Dios, *somos iguales en valor.*

¿Alguna vez has pensado en el efecto que tienen la biología y la anatomía sobre la mente, la voluntad y las emociones? Estos tres componentes se integran para formar lo que llamamos el «alma» de una persona. Nosotros podríamos empezar a discutir sobre las minucias de lo que es exactamente el alma, pero en mi opinión, la mente, la voluntad y las emociones en definitiva tienen mucho que ver con ella. Entonces, la pregunta que enfrentamos es: «Por tener una biología y una anatomía distintas, en su alma ¿piensan los hombres y mujeres diferente, son sus preferencias diferentes y sienten en una forma diferente?» Las investigaciones y la experiencia me enseñan que la respuesta es un sí rotundo. El cuerpo masculino afecta el alma de los hombres, así como el femenino afecta el alma de las mujeres. En mi correo diario aparecen una y otra vez dos ejemplos muy gráficos y si se quiere, un poco inquietantes: la atracción visual del hombre hacia la mujer, lo cual a menudo termina en una tentación sexual, y el ciclo

> *Tu pareja no está mal, sólo es diferente porque «varón y hembra los creó» (Génesis 5.2).*

natural menstrual de las mujeres, que a menudo termina en un síndrome premenstrual (SPM). No estoy equiparando los dos casos, sino que los ofrezco como una ilustración de la forma en que los asuntos que tienen que ver con el género afectan al alma.

La pornografía es primordialmente un problema masculino

Los hombres se estimulan sexualmente a través de lo que ven y no se puede negar el hecho de que la orientación de tipo visual de los hombres impacta sus pensamientos, preferencias y sentimientos. Cualquiera que haya participado en una conversación sincera de un grupo de hombres sabe que esto es verdad. Otra prueba la encontramos en la industria pornográfica. Los varones ven pornografía con una frecuencia desproporcionadamente mayor que las mujeres. En efecto, las mujeres involucradas en esa industria están metidas allí por dinero, no por el sexo. He recibido cientos de cartas y correos de esposas cuyos maridos luchan con la pornografía.

Una terapeuta escribe:

Mi ex esposo básicamente llevaba una doble vida: la que yo veía (que era un buen hombre cristiano) y la otra que afloró durante nuestro matrimonio y que revelaba una vida secreta sumida en la pornografía por Internet… La situación llegó a un punto en que sus decisiones me resultaron muy dolorosas y destructivas y entonces entablé una demanda de divorcio. El optó por su «derecho» a ver pornografía y a masturbarse con ella (lo cual, por cierto, se convirtió en la única «vida sexual» que llevábamos en nuestro matrimonio) por encima de trabajar en nuestra relación… Lamentablemente, la pornografía por Internet se extiende cada día más entre los hombres (y de esta forma, entre las mujeres). Lo veo a diario en mi práctica profesional con hombres de todas las clases, desde pastores hasta camioneros.

El correo electrónico de un hombre decía:

No he cometido adulterio en un sentido físico, pero sí espiritual y emocionalmente. He visto pornografía en Internet la mayor parte de los últimos seis años. Y con un saldo más destructivo todavía, he pasado tiempo en un sitio gratis de contactos en el cual coloqué un aviso para buscar una amante. Y mi hijastra de primer año en la universidad lo descubrió, cuando presté mi computadora para que hicieran un trabajo.

La vulnerabilidad sexual de este hombre lo indujo a la pornografía, lo cual posteriormente acarreó un colapso matrimonial y su esposa no volvió a confiar en él.[5] Ver pornografía no sólo destruye el matrimonio, sino que «los deseos carnales que batallan contra el alma» del esposo también lo convierten en una persona inútil para Cristo (1 Pedro 2.11).

Cómo afecta el alma el dolor del SPM

El síndrome premenstrual (SPM) es un hecho científico y una realidad para muchas mujeres. Si en algún momento la fisiología femenina puede afectar su alma (mente, voluntad y emociones), es durante esos días antes de su período menstrual. Como muchos maridos saben, durante el SPM una mujer puede tener pensamientos y sentimientos extremadamente negativos (esto es, arranques de ira que parecen surgir de la nada), así como una fuerte preferencia porque ciertas cosas se hagan de inmediato. Para algunas personas, tanto cristianas como no cristianas, el SPM es un tema delicado, debido principalmente a algunos vestigios del pensamiento feminista de los años setenta y ochenta, el cual condena rápidamente cualquier mención de que exista alguna diferencia entre los sexos que pudiera hacer ver a la mujer como más débil y, por lo tanto, inferior al hombre. Pero cuando lo vemos a través de los lentes del amor y el respeto, el SPM es sólo una

> *Para evitar el adulterio mental, «no abrigues en tu corazón deseos por su belleza, ni te dejes cautivar por sus ojos» (Proverbios 6.25, NVI).*

diferencia entre el hombre y la mujer, dada por Dios y que debe ser tratada con entendimiento y ante la cual debemos ser comprensivos. Admito que, como muchos maridos me lo han expresado, esto no es «pan comido». Cuando se encuentra en pleno SPM, la mujer puede explotar con su esposo con una tremenda ira. ¡Él *nunca* hace nada bien y *siempre* todo lo hace mal! La mayoría de los hombres con los que he hablado me explican que, en esos momentos, la mejor opción es quedarse callado y esperar a que pase la tormenta. A base de cometer errores, han aprendido a *no* decir: «Relájate. Estás sufriendo un episodio del síndrome premenstrual». Esta clase de observaciones sirve para poco o nada. Debido a que ella está muy molesta por la injusticia que está sufriendo, es muy probable que niegue que el SPM sea la causa de su irritación y frustración. Ella «sabe de lo que está hablando» y sólo sabe que si *él* simplemente cambiara su comportamiento, el matrimonio de ellos sería muchísimo mejor. ¡Además ella está *hasta la coronilla de que él le eche la culpa a ella!* La siguiente carta describe muy gráficamente cómo el SPM puede meter a una pareja en el ciclo de la locura:

> Tengo la esposa más maravillosa, amorosa y respetuosa que Dios le pudiera dar a un hombre, pero… en ese o esos dos días por mes en que las tinieblas estaban sobre ella, se convertía en una persona completamente diferente. Casi llegué a pensar que podría estar poseída por un demonio, literalmente. En esos momentos, se ponía totalmente iracunda y me lanzaba toda su ponzoña verbal y su amargo desprecio. En mi cabeza sabía que eso se debía tan sólo a un desequilibrio hormonal y que esa no era realmente mi amorosa esposa.

Pero para esa época ella sabía qué botones debía presionar… y no tenía problemas para amargarme completamente la vida. Algunas veces yo no podía dejar de defenderme arremetiendo contra ella y me daba cuenta de que eso era *realmente* contraproducente.

Siento mucha pena por las mujeres que sufren de SPM y que me escriben correos electrónicos como este: «Siento lo peor cuando estoy en medio del síndrome premenstrual, pero también tengo luchas en otros momentos. Y lo DETESTO porque sólo sirve para distanciarnos, en vez de unirnos. Necesito que me AYUDEN con esto».

> *Nunca justifiques*
> *el pecado, diciendo:*
> *«Así soy yo».*
> *Algunos de los actos*
> *de la naturaleza*
> *pecaminosa son:*
> *«enemistades,*
> *pleitos… iras… y*
> *cosas semejantes a*
> *estas»*
> *(Gálatas 5.19-21).*

A medida que pasan los años, las mujeres pueden mirar hacia atrás y ver por sí mismas el patrón del SPM, especialmente si han marcado en el calendario su ciclo menstrual. Es poco probable que Pablo estuviera pensando en el SPM cuando les aconsejó a las jóvenes que se reunieran con las mujeres de edad para recibir consejo y ánimo (ver Tito 2.3-5), pero esa no es una mala idea.

Las mujeres maduras o las ancianas con el tiempo se han dado cuenta de que su negatividad inducida por las hormonas y su falta de amabilidad en el hogar impiden la comunicación con el hombre y, en realidad, con cualquier otra persona.

Las cartas de los azules y las rosadas confirman la diferencia

Al referirme a la pornografía y al síndrome premenstrual no he tenido la intención de degradar a ninguno de los dos sexos, ni he querido sugerir que el SPM sea igual a la adicción a la pornografía. Sólo he querido señalar que, aunque somos igualmente valiosos delante de Dios, no somos idénticos. Tenemos diferencias. Los cuerpos, pensamientos, preferencias y sentimientos de los hombres y las mujeres pueden ser supremamente diferentes. Las luchas de nuestra alma y las cosas que la afectan varían de un sexo al otro. Pero esto no quiere decir que los cónyuges no puedan vivir en armonía. Recibimos un flujo continuo de correo que confirma las diferencias entre hombres y mujeres y cómo mejora la relación cuando el rosa y el azul reconocen esas diferencias y las manejan con amor y respeto.

Los siguientes extractos son sólo unos cuantos ejemplos entre los miles de cartas que recibimos de hombres y mujeres que aprendieron que pueden brindarles a sus parejas empatía y comprensión, a pesar de los desafíos que enfrentan. Los maridos pueden entender que sus esposas no están mal por ser mujeres; sólo son diferentes en cuanto a las tribulaciones que impactan sus almas femeninas. Ellas pueden entender que sus esposos no están mal por el hecho de ser hombres; sólo son diferentes en las tentaciones que afectan sus almas masculinas.

Una esposa: «Debido a su seminario ahora mi marido me entiende y me acepta más. (Me di cuenta de que soy una mujer típica, porque al hablar con mis amigas, ellas son como yo. Sin embargo, las mujeres no actúan como yo en lo que tiene que ver con el trabajo de mi esposo y, por eso, él pensaba que yo era diferente en un sentido negativo.) Del mismo modo, con los principios que ustedes nos impartieron acerca de los hombres pude entender mejor a mi marido y sus necesidades, con lo cual ahora siento mayor aprecio y empatía por él, en lugar de ser crítica. Estos modificadores de la actitud afectaron nuestra comunicación… Cuando él hiere mis sentimientos, he aprendido a "guardar silencio" en una actitud de respeto, entendiendo que la mayoría de las veces no lo hace adrede. Asimismo, él ahora se esfuerza más en hablar las cosas conmigo con mayor detenimiento, en vez de "guardar silencio" para evitar el conflicto. Nuestra relación es mucho más pacífica y poco a poco estamos recuperando la intimidad».

Un esposo: «Mientras leía su libro, aproveché todas las oportunidades para conversar con ella cara a cara. Estoy aprendiendo a escuchar mejor, le brindo mi atención y soy más solidario con ella, en lugar de intentar "arreglarle" el problema que tiene. Anoche salimos a cenar y lo hice de buena gana; después la ayudé a comprar los comestibles. Cuando hago esas actividades en una forma jovial, veo que hay un cambio. Y tengo la intención de realizar todas esas cosas pequeñas que expresan el amor mediante acciones y no sólo de palabra».

Una esposa: «Llevamos casi veintiún años de casados y nos hemos venido distanciando. Tienes TANTA razón en todo lo que hablas sobre las diferencias en cómo oyen y ven los hombres y las mujeres. Ahora están empezando a tener sentido muchas de las cosas qué el me ha dicho a lo largo de los años y que me parecían ilógicas. Y por supuesto, ahora veo por qué mi esposo no entendía todas esas ocasiones en las que traté de llegar a él».

Un esposo: «Durante años cargué con la frustración de mi incapacidad para "ponerme en contacto" con lo que estaba sintiendo. Invariablemente me presentaba ante mi mujer como una persona insensible en algunas áreas, cuando, siendo muy honesto, no intentaba serlo… Yo simplemente no veía las cosas de la misma manera y en una forma muy natural mi orden de prioridades era diferente. Me siento liberado al entender que simplemente estoy siendo azul y no malo. Pero también me da mucha fuerza saber cómo bendecir a mi rosada esposa en mi búsqueda personal de vivir como un hombre de honor».

Cuando nos enteramos de lo que está ocurriendo con las parejas que asistieron a una de nuestras conferencias o que leyeron *Amor y respeto*, el concepto que con mayor frecuencia se considera el más importante de todo lo que dijimos es el de que los hombres y las mujeres:

NO ESTÁN MAL, SÓLO SON DIFERENTES[6]

Por más obvia que nos parezca esta afirmación a la mayoría de nosotros, siempre hay alguien que no la entiende. Una mujer escribió para contar que su esposo le había dicho: «Bueno, yo soy azul y tú eres rosada; entonces, capta la idea. Se supone que no tengo que entenderte». Es claro que este hombre no «captó la idea» pero, afortunadamente, su esposa sí. Y aunque a ella la hirió ese comentario superazul, la mujer le respondió: «Bueno, mi vida, lo que saqué de la enseñanza de Emerson fue que sí, en verdad tú eres azul y yo rosa. Pero eso significa que necesito esforzarme mucho para salir de mi caja rosada, pensar en una forma diferente y tratar de entender al otro color, en lugar de sólo ignorarte porque eres azul».

A esta mujer le digo: «¡Excelente respuesta!» Ella transmitió la verdad de la analogía de los colores aplicándola a su propia necesidad de mirar hacia fuera de su caja rosada, pero le mostró respeto a su esposo al dejar que él mismo sacara su propia aplicación con respecto a su necesidad de mirar fuera de su cajón azul.

En la tercera parte de este libro, examinaremos con mayor atención el inmenso valor que tiene ser conscientes de las perspectivas rosa y azul cuando estamos buscando la mutua comprensión con nuestra pareja y la habilidad de comunicarnos mejor. Sin embargo, por ahora puedes usar el punto clave de este capítulo para ver a tu pareja con una nueva mirada. Si quieres comprender mejor a tu cónyuge, si quieres comunicarte con mayor eficacia, mantente fiel a este principio, el cual es un hecho: ninguno de los dos está mal. Sólo son muy diferentes, tan distintos como el rosado y el azul.

CAPÍTULO CUATRO

¿Puedes confiar en la buena voluntad de tu cónyuge?

(¿Y tu cónyuge puede confiar en la tuya?)

Hasta el momento hemos cubierto dos verdades esenciales que le pueden ayudar a la pareja de Amor y Respeto a desarrollar la mutua comprensión y una buena comunicación:

1. *La boca importa.* Lo que sale de la boca depende de lo que hay en el corazón. Es fundamental el compromiso incondicional de vivir el amor y el respeto, a través de tus palabras y de tus acciones.

2. *Los esposos y las esposas no están mal, sólo son muy diferentes,* tanto como lo son el color rosado y el azul, tan distintos como la necesidad que tiene ella de recibir amor y él de recibir respeto.

La tercera verdad esencial se enfoca en otro concepto sencillo pero crucial: los dos deben verse mutuamente como personas de buena voluntad. Cuando uno de ustedes o ambos consideran que el otro es una persona con buenas intenciones, ¡en tu matrimonio van a pasar cosas buenas!

¿Qué significa tener buena voluntad?

Con frecuencia me preguntan: «¿Pero qué es la buena voluntad? ¿Y cómo sé que le estoy mostrando buena voluntad a mi pareja? ¿Cómo puedo tener la seguridad de que mi cónyuge me tiene buena voluntad?»

Una sencilla definición de buena voluntad es: «La intención de hacerle bien a la otra persona». Pero las implicaciones son mucho mayores. Un cónyuge puede *intentar* hacer el bien, pero no cumplir con su propósito. Las buenas intenciones no necesariamente garantizan buenos resultados.

Como Jesús les dijo a sus discípulos en el huerto de Getsemaní, cuando se pusieron a dormir en lugar de estar velando: «El espíritu a la verdad está dispuesto, pero la carne es débil» (Mateo 26.41). Jesús sabía que ellos tenían buenas intenciones hacia Él, aunque al no perseverar hasta el final fueron incongruentes con sus intenciones iniciales.

Cuando el apóstol Pablo escribió sobre sus luchas personales con la carne, captó la realidad de las buenas intenciones frente a un deficiente cumplimiento de los propósitos: «No hago lo bueno que quiero hacer, sino lo malo que no quiero hacer» (Romanos 7.19, DHH).

Todos sabemos de lo que Pablo está hablando. Tú o tu pareja pueden querer hacer lo correcto, pero no lo hacen; o quieren dejar de hacer lo incorrecto, pero siguen haciéndolo. Cuando tu cónyuge no lleva a cabo sus buenas intenciones, entonces debes ampliar tu definición de buena voluntad para que incluya la idea de que las personas de buena voluntad no quieren hacer daño y realmente no tienen la intención de perjudicarse unas a otras. Tu cónyuge puede ser negligente, olvidadizo o hacer una observación descuidada e incluso desconsiderada. En consecuencia, eso te puede causar una herida o enojo y tú tomas represalias atacando de alguna forma. Pero a pesar de todas esas fallas, en el fondo ambos sienten afecto por el otro. Debajo de la agitación superficial de lo que está ocurriendo, tu buena voluntad permanece intacta.

¿Cómo compagina la buena voluntad con la depravación total?

Dondequiera que enseño sobre la buena voluntad, me preguntan: «¿Cómo acomodas el concepto de buena voluntad con la depravación total del corazón humano?» Y hay quienes van más lejos todavía y afirman que «realmente no podemos tener buena voluntad porque somos tan pecaminosos» y generalmente citan a Jeremías 17.9 para demostrar que están en lo cierto: «Engañoso es el corazón más que todas las cosas, y perverso; ¿quién lo conocerá?» Creo en lo que enseña Jeremías, pero también creo en lo que enseña Jesús: «Mas la que cayó en buena tierra, éstos son los que con *corazón bueno* y recto retienen la palabra oída, y dan fruto con perseverancia» (Lucas 8.15, la cursiva es mía).

Entonces, la pregunta obvia es: «Si el corazón es "engañoso y perverso", ¿cómo puede una persona tener un corazón "bueno y recto" al mismo tiempo?» La respuesta es que tenemos dos dimensiones: un lado creado a la imagen de

Dios y otro lado caído que está corrompido por el pecado. Como acabo de mencionarlo, cuando Jesús dijo: «El espíritu a la verdad está dispuesto, pero la carne es débil», entiendo que eso significa que tenemos un lado espiritual que anhela hacer lo bueno, según la ley moral implantada por Dios en nosotros, pero que también tenemos un lado carnal que nos empuja hacia el pecado. Eso es precisamente lo que Pablo quiso decir en el pasaje de Romanos 7 que cité. Él sabía que había sido liberado del castigo por el pecado y que tenía la promesa de la vida eterna (ver Romanos 6.22-23). Como cristiano hizo muchas buenas obras y sirvió a Cristo en una forma incansable, pero al mismo tiempo luchaba contra su incapacidad para obedecer toda la ley de Dios y vivir una vida completamente santificada (ver Romanos 7.1-21).[1]

Todos nosotros reconocemos la crisis de Pablo, porque también es la de nosotros. Somos personas con buena voluntad, o al menos queremos serlo, pero aun así el pecado nos atrapa en su red. Por esa razón, aunque nuestras intenciones sean buenas con respecto a nuestra pareja, podemos pecar contra ella en toda clase de formas. Entonces, siempre tengo el mismo consejo para las parejas casadas que se han comprometido a practicar el amor y el respeto: cada vez que las buenas intenciones de tu cónyuge no se traduzcan en acciones amorosas o respetuosas hacia ti, sólo tienes una opción adecuada y es decidir deliberadamente confiar en la buena voluntad de tu pareja.

> *Cuando hay resbalones y conflictos, confíen en la buena voluntad del uno para con el otro «ya que ustedes mismos no siempre hacen lo que quieren» (Gálatas 5.17).*

Un ejemplo: tienes que salir muy temprano por la mañana y no has tenido tiempo de ponerle gasolina al automóvil. Tu pareja te promete que saldrá y se encargará de eso mientras tú empacas algunas cosas y haces algunos informes de último minuto. Al otro día, cuando sales a toda prisa, te das cuenta de que el indicador de gasolina marca «vacío» y sientes una oleada de ira. En los próximos segundos puedes optar por creer que a tu pareja «no le importa» y que lo hizo porque te tiene mala voluntad, o puedes elegir creer que no lo hizo a propósito porque tú sabes que ella (o él) normalmente no es negligente cuando sabe que existe una necesidad.

Es relativamente fácil optar por creer en la buena voluntad de tu cónyuge cuando se le olvida algo o se distrae. Pero ¿qué pasa cuando conscientemente hace algo indebido o incluso un tanto repudiable (tal vez para «enseñarte una lección»)? Siguiendo con el ejemplo del «no me llenó el tanque», supongamos que llegaste a casa tarde para comer, sin haber llamado, y que además se te olvidó recoger en la tienda lo que él o ella te pidió. Quizás tu pareja está tan enojada que decidió no llenar el tanque de gasolina en retribución por tu descuido.

Yo me he enterado de toda clase de venganzas que las parejas se hacen entre sí, en especial si se encuentran en algún grado del ciclo de la locura. Un matrimonio tuvo una discusión y ambos estaban tan enojados que no se dirigieron la palabra ni durante el día ni durante la noche. Antes de irse a acostar, él le dejó a ella una nota en la almohada que decía: «Como tú te levantas a las 5:00 a.m., por favor levántame a las 5:30 a.m., si no escucho el despertador. Tengo un importante desayuno de trabajo». Al otro día, cuando él abrió los ojos a las siete de la mañana, no lo podía creer. ¡Su esposa no lo había despertado! Al levantarse iracundo se dio cuenta de una nota que su mujer le dejó en la mesa de noche: «¡Despierta! Son las 5:30 a.m.»

En casi todos los matrimonios se presentan encontronazos que llevan a los cónyuges a tener reacciones con las que quieren enviar el siguiente mensaje: «¡Me heriste y por eso ahora voy a herirte para que no me hieras más!» ¿Con esta clase de encuentros podemos asumir que uno de ellos o ambos carecen de la más elemental buena voluntad hacia el otro? Por supuesto que no. Tu enojado cónyuge temporalmente podría no desearte lo mejor, pero esas excepciones no anulan la regla, la cual dice: «Decido creer en la buena voluntad de mi pareja cuando él o ella me haga daño, intencionalmente o no».

Además de que Pablo confiesa en Romanos 7 su incapacidad para hacer siempre lo que quiere y para dejar de hacer lo que no quiere, también enseña que, a pesar de nuestras debilidades, la buena voluntad es una realidad. Es posible perseverar hasta el final y llevar a cabo nuestras buenas intenciones cuando procuramos sinceramente hacer la voluntad de Dios, «sirviendo de buena voluntad, como al Señor y no a los hombres» (Efesios 6.7).[2]

¿Se puede pasar por alto la buena voluntad?

Cuando me involucré más en la terapia de parejas, me asombró que incluso las parejas cristianas se recriminaran entre sí con gritos y palabras ofensivas. Parecía que no tenían el más mínimo interés en servirse mutuamente con buena voluntad. Algunas veces incluso perdía la esperanza y me preguntaba: «¿Es que a estas personas no les importa *para nada* su pareja?» Pero seguí trabajando y buscaba en la Biblia algo que pudiera ayudarles a los esposos y las esposas. Entonces, me encontré con 1 Corintios 7.32-34 (RV95):

El soltero se preocupa por las cosas del Señor… pero el casado se preocupa… de cómo agradar a su mujer… La doncella se preocupa por las cosas del Señor… pero la casada se preocupa… de cómo agradar a su marido.

En el pasado había leído este pasaje cualquier cantidad de veces, pero en ese momento vi algo que me animó. Aunque Pablo tenía el don de ser célibe[3] y prefería que los creyentes se quedaran solteros para que se pudieran concentrar en servir al Señor, observé que 1 Corintios 7.32-34 dice claramente que los esposos y las esposas se preocupan por agradarse mutuamente. En verdad, pensé, esto sugiere que se tienen buena voluntad entre sí, o que la deberían tener.

Entonces, comencé a hacerles preguntas a las parejas a las que intentaba ayudarles con sus problemas maritales: «¿Tu pareja cuenta con una elemental buena voluntad? Es decir, aunque a veces te falle, ¿por lo general tiene la intención de hacerte bien?»

Cuando la mayoría me respondió afirmativamente casi de inmediato, no sólo me sorprendí sino que también sentí un poco de temor reverente.

Y pensé: «Emerson, te has topado con algo verdaderamente importante». Luego les hice un seguimiento a las personas que me parecieron indecisas a la hora de responder si su pareja tenía un mínimo de buena voluntad. Les formulé la pregunta de otra manera: «Digámoslo de este modo: en general, ¿tu pareja se levanta por la mañana con el propósito de causarte un disgusto o de mostrarte que no se preocupa por ti? ¿Intenta tu pareja ser poco amorosa o irrespetuosa?»

Pude preguntarles de nuevo a la mayoría de los que habían vacilado inicialmente con mi primera pregunta y me respondieron: «No. No creo que mi pareja maquine cómo hacerme cosas malas, pero desearía que *sí* planeara ser más amorosa o respetuosa».

Yo les respondía: «Estoy de acuerdo contigo, pero ese es otro tema. Sólo quiero asegurarme de que tú no crees que tu pareja premeditadamente busca hacerte daño o es hostil hacia ti».

En su mayoría, los cónyuges vacilantes me contestaron: «No, yo no podría ser tan categórico en decir que mi pareja trama hacerme maldades».

«Entonces», yo les insistía, «aunque en ocasiones tu pareja puede ser desagradable o egoísta, ¿estás casado con una persona que tiene una elemental buena voluntad hacia ti?» Casi todos los cónyuges respondieron lo mismo: «Sí».

¿Puede el cónyuge escoger el lado oscuro?

Aunque me animé muchísimo con las respuestas afirmativas de la mayoría de mis aconsejados, también tuve que reconocer que un pequeño porcentaje respondía que sus parejas constantemente se comportaban tan mal que creían en su mala voluntad. Y diciéndolo más directamente, la Escritura claramente da fe de que vivimos en un mundo caído en el que algunas personas escogen el lado oscuro. Hay gente cuyas intenciones son malignas, sí, incluso con respecto a Dios. En Salmos 21.11, por ejemplo, David se regocija en que la fuerza de Dios derrotará al enemigo: «Porque intentaron el mal contra ti; fraguaron maquinaciones, mas no prevalecerán». En Salmos 36.4 David describe al malvado de la siguiente forma: «Aun en su lecho trama hacer el mal; se aferra a su mal camino y persiste en la maldad» (NVI). El libro de Proverbios también habla de los malvados y su premeditación: «Al que hace planes malvados lo llamarán intrigante» (24.8, NVI); y peor todavía: «el Señor aborrece los planes de los malvados» (15.26, NVI).

> *Incluso en los malos momentos, confía en la buena voluntad de tu pareja porque el que anda en amor y respeto «no se pasa la vida recordando lo malo que otros le han hecho» (1 Corintios 13.5, BLS).*

La Biblia también muestra cómo el mal puede destruir al matrimonio. Un hombre puede amar a su mujer, pero en lo profundo de su alma ella vuelve su corazón contra lo que es bueno. Se convierte en una esposa adúltera y rebelde, que se expresa con palabras seductoras y que «abandona al compañero de su juventud e ignora el pacto que hizo delante de Dios» (ver Proverbios 2.16-17). Y en Malaquías 2.13-14 el profeta les dice a los hombres rebeldes que el Señor ya no honra más sus ofrendas y que, en cambio, «actúa como testigo entre ti y la esposa de tu juventud, a la que traicionaste aunque es tu compañera, la esposa de tu pacto» (NVI).

Recibo mucho correo de cónyuges que han sido víctimas de un malvado trato por parte de sus parejas, las cuales tomaron la decisión de no actuar más con buena voluntad. A continuación unos ejemplos representativos:

Un hombre cometió adulterio dos veces en un año y luego se divorció de su esposa. Él me comentaba: «Ella dio el 110 por ciento en este matrimonio, pero yo quiero dejarla». Quiso por encima de todo seguir su propio camino y fue muy sincero conmigo al reconocer que él era el culpable. También sabía que no le estaba haciendo bien a su esposa y tenía plena conciencia de que la estaba destrozando deliberadamente.

Una mujer que conocí salía por las noches y dejaba los niños al cuidado de su esposo. Lo hizo durante años y era muy poco explícita en sus explicaciones sobre a dónde iba y con quién. No quería tener una relación cercana con su marido, un siervo de Cristo y de su prójimo, un hombre de buena voluntad, un extraordinario proveedor y un buen ser humano en todos los aspectos. El matrimonio finalmente se acabó.

Con el objetivo de arruinar a su marido, otra mujer inventaba historia tras historia y mentía acerca de él incluso en la corte. Afortunadamente una jueza pudo discernir sus malas intenciones, revocó todos los fallos que había dictado y falló a favor del esposo.

Te podría seguir contando una historia tras otra. El punto es que al parecer hay personas que continuamente actúan con mala voluntad. Tú mismo, que lees estas líneas, puedes ser una víctima de las malas intenciones de tu cónyuge. No conozco tu situación y por eso no tengo forma de saber si tus valoraciones son del todo correctas y tampoco si las intenciones de tu pareja realmente son malas. Pero sí estoy seguro de la gravedad de lanzar el severo juicio de que las intenciones de alguien son completamente malvadas. (Si quieres recibir ayuda con respecto a qué hacer cuando parece que la buena voluntad de tu pareja es casi nula, lee la quinta parte de este libro: «El ciclo de la recompensa: la dimensión incondicional de la comunicación».)

> *Lamentablemente, no todos los cónyuges tienen buena voluntad. Jesús dijo: «Los enemigos del hombre serán los de su casa» (Mateo 10.36).*

Quiero hacerte dos preguntas para que reflexiones sobre ellas. Primera: si una esposa busca amor en todos los lugares donde no debe y comete adulterio, ¿son sus intenciones malvadas? Quiero dejar constancia de que ella ha cometido un acto malo, pero que no necesariamente sus intenciones son perversas.

Segunda: Si un hombre que se siente verbalmente agredido y abusado por parte de su esposa la empuja contra la pared, ¿son sus intenciones malvadas? Una vez más comento que ha cometido un acto malo, pero que no necesariamente sus intenciones son perversas.

Mi propio padre parecía tener intenciones malvadas

Me gustaría contarte una historia muy personal. Puedo recordar momentos en los primeros años de mi infancia cuando mi padre se puso iracundo. Una vez mi madre compró siete muebles nuevos e hizo que se los enviaran a la casa. Papá se enfureció por la forma como había gastado el dinero y botó todos los muebles a la calle. Todavía tengo en mi mente la imagen de uno de ellos rodando por las escaleras hasta dar en la acera. Me sentía aterrorizado por el mal genio de mi padre y hubo otras explosiones de ira incluso peores.

> *«No se precipiten a sacar conclusiones sobre si alguien es buen siervo o no. Esperen a que venga el Señor. Cuando el Señor venga, prenderá la luz para que nos veamos exactamente como somos en lo más profundo del corazón. Cuando ese momento llegue, sabrán de veras qué nos impulsa a trabajar para el Señor, y cada uno recibirá de Dios la alabanza que merece» (1 Corintios 4.5, BAD).*

Después de que murió papá, le conté a mi madre uno de mis recuerdos sobre algo que sucedió cuando yo tenía cerca de tres años. Me viene a la mente por escenas y en la primera de ellas mamá y papá estaban en una especie de discusión. ¡En la siguiente escena él estaba estrangulando a mi madre! La tenía contra el refrigerador con sus manos alrededor del cuello y ella se ahogaba. Yo corrí para ayudarla y golpeé a mi padre con mis pequeños puños, tratando de detenerlo. Él simplemente me dio una palmada en la cabeza y me hizo a un lado. En la última escena mamá estaba sentada contra una pared de ladrillo en algún lugar fuera de la casa, y lloraba. Una vecina le hablaba desde la ventana, preguntándole: «Jay, ¿te encuentras bien?» Luego se desvanece en mi mente el espantoso recuerdo.

Cuando le expresé mis recuerdos a mi madre, ella se trastornó profundamente. Su rostro revelaba una total consternación. «¿Te acuerdas de eso? Eras *demasiado pequeño* para recordarlo. ¡No puedo creer que lo recuerdes!» Pero no lo olvidé. Con el tiempo los violentos accesos de ira de él fueron demasiado agobiantes y mis padres se separaron y después se divorciaron. Mamá, mi hermana y yo nos mudamos de casa y durante los tres años siguientes, mi padre fue a vernos prácticamente todos los días a la hora del almuerzo. Como lo digo en el libro *Amor y respeto*, al final mis padres volvieron a unirse y mamá jugó un papel decisivo en la conversión de él.

Ahora que los dos están con el Señor en el cielo, siento libertad de hablar sobre lo ocurrido, pero no lo hago para deshonrar a papá. Mi madre nunca minimizó sus acciones y jamás entró en una negación alegando no estar enterada de su comportamiento. Al mismo tiempo, a pesar de los dolorosos e incómodos episodios que tengo fijos en mi mente, ni mi madre ni yo, siendo tan niño, llegamos a la conclusión de que las intenciones de papá eran malvadas. Optamos por creer que aunque había cometido actos malvados, sus intenciones no lo eran.

Contempla a tu pareja con la mirada de Jesús

No conozco tu situación ni cuáles son las decisiones correctas que debes hacer en tu matrimonio. Pero animo a todas las personas que aconsejo a asumir la misma visión de su cónyuge que tendría Jesús. En la inmensa mayoría de los casos, yo hago la predicción de lo que el Señor diría de tu pareja: «El espíritu está dispuesto, pero la carne es débil». Trata siempre de ver a tu cónyuge con la mirada de Jesús, para lo cual primero debes asegurarte de estar representando con justicia el espíritu de él o ella. Si es posible, recurre a los mismos términos que Pablo utilizó en Romanos 7: «Mi pareja quiere hacer lo bueno, pero a menudo termina haciendo exactamente lo que no quiere». Mejor dicho, concédele algo de gracia.

Una de las maneras de ver a tu cónyuge con la mirada del Señor es distinguiendo entre las «fotos» de un instante de su vida y el «video» de su vida entera. Quizás estás obsesionado con ciertos momentos aislados (fotos) y concluyes que representan el verdadero espíritu de tu pareja. De ser así, necesitas dar un paso hacia atrás y preguntarte: «¿Son estas fotos una representación justa del corazón de mi marido o mi mujer? ¿Es así como el Señor ve a mi pareja?» Mi punto es este: supongamos que me fuera a vivir contigo por una semana y que te tomara varias fotografías sin que te dieras cuenta, durante momentos de frustración o ira. Y supongamos que luego las publico en la primera plana del periódico, alegando que son una verdadera representación de la clase de persona que realmente eres. Es obvio que podría ser demandado por difamación o calumnia.

Sin embargo, constantemente recibo correos de hombres y mujeres frustrados y enojados que condenan a sus parejas por las fotografías que les han tomado en sus mentes, las cuales «prueban» su caso. Además les ponen toda clase de motes, desde «endemoniado» hasta «instrumento del diablo». Cada vez que tengo la oportunidad de interactuar con alguien que se encuentra en un estado de ánimo similar, le recuerdo que la moneda tiene dos caras. «Realmente tu pareja se equivocó, pero eso no representa lo más profundo de su alma».

Como Sarah y yo realizamos conferencias de Amor y Respeto y aconsejamos matrimonios por todos Estados Unidos, con frecuencia vemos que las personas pueden juzgar con demasiada dureza a sus cónyuges, convenciéndose a sí mismas de que se casaron con un primo lejano de Hitler. Pero nunca debemos tachar a un Pedro de ser un Judas, aunque en cierta ocasión él actuara como tal. Como recordarás, Judas traicionó a Jesús entregándolo en manos de sus enemigos. A partir de ese fatídico acto, a Judas se le ha considerado uno de los traidores más siniestros de toda la historia. Sin embargo, Pedro también fue traidor, tres veces negó conocer a su Señor, tal como Jesús dijo que ocurriría. (En Mateo 26 encuentras el relato de ambos actos de traición.) Aun así, todos sabemos que el espíritu de Pedro y el de Judas eran diametralmente opuestos. Lleno de remordimiento mas no de arrepentimiento, Judas se suicidó (ver Mateo 27.1-5). Su remordimiento contrasta con el arrepentimiento de Pedro, que fue restaurado a la comunión con su Señor (Juan 21).

Los actos malos no siempre implican malas intenciones

Repitiendo, cuando tu pareja no haga el bien y, por el contrario, haga lo malo, ese acto (o serie de actos) no implica necesariamente que carezca de buena voluntad. Un acto malvado por parte de tu cónyuge (cualquier acción que vaya desde las palabras desconsideradas, ásperas o crueles hasta el adulterio) puede meter a la pareja en el ciclo de la locura. Cuando tu esposa o esposo se comporta mal o indebidamente, resulta fácil calificarlo como una persona con *intenciones malvadas*. Y admito que quizás no te expreses de esa forma, pero en esos momentos ciertamente no estás experimentando la buena voluntad de tu cónyuge y tu inclinación natural es a reaccionar sin amor o de un modo irrespetuoso. Pero si estás tratando de vivir con amor y respeto, debes hacer una distinción entre el carácter malvado y la temporalidad de las actitudes pendencieras, las acciones indebidas o el egoísmo.

Todos en algún momento nos ponemos rezongones, irritables o asumimos una posición de necesitados. Sarah y yo lo hacemos, pero cuando ella está herida por algo que hice o que dije y reacciona en una forma irrespetuosa que me ofende, ¿debo concluir que mi esposa no tiene buena voluntad? O cuando me hace enojar o irritar y reacciono con desamor, ¿debería ella sacar la conclusión de que yo carezco de buenas intenciones? La respuesta correcta es: «No, por supuesto que no». Pero no siempre se nos facilita llegar a esa clase de respuesta cuando estamos dolidos o irritados, cansados o impacientes. Después de todo, tengo ciertas expectativas sobre la forma en que Sarah debería tratarme, y viceversa. Cuando cualquiera de los dos no llena esas expectativas en el transcurso diario de la vida, resulta tentadora la idea de entrar en el juego de difamarnos uno al otro.

> *Cuando juzgas a tu pareja, ¿puedes decir con toda honestidad: «Conforme a la justicia son todas las palabras de mi boca, no hay en ellas nada torcido ni perverso»? (Proverbios 8.8, LBLA).*

Supongamos que yo, el «Señor Amor y Respeto», cometiera el colmo de las ironías y olvidara mostrarle mi amor a Sarah y no le diera una tarjeta el Día de los enamorados. Momentáneamente a ella se le pudiera ocurrir que soy un hipócrita sin amor, pero eso sería una exageración. O si volteamos la ironía, supongamos que Sarah, que tiene su propia sesión de enseñanza en nuestras conferencias, olvidara mostrarme respeto y hablara mal de mí en frente de nuestros hijos, con lo cual me sintiera totalmente defraudado. Yo podría llegar a la rápida conclusión de que ella es una farsante irrespetuosa, pero eso también sería una exageración. En cualquier caso, ambos actuaríamos como el granjero que ve una mosca en la pared de la cocina y la mata con su escopeta. Él se encargó del insecto, pero le quedó un enorme hueco a la pared. Exactamente del mismo modo, podemos hacer huecos en nuestra relación al reaccionar de manera exagerada cuando fallamos en satisfacer nuestras mutuas expectativas.

Mi esposa y yo somos como todas las demás parejas de casados. Cuando surgen las tensiones, cuando el ciclo de la locura amenaza con contaminar nuestra vida, necesitamos recordar la época en que nos conocimos y nos enamoramos. No decidimos casarnos porque nos odiáramos. Y todavía convivimos con la misma persona que conocimos en aquel entonces y con la cual nos casamos, aunque *por el momento* no lo parezca.

El ciclo de la locura puede ser tu oportunidad

Si están procurando vivir con amor y respeto, experimentar en alguna medida el ciclo de la locura es una gran oportunidad para que intenten ver la buena voluntad del otro. Para el marido, estar en este ciclo es un recordatorio de que cuando su esposa no se siente amada, reacciona en una forma que para él es irrespetuosa. Podría concluir que las intenciones de su mujer hacia él son malignas, pero actuaría mucho mejor si comprendiera que el ciclo de la locura ha comenzado a girar y que ella no intenta ser irrespetuosa; lo que realmente está haciendo es pedir amor a gritos. Como lo expresó un hombre:

> Solía enojarme cuando sentía que Yvonne me estaba criticando, pero ahora podría pedirle que me diga qué fue lo que hice con tanto desamor como para provocar semejante reacción de su parte… Hemos estado casados por casi veintiocho años y nuestra relación en verdad está mejorando. Siempre trato de pensar que ella tiene buena voluntad y que sólo intenta ayudarme con sus «sugerencias».

Para la esposa que está enfrentando el ciclo de la locura, confiar en la buena voluntad de su marido puede ayudarle a no sentirse ofendida rápidamente. Aunque su esposo pudiera decir algo que ella considera poco amoroso, puede que de ninguna manera esa sea su intención y él simplemente podría estar reaccionando ante algo, en su estilo típicamente azul. Así lo explica una mujer:

> Cierto día él dijo una de esas cosas que nos hacen decir a las mujeres: «¡No puedo creer que haya dicho *eso*!» Pero, en vez de ofenderme de inmediato y mantener el asunto en el fuego durante días, pensé en nuestra amistad, la cual ha sido probada y es verdadera, y recordé tus palabras: «Confía en su buena voluntad». Entonces, en lugar de dejar que me hirviera la sangre con eso, calmadamente le pregunté en qué estaba pensando cuando dijo eso. Le expliqué que quería entenderlo y también le informé cómo lo había recibido yo. Él me lo aclaró y, efectivamente, yo había escuchado sus azules pensamientos a través de mis audífonos rosa. Me sentí muy contenta al darme cuenta de que esta práctica abrió la comunicación entre nosotros. También afirmó mi creencia de que puedo hablar sobre mis sentimientos y recibir aclaraciones, sin necesidad de temer la reacción de la otra persona.

¡Optar por creer en la buena voluntad de tu pareja puede funcionar y, de hecho, funciona! Los matrimonios exitosos experimentan esos momentos del ciclo de la locura que se sienten ofensivos, pero uno de los cónyuges o ambos pueden tomar la decisión de confiar en que el otro tiene buena voluntad. Un hombre lo resumió de la siguiente forma: «Todavía tenemos asuntos por los que entramos en el ciclo de la locura, pero luego me detengo y me doy cuenta de lo triviales que hemos sido. Ambos tenemos buena intenciones. Creo que es algo que olvido con mucha frecuencia».

Una esposa comenta:

Mi esposo y yo hemos aprendido a comunicarnos con mayor eficacia. Pensar en los audífonos rosados y azules me ayuda a no sentirme herida en mis sentimientos con tanta facilidad por algo que Mark diga. Como tú dices, la mayoría de los hombres abordan con buena voluntad cualquier situación en la que nos encontremos y, por eso, puedo evitar muchas heridas innecesarias cuando trato de entender el verdadero significado de sus palabras.

Estas personas «captaron la idea» y son una personificación de la sabiduría que se expresa en Proverbios 14.9: «Los necios se mofan del pecado; mas entre los rectos hay buena voluntad».

Muchas veces, cuando la comunicación falla, alguien debe dar un paso adelante e intentar reparar el daño (en lugar de ufanarse de sus propias faltas), lo cual implica tener que escuchar y tratar de comprender y de llegar a la otra persona. Cuando ambos cónyuges confían en la buena voluntad del otro, cualquiera de los dos puede tomar la iniciativa y asumir la responsabilidad en los conflictos. No hacerlo es una necedad y, en cambio, hacerlo es propio de los «rectos».

Podría citar muchos más testimonios de cómo el principio de la buena voluntad hace maravillas en un matrimonio. Desde que comencé a enseñar sobre la importancia de creer en las buenas intenciones de tu pareja, a pesar de los actos de desamor o irrespeto, siento una inmensa alegría por las respuestas que recibo y que no paran de llegar. Un hombre me escribió para contarme que el libro *Amor y respeto* resolvió el problema enraizado que había en su matrimonio.

> *No eres un tonto si confías en la buena voluntad de tu pareja, porque el que ama «siempre confía en la persona amada, espera de ella lo mejor y la defiende con firmeza» (1 Corintios 13.7, BAD).*

Para nosotros fue TREMENDA la verdad fundamental de que cada cónyuge no tiene intenciones malvadas con el otro. Hemos logrado cortar de raíz muchos de los problemas que una mala comunicación acarrea, antes de que pudieran ingresar al «banco de ofensas pendientes», de donde más tarde puede surgir algo que nos muerda el trasero. Nuestro matrimonio se ha enriquecido y floreció de nuevo.

Establecimiento del entendimiento mutuo

En el cierre de esta sección en la que hemos discutido las verdades esenciales para lograr una mejor comunicación, toma conciencia de cómo estas tres verdades cooperan entre sí para que tú y tu cónyuge forjen el entendimiento mutuo.

En primer lugar, la lengua importa; y lo que sale de tu boca depende de que tengas un corazón comprometido a vivir con amor y respeto en tu matrimonio. En segundo lugar, ninguno de los dos está mal. Ustedes sólo son diferentes entre sí. Sus perspectivas de color rosa y azul matizan e influencian toda la comunicación que circula entre ustedes. Y tercero, cada uno de ustedes debe considerar que la otra persona tiene buena voluntad, incluso cuando el ciclo de la locura comienza a girar (y *especialmente* en ese momento).

Con frecuencia me entero de mujeres que sienten que su matrimonio está irremediablemente perdido y que sus maridos carecen de buena voluntad. Llegan a esa conclusión debido a que sus esposos reaccionan en una forma que esas mujeres no se permitirían a sí mismas; y si llegaran a hacerlo, significaría que ellas no tienen buenas intenciones y que son crueles. Una mujer me escribió:

Sentía que estábamos tan perdidos como pareja, en especial por ser cristianos nacidos de nuevo. Él estaba congelado y todo el tiempo había sido igual. Lo que yo encontraba era un muro de piedra o una intensa ira y amenazas. Me sentía dentro de una relación abusiva (¡y éramos líderes cristianos!). Desesperada, le pregunté que si podía leerle una parte de *Amor y respeto*. ¡Él consintió y la luz ha estado encendida desde entonces! Mi esposo decía todo el tiempo: «¡Ese soy yo!», e incluso comentaba que quería besar al autor del libro, lo cual es casi insólito en boca de un hombre asiático. Apenas estamos iniciando nuestro viaje de vulnerabilidad e intimidad. ¡Falta tanto por recorrer, pero ahora siento esperanza! ¡Es un milagro increíble!

Mi respuesta para esta mujer fue poco más o menos la siguiente:

Dios nos hizo varón y hembra y no somos malos por ser así, sólo somos diferentes. Él no se equivocó. La Biblia nos dice que tenemos una buena voluntad básica porque ninguno de nosotros quiere desagradar al otro (1 Corintios 7.3-34). Simplemente nuestras necesidades son distintas, ¡y ahí es donde surge el desafío! Una vez que nos abrimos paso hasta llegar a la verdad (de que ella no está tratando de ser irrespetuosa y que él no quiere actuar con desamor), entonces podemos exclamar: ¡Eureka!

Soy consciente de que algunas parejas gritarán «¡eureka!» antes que otras. Lamentablemente, muchos matrimonios luchan dentro del ciclo de la locura porque se han etiquetado mutuamente como personas sin buena voluntad. Ella lo ve a él como un hombre sin amor y él la considera a ella irrespetuosa. Ella siente que a él no le importa su necesidad de ser amada: él siente que ella simplemente no tiene ni idea de que él necesita ser respetado, o que le importa un bledo.

En la mayoría de los casos, estas conclusiones son consecuencia de un gigantesco malentendido. En la tercera parte de este libro analizaremos cómo parar el ciclo de la locura mediante la implementación de técnicas para lograr el entendimiento mutuo, la primera de las cuales es crucial. Con el intercambio de mensajes rosa y azul entre las parejas, ellas deben aprender a decodificarlos y a *escucharse* realmente el uno al otro, tal vez por primera vez en sus vidas. En el próximo capítulo aprenderemos sobre decodificación.

———o§oo———

El ciclo de la locura: enemigo implacable de la comunicación marital

———o§oo———

Si leíste los capítulos 2, 3 y 4, estás armado con la sabiduría que se basa en los principios del amor y el respeto.

Primero, ya sabes que lo que sale de tu boca importa muchísimo, porque tus palabras son el derramamiento de lo que hay en tu corazón.

Segundo, ahora eres plenamente consciente de lo diferentes que son tú y tu pareja. Sabes acerca de los lentes y los audífonos rosados y azules, y tienes muchos deseos de ver si puedes ajustar tu perspectiva con la de tu cónyuge.

Tercero, entiendes la importancia de considerar a tu pareja como una persona de buena voluntad, aunque la situación se ponga tensa (o quizás un tanto «loca») y el ciclo de la locura empiece girar. Estás comprometido con la idea de que, en el fondo de su corazón, tu cónyuge desea tener una relación contigo y sus intenciones hacia ti son buenas, ¡aunque no se note por el momento!

Es verdad que ahora ya tienes fijos en tu mente estos principios clave de amor y respeto. ¡Pero ten cuidado! El ciclo de la locura es un enemigo implacable y astuto. Incluso «expertos» como Emerson y Sarah tenemos que estar en constante alerta para no sucumbir ante su influencia.

Recuerda: Ninguna pareja de casados se desprenderá para siempre del ciclo de la locura. Siempre estará presente y dispuesto a darles una vuelta, pero puedes evitarlo mediante las destrezas y técnicas que se describen en los siguientes capítulos: la decodificación mutua de las palabras, ser cautelosos con la manguera de aire de cada cual y el perdón mutuo. Si practican estos procedimientos con regularidad y en oración, no le darán oportunidad al ciclo de la locura. ¿Están listos? Ajústense sus lentes y sus audífonos; ¡y manos a la obra!

CAPÍTULO CINCO

Decodifica,
y detén el ciclo de la locura

A pesar del tiempo que Sarah y yo llevamos trabajando en aprender a comunicarnos, todavía hay momentos en los que nos malinterpretamos y el ciclo de la locura comienza a girar. Parece un hecho casi inevitable cuando pasamos por los altibajos de la vida diaria. Por ejemplo, hace poco tuvimos que viajar para realizar una conferencia y entonces fuimos al aeropuerto. Cuando entramos en la terminal, miré mi reloj y vi que nos quedaban unos cuarenta y cinco minutos para dirigirnos a la puerta de abordaje. En ese momento Sarah se volteó y dijo: «Tengo mucha hambre. Estaba pensando en ir a comer algo. ¿Te parece bien?»

Me imaginé que ella pediría alguna comida rápida en la barra que quedaba a unos cuantos pasos de nosotros, y le respondí: «Está bien. Aquí te espero». Ella me lanzó una de esas miradas con las que me dice: «No entendiste nada de lo que te quise decir». Luego me dijo, con cierto recato: «Bueno, estaba pensando en que los dos comiéramos algo».

Tal vez yo estaba distraído o preocupado por no perder el vuelo. Todavía sin darme cuenta de lo que ella pensaba, le dije que no tenía mucha hambre.

Con ojos de incredulidad, Sarah me lo explicó en detalle: «Bueno, creí que los dos podíamos sentarnos para estar un rato juntos y comer algo rico. Pero si así son las cosas, entonces voy por algo de comer». Antes que yo pudiera replicar, se fue echando humo, para nada contenta y a todas luces molesta conmigo.

«¡Sarah, espera!», alcancé a gritarle, pero ella continuó andando y me dejó parado allí, cargando no sólo con el peso de las maletas... ¿Estábamos en el ciclo de la locura? No exactamente, pero podía escucharlo acelerar sus motores.

Yo pensé: ¡*Ay! Aquí tenemos otra ilustración de un malentendido esposo-esposa.* Me senté a esperarla, con la expectativa de que no fuéramos a perder el avión. Cuando mi mujer regresó, noté que seguía descontenta, pero no quedaba tiempo para hablar porque debíamos salir corriendo, pues sólo faltaban pocos minutos para el abordaje. Sin embargo, cuando ya estábamos ubicados en nuestros asientos, rápidamente nos pusimos a conversar sobre nuestro pequeño incidente en la terminal. Yo podía ver que Sarah todavía se sentía irritada y, en realidad, yo también. «Me siento frustrado con toda esta escenita», dije. «En verdad no entendí lo que estabas tratando de comunicarme. Yo no quería ignorar tu invitación».

«Bueno, yo también me siento frustrada», me respondió. «Sé que de ninguna manera quieres actuar con desamor. Pero siempre estás tan absorto en tus pensamientos, pensando en otras cosas. Yo creí que teníamos la oportunidad de pasar un buen rato juntos, antes de hacer otro viaje...»

Permanecimos sentados en silencio y ninguno quiso ceder más terreno. Los dos sabíamos que íbamos a disculparnos, pero ambos teníamos que sostenernos en nuestra obstinación durante un rato más. Ninguno de los dos quería dar el primer paso. Y cada uno estaba esperando que el otro actuara con madurez y que fuera el primero en decir: «Perdóname». En ese momento no queríamos que nadie viniera por el pasillo a pedirnos que firmáramos su ejemplar de *Amor y respeto.*

Pasaron unos minutos y se desvaneció nuestra tensión. Sarah me sonrió abiertamente. Los dos pensábamos en cómo podíamos ser capaces de discutir por semejantes nimiedades. Luego me disculpé por haber sido insensible a su invitación y me comprometí, una vez más, a enfrascarme menos en mí mismo. Ella me dijo que lamentaba haber perdido la paciencia y haberse marchado a toda aprisa en la forma que lo hizo. Me pidió que la perdonara y lo hice; luego le pedí lo mismo y ella me perdonó. Ahí terminó ese episodio.

Con el paso del tiempo aprendimos a los golpes

Felizmente, con los años hemos aprendido a detener el ciclo de la locura antes de que realmente pueda ponerse en marcha. Cuando hacemos o decimos algo que causa una magulladura o una cortada, sabemos cómo aplicar bálsamo sobre la herida, casi de inmediato. Pero al comienzo de nuestro matrimonio, antes de entrar en esto del amor y el respeto, tendíamos a quedarnos viendo al otro sangrar, sin saber cómo ni por qué debíamos soltar nuestros afilados cuchillos.

En realidad, nuestras necesidades individuales de amor y respeto fueron las que provocaron el incidente en la terminal aérea. Sarah estaba esperando amor, es decir, mi disposición a comer algo con ella, y no lo recibió porque yo estaba demasiado ensimismado como para decodificar apropiadamente su invitación. Al seguir con nuestra interacción, yo estaba esperando respeto, esto es, ¡una reacción positiva cuando la llamé!, y no la obtuve porque estaba tan contrariada que lo único que pudo hacer fue marcharse enojada y negarse incluso a mirar hacia atrás al llamarla.

La ira y las tensiones en un matrimonio comúnmente se presentan debido a lo que llamo un «conflicto de amor y respeto». Cuando mi esposa salió impetuosa a conseguir un restaurante y comer sola, es muy probable que ella estuviera pensando: *Si él me amara, sería más sensible y podría leer entre líneas mis intenciones.* Mientras estuve sentado aguardando a que regresara, me encontré a mí mismo pensando: *Si ella me respetara, dejaría de condenarme cada vez que soy lento para imaginarme lo que quiere, con lo cual parezco insensible.*

> «*Cualquier tonto inicia un pleito, pero quien lo evita merece aplausos*» (Proverbios 20.3, BLS).

En cierto sentido muy real, nuestra escenita en el aeropuerto ilustra adecuadamente la batalla fundamental y eterna que existe entre los sexos. En un matrimonio, a medida que las escaramuzas se van amontonando con el paso de los años, cada parte acumula «pruebas». El color rosado sabe que su posición es mejor que la del otro, mientras que el azul sabe exactamente lo contrario. Y esa guerra continuará a menos que Rosado y Azul quieran dar un paso hacia atrás y ver lo que están haciéndose el uno al otro. La guerra pronto puede terminar si ambos se dan cuenta de que el sexo opuesto no es malo, sólo diferente.

Cómo evitar la batalla de los sexos

Uno de los grandes motivos para que Sarah y yo ahora seamos capaces de disculparnos mutuamente con mayor rapidez es porque hemos acordado una tregua en la llamada guerra de los sexos. Obviamente tenemos nuestras equivocaciones, pero por lo general, estamos prontos para detener todo juicio entre nosotros debido a nuestro color rosa o azul. Estamos listos para aceptar nuestras diferencias de género y para trabajar con ellas, en lugar de seguir disparándonos por decir o hacer algo «inaceptable». Nuestra riña en la terminal prueba que todavía somos una obra sin concluir, pero para nosotros, hemos avanzado *muchísimo*. Aunque yo todavía la hago sentirse frustrada, Sarah se niega a llamarme un tonto de color azul que no tiene amor. Y aunque ella todavía me hace sentir frustrado, me abstengo de llamarla un irrespetuoso caso perdido de color rosa.

En realidad, le agradezco a Dios porque mi esposa sea «tan sensible», ya que la forma en que reacciona emocionalmente le permite compadecerse de mí cuando necesito que se identifique conmigo y me entienda. Y Sarah le da gracias a Dios porque yo sea «tan insensible», ya que mis reacciones menos emocionales me permiten actuar con toda naturalidad, proteger durante las crisis y asumir el liderazgo en momentos emocionalmente agobiantes. Como dijo alguien: «Tu fortaleza puede ser tu debilidad y tu debilidad puede ser tu fortaleza».

> *¿Puedes decodificar los comentarios negativos de tu pareja? «Los pensamientos humanos son aguas profundas; el que es inteligente los capta fácilmente» (Proverbios 20.5, NVI).*

Nuestra historia del aeropuerto ilustra muy bien la verdad clave de este capítulo: *Para comunicarte, debes aprender a decodificar.* Por mi propia experiencia al estar casado con Sarah y trabajar con miles de parejas, estoy convencido de que los hombres y las mujeres realmente se hablan entre sí con mensajes cifrados. Mientras no aprendan a descifrar el código de cada uno, se ven forzados a tener dificultades y malos entendidos que pueden echar a andar el ciclo de la locura.

Incluso un «experto» puede fallar al descifrar el código

Después que me relajé durante el vuelo y Sarah tomó una siesta, reflexioné sobre lo que había sucedido en el lapso de unos cuantos segundos, cuando me dijo: «Tengo mucha hambre. Estaba pensando en ir a comer algo. ¿Te parece bien?» En esas palabras se encontraba escondido el *verdadero* mensaje: ella me estaba informando que quería que le hiciera compañía. Tenía hambre, sí, y podía solucionarlo con algunas viandas, pero para ella, como para muchas mujeres, una comida implica mucho más que alimentarse. Es compañerismo. Yo no fui lo suficientemente rápido para decodificar ese mensaje (¡y soy el que enseña las cuestiones que tienen que ver con el amor y el respeto!)

A pesar de lo embarazosa que me resulta, esta historia muestra claramente por qué los hombres y las mujeres necesitamos esforzarnos todo el tiempo en decodificar los mensajes de nuestros cónyuges. Como lo destaqué en el capítulo 3, somos tan diferentes como el color rosado y el azul. Muchas veces nos enviamos mensajes cuyos significados son distintos porque nuestras expectativas también son diferentes y están basadas en nuestra condición como hombres o mujeres. Lo importante es recordar que está bien ser de un color o de otro. Tú y tu pareja no son malos, sólo diferentes.

Sarah no estaba actuando mal por sus rosadas expectativas acerca de mí. Para ella, el mensaje era claro. Me estaba halagando porque quería estar cerca de mí durante unos minutos antes del vuelo. Desde mi perspectiva azul, yo no estaba siendo malo por malinterpretar su estado de expectativa. El mensaje que le había dado a ella fue: «Estoy hablando con sinceridad con base en la información que estoy recibiendo». En su invitación original («Tengo mucha hambre, estaba pensando en ir a comer algo, ¿te parece bien?»), ella realmente no me había incluido, como sí lo hubiera hecho con un comentario similar a este: «Estaba pensando en que podíamos ir a comer algo». Cuando Sarah añadió: «¿Te parece bien?», yo lo asumí como si me hubiera pedido mi aprobación, la cual yo consideraba innecesaria pero que había sido algo amable de su parte.

Sin embargo, en ese momento ella estaba pensando de un modo más relacional, como la mayoría de las esposas; y yo era más práctico, como la mayoría de los esposos. Sarah había dicho que tenía hambre y quería algo de comida. En nuestros recorridos por los aeropuertos, pues viajamos mucho, mi mujer ocasionalmente dice algo como: «No tuve tiempo de desayunar y ahora tengo mucha hambre. Cariño, ¿podemos parar un momento mientras me como una rosquilla?»

Sus diferentes incursiones en la comida rápida me habían programado para pensar que, una vez más, era eso lo que quería hacer cuando comentó: «Tengo mucha hambre. Estaba pensando en ir a comer algo. ¿Te parece bien?» Y cuando insistió: «Bueno, estaba pensando en que los dos comiéramos algo», yo todavía pensaba en el significado literal de sus palabras y no escuché lo que para ella fue una clara invitación. Como yo no tenía hambre, me sentí en libertad de comunicárselo y lo que en verdad creí fue que ella ignoraba que yo me sentía satisfecho. Pero, en ese punto, Sarah se sentía hasta la coronilla con mi azulada falta de entendimiento. Para cuando dijo sin rodeos: «Bueno, yo creí que los dos podíamos sentarnos para estar un rato juntos y comer algo rico», ya estaba dándose media vuelta y se marchó enfurruñada. Más o menos en ese momento por fin el bombillo se me prendió en mi mente e intenté llamarla: «¡Oye, espera! Ya entendí lo que me decías. Vamos a comer algo. Eso sería estupendo». Pero para ese entonces, era demasiado tarde.

Las rosadas por naturaleza tienden a decodificarse entre ellas

Desde el punto de vista rosado, la intuición femenina es un don maravilloso. En lo que tiene que ver con la intimidad o la amistad cercana con otras de su mismo color, muchas rosadas decodifican por naturaleza. Considera la siguiente instantánea del mundo de Sarah. Ella está en la iglesia en una reunión del comité y su amiga Sheila comenta:

—Estaba pensando en pasar por un capuchino después de la reunión. ¿Quieres acompañarme?

Mi esposa responde:

—¿De veras? ¿No crees que la reunión terminará muy tarde?

Sheila dice:

—Creo que no, pero no tenemos que ir si te parece inconveniente.

Sarah continúa con un:

—No, Emerson tiene su propia reunión y yo tengo tiempo. ¡Será divertido!

Y Sheila:

—Está bien, si el tiempo no es un problema, hay un nuevo café que se llama Perky's. ¿Te gustaría que fuéramos allá?

Mi esposa se siente complacida:

—Sabes que pasé por ahí el otro día y me dije a mí misma: «Necesito conocer cómo es ese lugar». Se ve tan pintoresco.

Sheila se siente igual de contenta:

—¡Perfecto! Tal vez podamos salir antes de que acabe la reunión.

Las mujeres son muy sensibles con respecto a una invitación, sin importar si la hacen o la reciben. Ellas van a negociar, lanzándose la pelota de acá para allá, buscando emociones escondidas y procurando que salga a la luz aquello que no se ha expresado. Por naturaleza buscan recíprocamente darse confianza y recibirla. Se afirman mucho mutuamente. Esta capacidad para ser sensibles se la dio Dios a las rosadas, pero no necesariamente a los azules. Aquel día en el aeropuerto, mi esposa esperaba que yo fuera sensible, que captara sus indirectas y que negociara con ella a través de un diálogo como el siguiente:

—Tengo mucha hambre. Estaba pensando en ir a comer algo. ¿Te parece bien?

—¡Oh, eso sería fantástico! ¿A dónde quieres ir?

—Bueno, tengo ganas de sentarme en algún lugar bonito, solos los dos. ¿Te gustaría?

—Por supuesto, pero ¿tenemos tiempo?

—Pienso que sí. No tenemos que abordar sino hasta dentro de cuarenta y cinco minutos. ¿Crees que tal vez no nos alcanzará el tiempo?

—Me tiene sin cuidado. Cuarenta y cinco minutos son suficientes. ¿A dónde quieres ir?

—Acabamos de pasar por un restaurante con reservados y yo quería intimidad. ¿Te parece bien ese lugar?

—¡Mi amor, estar contigo *siempre* me parece bien!

En realidad, la mayoría de las parejas no tienen esta clase de conversaciones, ni siquiera en su luna de miel, porque no es así como hablan la mayoría de los hombres. Para ser varón, soy bastante intuitivo en lo que tiene que ver con la comunicación, lo cual me ha ayudado a desarrollar el material sobre decodificación que enseñamos en nuestras conferencias. Aun así, mi enfoque básico de la vida parte de la perspectiva muchísimo más masculina, basada en el «Aquí están los hechos de la situación».

Si mi amigo del alma dijera: «¿Vamos a tomar un café después de la reunión?», mi respuesta podría ser: «No puedo, tengo que estar en casa esta noche. Pero si tienes asuntos que discutir, llámame mañana para que te pueda dedicar toda mi atención». Mi amigo podría decepcionarse un poco, pero aceptaría mi negativa según lo que dije literalmente y no se ofendería por mi corta y un tanto lacónica respuesta masculina. No estoy diciendo que Sarah jamás rechazaría la invitación de una amiga a tomar capuchino. Si no hubiera tenido tiempo cuando Sheila la invitó, mi esposa se hubiera sentido libre de no aceptar, pero habrían tenido más diálogo, expresiones de pesar, interés por sus sentimientos y comentarios del tipo: «Debemos hacerlo tan pronto como podamos». Las mujeres generalmente están sintonizadas con aquello de ser sensibles, mientras que es típico de los hombres la practicidad e incluso que seamos muy directos.

En el aeropuerto mi masculinidad inherente pudo más que yo. Al estar absorto en mis pensamientos (como es usual) y apurado, interpreté mal el mensaje de Sarah y mi reacción masculina muy azul hirió y exasperó a mi sensible esposa muy rosada. Felizmente, ambos tuvimos el suficiente sentido común para darnos cuenta de lo que había sucedido y para disculparnos y pedirnos perdón, lo cual detuvo el ciclo de la locura en su primer giro. (Ya que pedir perdón y recibirlo es un recurso de comunicación muy importante, en el capítulo 7 examinaremos este tema con mayor detenimiento.)

Al contar mi historia del aeropuerto no estoy aseverando que las mujeres todo lo vuelven personal y que sólo los hombres somos francos y directos. He conocido a mujeres bastante prácticas y tengo amigos varones que son más sensibles que la mujer promedio y que comunican libremente sus sentimientos.

Pero sí estoy diciendo que, en un matrimonio típico, la mujer será la persona sensible e intuitiva, mientras que el hombre será más práctico y, a veces, insensible aunque no tenga la intención de serlo. Por esa razón, todo marido debería aprender a decodificar a su esposa, y viceversa. Debido a esos audífonos rosados y azules, las mujeres están orientadas a escuchar de cierta forma y los hombres de otra muy diferente, como lo ilustra la siguiente historia.

«¿Dónde conseguiste estas hamburguesas?»

Cuando me casé, estaba haciendo una maestría en comunicación y mis estudios muchas veces me exigían reflexionar sobre las diferencias entre los sexos. Debido a que Sarah y yo experimentábamos a plenitud nuestras propias tensiones por ser hombre y mujer, todo el tiempo me sentía intrigado por los ejemplos sobre cómo los dos géneros oyen y ven en una forma muy diferente.

En una ocasión visitábamos a un amigo y él estaba cocinando hamburguesas en su parrilla del patio trasero. Le pregunté: «¿En dónde conseguiste estas hamburguesas?» y me respondió: «En el mercado de carnes que acaban de abrir en el centro». Para los oídos de mi amigo mi pregunta fue un simple pedido de información. Nada más.

No mucho tiempo después, mi esposa y yo estábamos listos para cenar en nuestro apartamento y ella sirvió hamburguesas. Decidí realizar un pequeño experimento y por eso le pregunté: «¿En dónde conseguiste estas hamburguesas?» Sarah contraatacó: «¿Por qué? ¿Qué tienen de malo?»

> *A medida que adquieres entendimiento sobre el plan de Dios para el color rosa y el azul, cada día se llenará de descubrimientos maravillosos. «El sabio oirá y crecerá en conocimiento, y el inteligente adquirirá habilidad» (Proverbios 1.5, LBLA).*

Debido a la sensibilidad de Sarah como mujer y como recién casada interesada en servir comidas deliciosas, ella se preocupó de inmediato. En un estilo femenino clásico, ella leyó entre líneas y recibió un mensaje completamente diferente ante la misma pregunta que había escuchado mi amigo. Le aseguré a mi esposa que las hamburguesas estaban exquisitas y le expliqué mi experimento y que quería ver si su reacción difería de la de mi amigo. Claramente aliviada al escuchar que sus hamburguesas no tenían nada malo, Sarah sólo sonrió y me dijo: «Por supuesto. ¿De qué otra forma esperabas que reaccionara?»

«¿Podemos hablar?», la pregunta que me ponía en alerta roja

A pesar de mi lapsus en el aeropuerto, ahora soy mejor decodificador que antes. Pero en mis primeros años de casado el ciclo de la locura amenazaba a menudo con ponerse a girar, porque yo no me sentía seguro de lo que realmente pensaba Sarah. En particular me preocupaba porque mi mujer me preguntaba lo mismo una y otra vez: «¿Podemos hablar?», o podía utilizar la variante: «¿Cuándo podemos hablar?» La mayor parte del tiempo yo reaccionaba pensando: *Ella quiere hablar debido a que nuestro matrimonio no marcha bien y es mi culpa.*

Por eso mi interrogante era: «¿Y ahora qué hice?» Pero en vez de preguntárselo, trataba de mostrarme un poco más despreocupado: «Está bien, ¿de qué quieres hablar?» Su respuesta no me brindaba mucho consuelo: «No sé, sólo necesito que hablemos». Yo asumía que lo que estuviera pasando por su mente tenía que ver conmigo y con algo que estaba haciendo, o quizás, que no estaba haciendo. Pero creía que se mostraba renuente a decírmelo de frente.

> Las suposiciones sólo provocan contiendas

Cuando teníamos nuestras charlas, la mitad de las veces ella *no* estaba pensando en nada que implicara alguna clase de problema conmigo. En realidad, sólo tenía ganas de hablar. Sin embargo, tardé años en convencerme plenamente de que las invitaciones de Sarah para que conversáramos no significaban que yo estaba en problemas.

Sarah aun me pregunta: «¿Podemos hablar?», pero ahora decodifico su mensaje mucho más rápido. Ella no se encuentra al acecho, lista para abalanzarse sobre mí y decirme lo que hice mal. Simplemente necesita hablar de lo que siente, lo cual puede incluir algo que tenga que ver conmigo, positivo, negativo o neutral, pero generalmente no está pensando en mí. El balance final es que para mi esposa, como para la mayoría de las mujeres, hablar es una catarsis. Ahora escucho lo que me informa y le expreso ideas y sentimientos sobre muchos temas. No obstante, con el paso de los años y mientras yo todavía intentaba dominar esta destreza, Sarah algunas veces llegó a detectar que no me sentía tan revitalizado como ella con todas nuestras charlas (especialmente cuando yo ojeaba periódicamente mi reloj). Entonces, me decía: «Tú no quieres hablar conmigo. Estoy segura».

Yo trataba de asegurarle que sí lo deseaba y le pedía que fuera paciente conmigo. Pero en muchas ocasiones tuve que quedarme en la misma posición que un hombre del cual me enteré. Su esposa lo recriminaba: «¡No estás interesado en hablar conmigo! ¡Es obvio!» El sobresaltado marido le respondió: «¿De qué estás hablando? Jamás he dicho algo semejante. De hecho, me estoy esforzando mucho en oír lo que tienes que decir». Ante lo cual, la mujer contestó: «Quizás, pero estás escuchando con desagrado».

Hoy en día, cuando Sarah dice: «¿Podemos hablar?», casi nunca tengo problemas para escucharla como es debido, en lugar de hacerlo con fastidio. «¿Podemos hablar?» es la frase que utiliza para indicar que está buscando entablar una buena comunicación conmigo. A mi esposa le agrada mucho mi compañía y que hablemos de la gente y de las relaciones. Ella tiende a enfocarse en los sentimientos. Cada vez que hay una tensión entre nosotros, Sarah quiere acercarse a mí con un espíritu de cooperación. Quiere que seamos flexibles, que disfrutemos del momento y nos riamos juntos.

Sarah es una mujer como la mayoría, sintonizada con las personas y sensible a ellas debido a su naturaleza apta para la crianza. Las mujeres pueden pensar, planear y razonar tan bien como los hombres, pero en lo que tiene que ver con la relación íntima del matrimonio, ellas siguen los dictados de su corazón; y quieren que nosotros hagamos lo mismo. Es típico que los hombres seamos prácticos debido a nuestra inclinación analítica. Aunque los varones podemos ser emocionales y confiados, en cuestión de las decisiones maritales nos dejamos llevar por la cabeza; y queremos lo mismo de las mujeres. Por esa razón el pensamiento inicial del hombre típico se concentra en lo que se está diciendo y no en lo que *no* se está diciendo.

¿Hay excepciones? Desde luego, pero como lo dije en un capítulo anterior, las excepciones no invalidan las generalizaciones que usualmente resultan ser ciertas para una gran cantidad de personas. A lo largo de mis muchos años aconsejando a las parejas, he aprendido que es típico que una mujer se queje de la insensibilidad de su marido (demasiada cabeza e insuficiente corazón) y que un hombre se queje de la hipersensibilidad de su esposa (demasiado corazón y es verdad que no la suficiente cabeza). Siempre doy el mismo consejo: en vez de juzgarse mutuamente por las diferencias que Dios mismo les dio, unan sus cabezas y sus corazones lo mejor que puedan. Opten por considerar que sus diferencias son esenciales para ser un gran equipo. ¡Y permitan que tales diferencias produzcan decisiones motivadas y determinadas por los mejores sentimientos de buena voluntad!

Yo siempre tengo la meta con Sarah de que seamos un equipo y usualmente la cumplo. Pero si me dejo abstraer por la multitud de problemas que inundan mi mente debido a nuestro ministerio de amor y respeto, en verdad no voy a escuchar a mi esposa y mucho menos seré capaz de decodificar sus palabras. Cuando eso ocurre, nuestro equipo no funciona bien, como lo demuestra tan claramente nuestra riña en el aeropuerto.

Escuchar y decodificar: Recursos gemelos para una mejor comunicación

A partir de mi experiencia personal como esposo sumada a la cantidad de horas de consejería en las que he escuchado a miles de cónyuges que comparten lo que hay en su corazón, he llegado a la conclusión de que escuchar y decodificar van de la mano como recursos gemelos para lograr una mejor comunicación. Las oportunidades para decodificar surgen todo el tiempo, pero se desperdician cuando un cónyuge no está escuchando.

Sarah y yo con frecuencia nos enteramos de parejas de casados que han visto los beneficios de aprender a escuchar y decodificar. El correo electrónico de una mujer contaba que nuestra enseñanza acerca de la decodificación los había ayudado mucho. De hecho, como lo explicó en su gracioso e irónico estilo, «le salvó la vida a su esposo». Veamos cómo:

> En las sesiones de nuestro grupo pequeño estábamos estudiando tu serie en video y en una de ellas encontré la oportunidad de decodificar algo que mi esposo dijo. Viajábamos en nuestro automóvil para ir a ver una de las películas. Él estaba callado y sonreía con aires de suficiencia. Le pregunté en qué estaba pensando y me contestó: «En lo crítica que eres». Mi instinto natural fue... bueno, tú me entiendes. Pero pensé: *Este es un hombre de buena voluntad. Tal vez quiso decir algo diferente.* Entonces, le pregunté: «¿Qué quieres decir con eso, que soy criticona?» Y mi esposo me respondió: «Quiero decir que nuestra familia no podría existir sin ti. Eres tan crítica con nosotros».

Para decodificar lo que está diciendo tu pareja, «que cada uno sea pronto para oír, tardo para hablar, tardo para la ira» (Santiago 1.19, LBLA).

Al terminar su carta, añadió: «¡Gracias, Emerson, por salvarnos de un fuerte choque!»

La historia de esta esposa «crítica» es un ejemplo perfecto de lo que podría suceder cuando uno de los cónyuges envía un mensaje que pudiera interpretarse mal. En este caso, ella por poco se ofende porque su marido empleó la palabra *crítica*. Sin embargo, decodificó a su marido lo suficiente como para pedir una explicación y entonces supo que él le estaba haciendo un cumplido; lo que él quiso decir fue que ante sus ojos ella era inapreciable.

Pero ¿cuál sería el final si ella no hubiera decodificado aquello y la temperatura dentro del automóvil repentinamente hubiera caído bajo cero? En momentos así todo cónyuge necesita otra destreza igual de importante a la decodificación. En nuestras conferencias de amor y respeto la llamamos: «¡Cuidado con pisar la manguera de aire de tu pareja!» En el próximo capítulo examinaremos con más detalle esta valiosa parte del estilo de comunicación que se basa en el amor y el respeto.

CAPÍTULO SEIS

―――

«¡Ay, me estás pisando la manguera!»

En todo matrimonio hay momentos en los que uno de los cónyuges falla al decodificar al otro, o tal vez se expresa con palabras ásperas, sarcásticas o de crítica que enfurecen o lastiman a su pareja. En esa clase de ocasiones, el rostro de tu cónyuge puede decaer, o quizás sus ojos se oscurezcan y su voz se vuelva fría y distante. También hay quienes se ponen rígidos, les relampaguean los ojos y el tono de voz les sube unas cuantas octavas. Cuando veas cualquiera de esas señales delatoras, debes tener conciencia de que probablemente te has parado encima de la manguera de aire de tu pareja, con lo cual se ha desinflado su ánimo interior (ver capítulo 1, p. 12).

Todos tenemos una manguera de aire

Cuando presenté por primera vez en una conferencia la analogía de la manguera, les pedí a los asistentes que se imaginaran a una esposa con una manguera de aire conectada a un gran tanque etiquetado con la palabra «amor». La mujer casada necesita del amor tanto como del aire para respirar y cuando a través de sus audífonos rosados escucha un mensaje poco acertado en boca de su marido, esa manguera puede quedar aplastada, cortando su suministro de aire. Ahí es cuando a ella se le facilitará responder con sus propias e inconvenientes palabras, muchas veces llenas de ira, pero con las que intenta comunicarle a su marido que no se siente amada en ese momento. Sin embargo, no lo transmite exactamente así, sino que tal vez podría decir: «¡Eso fue una estupidez! Tú siempre arruinas las cosas y otra vez estamos metidos en lo mismo».

Su marido, por supuesto, también tiene su propia manguera de aire conectada a un gran tanque que dice «Respeto», tan necesario para él como el aire que respira. Con la lamentable observación que le hizo a su esposa es probable que no haya querido decir nada, pero cuando su rosada mujer la escuchó por sus audífonos rosados, se sintió ofendida, irritada o tal vez profundamente herida. Como es natural, ella le devolvió el latigazo y cuando su esposo oyó sus irrespetuosas palabras por sus audífonos azules, se sintió ofendido y su manguera de aire también quedó aplastada. Y a partir de ahí, es probable que la situación rápidamente se intensificara. Una regla fundamental para aprender a comunicarse con amor y respeto consiste en recordar siempre que:

CUANDO TUS PALABRAS OFENDEN A TU CÓNYUGE Y CAUSAN UN PROBLEMA, RARA VEZ ESTE ES EL VERDADERO PROBLEMA.

El verdadero problema es que las palabras que la esposa escucha le pueden sonar poco amorosas y las que el marido escucha le pueden sonar irrespetuosas. Y entonces cada uno puede responder a la defensiva expresando más palabras que sonarán sin amor ni respeto. Y la pareja sigue de aquí para allá, justo en medio del ciclo de la locura.

Cuando ustedes se encuentran en este ciclo, lo que dices y cómo lo dices suena poco amoroso o irrespetuoso incluso cuando no sea tu intención. Para entrar en el ciclo de la locura tienes que mirar de cierta forma, decir alguna palabra lamentable (como *estúpido* o *bruja*) o quizás gritar un poco. Una vez que están dentro del ciclo, cualquier cosa que digas forzosamente contristará o afrentará el alma de tu cónyuge. Pero, independientemente de cuál sea el problema que tienen entre manos, este ha dejado de ser el verdadero conflicto debido a que has reducido la importancia de tu compañero o compañera. *Ese* es el problema real y por esa razón todo lo que tu pareja escucha por el momento es: «Tú no me importas. No te amo», o: «Tú no me importas, no te respeto».

> *Cuando tu cónyuge te pisa la manguera de aire, recuerda que «la discreción del hombre le hace lento para la ira, y su gloria es pasar por alto una ofensa» (Proverbios 19.11, LBLA).*

Cómo se metieron el rey David y su esposa en el ciclo de la locura

Las parejas de los tiempos bíblicos no utilizaban términos como *ciclo de la locura*, *decodificar* y *manguera de aire*, pero aun así enfrentaban el mismo tipo de problemas de comunicación de la gente de hoy. Tales hombres y mujeres tenían las mismas necesidades básicas de amor y respeto. Un incidente de la vida del rey David es una ilustración clásica de cómo una mujer puede darle un pisotón a la manguera de aire de su marido.

Cuando el rey Saúl le dio su hija Mical a David por esposa, el matrimonio parecía haber tenido un buen comienzo. En 1 Samuel 18.20 se nos muestra que Mical «amaba a David». Pero, ¿también lo *respetaba*? Veamos lo que ocurrió en 2 Samuel 6 cuando David regresó el arca del pacto a Jerusalén. Era un acontecimiento de mucho gozo, más allá de toda descripción. Las tablas que contenían los Diez Mandamientos estaban en el arca, el cual con el tiempo se colocaría en el Lugar Santísimo del templo, cuyo diseño Dios se lo revelaría a David, pero su hijo Salomón sería quien lo construiría muchos años después (1 Crónicas 28.11-19).

El arca era llevada en medio de aclamaciones y sonido de trompetas. Cuando la procesión entró con ella a la ciudad, David danzaba «con toda su fuerza» en una gozosa adoración al Señor. Celebrando con entusiasmo, saltaba y giraba, sin llevar puestas sus vestiduras reales. En su lugar, él había decidido vestirse como un sumo sacerdote levita, con un efod de lino, o túnica, pues como rey de Israel deseaba transportar el arca del pacto como lo hacían los sacerdotes (ver 2 Samuel 6.1-15). Pero tal como estaba vestido, David no se veía como rey y tampoco llevaba el atuendo levita completo, el cual también debía incluir un manto azul bajo el efod.

Contemplándolo desde su ventana, Mical vio que David parecía todo menos rey, además de danzar en un estilo que para ella era vergonzoso. Entonces, «sintió un profundo desprecio por él» (2 Samuel 6.16, DHH). El rey siguió a una tienda especial dispuesta únicamente para la celebración. Allí se colocó el arca y él procedió a ofrecer holocaustos y ofrendas de paz. Después bendijo al pueblo en el nombre del Señor de los ejércitos y les distribuyó a todos los presentes tortas de dátiles y pasas (ver 2 Samuel 6.17-19).

Cumplidas sus responsabilidades como líder de la nación, David regresó a su hogar para «bendecir su propia casa». Sin embargo, lamentablemente su esposa no comprendió la santidad de un acontecimiento que glorificaba a Dios. No mencionó el retorno del arca ni el cuidado con que había sido transportada de acuerdo con la ley de Dios, ni tampoco habló de las acciones de gracias ni del deseo de David de alabar al Señor con toda su fuerza. Tampoco declaró que Yahvéh, el Señor, fue glorificado.

En 2 Samuel 6.20-23 la versión Dios Habla Hoy capta con claridad el espíritu de una conversación que rápidamente hizo girar a Mical y David en el ciclo de la locura. Con sarcasmo y desprecio destilando de todas sus palabras, ella dice: «¡Qué bien ha quedado hoy el rey de Israel, mostrándose delante de las esclavas de sus criados como un desvergonzado cualquiera!»[1]

Ofendido pero para nada acobardado, David le replica en forma defensiva: «Es verdad; he estado bailando, pero ha sido delante del Señor, que me escogió en lugar de tu padre y de toda tu familia para ser el jefe de su pueblo Israel. Por eso bailo delante de él. Y aun me humillaré más que ahora; me rebajaré, según tu opinión, pero seré honrado por esas mismas esclavas de que tú hablas». Luego, en el versículo final del pasaje se baja el telón y con el siguiente epílogo se da por concluida esta escena del ciclo de la locura: «Y Mical no tuvo hijos en toda su vida» (6.23). Por desdeñar al rey de Israel y al santo acontecimiento que presidió, Dios la condenó a la vergüenza de no tener hijos.

Al vulnerar la necesidad básica de respeto de David, Mical traspasó ampliamente los límites. Tal vez alguien quisiera juzgar la airada reacción del rey, pero los hechos son estos: después de liderar una increíble experiencia de adoración, llegó a su casa para impartir una bendición sobre su propio hogar y se encontró con el menosprecio de su mujer. El incidente completo nos ilustra acerca de que el color azul necesita y desea un adecuado respeto, y también nos enseña que puede perder sus sentimientos de afecto y cariño cuando el color rosado le demuestra semejante menosprecio tan obvio.

Raquel y Jacob también se subieron al ciclo de la locura

En otro relato bíblico con mangueras aplastadas, encontramos a Raquel comentando que no le ha dado hijos a Jacob. Por esa razón, se pone celosa de su hermana Lea, que ya le ha dado cuatro varones, y le dice a Jacob: «Dame hijos, o si no, me muero» (Génesis 30.1). Puesto en aprietos por una esposa poco razonable, él se enoja con Raquel y responde: «¿Soy yo acaso Dios, que te impidió el fruto de tu vientre?» (Génesis 30.2). En lugar de mostrar compasión, este hombre reacciona fuertemente contra su dolida esposa, desesperada por tener un hijo.

En ese punto Raquel estaba siendo muy rosa, es decir, muy emocional en vez de racional. En su alma deseaba ardientemente un precioso bebé. En aquel entonces, como ahora, dar a luz era el anhelado sueño de la mayoría de las esposas. Las mujeres cuentan con amor de sobra para dar y ansían derramarlo sobre la inestimable vida de un pequeñín. Con la petición que le hizo a Jacob, ¿esperaba Raquel en realidad que él actuara como Dios? Por supuesto que no. Pero la respuesta de su marido es burlona y cruel. Esta mujer le está expresando la pesada carga que lleva y Jacob debería decodificar su mensaje. Ella no tiene tendencias suicidas sino que está manifestando su desinterés por la vida en caso de no poder tener un bebé y abrazarlo. Jacob está siendo azul hasta la médula y le responde a su esposa a través de la lógica y con mucha impaciencia. También opta por enojarse con Raquel, en lugar de ser comprensivo y amoroso.

Tanto si vivió en la época de los patriarcas como si vive a la vuelta de la esquina de tu casa, es posible que un hombre no lea los mensajes implícitos de su esposa ni decodifique sus llamados en los que pide amor. Si Jacob se hubiera preguntado: «¿se está sintiendo insegura Raquel y necesita que la conforte? ¿Puedo decir algo que la haga sentir amada para ayudarla a contrarrestar su desánimo?» Raquel necesitaba desesperadamente la seguridad de su esposo de que, incluso si no tenía un bebé, nunca la dejaría de amar.

De los problemas a las mangueras de aire

Jacob y Mical son ejemplos bíblicos de que un cónyuge puede pararse encima de la manguera de su pareja y de esta forma mantener en movimiento el ciclo de la locura. Los problemas maritales de los tiempos bíblicos y los actuales no se diferencian: pueden surgir en cualquier lugar y virtualmente por cualquier asunto. Por ejemplo, una pareja se enfrasca en una discusión sobre las malas calificaciones de su hijo. Ella quiere que su esposo pase más tiempo con el niño y que lo ayude con sus deberes; él soporta una tremenda presión en el trabajo y se ve obligado a hacer muchas horas extra. Él dice que no cuenta con el tiempo para ayudarlo y la discusión rápidamente se convierte en un verdadero problema. Los argumentos van y vienen en un tono de voz cada vez más alto y ellos se pisan las mangueras con lo que dicen para tratar de ganar la discusión. Al final se acuestan enojados, sin dirigirse la palabra, y definitivamente dentro del ciclo de la locura.

Ejemplos como estos abundan entre las parejas de casados. Las preguntas, los problemas y las decisiones aparecen a diario (algunas veces pareciera que a cada hora del día), pero si se convierten en discusiones, algunas veces estas pueden terminar en una batalla campal. A esas alturas, casi siempre las mangueras tienen bloqueado el flujo de aire en alguna medida, pero el asunto que están abordando no es el verdadero problema en absoluto. Detrás de cualquier conflicto se encuentra un problema más profundo de falta de amor y respeto.

La clave para descifrar el código de comunicación está en comprender que tu pareja todo el tiempo oye con audífonos diferentes a los tuyos y ve con otros lentes. Cuando tu cónyuge se desinfla delante de tus ojos, en lugar de defenderte a ti mismo diciendo: «Eso es problema tuyo», reconoce que también es *tu* problema *siempre*. Tus palabras le sonaron poco amorosas a tu esposa o irrespetuosas a tu esposo. Debes esforzarte en parar el ciclo de la locura, en vez de cometer la imprudencia de permitir que gire sin hacer nada al respecto.

Cómo detener el ciclo de la locura antes de que se acelere

Si me preguntas: «Emerson, ¿cómo evito que gire el ciclo de la locura después de que uno de los dos o ambos hemos dicho cosas que lo encendieron?», aquí te ofrezco algunos pasos básicos:

1. Recuerda que tu pareja es una persona con buena voluntad. Incluso si ha hecho o dicho algo que te haga dudarlo por el momento, sigue adelante con una actitud positiva. Algo distinto a esto sólo hará girar más rápido el ciclo de la locura.

> *Deja de decir: «Ese es tu problema». Jesús dijo que tú y tu pareja «ya no son dos, sino uno solo», lo cual significa que siempre es nuestro problema (Mateo 19.6, NVI).*

2. Pensando en lo que podrías haber hecho para pisar la manguera de tu cónyuge, tómate tu tiempo para responder cualquier comentario acalorado. Reflexiona en lo siguiente: *Algo le está molestando. En lugar de ponerme a la defensiva, no debo precipitarme y le daré a mi pareja el beneficio de la duda. No debo sacar una conclusión a la ligera. Necesito ser paciente.*

3. En este punto puedes aproximarte al problema desde la perspectiva estándar que enseñamos en las conferencias de amor y respeto. Para tratar de averiguar lo que está mal, *jamás* digas: «Tú no me amas», ni: «Tú no me respetas», ya que con estas acusaciones sólo pisoteas aun más la manguera de aire de tu cónyuge.

En su lugar, la esposa puede decir: «Sentí que eso fue muy poco amoroso. ¿Sentiste que fui irrespetuosa?» Si él responde afirmativamente, ella puede decir: «Lamento haber sido irrespetuosa, ¿me perdonas? ¿En qué forma puedo mostrarte mayor respeto?»

Por su parte, el esposo puede decir: «Sentí que eso fue irrespetuoso. ¿Sentiste que actué sin amor?» Si ella dice que sí, él le puede responder: «Perdóname por no haber sido amoroso. ¿En qué forma puedo mostrarte más amor?»[2]

Utilicen una terminología con la que se sientan cómodos

Muchas parejas utilizan con éxito este sencillo intercambio, cuando se presenta un fuerte desacuerdo y uno de los dos se ha parado sobre la manguera del otro. Han aceptado que tenemos necesidad de amor y respeto incondicionales, y lo han asimilado hasta el punto de que no les incomoda la terminología que usamos. He aquí dos informes típicos:

Antes de conocer el Ministerio Amor y Respeto, éramos propensos a usar frases «belicosas» como: «Tú siempre» y «tú nunca», o: «¿Cómo pudiste haber hecho o dicho eso?» Después de Amor y Respeto, somos más propensos a usar palabras que sanen (amorosas para Catherine, respetuosas para Charles) tales como: «¿Fui irrespetuosa? Eso lo sentí sin amor» y: «¿Fui poco amoroso? Eso lo sentí como un irrespeto». No hace mucho tiempo, en una de nuestras citas semanales, Catherine y yo reflexionamos sobre el hecho de que ahora casi siempre podemos evitar esas «charlas» en las que nos criticamos sin piedad por toda clase de nimiedades y que nos mortificaron durante tantos años.

―――⟶

A Jim y a mí nos va DE MARAVILLA. [Este enfoque en la comunicación] cambió nuestro matrimonio. Ahora escuchamos, nos detenemos y decimos: «¿Hice algo para irrespetarte? Porque siento que me trataste sin amor», o: «Me siento irrespetado. ¿Hice algo que fue poco amoroso?» La forma en que nos tratamos es diferente. Desde la conferencia no hemos tenido ni siquiera una de nuestras silentes guerras frías.

―――⟶

Otras parejas no se sienten tan cómodas con nuestro enfoque normal, por lo menos no al comienzo. Decir: «Sentí que eso fue irrespetuoso (o que no fue amoroso)» podría parecer poco natural o forzado, especialmente para los maridos que ni siquiera se han dado cuenta de que lo que les molesta es el irrespeto de sus mujeres. Los hombres nos cuentan constantemente que sabían que faltaba algo, pero que descartaron la idea y asumieron toda la culpa porque no estaban siendo lo suficientemente amorosos. Un esposo había asistido a muchos grupos y conferencias para casados que se concentraban en enseñarles a los hombres a amar a sus mujeres. Esta fue su respuesta frente a la enseñanza de Amor y Respeto:

> Cuando expusiste el tema de que el hombre tiene la necesidad de que su esposa lo respete, tus palabras calaron hondo en mí y tocaron un deseo que hacía tiempo había enterrado. Yo ni siquiera entendía ni sabía lo que me faltaba. Mi foco de atención era mi esposa y sus necesidades. Ella quedó anonadada con el concepto del respeto incondicional y está trabajando para entenderlo, del mismo modo que yo continúo esforzándome por entender el amor. Mi mujer ha encontrado rápidamente diferentes formas de comunicar sus pensamientos, ideas, correcciones, etc., sin tener que pisar mi manguera de aire. Estos principios encendieron de nuevo la chispa en nuestro matrimonio y ahora la idea de pasar momentos juntos nos produce mayor ilusión y expectativa.

Por más útil que resulte el enfoque de comunicarse con expresiones como: «Sentí que eso fue poco amoroso o irrespetuoso», es necesario que las usemos con cuidado en ciertas ocasiones. Por ejemplo, supongamos que un hombre se para sobre la manguera de su mujer diciendo o haciendo algo muy azul que la hace enojar y ella arremete contra él, dolida y frustrada. Todavía está resentida por sus comentarios o por lo que haya hecho, como decirles a los niños: «No me pregunten a mí. Su mamá me desautoriza en todo lo que les digo. Ella es la que manda en esta casa». Es verdad que lo ideal sería que ella dijera: «Sentí que eso no fue amoroso. ¿Te incité a hacerlo porque me mostré irrespetuosa contigo?» Pero tal vez está demasiado herida o disgustada y sigue disparando verbalmente: «Eres tan ofensivo. Y encima de eso, cruel. ¿Cómo puedes decirles eso a los niños?»

> «El sabio de corazón será llamado prudente, y la dulzura de palabras aumenta la persuasión» (Proverbios 16.21, LBLA).

No es conveniente que su marido le diga a ella en ese momento que su iracunda observación la sintió irrespetuosa (cuando claramente él obró mal al utilizar a los niños para lanzarle una indirecta). Ella simplemente se pondría a la defensiva porque él estaría aplicando mal la expresión *sentí que eso fue irrespetuoso*. Si un hombre abofetea verbalmente a su esposa y ella le devuelve la cachetada, él no tiene derecho a reclamar por su irrespeto. ¡Lo que necesita hacer es confesar que actuó con desamor!

No obstante, supongamos que este esposo es un hombre de honor y que se da cuenta de que traspasó los límites con su comentario socarrón de que su esposa «es la que manda en esta casa». Entonces, sería mejor que él dijera: «Cariño, creo que pude haberme parado encima de tu manguera de aire. En verdad, lo siento. Me disculpo contigo y también con los niños».

Obviamente, hay situaciones en las que los papeles se invierten. La mujer ha actuado mal y el marido es quien lanza el comentario airado o quizás hace algo típicamente azul y se niega a hablarle a su esposa. En vez de que ella comente: «Sentí que eso fue poco amoroso», haría mejor en decir: «Cariño, creo que pude haberme parado encima de tu mangue-ra de aire. Explícame en qué fui irrespetuo-sa».

El punto es que no existe un discurso previamente establecido que tú tienes que decir. No hay problema con utilizar métodos diferentes para evitar que el ciclo de la locura se encienda de verdad. Usa los términos y las frases que los dos entiendan y con los que se sientan más cómodos. Un hombre comenta:

> *Para mantener en su jaula al ciclo de la locura, recuerda que hay un tiempo oportuno para reír (ver Eclesiastés 3.4).*

Cuando hablo, ahora le presto muchísima más atención a las expresiones y el lenguaje corporal de mi esposa para verificar que no estoy hiriendo su alma, en especial cuando estamos tratando temas difíciles (para nosotros, por lo menos). Hemos acordado que cada uno tiene la libertad de decir, en efecto: «Estás cruzando el límite y siento que me aplastas con la forma en que estás diciendo esto». En realidad, ni mi esposa ni yo citamos esta frase literalmente. Más bien yo me agarro del cuello y actúo como si estuviera ahogándome y ella prefiere decirme que me estoy parando en su manguera de aire.

Esta pareja prefiere un tono más liviano que calme la tensión. Aquí hay otras ideas por el estilo:

- «¡Para un momento! ¿Estamos intentando darnos una vuelta en el ciclo de la locura?»
- «¡Por favor, dame una mano! Creo que mis lentes rosados (azules) se están empañando».
- «Cariño, ¿me puedes pedir prestados mis audífonos rosados (azules) para oír lo que estoy tratando de decir?»

(Si quieres más ideas sobre cómo aligerar tus conversaciones, busca el apéndice A en el libro *Amor y respeto*.) Recuerda: usa el enfoque «liviano» cuando estés muy seguro de que tu pareja se lo tomará bien y que le verá la gracia a la situación. Si tu cónyuge piensa que tu comentario «liviano» le está restando importancia al problema, esto probablemente signifique que darán más vueltas en el ciclo de la locura.

¿Qué tan bien funciona todo esto en la vida real?

¿Cómo funcionan en una conversación real las estrategias esbozadas arriba? Antes de dar algunos ejemplos, quiero compartir una carta de Roy, que leyó algunos de nuestros materiales y decidió que haría «lo que fuera necesario» para convencer a su esposa, Nancy, para que asistiera a una conferencia de Amor y Respeto. Él lo logró y la conferencia obró maravillas en su matrimonio, el cual había estado en terreno poco firme debido a una constante tensión subyacente. Roy me escribió para contarme que practicar el amor y el respeto cambió el lenguaje utilizado en su casa. Ellos nunca habían actuado en una forma odiosa entre sí, pero ahora se veían no como enemigos sino como aliados con diferentes perspectivas. Su carta continúa:

He comenzado a asumir que pese a lo que diga mi esposa, yo en realidad no estoy entendiendo. Eso me ha servido porque me ha obligado a escuchar no las palabras, sino lo que pudiera haber más allá. Desde que asumo que la primera vez no estoy captando lo que verdaderamente me quiso decir, hago más preguntas, busco más sentimientos y ella reacciona en una forma más considerada conmigo. ¡Ahora POR FIN puedo entender lo que ella QUISO DECIR, ya que la mayor parte del tiempo no es lo que dijo! Por consiguiente, hemos comenzado a expresarnos con mayor eficacia. Ella tiene la confianza de que conozco mejor su corazón y no está haciendo tantas suposiciones acerca de mis intenciones. He podido recibir más respeto de parte de ella debido a que se siente escuchada.

Ahora que ellos son conscientes de la necesidad de decodificar y no pararse en sus mangueras, han estado descubriendo muchas oportunidades para aplicar los principios de amor y respeto. A continuación encontrarás sugerencias para entablar una conversación entre cónyuges, las cuales están basadas parcialmente en los esfuerzos de Roy y Nancy por practicar el amor y el respeto.

Cierta noche, después de que los niños se acostaron a dormir, Holly le dijo a John: «He decidido que debería ser yo quien lleve a los niños a la escuela, en lugar tuyo».

Cuando John trata de decodificar este mensaje, se da cuenta de que puede significar cualquier cosa: desde «Sé que tienes que enfrentarte al tráfico de las autopistas por la mañana y que necesitas todo el tiempo posible para llegar al trabajo», hasta «Últimamente los niños han llegado tarde a la escuela varias veces y me estoy encargando de eso porque eres muy inepto».

La verdad sea dicha, los niños han llegado tarde a la escuela al menos cuatro días durante el último mes, pero todas las veces John ha tenido que esperar a que uno de ellos esté listo para salir, excepto una vez en la que fue víctima de un embotellamiento imposible de eludir. John y Holly participaron en una de nuestras conferencias y están leyendo juntos un ejemplar de *Amor y respeto*. Antes de escuchar la enseñanza sobre el amor y el respeto, frente al anuncio de su mujer John podría haber reaccionado en una forma defensiva: «Tú *nunca* cambias. ¡Sólo asumes el control y me haces sentir como si no pudiera hacer nada bien!»

Con esta respuesta, John pudo haber lanzado acusaciones, dudado de los motivos de Holly y exagerado al usar la palabra *nunca*. Todo eso (o incluso nada de eso) es una garantía de que John pisaría la manguera de su esposa y la dejaría sintiéndose poco amada. Por otro lado, si ella hubiera recordado no pisar la manguera de su marido y practicar el respeto hacia él, Holly pudo haber sacado el tema a colación de la siguiente forma: «¿Qué opinas de que yo me encargue de llevar a los niños a la escuela? Eso te daría más tiempo para tomar la autopista y llegar al trabajo». Este comentario inicial deja espacio para el diálogo, impide que John sienta que su esposa toma todas las decisiones y le da oportunidad a él de expresar lo que pudiera estar pensando. Es posible que John también haya estado considerando los beneficios de que Holly llevara a los niños, o incluso él podría estar preparado para admitir que recientemente han llegado tarde unas cuantas veces y podría dar su versión de por qué ocurrió.

En muchas conversaciones, en especial aquellas que contienen temas potencialmente conflictivos, ambos cónyuges deberían ser conscientes de la necesidad de decodificar lo que el otro diga. No saques conclusiones a la ligera. Ten en mente la manguera de aire de tu pareja para responder de un modo en el que asumas su buena voluntad y que le permita tener espacio a tu cónyuge para comunicar sus opiniones. Por ejemplo, en vez de replicar con acusaciones y poner en duda los motivos de Holly cuando anunció que había decidido comenzar a llevar a los niños, John pudo haber ignorado su propia manguera de aire levemente obstruida y decir: «Mi amor, esto me parece un cambio muy grande. Sería bueno que yo tuviera más tiempo para llegar al trabajo, las autopistas han sido toda una pesadilla últimamente. Pero cuéntame más de por qué crees que sería buena idea».

Hay varias reacciones posibles de Holly frente a la invitación de su esposo a ahondar en el tema. Ella podría seguir en su postura de no importarle si bloquea

la manguera de John y, sin pelos en la lengua, le podría decir: «Constantemente
has estado llevando a lo niños tarde a la escuela y ayer Jimmy se quejó por eso».
Si John está interesado en evitar que el ciclo de la locura empiece a girar, podría
contestar: «Sí, es verdad que hemos llegado tarde algunas veces». A partir de ahí
podría dar su versión de la frecuencia con que ha ocurrido y el porqué, o podría
dejar las cosas así, optando por no entrar en una discusión sobre la cantidad de
veces y quién tiene la razón, si Jimmy o él.

Por otro lado, podría decir: «Sabes, este es un problema en el que necesitamos trabajar. ¿Estás segura de que quieres encargarte de llevar a los niños? Tú
también tienes que ir al trabajo. Tal vez podríamos pensar en un sistema mejor
para salir de la casa un poco más temprano». A partir de este punto el diálogo
puede avanzar mientras John intenta darle seguridad a Holly de que él se preocupa por ella y por los niños. Al final toman una decisión juntos sobre lo que
harán.

Otra posible reacción de Holly, que tiene un trabajo de medio tiempo,
podría ser: «Bueno, de todas maneras mi trabajo queda por la misma ruta y
tendría la oportunidad de conectarme más con los niños al comienzo del día».
Ante esto, su esposo podría responder con gratitud y, si no es demasiado orgu-
lloso, reconocería que han llegado tarde a la escuela algunas veces y que eso lo
ayudaría a él a no llegar retrasado al trabajo.

O, quizás en el mejor de los casos, Holly podría decir: «Sé que has estado trabajando mucho últimamente y eso implica una responsabilidad más. Me
gustaría colaborar». Frente a esa afirmación cargada de respeto, John podría
contestar: «Cariño, tú eres la mejor. Sólo quiero asegurarme de que esto no te
vaya a causar problemas. Tú también tienes tus propias responsabilidades». Y a
partir de ahí pueden resolver en definitiva quién llevará a los niños a estudiar.[3]

Obviamente todas las ideas anteriores son sólo posibilidades. Si tú y tu
pareja han sostenido una conversación similar, esta pudo dar un giro completamente diferente. Sin embargo, el punto es que los hombres y las mujeres con
amor y respeto siempre intentan decodificar lo que sus cónyuges podrían estar
diciendo y también tratan de no pararse encima de sus mangueras de aire.

En el caso de algunas parejas, la mayor parte del tiempo no parece que haya
mucho que decodificar; otros, como Roy y Nancy, podrían estar en una posición en la que uno de los dos o ambos emitan mensajes que requieran decodificación. ¿Recuerdas lo que Roy me escribió? «He comenzado a asumir que pese
a lo que diga mi esposa, en realidad no le entiendo». Esta actitud le ha ayudado a escuchar mejor y le ha permitido a su mujer salir de sí misma. En consecuencia, sus conversaciones han mejorado, ella confía más en su marido y él se
siente más respetado.

¿Implica esto un gran esfuerzo?

Es posible que algunos cónyuges puedan estar pensando: *Este asunto de decodificar y evitar las mangueras exige un esfuerzo terrible.* Están en lo cierto. Implica trabajo y todo matrimonio que quiera salir adelante debe pasar por intercambios como los ilustrados anteriormente. Sin embargo, en realidad es menos trabajoso de lo que pudieras pensar. Puedes optar por no molestarte en decodificar las palabras de tu pareja y puedes despreocuparte de su manguera de aire. Pero, entiende que *ya* estás dentro de algún tipo de patrón según el cual le estás respondiendo a tu pareja de cierta forma y muy posiblemente estás sacando conclusiones precipitadas y evadiendo temas más profundos. ¿Adivina qué? Vas a terminar gastando la misma cantidad de tiempo y energía, ¡si no más!, enojándote, encerrándote en ti mismo, haciendo pucheros, acusando, defendiéndote, preocupándote y perdiendo el sueño.

Si todos fuéramos perfectos, no tendríamos que decodificar ni pensar en eludir las mangueras de aire. Pero como estos procesos son necesarios, no debes llegar de alguna manera a la conclusión de que tu matrimonio es malo. Desearía poder decirte que Sarah y yo jamás tenemos malentendidos y que sólo vamos de paseo por nuestra maravillosa vida. La verdad es que prácticamente todos los días ambos nos decodificamos mutuamente y pisamos con cautela los alrededores de nuestras mangueras. Tú tendrás que hacer lo mismo si quieres impedir que gire el ciclo de la locura.

El desafío siempre está delante de ustedes, independientemente de que deseen o no tomar una decisión madura y dedicar unos cuantos minutos de vez en cuando a intercambiar preguntas para descifrar lo que cada uno quiso decir. ¿Estás dispuesto a sintonizarte para darte cuenta de cuándo estás pisando la manguera de aire de tu cónyuge y luego disculparte de inmediato? Estos pasos no son particularmente cómodos ni placenteros todo el tiempo, pero es el proceso para los mejores matrimonios, ¡con lo cual se explica por qué son los mejores!

> *Esquiva la manguera de aire de tu pareja y piensa antes de hablar. «El corazón del sabio hace prudente su boca» (Proverbios 16.23).*

Dos preguntas valiosas

Junto con las técnicas de decodificar y eludir las mangueras de aire, hay dos preguntas muy útiles que las parejas se pueden hacer en el transcurso del día. Una es para él y la otra para ella.

- Lo que estoy por hacer o decir, ¿lo sentirá ella como algo poco amoroso?
- Lo que estoy por hacer o decir ¿lo sentirá él como algo irrespetuoso?

Esto puede lucir sencillo y te parecerá que puedes hacerlo casi sin tener que pensarlo, pero te aseguro que no es así. En medio de los afanes, las presiones y el estrés de la vida diaria resulta demasiado fácil olvidarlo y sin querer terminamos tratándonos con desamor o irrespeto. Sarah y yo a veces forcejeamos y el ciclo de la locura empieza a gruñir. Como ya lo mencioné en este capítulo, aún necesitamos disculparnos de vez en cuando y eso significa que los dos tenemos que:

ESTAR DISPUESTOS A DAR EL PRIMER PASO

Si ambos saben que el otro tiene buenas intenciones y si ambos saben que cada uno tiene su manguera de aire, entonces todo lo que realmente necesitan es la disposición a compartir sus sentimientos con sinceridad, humildad y sin ponerse a la defensiva. Jamás me cansaré de repetir que, en un matrimonio, *la buena disposición lo es todo*. Por ejemplo, en casi cualquier instancia se puede parar en seco el ciclo de la locura si uno de los dos o preferiblemente ambos están dispuestos a decir simplemente: «Oye, estamos actuando como locos. Tal vez soy yo. Lo lamento. Por favor, perdóname».

El perdón es un arte que se perdió en nuestra sociedad, en la iglesia y, lamentablemente, en el matrimonio. Y puesto que es tan importante, dedicaremos el capítulo 7 a aprender a perdonar como Jesús.

CAPÍTULO SIETE

⊶⊷

El perdón: la mejor estrategia para detener el ciclo de la locura

Hemos examinado dos importantes estrategias de comunicación para detener el ciclo de la locura:

1. Aprendan a decodificar los mensajes de cada uno. Los hombres y las mujeres se hablan entre sí en clave, no todo el tiempo, pero con la suficiente frecuencia como para ser un factor que influye continuamente en la calidad de su comunicación. A menos que aprendan a decodificar las verdaderas necesidades expresadas en los mensajes verbales que se envían entre sí, van a entrar en el ciclo de la locura muchas más veces de las necesarias. Al aprender a decodificar, un reto de suma importancia es entender que tú y tu pareja son diferentes, tanto como lo son el color rosado y el azul. Es típico que las mujeres sean sensibles y los hombres prácticos. Unos y otros oyen con audífonos diferentes, rosados en el caso de las esposas y azules para los esposos. Una clave para decodificar a tu cónyuge consiste en ajustar tus audífonos para escuchar lo que él o ella está diciendo realmente.

2. No se paren encima de sus mangueras de aire. La manguera por la que ella recibe el aire está conectada a un tanque marcado con la palabra «Amor»; y la de él a uno que dice «Respeto». Bastan unas cuantas palabras, algunas veces una sola y cierta mirada, para aplastar la manguera de aire de tu pareja y cortar el suministro de lo que él o ella necesita para sobrevivir en el matrimonio. ¿Recuerdas la regla del ciclo de la locura? Si el tanque de tu mujer no está lleno de amor habitualmente, ella reacciona sin respeto; si el tanque de tu marido no está lleno de respeto habitualmente, él reacciona sin amor, y el ciclo de la locura gira para desgracia de los dos. Con este principio no se pueden excusar las reacciones irrespetuosas o de desamor, sino que es útil para describir lo que tiende a ser tu primer impulso cuando no te sientes amada o cuando te sientes irrespetado.

Sería ideal que con el simple conocimiento de estas dos estrategias básicas se terminaran todos los problemas de comunicación. Lamentablemente, no es así de sencillo. Algunas veces, por mucho que lo intentemos, no somos capaces de decodificar adecuadamente o a tiempo. Con mucha más frecuencia de la que quisiéramos, nos paramos encima de nuestras mangueras de aire. Entonces, ¿qué hacemos? La tercera y realmente más importante de las estrategias para detener el ciclo de la locura es la más fácil de todas y, al mismo tiempo, la más difícil: *Perdónense como Cristo los perdonó.*

Hay muchísimas «razones» para no perdonar

¿Alguna vez tu pareja te ha ofendido? ¿Alguna vez has luchado para poder perdonar a tu cónyuge? Quizás fue un problema de decodificación, pero pese a lo que fuera, sin duda alguna la manguera de alguien tenía bloqueado el flujo de aire y el ciclo de la locura comenzó a girar. Quizás tu lucha duró unos cuantos minutos u horas, o varios días, semanas e incluso más tiempo. ¿Qué sucede en nuestra mente cuando estamos luchando por perdonar? Según mi experiencia, creo que los siguientes pensamientos se apoderan de nosotros. Nos decimos a nosotros mismos: «No voy a perdonar», argumentando toda clase de razones, entre ellas:

- «¡No merezco que me traten así!» (Traducción: «Yo soy una buena persona y esto es injusto».)
- «¡Me niego a que me siga tratando así!» (Traducción: «Debo protegerme para no seguir siendo la víctima y el estúpido [la estúpida]».)
- «¡Mi pareja tiene que pagar! ¡No se librará de esta!» (Traducción: «Voy a castigar a mi pareja por la forma en que me ha tratado».)
- «Tengo el derecho de sentirme así». (Traducción: «Puedo justificar mi falta de perdón y voy a demostrar que tengo la razón y que mi pareja está equivocada. Incluso a veces Jesús se sintió enojado y su indignación era justificada».)
- «Mis amigos me van a apoyar». (Traducción: «Ellos escuchan y entienden porque ya les ha pasado lo mismo».)

- «Dios me falló. Parte de lo que me sucede es por su culpa». (Traducción: «Tengo el derecho de enojarme con Dios por haber permitido esto. Él tiene que compensarme haciendo algo bueno por mí».)
- «El perdón es un ideal bonito, pero tengo que sobrevivir». (Traducción: «Yo vivo en el mundo real donde la situación es ojo por ojo o siempre perderás».)

La mayoría podemos ver lo que hay detrás de esas excusas para no perdonar, aunque de vez en cuando pudimos haber usado algunas de ellas en un arranque de ira. Además, sabemos que Jesús les enseñó a sus seguidores a perdonar «setenta veces siete» (Mateo 18.22). Y muchos nos sentimos un poco incómodos cuando leemos las palabras de nuestro Señor: «Tu Padre celestial te perdonará si perdonas a los que te hacen mal; pero si te niegas a perdonarlos, no te perdonará» (Mateo 6.14-15, BAD).

Con los años, muchas personas me han preguntado por el significado exacto de estas palabras, pues piensan: «¿Está diciendo Jesús que si no perdono, Dios no me perdonará y perderé mi salvación?» Es útil recordar que como Jesucristo fue a la cruz y murió por nuestros pecados, el perdón que nos da la salvación es un hecho consumado. Después que Él resucitó, a los creyentes se nos exhorta a perdonar, ante todo porque *fuimos perdonados* y no a perdonar para recibir el perdón (ver Efesios 4.32; Colosenses 3.13).

No es pérdida de la salvación, sino pérdida de la comunión

Rehusarte a perdonar a alguien no te costará la salvación, pero interrumpirá tu comunión con el Señor. En realidad Él está diciendo: «No puedes tener comunión conmigo ni experimentar mi poder que te limpia hasta que perdones a la persona que te ha hecho mal». Dios no te condenará por tu falta de perdón, pero establecerá una disciplina para ti, la cual ejerce amorosamente con todos los rebeldes (ver Hebreos 12.5-11). Por esta razón la gente amargada y que no perdona tampoco experimenta la presencia, la paz ni el poder de Dios. Además, los cielos son como de bronce y Dios parece estar muy lejano.

No se requiere mucho para encontrarte en una situación tipo «cielos de bronce». Basta con una pequeña riña, como mi esposa y yo lo descubrimos. En los primeros años de casados, una escena típica de nuestro matrimonio era encontrar a Sarah enojada conmigo y yo con ella, y ninguno de los dos perdonaba ni pedía perdón. Todavía ardiendo de ira, yo salía de la casa y me dirigía a mi oficina en la iglesia para preparar el sermón del domingo. Pero después de que cerraba la puerta de la oficina y me sentaba para orar y leer las Escrituras, descubría que los cielos no se abrían. Dios parecía tener algo contra mí. Pero Él no actuaba con saña. De hecho, yo sentía que el Señor sólo estaba siendo práctico.

Entonces, a pesar de no escuchar una voz audible, Él me hablaba con mucha claridad: «Si no perdonas a Sarah y buscas su perdón, no permitiré que mi Espíritu toque al tuyo. Los cosas no estarán bien entre nosotros hasta que llames a Sarah y te reconcilies con ella». Yo trataba de agarrar el teléfono para llamarla, pero la mayoría de las veces este sonaba antes de que levantara el auricular. Era mi esposa que me llamaba para reconciliarnos porque el Señor le había dado la misma clase de mensaje que a mí.

Nuestras riñas nunca pasaban a mayores: sólo éramos dos casados que se daban cabezazos por poco o nada. Todavía tenemos alguna escaramuza aunque en muy raras ocasiones, como lo demuestra el altercado en el aeropuerto (ver capítulo 5). Nuestros conflictos han sido muy insulsos comparados con los que soportan algunas personas debido al adulterio, el abuso físico o el abandono del hogar, por nombrar sólo unos cuantos. Pero sin importar si el problema es leve o grave, el principio es el mismo. Si un pequeño conflicto se traduce en una falta de perdón hacia tu cónyuge y los cielos se vuelven de bronce, evalúa cuánto más grave será cuando hay una transgresión muy seria y la persona que recibió el daño decide guardar amargura y venganza en su corazón durante años, quizás de por vida.

> *Dios no quiere que guardemos rencor. «Perdonad, si tenéis algo contra alguno, para que también vuestro Padre que está en los cielos os perdone a vosotros vuestras ofensas» (Marcos 11.25).*

Independientemente de la gravedad de los hechos, para caminar por la senda del perdón debes comprender que, en primera instancia, el asunto que te está induciendo a perdonar no tiene que ver con tu cónyuge. Antes que nada, tu comunión con Dios debe ser tu verdadero objetivo. Supongamos que Sarah fuera ciento por ciento culpable de hacerme algún mal. Su culpabilidad no puede justificar mi corazón no perdonador. Puedo negarme a perdonarla tanto como me plazca, pero mientras persista en ello, perderé mi derecho a disfrutar de la tierna comunión de Dios. Mientras me lamo mis heridas, puedo discutir todo el día con Él, o con cualquier otra persona, explicándole que tengo el derecho de no perdonar. Pero la ley espiritual del Señor no cambia por eso. Si no perdono, Dios no me perdona en el sentido de que mi falta de perdón es un acto pecaminoso y este pecado bloquea mi comunión con Él. Mi problema con Sarah es secundario con respecto a mi relación con Dios.

Jesús es un modelo de perdón

A lo largo de los años he leído y escuchado a muchos excelentes pensadores discutir la pregunta: «¿Cómo perdonamos? ¿Cuál es el proceso y cómo puedes hacerlo, especialmente cuando no te sientes capaz de lograrlo?» Para mí, sus mejores reflexiones continúan reforzando lo que he aprendido de la persona de Jesús y sus enseñanzas. A Jesús le hicieron daño más que a ningún otro ser humano. A fin de cuentas, ¡todos los pecados del mundo recayeron injustamente sobre Él! ¿Qué nos demostró Él, el Perfecto, acerca de cómo perdonar? Sus palabras y su modo de actuar nos revelan el secreto, el cual implica tres pasos:

Jesús se **compadeció** del ofensor.
Él **entregó** la ofensa a su Padre celestial.
Él **esperó** con fe la ayuda del Padre.

Tales pasos nos pueden lucir extraños e incluso imposibles de practicar. Y podrías estar pensando: *¡Sí, pero tú no conoces cómo es mi pareja!* Sin embargo, quédate conmigo. Estos tres pasos son el camino que te sacará de la amargura y el modo de prevenir que te amargues en primer lugar. ¿Alguna vez has pensado en sentir compasión por tu cónyuge, en entregarle a tu Padre celestial tus sentimientos ofendidos y en esperar con fe la ayuda de Dios?

«Suena grandioso, si tú eres Jesús», me podrías contestar. «Acabas de decir que Él era el Perfecto. Eso nos coloca en niveles diferentes. No puedo hacer lo que Jesús hizo».

Al contrario, Pedro señala que Jesús es el ejemplo para los esposos y las esposas. En 1 Pedro 2, el apóstol continúa enseñando el significado de la gracia en la vida del creyente, discusión que comenzó en el primer capítulo. Él explica en detalle que los cristianos debemos ser santos, temerosos de Dios, amorosos, que honremos a todos, maduros y sometidos a las autoridades incluso cuando nos den un trato injusto. ¿Y por qué los cristianos deberíamos hacer todo eso? «Pues para esto fuisteis llamados; porque también Cristo padeció por nosotros, dejándonos ejemplo, para que sigáis sus pisadas» (1 Pedro 2.21).

Después de describir en varios versículos más la manera en que Jesús reaccionó cuando lo maltrataron, Pedro pasa a decir: «Asimismo vosotras, mujeres… Vosotros, maridos, igualmente…» (1 Pedro 3.1, 7). La palabra *asimismo* significa *igualmente* o *del mismo modo*. ¿Del mismo modo que quién? ¿A semejanza de quién? Tú debes reaccionar con tu pareja o ante cualquier maltrato o malentendido en tu matrimonio *del mismo modo* que Jesús reaccionó ante el maltrato que recibió. Pedro está diciendo que Jesús no está en un nivel distinto en absoluto. Al convertirse en hombre y habitar entre nosotros, Él se puso nuestro uniforme, por decirlo de esta manera. Él no es un modelo «que no pueda compadecerse de nuestras debilidades». Al contrario, «fue tentado en todo según nuestra semejanza, pero sin pecado» (Hebreos 4.15).

> *¿Te está costando trabajo perdonar? Jesús dijo: «Aprended de mí… y hallaréis descanso para vuestras almas» (Mateo 11.29).*

Si estás harto de enojarte con tu pareja todo el tiempo o si te estás cansando de llevar la carga de un espíritu rencoroso, puedes aprender el proceso para perdonar de Jesús. No será automático. Tendrás que trabajar en él, porque si no lo haces, la falta de perdón te calcinará con un fuego que quema pero que no consume. Serás como un cerdo en un asador, cocinándote lentamente sobre las llamas, hora tras hora, día tras día. Por supuesto, al cerdo no le importa asarse porque está muerto. Tú, en cambio, estás muy vivo y tu falta de perdón te coloca lo suficientemente cerca de las llamas como para sufrir un penosísimo dolor, pero lo suficientemente alejado como para que nunca te mueras. (Puedes ver el apéndice A, «Cómo salir de un ciclo de locura crónico causado por resentimientos leves», p. 283.)

Puede ser cierto que en tu matrimonio hayas encontrado muchísimo más dolor y maltrato que yo en el mío. Pero aunque no he tenido que perdonar a Sarah por grandes ofensas de ninguna clase, aun así conozco algo sobre los asuntos que tienen que ver con el perdón dentro de tu familia de nacimiento, debido al daño que sufrí a manos de mi padre. Sé por experiencia que las claras percepciones de Jesús con respecto al tema del perdón son invaluables. Vale la pena el tiempo y el esfuerzo que inviertas en seguir el enfoque de Él, el cual es radicalmente diferente desde su base misma. Y esa diferencia es exactamente lo que te puede ayudar.

1. Cuando tu cónyuge te ofenda, sé compasivo.

Cuando tienes compasión, tratas de ir más allá de la ofensa para ver otros factores que ayudan a explicar por qué tu pareja te ofendió. Cuanto más entiendas a tu cónyuge, tanto más fácil te resultará perdonar. ¿En qué forma fue Jesús ejemplo de este paso? Mientras sufría una horrible agonía en la cruz, oró: «Padre, perdónalos, porque no saben lo que hacen» (Lucas 23.34). El Señor Jesucristo oró pidiendo el perdón de los judíos y los soldados romanos que participaban en su crucifixión. Y los perdona mirando más allá de su atroz crimen para ver la ignorancia, el irreflexivo temor y el odio ciego que los ha llevado a hacerlo. En la cruz, sufriendo un terrible dolor, Jesús mira la verdadera condición de sus enemigos y siente compasión por ellos.

El apóstol Pablo hace eco de las enseñanzas de Jesús sobre el perdón. Por ejemplo, antes de abordar el tema del matrimonio en Efesios 5, Pablo habla sobre el perdón en el capítulo anterior, para que marido y mujer se lo puedan otorgar mutuamente: «Quítense de vosotros toda amargura, enojo, ira, gritería y maledicencia, y toda malicia. Antes sed benignos unos con otros, misericordiosos, perdonándoos unos a otros, como Dios también os perdonó a vosotros en Cristo» (Efesios 4.31-32). Como somos seguidores de Jesús y hemos sido perdonados por Dios, podemos y debemos perdonarnos unos a otros. Como necesitamos el perdón de Él, podemos y debemos entender la necesidad que tiene otra persona de que la perdonemos. Como todos estamos en la misma barca, podemos y debemos ser compasivos unos con otros.

> *Pablo y Pedro nos exhortan a ser compasivos (Filipenses 2.1, LBLA; 1 Pedro 3.8). La compasión facilita el perdón.*

A menudo me preguntan: «¿Qué sucede cuando mi pareja me hiere muchísimo más de lo que yo la he herido a ella? ¿Cómo puedo perdonar cuando me ha tratado tan injustamente?» Supongamos, por ejemplo, que tu esposo te hiere con su furia y su aspereza cargada de ira. Pero igualmente supongamos que te enteras de que la ira y la aspereza del padre de tu esposo lo hirieron a él cuando estaba creciendo y que, hasta cierto punto, eso moldeó su carácter. En consecuencia, tu marido lucha con su carácter voluble y ni siquiera se da cuenta de lo áspero que se muestra la mayor parte del tiempo ante los demás. Cuando vas más allá de la manera en que te está tratando y consideras cómo lo criaron a él, esto te ayuda a explicar por qué es tan áspero e iracundo, con lo cual no estás minimizando su pecado ni es un impedimento para que alguna vez lo confrontes con sus debilidades.[1] Sin embargo, al conocer cuál fue su entorno familiar, tu perspectiva es más amplia y tienes mayor capacidad para entender su corazón y su lucha.

Mi propia madre fue un ejemplo increíble de alguien que podía ir más allá de la ofensa para considerar otros factores. Cuando yo tenía cerca de diez años, le dije lo herido y enojado que me sentía por la falta de cuidado y atención de mi padre hacia mí y porque me maldecía. Ella me explicó: «Bueno, tu papá no tuvo padre, porque murió cuando él tenía tres meses. Él no sabe cómo ser un papito».

Al comienzo no lo entendí, pero más adelante me di cuenta de que mi madre estaba siendo compasiva con mi padre, a pesar de que el dolor que sentía por mí era muchísimo peor. Mamá fue sabia y su actitud nos permitió a ella y a mí dejar fuera la amargura. Con el tiempo pude ver a mi papá no como mi enemigo, sino como la víctima de un enemigo: la muerte de su propio padre y el sufrimiento por el que pasó al crecer sin un papá que lo amara y lo guiara. También fui capaz de aceptar ciertas cosas de él que de otra manera me hubieran avergonzado y enfurecido. Sí, sus insultos y explosiones de ira me hirieron, pero con la guía de mi madre pude ir más allá de sus pecados para entender otros factores que explicaban por qué me lastimaba. Y al poder entender a mi padre, también pude perdonarlo.

Haber ido más allá de sus ofensas impidió que lo redujera a una simple descripción de una sola frase: «Ese hombre no merece llamarse padre». Años después, cuando yo estaba en la universidad, mi padre creyó en Jesucristo. Qué triste hubiera sido para mí si lo hubiera juzgado, haciendo lo que el Señor mismo no hizo. Debido a que Dios llamó a mi padre, es evidente que no lo consideró un caso perdido. Y como mi padre respondió a su llamado, obviamente su corazón fue sensible y abierto al Señor. Entonces, ¿qué hubiera ocurrido si me hubiera rehusado a ver el doloroso telón de fondo en la vida de mi papá? ¿Y si lo hubiera juzgado como un hombre despreciable y sin esperanza y me hubiera negado a hablarle de nuevo? Mi falta de compasión y perdón me hubiera privado de muchos años de una agradable amistad con él, antes de que muriera.

¿Y qué tal si miras a tu pareja a la luz de ciertos factores que podrían ayudar a explicar su comportamiento? Repitiendo su amonestación de Efesios 4.32, Pablo escribe en Colosenses 3.13 que perdonemos así como el Señor nos perdonó. A fin de cuentas, tu cónyuge es como tú y tú eres como tu cónyuge en lo que se refiere al perdón. Ambos han dicho y hecho cosas que necesitan ser perdonadas. Por lo tanto, ¿por qué no empezar siendo compasivos el uno con el otro?

Al haber aconsejado a muchas personas, he notado algo en aquellos que pueden perdonar. Ellos entienden el significado de la conocida expresión: «Le podría pasar a cualquiera». Un hombre me contó lo siguiente:

> Aunque me siento traicionado por el adulterio de ella, entiendo en parte por qué lo hizo. No voy a justificar sus acciones, pero veo claramente que estaba tratando de satisfacer una necesidad. Ella no debió haberlo hecho y eso tiene consecuencias, pero si yo hubiera sido más sensible en cuanto a satisfacer sus necesidades, tal vez ella no hubiera estado vulnerable. Confío en que podamos

dejar eso atrás. Así como ella ha buscado mi perdón, yo también he buscado el suyo. Va a ser un tiempo difícil para nosotros, pero ya estoy viendo mayor apertura y sinceridad entre los dos, y ambos estamos haciendo cambios que debimos haber hecho hace muchos años.

Una mujer escribió para hablar sobre el adulterio de su esposo con una compañera de trabajo. Estaba deshecha, pero decidió pelear por su matrimonio examinando su propio comportamiento y orando para que Dios le mostrara lo que ella necesitaba saber acerca de su marido y así poder reconstruir su relación. Esa mujer escuchó nuestro programa radial sobre amor y respeto y lo que oyó con respecto a la necesidad de respeto de su marido fue novedoso para ella. El adulterio de su esposo es inexcusable, pero el mensaje de amor y respeto la ayudó a comprender y a sentir compasión:

> Ahora veo que mis intentos por hacer que me amara fueron todo lo contrario de lo que debí haber hecho… El mensaje del amor y el respeto ha tenido un profundo efecto sobre mí y dentro de mí, ya que me ha permitido abrirle de nuevo mi corazón a mi esposo y ver muchas de sus acciones desde otra perspectiva.

Para muchos otros cónyuges además de los dos anteriores, el perdón tiende a producirse a partir de su decisión de ser compasivos con sus parejas. Una esposa escribe: «Es mucho más fácil perdonar cuando entiendes el porqué detrás del comportamiento de tu pareja».

La clave consiste en entender. Al tratar de comprender a tu cónyuge, podrás ser compasivo. (En el apéndice A, p. 283, encontrarás consejos sobre cómo tener compasión con tu pareja en caso de cualquier ofensa, leve o seria.)

2. En medio de tu esfuerzo por perdonar, entrégale la ofensa a tu Padre celestial.

Cuando le entregas a Dios tu dolor interior, le estás rindiendo cualquier cosa que tengas en tu corazón en contra de tu cónyuge. Tu entrega no implica que vas a liberar a tu pareja de enfrentar las consecuencias de sus actos (ver el apéndice B), pero le entregas al Señor las heridas de tu alma. Aunque te hayas compadecido de tu cónyuge, el resentimiento puede enconarse dentro de ti. Por lo tanto, debes soltar tu falta de perdón, dándosela a Dios. Para muchas personas en teoría esto les suena bien, pero a la hora de enfrentar la realidad la situación es muy diferente. Su amargura la sienten como un tumor imposible de extirpar. Y en el caso de algunos, la amargura se convierte incluso en un buen amigo, al cual simplemente no le quieren decir adiós. Sin embargo, otras personas han llegado a *convertirse* al resentimiento: es lo que son. En estos y otros casos, el acto de entregarle a Dios el dolor y el odio parece ser un obstáculo infranqueable en el camino del perdón. Pero ¿qué hizo Jesús cuando se enfrentó a lo insuperable?

En el huerto de Getsemaní Jesús pudo ver el futuro que le esperaba a la hora de su crucifixión: el vergonzoso trato, el terrible dolor y, lo peor de todo, los pecados de la humanidad recayendo directamente sobre Él. Enfrentado lo inimaginable, el Señor oró: «Padre, si quieres, pasa de mí esta copa; pero no se haga mi voluntad, sino la tuya» (Lucas 22.42). Con toda claridad, Jesús se desprendió de su propia voluntad, la cual vacilaba ante la inminente aflicción. Y se rindió a la voluntad de su Padre.

> *Entregar es orar así:*
> *«Padre nuestro…*
> *hágase tu voluntad»*
> *(Mateo 6.9-10).*

¿Se espera de nosotros lo mismo? Pedro nos dice.

Cristo sufrió por ustedes, dándoles ejemplo para que sigan sus pasos. «Él no cometió ningún pecado, ni hubo engaño en su boca». Cuando proferían insultos contra él, no replicaba con insultos; cuando padecía, no amenazaba, sino que se entregaba a aquel que juzga con justicia (1 Pedro 2.21-23, NVI).

Debemos imitar a Jesús. Así como Él entregó su derecho a vengarse y confió en su Padre en cuanto a lo que sucedería, nosotros debemos hacer lo mismo.

Cuando entregas una ofensa, necesitas enviarla a algún lugar. Por eso sigue el ejemplo de Jesús y dásela a tu Padre celestial. Como el Señor Jesucristo, debes hablar con el Padre y orar: «No se haga mi voluntad». Cuando lo haces, estás entregando tu voluntad de escoger el resentimiento y no perdonar. Entonces, deja que Él escuche tu sincera oración en este sentido, lo cual es un paso decisivo hacia el perdón. También ten en cuenta que Jesús enseñó que debes perdonar «de todo corazón» (Mateo 18.35). Esto exige una sincera evaluación de lo que hay en tu corazón, de lo que tienes en contra de tu cónyuge. Antes de poder rendirte o entregarle algo a Dios, debes estar sintonizado con lo que esté sucediendo en tu interior.

Tal vez no quieras admitirlo, pero la razón por la que tienes que trabajar para perdonar a tu pareja es porque tienes amargura en el corazón. ¿Recuerdas las palabras de Pablo de Efesios 4.31? Él les dice a todos los creyentes: «Quítense de vosotros toda amargura, enojo, ira, gritería y maledicencia, y toda malicia». Yo solía pensar que los comentarios del apóstol con respecto a desechar la amargura eran bastante simplistas, pero con los años he visto que la gente tiene muchísimo más control sobre sus emociones de lo que yo estaba dispuesto a admitir. Dios te ayuda a perdonar cuando te sientes incapaz de hacerlo, pero en otras ocasiones, Él te revela la necesidad que tienes de desechar la amargura.

Un marido escribe lo siguiente: «Traté de dejar mi ira, perdonar a mi mujer y trasladarme de la amargura hacia la sanidad. En verdad ahora no me siento amargado ni enojado, sólo triste y decepcionado. He procurado no darle cabida en mi vida a la venganza y la amargura, puesto que la Palabra me dice que me consumirán por dentro». (¿Qué? ¿Que este hombre desechó la amargura y que la mantiene fuera de su vida? ¡Sí, es verdad!)

Una esposa comenta: «Dios me ha mostrado la necesidad que tengo de librarme de mi amargura y resentimiento por lo que interpretaba como un comportamiento falto de amor y comprensión por parte de mi marido». (¿Qué? ¿Ella simplemente abandonó la amargura? ¡Sí!)

Pablo sabía de lo que estaba hablando. Podemos deshacernos de la amargura, *si queremos*. He visto que la razón esencial por la que mucha gente está amargada es porque *quieren* estarlo. Le dan la bienvenida a la amargura porque les da energía. Sin embargo, cuando por fin se dan cuenta de que ella es contraria a la voluntad de Dios, que es autodestructiva e ineficaz para cambiar a la otra persona, entonces optan por detenerse.

Antes me desconcertaba la forma en que algunas personas podían simplemente dejar su amargura y suspender las hostilidades. Y pensaba: *Seguro que se encuentran en un estado de negación. Esta gente no se puede mover de la amargura a la sanidad con tan sólo abandonarlo todo.* Pero eso es exactamente lo que hicieron y una vez más el Señor me corrigió y tuve que reconocer mi error. He llegado a la conclusión de que muchas personas amargadas escogieron la amargura; esta no las escogió a ellas. Todos podemos elegir: seguimos fabricando nuestra amargura o, un día, ¡simplemente cerramos la fábrica!

Por favor, toma nota de lo siguiente: la amarga ira del esposo o la esposa no produce la justicia de Dios (ver Santiago 1.20). Responder ante las palabras o acciones ofensivas con tus propias palabras o acciones ofensivas es dañino e improductivo. ¡El burro criticando las orejas de la liebre! Combatir el fuego con el fuego puede ayudar a apagar un incendio forestal, pero en un matrimonio sólo alimenta las llamas. (En el apéndice B, p. 291, encontrarás consejos sobre cómo entregar la ofensa y al mismo tiempo confrontar el pecado de la otra persona.)

3. El paso final hacia el perdón: Esperar con fe.

La espera implica no sólo estar a la expectativa, sino también confiar en que Dios obrará. Cuando Jesús oró: «Hágase tu voluntad», creyó que la voluntad de su Padre se llevaría a cabo. Por esa razón, Jesús «se encomendaba a aquel que juzga con justicia» (1 Pedro 2.23, LBLA).

Primero viene la entrega y después esta clase de confianza. Cuando dices: «No se haga mi voluntad», es natural que tu oración continúe con: «Hágase tu voluntad». Ya no puedes seguir sintiendo el deseo de vengarte, si estás esperando el cuidado perfecto de Dios y su justo juicio. Podríamos decir que en la medida en que estés dispuesto a entregar la situación que debes perdonar, en esa misma medida puedes esperar con fe la intervención de Dios y su ayuda para que puedas perdonar.

Un hombre me escribió para contarme que estaba desesperado con sus problemas maritales:

> Después de mucho orar, simplemente lo solté, y le dije a Dios: «Señor, todo este asunto está en tus manos». Hace unos días, mi esposa y yo fuimos a la librería cristiana a conseguir una Biblia para un compañero de trabajo de ella. Mientras estuvimos ahí, mi mujer encontró tu libro *Amor y respeto*. Desde que comenzó a leerlo, ha hecho más cambios positivos que en los dos años que llevamos de casados. Lo realmente increíble es que cuando me muestra respeto, mis sentimientos de amor y afecto empiezan a energizarse de nuevo, como el sonido de un viejo motor que se enciende después de no haberlo usado durante mucho tiempo. Tenías razón. Cuando ella me respeta, esto me hace QUERER esforzarme con tanta intensidad que podría morir, sólo para complacerla.

Cuando este hombre colocó «todo el asunto» en las manos de Dios, abandonó sus infructuosos intentos por resolver su problema y se volvió a Dios en busca de ayuda. Mientras salía adelante con su fe puesta en el Señor, abrió la puerta para que Dios saliera adelante por él. El matrimonio de ellos salió del atolladero después de que se lo encomendó al Señor.

Sé de una esposa ofendida que se volvió irascible y rencorosa. Ella comprendía que eso la estaba destruyendo y, como creyente, era consciente de que necesitaba la ayuda de Dios. También sabía que para que Él la ayudara, ella tenía que cumplir con su parte. Por esa razón, decidió extenderle algo de compasión a su marido y escuchar su lado de la historia. Cuando lo hizo, pudo entenderlo mejor y se sintió más libre para entregar su ira. Igualmente decidió buscar que su esposo la perdonara por su actitud equivocada. Fue en ese momento, para dicha de ella, que Dios «apareció». Ella escribe:

Una amiga estaba orando específicamente para que yo estuviera dispuesta a hacer lo que Dios quería de mí. Después de una tremenda convicción de pecado y de que mi espíritu se quebrantara y humillara, supe que tenía que escribirle una carta a Blake pidiéndole disculpas, no sólo por no respetarlo como debía, sino por no haber manejado mi ira de una manera santa. También toqué otros puntos, como hablarle de algunos de los aspectos que apreciaba de él. Hasta ese día, ni siquiera me daba cuenta de lo furiosa que estaba. Pero después de escribir la carta sentí que un gran peso se me quitaba de encima y me invadió una tremenda paz. Fue la experiencia más sobrenatural que jamás haya vivido. No tenía idea de lo que iba a suceder a partir de ese momento, pero simplemente actué en obediencia. Y ha sido asombrosa la forma en que Dios me ha bendecido y también cómo trajo algo de sanidad a nuestro matrimonio.

Esta mujer actuó en fe y obediencia, y esperó con la confianza de que Dios obraría en su matrimonio, como efectivamente ocurrió. Nota lo que ella hizo y que ayudó a mejorar la situación. Por haber mostrado compasión y haber entregado su amargura, ella se encontró con un nuevo deseo de hacer algo positivo por su marido. Y lo bendijo hablándole de características que ella apreciaba en él. Este hombre pudo haber merecido sus maldiciones, pero en cambio, ella escogió bendecirlo y puso en práctica la amonestación de Pedro: «No devolviendo mal por mal, ni maldición por maldición, sino por el contrario, bendiciendo… para que heredeis bendición» (1 Pedro 3.9). ¿Ella heredó bendición? Sus propias palabras lo confirman: «Ha sido asombrosa la forma en que Dios me ha bendecido».

Si en tu corazón guardaste ira y falta de perdón, pero lentamente has venido dando los pasos para compadecerte y entregar, oro para que continúes avanzando y esperes con fe la intervención de Dios en tu matrimonio. Puede ser verdad que tu cónyuge debería dar el primer paso y pedir tu perdón. ¿Pero si no tiene tanta madurez como tú o es más rebelde que tú? ¿Te vas a quedar siendo un alma que no perdona? ¿Vale la pena perder el poder de Dios en tu corazón? (Si quieres consejos acerca de cómo esperar con fe la ayuda de Dios, lee el apéndice A, p. 283.)

> *Suelta la situación. «Nunca digas: "¡Me vengaré de ese daño!" Confía en el Señor y él actuará por ti» (Proverbios 20.22, NVI).*

No es una fórmula sino un camino

Soy consciente de que cuando algo se describe en función de tres pasos, puede lucir como una fórmula que se debe seguir al pie de la letra para que funcione. Deseo enfatizar que estos tres pasos son una guía en el camino hacia el perdón. Algunos pueden perdonar cuando se detienen y comienzan a ser compasivos. Muchos necesitan pensar en entregar aquello que los mantiene hundidos en la falta de perdón y el resentimiento. Otros necesitan especialmente el ánimo de confiar en que Dios honrará su paso de fe y actuará en su vida.

Cada uno de estos tres pasos es extremadamente útil en tus esfuerzos por lograr una mejor comunicación con tu pareja.

1. Si has optado por tener compasión, le hablarás a tu pareja en una forma más comprensiva, en vez de siempre estar presentando tus argumentos sobre el porqué de tu dolor. Recuerda: el entendimiento mutuo es la clave para una buena comunicación.

2. Si entregaste tu resentimiento, tu cónyuge detectará en tus palabras una actitud y un tono diferentes y, con toda probabilidad, también hablará contigo con una mejor actitud. Recuerda: tu pareja se cierra con tu amargura, pero se abrirá más a ti cuando la dejes atrás.

3. Esperar con fe es confiar en que el Señor obrará. Cuando tus expectativas están centradas en lo que Dios hará, no cargarás a tu pareja con tus exigencias poco realistas sobre lo que esperas de ella. Recuerda: tu cónyuge se sentirá frustrado debido a tus gravosas expectativas y los dos no podrán gozar de una comunicación saludable. Cuando pones tu confianza en Dios de todo corazón, tienes la libertad de ser más amable con tu pareja y esta cordialidad abre las líneas de comunicación.

Todos los pasos anteriores te colocan en un estado de ánimo más abierto. Te permiten tener las actitudes que necesitas para llegar hasta tu pareja, cruzando la brecha en la comunicación y estableciendo una conexión. Y de lo que se trata la comunicación es de conectarse con el otro, como lo demuestra la pareja de la siguiente carta.

Mientras esperaban con ansia su vigésimo quinto aniversario, la mujer de esta historia cree que una catástrofe orquestada por el mismo diablo desgarró su matrimonio y se separaron. Ella casi llegó al punto del suicidio y el estado del marido también era lamentable. Cuando un amigo le habló sobre *Amor y respe-*

to, ella compró el libro de inmediato. Después de leer varios capítulos comenzó a entender la necesidad de respeto que tenía su esposo. En su carta, nos comenta:

> Bastaba con permitirme entender que todo esto había sido obra de Satanás porque Dios no es un Dios de confusión y mentiras, sino de amor y verdad. Le escribí un correo electrónico a mi marido y le expliqué que, a pesar de todas las odiosas palabras y acciones, siempre lo había respetado, así como a la forma en que vivió su vida y cuidó de mí y mis hijos. Le dije que jamás dudara de mi respeto por él, no obstante lo ocurrido. Él me llamó de inmediato y se disculpó por su parte de culpa en la situación y yo me disculpé por la mía. Volví al hogar al otro día y desde entonces hemos sido felices.

Esta historia es sólo una entre cientos que me comunican todos los años. El ciclo de la locura siempre está ahí, listo para girar, pero puedes desacelerarlo o pararlo por completo si te comunicas con amor, si muestras respeto y si decides perdonar.

Todos nosotros podemos entrar en el ciclo de la locura de tiempo en tiempo, pero existe una medida preventiva muy eficaz. Se llama el ciclo vigorizante, en el que el respeto de ella motiva el amor de él y el amor de él motiva el respeto de ella. *Pero para motivar, debes entender cuál es la necesidad de tu pareja. La clave para motivar a un ser humano consiste en satisfacer la más profunda de sus necesidades: ¡amor en el caso de las esposas y respeto en el caso de los esposos!* En la cuarta parte el enfoque estará en cómo comunicarse de un modo positivo, dinámico y prudente, para que puedan hablar y actuar con amor y respeto y para que se disfruten uno al otro en la máxima medida planeada por Dios.

El ciclo vigorizante: para comunicarte mejor, suple las necesidades de tu pareja

---

Me entero de muchas parejas que han entendido cómo parar el ciclo de la locura, pero que todavía luchan por mantener una relación feliz en cuanto a la comunicación. Existe una respuesta a este problema y se llama el ciclo vigorizante, el cual podemos describir de la siguiente forma:

EL AMOR DE ÉL MOTIVA EL RESPETO DE ELLA,
EL RESPETO DE ELLA MOTIVA EL AMOR DE ÉL.

Y tal intercambio continúa en forma recíproca en medio de una situación en la que ambos ganan. Cuando estás en el ciclo vigorizante, el ciclo de la locura no tiene oportunidad de girar, a menos que olvides utilizar los recursos a tu disposición, los cuales discutiremos en los siguientes capítulos.

En el capítulo 8 aprenderás a comunicarte mejor mediante la aplicación de los principios C-A-C-C-L-E (seis pasos que ayudarán a los esposos a expresarles amor a sus mujeres) y los principios C-A-J-E-R-S (seis pasos que ayudarán a las esposas a expresarles respeto a sus maridos).

En los capítulos 9 (para las esposas) y 10 (para los esposos) aprenderás a utilizar la decodificación para enfrentar los comentarios de ira o descontento que los dos seguramente harán de vez en cuando. (En el capítulo 5 encuentras una pincelada rápida al tema de la importancia de decodificar para lograr una buena comunicación. La decodificación es una habilidad que debes desarrollar continuamente.) Los capítulos 9 y 10 explican cómo usar los principios C-A-C-C-L-E y C-A-J-E-R-S para decodificar los mensajes que tu pareja te puede enviar cada cierto tiempo para hacerte saber que ella no se está sintiendo amada o él no se está sintiendo respetado.

En los capítulos 11 y 12 aprenderás a enfrentar el reto de la comunicación de cada día. Buena parte de la vida se compone de situaciones cotidianas, básicas y rutinarias. Y en este nivel común y corriente es donde todo el tiempo se presentan los malentendidos y los problemas de comunicación. Estos capítulos te enseñarán técnicas sencillas pero de suma importancia para lidiar con los pequeños percances que ocurren en la comunicación, *antes* de que se conviertan en problemas de amor y respeto.

CAPÍTULO OCHO

Disfruta de una comunicación
en la que ambos ganen

Muchas parejas que han leído el libro *Amor y respeto* han aprendido a desacelerar e incluso detener el ciclo de la locura, pero luego les cuesta trabajo impedir que comience a girar de nuevo. Tratan de reaccionar de un modo menos negativo, pero al parecer sólo logran bajarle la temperatura a sus lanzallamas. No se queman mutuamente al grado de reducirse a cenizas, pero tampoco se ofrecen vasos de agua fría con mucha frecuencia. Su matrimonio puede ser un poco menos loco, pero no es tan agradable como las palabras *amor y respeto* parecen prometer. Te voy a dar un par de ejemplos.

Una mujer me explicó que en el pasado había condicionado a su marido a reaccionar en una forma defensiva porque ella ponía los ojos en blanco y suspiraba cuando intentaban comunicarse incluso sobre el tema más sencillo. Ellos habían procurado practicar el amor y el respeto, pero los hábitos viejos no se abandonan fácilmente. Ella escribe lo siguiente:

> El miércoles por la noche él fue a la iglesia conmigo a último minuto. Asumí que él no iba a asistir debido a la gripe con la que lidiaba. Sin embargo, salimos juntos porque él pensó que yo quería que fuera, lo cual no era cierto. Le expliqué que su decisión era totalmente personal. Después me comentó que se hubiera quedado en casa con su resfriado si realmente hubiera creído que no me importaba si asistía o no. Era evidente que teníamos algo por arreglar antes de que pudiéramos comunicarnos eficazmente.

Después de observar nuestro video *Amor y respeto*, un matrimonio notó una marcada mejoría en la forma como se comunicaban. Él procuraba escuchar más y ella trataba de indicarle a él con mayor frecuencia cuando se estaba parando sobre su manguera de aire. El marido se dio cuenta de que debía decir más rápidamente: «Lo lamento», y asimismo descubrió que estaba «escuchando para entender». Todo eso era bueno, pero él añade:

No obstante, aún necesito mejorar. La semana pasada ella sacó a relucir un antiguo incidente que había guardado en su «tazón de conflictos sin resolver». (Todavía creo que no tenía la razón.) Yo decidí cerrar el pico para mantener la paz, pero al final terminé dándole vueltas a otro viejo problema que saqué del tazón mío.

Estas dos cartas ilustran el hecho de que aprender sobre el amor y el respeto para detener el ciclo de la locura es sólo el comienzo. Toda pareja necesita entender que deben hacer el esfuerzo consciente por entrar en lo que llamamos el «Ciclo vigorizante» y aplicar sus principios, con lo cual tendrán recursos para comunicarse mejor y más eficazmente.

Quiero recalcar que desacelerar y parar el ciclo de la locura no les permitirá disfrutar automáticamente del ciclo vigorizante. Lo positivo no se produce como consecuencia de dejar fuera lo negativo; el éxito no se define tan sólo como la ausencia de fracaso. Lo que deben hacer tú y tu pareja es ir más allá, en dos formas diferentes: *reaccionando* (al utilizar el amor y el respeto para detener el ciclo de la locura cuando comience a girar) y *previniendo* (al poner en práctica principios específicos de amor y respeto para infundirle nueva vida a tu matrimonio).

Como ya lo expliqué en el capítulo 2, cierto día descubrí el ciclo vigorizante cuando pude ver en Efesios 5.33 que el amor y el respeto estaban conectados de un modo que no me había dado cuenta antes. El versículo dice claramente que el marido *debe* amar a su mujer como se ama a sí mismo y que la esposa *debe* respetar a su marido. Mucho antes del día en que hice mi descubrimiento, estuve enseñando sobre el amor y el respeto como dos importantes responsabilidades bíblicas que debían cumplir los cónyuges, entre muchas otras.

Cuando estaba leyendo Efesios 5.33, creo que Dios me impulsó a preguntarme: «Si la esposa supliera la necesidad de respeto de su esposo, ¿qué sucedería?» La respuesta me pareció obvia: «Él se sentiría lleno de vigor. Esto es, se sentiría motivado a amarla en reciprocidad por su respeto». Mientras meditaba sobre el tema, surgió otra pregunta y su respuesta una vez más fue clara para mí: «Si el esposo supliera la necesidad de amor de su esposa, ¿qué sucedería?» Por supuesto, «ella se sentiría llena de vigor y motivada a respetarlo en reciprocidad por su amor».

Al entender esta positiva y vigorizante conexión entre el amor y el respeto según la encontramos en Efesios 5.33, resolví que era como un ciclo, un ciclo vigorizante, en el que:

EL AMOR DE ÉL MOTIVA EL RESPETO DE ELLA.
EL RESPETO DE ELLA MOTIVA EL AMOR DE ÉL.

Cuando reflexioné sobre mi nuevo descubrimiento, me pregunté: «¿Cómo funciona este ciclo vigorizante? ¿Qué pueden *hacer* específicamente los esposos y las esposas como prevención para no perder el vigor y seguir motivados?» La respuesta me vino casi de inmediato.

Como lo mencioné, antes del día de mi descubrimiento yo había incluido el amor y el respeto como dos deberes adicionales en la lista de todas las responsabilidades entre esposos y esposas. También había estado enseñando y predicando acerca de esas responsabilidades durante varios años e incluso diseñé varias series de sermones acerca del tema. Por ejemplo, los puntos principales que enseña la Biblia sobre el esposo es que debe entender a su mujer, honrarla y ser amable con ella (nunca amargado). También enseña que debe ser el líder de ella, que debe mantenerla y, por supuesto, que debe amarla. De acuerdo con las enseñanzas bíblicas, entre las responsabilidades de la esposa se encuentran concederle a su marido la precedencia sobre ella (someterse), así como ser servicial y no contenciosa. Además debe ser amiga, de espíritu apacible, sexualmente abierta a su esposo y, por supuesto, respetuosa con él. Mientras pensaba en cómo se mantenía avivado el ciclo vigorizante, me resultó obvio que la mejor forma de lograrlo es cumpliendo todas tus responsabilidades con tu pareja.

> *Para detener el ciclo de la locura y entrar en el ciclo vigorizante deben «quitarse el ropaje de la vieja naturaleza, la cual está corrompida por los deseos engañosos… y ponerse el ropaje de la nueva naturaleza, creada a imagen de Dios» (Efesios 4.22, 24, NVI).*

C-A-C-C-L-E: Seis formas en que los maridos pueden amar a sus mujeres

Recurriendo a uno de mis recursos favoritos de enseñanza y aprendizaje, desarrollé acrónimos para ayudar a hombres y mujeres a recordarles lo que Dios les ha llamado a practicar. Experimenté con varias combinaciones diferentes de los principios bíblicos y finalmente me decidí por un plan en el que el amor y el respeto serían la piedra angular de mi sistema. Para ayudarle a recordar a los esposos cómo deben amar a sus cónyuges al estar conectados con ellas, utilicé el acrónimo C-A-C-C-L-E. Es muy probable que ya lo hayas visto antes, pero aquí te lo presento de nuevo en forma completa, con cada uno de los principios y la cita bíblica que lo respalda:

C — Cercanía. El marido amoroso debe ser unido con su esposa: dedicándole tiempo para hablar, siendo afectuoso y cercano al corazón de ella, y no sólo cuando quiere sexo (ver Génesis 2.24).

> *Él la edifica a ella con amor y ella lo edifica a él con respeto; ¡esto es el ciclo vigorizante! Siempre «procuremos lo que contribuye a… la edificación mutua» (Romanos 14.19, LBLA).*

A — Apertura. El marido amoroso debe ser amable y apacible: abriéndose a su esposa, compartiendo sus pensamientos e ideas, en lugar de actuar ensimismado, desinteresado o como si estuviera enojado con ella (ver Colosenses 3.19).

C — Comprensión. El marido amoroso debe convivir con su mujer «de manera comprensiva» (ver 1 Pedro 3.7, LBLA): con su disposición a escucharla cuando está preocupada o tiene un problema, en lugar de intentar «arreglarla». Cuando la escucha, él le está transmitiendo el mensaje de que está interesado en ella porque le presta atención y porque se involucra adecuadamente brindando sus opiniones y aportes.

C — Conciliación. El marido amoroso está dispuesto a decir: «Cariño, lo siento. Por favor, perdóname», porque sabe que ya no deben ser dos, sino uno solo, conviviendo en paz y armonía (ver Mateo 19.6).

L — Lealtad. El marido amoroso siempre le está dando seguridad a su esposa de su amor y compromiso: haciéndola sentir segura en cuanto al pacto que los dos tienen, porque ella sabe que él nunca le será «desleal» (ver Malaquías 2.14-15).

E — Estima. El marido amoroso honra y aprecia a su esposa y lo manifiesta en formas específicas: haciéndola sentir que ella ocupa el primer lugar en su corazón y dándole honor como a «coheredera de la gracia de la vida» (ver 1 Pedro 3.7).

Cuando el hombre habla con amor al referirse a los deseos de su esposa resumidos en el acrónimo C-A-C-C-L-E, ella se sentirá motivada y vigorizada. Definitivamente el amor es más que sólo palabras, pero como recordarás, de la abundancia del corazón habla la boca. Cuando el corazón del esposo está lleno de amor, su mujer siente el deseo intenso de escucharlo o leerlo. Algunos hombres se cohíben cuando tienen que hablar frente a frente con sus esposas, porque se sienten incómodos. Si definitivamente eres un hombre típico, es probable que te cueste trabajo expresar tus emociones en forma verbal. Al comienzo de nuestro matrimonio tuve ese problema y optaba por escribirle notas a Sarah. Con el paso de los años he aprendido a hablarle abiertamente sobre mis sentimientos por ella, pero de todas maneras todavía aprovecho las oportunidades para escribirle algo.

> *Marido: para vigorizar a tu mujer sólo habla del amor y luego demuéstralo con hechos. Sólo entonces será verdadero amor (ver 1 Juan 3.18).*

Por ejemplo, cuando trabajábamos en este libro llegó el Día de la Madre. Por eso le conseguí una tarjeta de felicitación a mi esposa y le escribí lo siguiente:

> Sarah, gracias por ser una madre de oración. Cuando todo se haya dicho, cuando todo se haya hecho, cuando no exista más la tierra y los mares desaparezcan, cuando termine la era actual, Dios hablará. En ese momento sabremos que tus peticiones a favor de Jonathan, David y Joy lograron todo un cambio en este mundo. Gracias por llevar esta carga en el viaje que tenemos por delante y que ocurre una sola vez. ¡Tu esposo, que te ama! 14 de mayo de 2.006.

En esa nota hubo elementos de cercanía, apertura y mucho de estima. Quise honrar a Sarah por ser la increíble madre y esposa que es. ¿Mis palabras de aprecio por ella la hicieron sentirse amada? ¿Se sintió vigorizada? Su rostro lo dijo todo cuando se le humedecieron los ojos y tuvo que reprimir las lágrimas. Más tarde, ella me escribió una nota:

> Tu tarjeta del Día de la Madre fue muy valiosa para mí. Me animó a perseverar en la oración y me permitió recordar cómo me has alentado a lo largo del camino cuando me sentía una madre incompetente. Tú me diste un sentido de propósito y de logro de los objetivos, en el pasado y ahora. ¡Eres el mejor!

Aunque muchas esposas reaccionarían ante una nota en la misma forma que Sarah, hay otras que podrían decir: «Si él me amara de todo corazón, me dejaría escucharlo de su propia boca». He aconsejado a muchas mujeres que tienen esta actitud y trato de explicarles que es un caso de diferencia de colores. Por regla general, el rosado puede expresar sus emociones con facilidad, mientras que el azul con frecuencia lucha con ello. Si tienes este problema con el hombre que amas, te animo a que le hagas una concesión. Los sentimientos de muchos hombres hacia sus esposas son muy profundos, pero ellos necesitan ayuda para poder expresarlos. (En el apéndice C, p. 295, encontrarás formas en las que un marido le puede comunicar amor a su mujer.)

C-A-J-E-R-S: Seis formas en que las mujeres pueden respetar a sus maridos

Los principios C-A-C-C-L-E resumen la clase de conexión que las mujeres anhelan tener con sus esposos, pero ¿qué ocurre con los hombres? ¿Cuáles son sus anhelos? Mientras buscaba el acrónimo correcto, pensé en que Dios creó al marido para que liderara, protegiera y sirviera a su esposa. Con los principios C-A-J-E-R-S quise ayudarle a recordar a la mujer que debe respetar a su marido reconociendo cómo lo creó Dios. Aquí están esos principios, junto con el fundamento bíblico para cada uno de ellos:

C — **Conquista.** Ya que Dios hizo al hombre para que trabajara (ver Génesis 2.15), la esposa respetuosa está llamada a apreciar el deseo de su marido de trabajar bien y obtener logros en el campo en que se desempeña. Ella cumple ese llamado agradeciéndole a él por sus esfuerzos y expresándole que lo apoya (ver Génesis 2.18).

> *Esposa: cumple tu llamado supremo. Cueste lo que te cueste, respeta incondicionalmente a tu esposo «para que la palabra de Dios no sea blasfemada» (Tito 2.5).*

A — **Autoridad.** Ya que la Biblia le da la responsabilidad al hombre de amar y cuidar a su esposa, ella está llamada a respetar su autoridad, no siendo contenciosa y beligerante, sino apreciando el deseo que él tiene de servicio y liderazgo para con ella y su familia. Esto implica que ella respalde su posición, en lugar de socavarla (ver Efesios 5.25-33; Proverbios 21.9).

J — **Jerarquía.** Ya que la Biblia declara que el marido es cabeza de su esposa como Cristo es cabeza de la Iglesia, la mujer respetuosa está llamada a someterse a su marido, apreciando su deseo de protección y sostenimiento de ella y de la familia, y agradeciéndole a él por sus esfuerzos (ver Efesios 5.22-25).

E — **Entendimiento.** Ya que la Biblia señala que la mujer puede ser engañada por las astutas voces de la cultura y que puede extraviarse por causa de los deseos e intuiciones carnales (1 Timoteo 2.14; 2 Corintios 11.3), la esposa respetuosa está llamada a apreciar el deseo de su marido de analizar y aconsejar, escuchando siempre con cuidado lo que él tiene que decir para protegerla o guiarla. Si ella discrepa con sus ideas, puede expresar su desacuerdo de un modo respetuoso.

R — **Relación.** Ya que la Biblia enseña que la esposa debe amar (del griego fileo) a su marido como amiga (ver Tito 2.4), la esposa respetuosa está llamada a apreciar el deseo de él de tener una compañía a su lado y para ello debe darse cuenta de que debe ser su amiga y amante (ver Cantares 5.16).

S — **Sexualidad.** Ya que ella entiende que su marido la necesita sexualmente, la esposa respetuosa no lo priva del sexo sino que aprecia el deseo que él tiene por la intimidad sexual, sabiendo que el sexo simboliza su profunda necesidad de respeto (ver Proverbios 5.19; 1 Corintios 7.5; Cantares 4.1-15).

Hagas lo que hagas, «¡No cambies la *S*!»

Mientras desarrollaba mi material con los acrónimos, entrevisté a parejas de casados para saber cuáles eran sus reacciones y comentarios. Nos reunimos en hogares con grupos pequeños y les pregunté: «¿Les parecen lógicos, especialmente los principios C-A-J-E-R-S?» Yo sabía que los conceptos C-A-C-C-L-E tendrían resonancia entre las mujeres porque estimulaban y enseñaban a los hombres a hacer todo aquello que a la esposa le parece valioso y que está próximo a su corazón. Pero me preguntaba si las mujeres (o los hombres, en realidad) reaccionarían positivamente a las ideas más abstractas y audaces del acrónimo C-A-J-E-R-S.

A sabiendas, a un grupo de esposas con una fuerte influencia del feminismo les pregunté si palabras como *jerarquía* y *autoridad* les parecían ofensivas y su respuesta me sorprendió: «Después de escuchar cómo defines cada término y cómo lo aplicas a nuestra vida cotidiana, nos parece completamente lógico. No cambies nada». Todavía dudoso, les repliqué: «Pero lo puedo revisar si ustedes sienten que las palabras en sí mismas llevarán a las mujeres a cerrarse antes de que me permitan explicarles cuál es mi planteamiento».

Todas me dijeron que mantuviera las palabras provocadoras y que las enseñara. Una chica comentó: «No lo suavices ya que esto refleja cómo son verdaderamente los hombres». Los maridos se manifestaron, haciéndoles eco a sus esposas: «No cambies una sola palabra. Lo que enseñas es lo que sentimos». Uno de ellos intervino con la intención de que todos lo escucharan: «No me importa si cambias cualquiera de las cinco primeras letras de C-A-J-E-R-S. ¡Pero no cambies la *S*!»

C-A-C-C-L-E y C-A-J-E-R-S son el resultado de años de investigación y estudio bíblico por mi parte y hoy en día los utilizo para enseñar el ciclo vigorizante. Cada letra de los dos acrónimos identifica un principio específico basado en la Biblia, principio que Dios les ordena practicar en su matrimonio a los esposos y esposas. ¡Si los utilizan, las parejas pueden aprender a comunicarse entre sí en formas que los vigorice y no los debilite!

C-A-C-C-L-E nos describe el mundo interior de la esposa. Sus pensamientos y sentimientos giran en torno a esos principios. Ella piensa de un modo rosado y se siente amada cuando su marido habla el idioma rosado; esto sin dejar de ser, en lo más mínimo, un hombre de honor y sin convertirse jamás en un afeminado. Asimismo, C-A-J-E-R-S nos describe el mundo interior del esposo. Sus pensamientos y sentimientos giran en torno a esos principios. Él piensa de un modo azul y se siente respetado cuando su mujer habla el idioma azul; esto sin dejar de ser una mujer en todo el sentido de la palabra y sin tener jamás que masculinizarse.

Estos dos acrónimos esbozan varias verdades que nos enseñan a amar a nuestras esposas o a respetar a nuestros esposos, como lo verás mediante los múltiples ejemplos que se discuten en el resto de este capítulo.

> *La enseñanza acerca del amor y el respeto incondicional es una ayuda para tu matrimonio cuando la aceptas «como lo que realmente es, la palabra de Dios, la cual también hace su obra en vosotros los que creéis» (1 Tesalonicenses 2.13, LBLA).*

El principio causa-efecto es el motor del ciclo vigorizante

Como hemos visto, el ciclo vigorizante está basado en la conexión que existe entre el amor y el respeto, la cual opera de acuerdo con una regla causa-efecto: *si* ella hace algo respetuoso, *entonces* es probable que él haga algo amoroso; *si* él hace algo amoroso, *entonces* es probable que ella haga algo respetuoso. Los dos acrónimos que hemos visto nos dan un esquema de seis principios de amor que el esposo puede practicar y seis principios de respeto que la esposa puede practicar, con el propósito de que el amor y el respeto sucedan entre ellos.

Pero los casados todavía deben entender algo más del ciclo vigorizante. La regla causa-efecto también entra en juego para conectar los principios C-A-C-C-L-E con los C-A-J-E-R-S. Años de estudio y consejería me han llevado a considerar el matrimonio como un organismo vivo y en crecimiento, como un árbol frutal. Con esta analogía en mente, me gustaría describir el ciclo vigorizante diciendo que los principios de uno de los acrónimos hacen una polinización cruzada de los principios del otro acrónimo. Como sabrás, la polinización cruzada es el proceso que permite que las plantas fructifiquen y produzcan. Y eso es exactamente lo que C-A-C-C-L-E y C-A-J-E-R-S harán en tu matrimonio.

Casi todas las combinaciones de letras entre uno y otro acrónimo surtirán efecto y en lo que resta de este capítulo, te mostraré un sólo grupo de combinaciones, para darte una demostración de cómo se pueden combinar los diferentes principios (polinización cruzada) con el fin de que tu matrimonio dé mucho más fruto. Además, te contaré algunas historias de matrimonios que experimentaron esta polinización y quedaron sorprendidos por la forma en que los fortaleció y vigorizó.

Cómo los principios C-A-C-C-L-E y C-A-J-E-R-S nutren tu matrimonio

Como lo revelará el siguiente grupo de combinaciones, existe una conexión específica entre los dos acrónimos. Las letras C-A-C-C-L-E se conectan con las letras C-A-J-E-R-S. Una acción origina la reciprocidad de otra acción. Pero ambas acciones deben comunicarse a través de palabras, hechos y expresiones faciales. La belleza de esto radica en que el poder relacional de estas dos acciones (una del lado de los principios para el hombre y otra del lado de los principios para la mujer) fluye libremente de una dirección a otra. Además, nadie tiene que «ir primero», pero ambos cónyuges deben estar plenamente dispuestos a efectuar el primer movimiento. Por ejemplo:

Cómo se conecta la CERCANÍA con la RELACIÓN: Cuando el hombre toma la decisión de ser cercano con su esposa y hablarle cara a cara, entonces ella se siente motivada a estar al lado de su marido, ofreciéndole su compañía sin tener que hablar. En sentido contrario, si la mujer opta por acompañar a su esposo y estar a su lado en silencio, entonces su esposo se siente motivado a acercarse a ella y hablarle cara a cara.

A partir de lo que las parejas me cuentan se puede deducir que ellos pueden ver instintivamente la obvia conexión. ¡Lo que circula por una dirección, se devuelve por la otra! Una esposa comenta: «Incluso nos aseguramos de pasar tiempo juntos de las dos formas: por un lado él hablándome cara a cara y por el otro, yo simplemente acompañándolo». ¿Resultado? «Mi esposo y yo hemos visto un cambio en nuestro matrimonio. Nos comunicamos en un nivel mucho más profundo que una simple charla. Ambos escuchamos que nos hablan en nuestra lengua materna. No puedo creer que nos hayamos enamorado tanto el uno del otro».

Otra mujer explica que su marido ahora es cariñoso y amigable, en vez de frío y distante, y que todo ocurrió porque cada uno comenzó a mostrar interés en las actividades del otro. Ella solía irritarse cuando él le pedía que se acercara para ver lo que había descubierto por Internet. Ahora ella no sólo lo ve sino que habla con su esposo sobre lo que encontró y lo halaga por sus conocimientos en varios temas. A su vez él disfruta acompañándola en la cacería de antigüedades por Internet que ella hace en eBay. «Esto mantiene nuestra comunicación muchísimo más fluida entre nosotros», explica ella. «Ahora, cuando él está frente a la computadora sigue mostrándose abierto conmigo y me dirige la palabra cuando lo necesito, en lugar de volverse inaccesible como antes».

> *¡Vigorízate! Habla palabras de amor y respeto. «Cada uno se llena con lo que dice y se sacia con lo que habla» (Proverbios 18.20, NVI).*

Cómo se conecta la APERTURA con la SEXUALIDAD: Si el esposo opta por ser abierto y habla con su mujer en una forma íntima y sincera, entonces ella se siente motivada a ser abierta con él sexualmente. Y por supuesto, en el sentido inverso también es verdad. Si ella se muestra sexual con su marido, él estará dispuesto a abrirse a ella. En un correo electrónico una mujer relata que ella comprende que el sexo es muy importante para su cónyuge y que Dios creó el sexo para unir a los esposos. Ella continúa diciendo:

En los últimos meses he estado orando de la siguiente forma: «Señor, ayúdame a ser una esposa divertida y sensible a mi marido en la alcoba» Al orar así… ha sido muy liberador sabiendo que estoy honrando a Dios (al fin y al cabo, Él creó el sexo) y a mi marido… Sé que él ha notado una diferencia porque está más accesible conmigo emocionalmente y en su conversación. Ahora somos más «uno», y no sólo en la alcoba. Peleamos menos y nos deleitamos más.

Aquí hay algo que los hombres pueden intentar. Invita a cenar a algunos matrimonios (consúltalo primero con tu esposa, por supuesto) y, mientras comen, pídeles que compartan la historia de cómo se conocieron y finalmente se casaron. Anímalos para que se abran y luego déjalos hablar. Después cuenta cómo te conociste con tu esposa y describe lo que sentías por ella cuando la citabas y la cortejabas. Asumiendo que lo puedes decir sinceramente, expresa que hoy en día sientes lo mismo por ella y que si pudieras volver el tiempo, de nuevo irías tras ella por las mismas razones. Después de que se vayan los invitados, observa cuál es el estado de ánimo de tu esposa. Ella estará llena de vigor. Por eso a las mujeres les atrae tanto asistir a una boda. Las lleva de vuelta al pasado y su romanticismo se enciende de nuevo.

Si tener invitados para cenar te parece demasiado trabajoso, prueba simplemente con hablarle a tu esposa acerca de tu amor por ella. Evita la impaciencia, la ira o la irritación de cualquier tipo, lo cual siempre la apagará sexualmente. Pero hablarle de cuánto la amas tendrá el efecto contrario.

Una salvedad importante: no debes ser abierto sólo para conseguir sexo. En realidad, aunque le hables abiertamente a tu esposa del amor que le tienes, puede ocurrir que ella no siempre te responda sexualmente. Pero cuando te abres para expresarle tu amor y cómo disfrutas de la vida a su lado, vas a satisfacer sus necesidades emocionales y la encontrarás mucho más abierta a tus necesidades sexuales. Dios la concibió de esa manera.

Con los años muchas mujeres me han dicho: «Disfruto del sexo, pero no puedo responder frente a su carácter áspero. Si no reaccionara lleno de ira conmigo en una forma hiriente y si sólo me dijera que me ama, yo sería muchísimo más receptiva».

Cómo se conecta la COMPRENSIÓN con el ENTENDIMIENTO: Si el marido opta por escuchar las preocupaciones y problemas de su mujer en una forma comprensiva, entonces ella se sentirá motivada a apreciar el entendimiento que él tiene y que se expresa a través de sus diferentes percepciones sobre la realidad. Y cuando la mujer escucha las percepciones, puntos de vista y opiniones de su marido, él se sentirá motivado a escucharla con entendimiento, en vez de tratar de arreglar de inmediato su problema.

Recibo muchas cartas que afirman que esto en realidad no es una tarea fácil. Antes que conociera acerca del amor y el respeto, un hombre descubrió que cuando respondía ante los problemas y las penas de su esposa brindándole soluciones y consejos, terminaba rápidamente en medio del ciclo de la locura. Tenía la mejor de las intenciones, pero su esposa arremetía contra él, pidiéndole que no le predicara ni tratara de arreglarla. Este hombre explica:

Entonces, me sentía frustrado y pensaba: «¿Qué fue lo que *hice*? Mi consejo es el mismo que le hubiera dado a cualquier persona que me hubiera pedido ayuda. ¿Por qué lo bota a la basura?» Así, ella no se sentía amada y yo no me sentía respetado. Ahora comprendo la necesidad de escuchar y hacer literalmente

la pregunta: «¿Quieres soluciones o sólo necesitas que te escuche?» Esto abrió
la comunicación y fortaleció los lazos entre nosotros.

Una esposa escribió para confesar que había planeado la boda de su hija y
que dejó a su marido ajeno a todas las decisiones que tenían que ver con los gastos, los cuales eran considerables. Él se enojo y comenzó a quejarse de que todos
simplemente no tomaban en cuenta lo que él pudiera pensar y que, básicamente, no lo respetaban. Antes que conociera acerca del amor y el respeto, su esposa sólo hubiera contraatacado diciéndole que era la única hija del matrimonio y
que quería que tuviera una hermosa boda, etc., etc. Pero esta vez optó por evitar
que se detuviera el ciclo vigorizante y miró la situación desde el punto de vista
de él. Le pidió disculpas y reconoció que se había equivocado en el modo como
había manejado los planes. Su carta continúa diciendo:

Discutimos el presupuesto de la boda y nos pusimos de acuerdo en el monto de nuestro aporte. Él se calmó por completo y pudimos hablar de los gastos
en una forma clara y racional… Antes hubiera tratado de apaciguarlo diciéndole que lo amaba y él me hubiera respondido: «¡Ya lo sé! ¡Pero no me tuviste
en cuenta!» Él no usó la palabra *respeto*, pero sí utilizó la frase *no me tuviste en
cuenta*, lo cual es lo mismo. Nunca entendí por qué no bastaba con mencionar-
le mi amor por él. Después de que se terminó [nuestra conversación sobre los
gastos de la boda], nos encontramos más cercanos y se sentía como si fuéramos
un equipo que trabajaba unido en el problema.

Cómo se conecta la CONCILIACIÓN con la AUTORIDAD:

Si el hom-
bre opta por ser conciliador y toma en cuenta cabalmente las necesidades y preocupaciones de su esposa durante cualquier tipo de discusión o conflicto, en
reciprocidad ella se sentirá motivada a responder positivamente a la autoridad
de él en caso de que hayan llegado a un punto muerto. Por la misma razón, si la
mujer toma la decisión de respetar la autoridad de su marido (su deseo de servir
y liderar), él se sentirá motivado a hacer las paces con ella y tratará de atender
sus necesidades y preocupaciones durante un conflicto de cualquier nivel.

Un esposo me escribió para contarme que ha valido la pena usar los recursos de comunicación de Amor y Respeto. Ahora tiene mayor conciencia de
cuándo su mujer se siente lastimada por actos o palabras que le parecieron poco
amorosos y él también está totalmente dispuesto a pedirle perdón, para que
puedan «seguir adelante de un modo más productivo». Además: «Mi esposa me
ha estado bendiciendo al decirme con frecuencia que me respeta por la forma
en que dirijo y amo a mi familia. Esto me hace sentir muy bien».

Muchas veces he aconsejado a parejas en las que la mujer es la persona autoritaria y exigente, lo cual casi siempre crea problemas. Una esposa comentaba que los enfoques de ella y de su marido eran completamente diferentes en la forma de solucionar los problemas o dirimir las discusiones. Ella provenía de una familia de «grandes contenciosos» que lo echaban todo por la borda cuando compartían sus sentimientos y enfrentaban sus diferencias. Los familiares de su esposo tendían a ignorar los problemas y actuaban como si no existieran. Y él procuró hacer lo mismo hasta que esta mujer leyó *Amor y respeto* y comprendió que había intentado ser la autoridad sobre su esposo, humillándolo con dureza por lo que ella le veía «hacer mal». Desde que ella decidió ser más respetuosa, ha «notado una gran cambio en la actitud que él tiene para solucionar los conflictos, porque él se muestra más dispuesto y sincero cuando ella se le acerca con humildad».

> *«La boca del justo producirá sabiduría... Los labios del justo saben hablar lo que agrada» (Proverbios 10.31-32).*

Ella por fin «captó la idea». Cuando trataba de ser la autoridad, su esposo no se esforzaba en lo más mínimo por conciliar. Las alternativas de él eran huir o pelear. Pero cuando ella abandonó su estilo vociferante y despectivo, y empezó a ser amigable y aceptar con agrado a su marido, él se lanzó al ruedo y enfrentó los problemas en vez de aparentar ignorarlos. Ahora ella se siente amada y él, respetado. En vez de quedar como rivales, se han convertido en un equipo.

Cómo se conecta la LEALTAD con la CONQUISTA: Si el hombre toma la decisión de ser leal a su mujer y a su familia y se lo comunica constantemente a ella, entonces ella se siente motivada a apoyar las conquistas profesionales de su marido, siendo estas ajenas al ámbito familiar. Y cuando la mujer respalda a su esposo en su deseo de trabajar y obtener logros en lo que él emprende, esto lo motiva y lo anima a él a seguir siendo leal con ella y el resto de la familia.

Lograr el éxito en esta conexión se constituye en todo un acto de malabarismo. Un agente del FBI me confió que el tiempo que le dedicaba a su trabajo había llevado a su esposa a quejarse y a cuestionarlo, pese a que en realidad él creía haber logrado un equilibrio «bastante bueno». Él se ponía a la defensiva y contraatacaba hablándole a ella de su gran esfuerzo por realizar un buen trabajo y que no podía comprender sus cuestionamientos. De vez en cuando caían en el ciclo de la locura debido a las objeciones de su esposa, y él se sentía irrespetado. Sin embargo, esta mujer simplemente no se sentía amada porque le parecía desproporcionado el tiempo que él pasaba lejos de ella. El agente prosigue en su carta:

> ¡Esto nos hacía resbalar fácilmente hacia el ciclo de la locura! Sólo hasta que lo discutimos a la luz de nuestro estudio del libro *Amor y respeto* pudimos entender verdaderamente los sentimientos de cada uno sobre este tema. Aunque no era mucho lo que yo podía hacer para reajustar mis horarios (a decir verdad, pronto se extendieron más todavía), hubo un cambio en nosotros en cuanto a la capacidad de entender las intenciones de cada uno, con lo cual liberamos la tensión que bloqueaba nuestra comunicación.

¡El entendimiento mutuo los condujo a una mejor comunicación! El agente del FBI y su esposa tomaron dos importantes decisiones. Ella decidió dejar de interpretar sus horarios extendidos como un abandono de su parte y aprendió a confiar en que él se esforzaría en llegar a casa tan temprano como pudiera, considerando lo imprevisible y exigente que era su trabajo. Por su parte, él decidió aceptar las esporádicas amonestaciones de su mujer con las que le recordaba darle prioridad a la familia y el tiempo en casa, ya que él podía ver que su esposa se estaba expresando con palabras de afirmación y respeto por su cargo y por los deberes que él tenía en la toma de decisiones. Él añade: «Cuando el bombillo se prendió… literalmente nos echamos a reír, aliviados por la forma como habíamos resuelto ese callejón sin salida. Ya que nuestro problema se componía noventa por ciento de actitudes y diez por ciento de circunstancias, ahora estamos lidiando con ese diez por ciento sin mucha dificultad».

Una mujer escribió para contar su historia sobre el conflicto que había enfrentado con su marido debido a las largas jornadas laborales. Por casualidad un día ella se encontraba cerca del trabajo de su esposo y pasó a visitarlo para que hablaran unos minutos. Él se hallaba inmerso en un mar de teléfonos que no paraban de sonar y apenas notó la presencia de su esposa, mientras ella lo esperaba con una sensación de incomodidad. Después de unos diez minutos e incapaz de captar su atención siquiera para decirle adiós con la mano, la mujer salió calladamente del lugar.

Mientras conducía calle abajo, ella comprendió que debía tomar una decisión. Los dos habían estudiado el libro *Amor y respeto* y ella sabía que su antigua reacción frente a lo que acababa de suceder hubiera sido: «¡Para ti el trabajo siempre es más importante que yo! Ya no puedo ni verte. ¿Es que ni siquiera te importa?» Ella había ido a visitarlo porque quería una sencilla manifestación de amor: la atención de su marido y un poco de conversación. No lo consiguió y cuando él llegó a casa esa noche, el ciclo de la locura hubiera girado fácilmente, pues dentro de este ciclo ya se habían presentado muchas discusiones acerca de lo frío que él se mostraba cuando ella pasaba al trabajo para verlo.

Pero luego Dios empezó a recordarle mis palabras acerca del llamado que Él les ha hecho a los maridos para que hagan parte de la fuerza laboral y que las esposas deberían respetar el deseo que tienen ellos de trabajar duro y destacarse. Su teléfono celular sonó justo cuando ella había tomado la decisión de adoptar esa actitud en vez de enojarse. Era su preocupado marido: «¿Kathy? Lo lamento… Las líneas estaban tan ocupadas». «No hay problema», le respondió ella. «¡No estoy disgustada! Siento respeto por lo duro que trabajas y te respaldo al ciento por ciento. Sé que por ti nuestra familia tiene todas sus necesidades cubiertas. Eres un magnífico proveedor. ¡Gracias!»

Conmocionado, él le dijo: «Me alegra tanto que lo entiendas… El teléfono está sonando de nuevo. ¡Me tengo que ir! ¡Te amo!» La carta continúa diciendo:

> Bueno, no hice más que llorar por todo el camino de regreso a casa porque entendía que Dios estaba cambiando mi corazón. Amo el fruto que estoy viendo en mi vida. Esa noche, cuando cruzó la puerta, él me abrazó y me besó como si fuera la primera vez que lo hacía. Y me dijo: «Estaba ansioso por llegar a casa y estar contigo. Salgamos, sin los niños, y sólo pasemos un tiempo juntos».

Y giro tras giro, el alegre baile de esta pareja continúa. Cuando ella respetó las conquistas de su esposo en su lugar de trabajo, él manifestó lealtad y amor. Y cuando él le dio seguridad a su esposa del compromiso que tenía con ella, ¡esta mujer se sintió tan dispuesta a apoyarlo profesionalmente que tuvo que escribirme para contarlo!

Cómo se conecta la ESTIMA con la JERARQUÍA: Si el esposo opta por honrar o tener en alta estima a su esposa y su rol dentro de la familia, entonces ella se siente motivada a aceptar y respetar el rol de él como cabeza de la jerarquía familiar y su deseo de proteger y proveer para ella y los hijos. Cuando la mujer está contenta con que su marido sea la cabeza que protege y mantiene a la familia, él se siente motivado a estimarla, honrarla y respetarla dándole el primer lugar de importancia en su vida.

Las historias me llegan de todas las direcciones cuando las parejas logran establecer una conexión entre los poderosos principios C-A-C-C-L-E y C-A-J-E-R-S. Me enteré de una mujer que comprendió el mensaje después de leer *Amor y respeto*, cuando se dio cuenta de lo insatisfecho que se sentía su marido en cuanto a la relación. Ella reconoce que, aunque lo amaba profundamente, nunca lo pudo entender. Hija de un padre dominante, ella había visto cómo luchaba su madre cuando él «la ponía en su lugar» y entonces, tomó la determinación de que eso no le sucedería a ella. Después de casarse, tanto ella como su marido se convirtieron en profesionales, con la diferencia de que ella obtuvo el mejor trabajo de los dos, con un buen sueldo. Cuando los niños comenzaron a llegar, ella pasó a trabajar tiempo parcial y, debido a que su esposo trabajaba por turnos en diferentes horarios, se pudo programar para trabajar cuando él estuviera en casa. Esta mujer se sentía orgullosa de poder demostrarle a su marido que no tenía que depender de él y que era ella quien había elegido estar con él, y no al contrario. Pero no tenía idea de cómo se sentía su marido, hasta que los dos aprendieron sobre el amor y el respeto. En su carta escribe:

> Yo no quería un hombre que fuera como mi padre y me tratara con prepotencia, pero esto condujo a mi esposo a sentirse profundamente irrespetado y ni siquiera necesitado en su propio hogar. Por otro lado, él escogió un trabajo insatisfactorio y mal remunerado, pero que nos permitiera criar a nuestros hijos sin necesidad de recurrir a una guardería. Permaneció en ese puesto para que yo tuviera mayor libertad de quedarme en casa, aunque jamás pude ver que eso implicara un tremendo sacrificio para él. Yo sólo creía que era demasiado cobarde como para probar algo diferente. Un día compramos *Amor y respeto* y lo leímos juntos hasta el final. Sin embargo, me sentí completamente abatida cuando vi sus lágrimas por los años de incomprensión y dolor. Ahora siento una inmensa libertad cuando estoy con mi esposo, porque él sabe que entiendo su lengua materna y que le puedo responder en su idioma.

Cuando esta mujer comprendió que su marido la estaba honrando al quedarse en un trabajo menor, adquirió plena conciencia de que él estaba practicando el liderazgo de su familia de un modo humilde y sacrificado. Entonces, honró a su esposo mostrándole su más profundo respeto. Durante años esta pareja permaneció en un ciclo de la locura sin darse cuenta de ello. El amor y el respeto los colocó en el ciclo vigorizante y, como lo dijo en el cierre de su carta, «salvó nuestro matrimonio».

Algunas veces funciona a las mil maravillas

El grupo de comparaciones que te acabo de mostrar describe sólo unas cuantas formas en las que los principios C-A-C-C-L-E y C-A-J-E-R-S pueden afectar tu matrimonio con energía positiva. A algunas parejas eso les resulta tan sencillo como dejar de hacer una cosa y comenzar a practicar otra. ¡Y listo! El ciclo vigorizante les funciona.

Un hombre comentó que, antes de asistir a una conferencia nuestra, su matrimonio se estaba derrumbando y él ni siquiera se daba cuenta. Tanto él como ella fueron los primogénitos en sus respectivas familias, con el poder que eso implica, y eran profesionales exitosos. Sin embargo, no se podían comunicar entre sí sin que uno tratara de imponerle su voluntad al otro. La conferencia le sirvió al esposo para entender que cada vez que insistía en sus propias opiniones y deseos, estaba destrozando anímicamente a su mujer. Y él pensaba, equivocadamente, que sólo pretendía dejar claro quién era la autoridad y creía que la situación mejoraría con el tiempo. Él decidió dejar de mostrarse autoritario ante su esposa y ahora la paz reina en su hogar. Él escribe:

> *Para practicar la regla de oro del matrimonio debes dar amor y recibir respeto, o dar respeto y recibir amor. Como dijo Jesús: «Dad, y se os dará» (Lucas 6.38).*

Cuando llego a casa o me comunico con ella durante el día, le hablo en una forma amorosa. Le expreso que la amo y que respeto su opinión. Cuando la situación se sale de control, lo cual ocurre algunas veces, reflexiono acerca del incidente y me acerco a ella con amor. Nos desahogamos respecto a lo ocurrido y seguimos adelante, generalmente habiendo llegado a un acuerdo. Incluso cuando uno de nosotros tiene que ceder, los dos nos sentimos cómodos con el resultado. Los principios que se enseñan en tu seminario nos han ayudado a superar momentos muy difíciles.

Cuando otra esposa dejó de decirle a su cónyuge que era un idiota sin ideas brillantes de las que valiera la pena hablar, *entonces* él comenzó a ser más comprensivo. Igualmente esta mujer se dio cuenta de que ahora le puede comunicar mejor a su marido cuáles son sus necesidades, en lugar de «sentirme tan herida que él no podía descifrarme». En su correo ella explica:

Si necesito algo de él, como tiempo, atención o que me anime en un área específica, tengo la confianza de poder pedírselo porque sé que su máximo deseo consiste en ser mi príncipe azul. Este principio parece tan simple, pero me ha liberado de andar enfurruñada por ahí, a la espera de que él captara algún indicio de lo que me sucedía. Ahora tengo la libertad de pedirle respetuosamente lo que necesito, en lugar de disponer las cosas para que fracasara. (La adivinación del pensamiento es un pésimo método para sacar adelante un matrimonio.)

Algunas veces los casados pueden pensar que están dando todos los pasos adecuados para vigorizar a sus cónyuges, pero hay algo muy sencillo que están pasando por alto. Un hombre admite:

> Cuando supe cuál era el título de tu seminario, le pregunté a mi esposa que si se sentía amada. (Hemos estado casados durante treinta y siete años e incluso he dado algunas enseñanzas sobre las relaciones maritales.) Como le muestro mi amor a ella de muchas maneras, esperaba escuchar un entusiasta: «¡Por supuesto, Jim!», y por eso me sentí conmocionado cuando se quedó en silencio. Le recordé, entonces, todas las cosas que hago para manifestarle mi amor y le dije que no comprendía su mutismo. Cuando por fin me contestó, mi manera de pensar en cuanto a cómo demostrarle mi amor cambió radicalmente. Su respuesta fue: «Aprecio todo lo que haces por mí, pero la manera en que me siento amada es… a través de tus palabras. Cuando me hablas como lo haces con tus amigos, no me siento amada». ¡Vaya! ¡Eso sí que me abrió los ojos!

Jim explica que, en respuesta al comentario de su mujer, empezó a hablarle con dulzura, ternura y amabilidad, no del modo apresurado y directo que utiliza con sus amigos. Y hace poco su esposa le confesó: «Jim, me has estado hablando con tanto amor los últimos días. Eso significa mucho para mí. Gracias».

C-A-C-C-L-E y C-A-J-E-R-S no son máquinas expendedoras

Yo siempre les advierto a los cónyuges del peligro de utilizar C-A-C-C-L-E y C-A-J-E-R-S como máquinas expendedoras. Por ejemplo:

- «Si salgo a montar a caballo con mi esposo, él se tomará unos capuchinos conmigo y me mirará a los ojos toda la tarde».
- «Si me abro emocionalmente a mi esposa, ella comprará ropa interior muy sugestiva y hasta la usará en la cama».
- «Si tengo más sexo con mi marido, de inmediato nos convertiremos en almas gemelas».

Puedes añadirle más y más ejemplos a esta lista, si es que quieres usar el amor y el respeto como el niño que inserta una moneda para obtener un chocolate. Sin embargo, los principios C-A-C-C-L-E y C-A-J-E-R-S no se deben poner en práctica para manipular a tu esposo para que sea más amoroso o a tu esposa para que sea más respetuosa. Lo digo porque he visto a demasiados cónyuges tratar de emplear esta clase de información para cambiar a su pareja, en lugar de procurar satisfacer sus necesidades. Ellos buscan *obtener* amor y respeto, aunque sin *darlo*.

Por ejemplo, recibo correos electrónicos de chicas que me informan con entusiasmo sobre la forma en que sus maridos reaccionaron ante sus palabras y actos de respeto, durante un día. Ellos ayudaron con los quehaceres de la casa, se ofrecieron para hacer mandados e incluso fueron capaces de devolver los masajes de su esposa, pero luego todo termina al otro día, o eso es lo que parece. Esas mujeres me preguntan: «¿Y ahora qué se supone que haga? No está funcionando. ¿Tienes algún consejo que darme? ¿Qué estoy haciendo mal? Él estuvo fantástico durante un día, pero no duró».

Cuando recibo cartas de esa clase, lo primero que pienso es: «Sí, tengo un consejo. Eres una chica de nobles sentimientos, pero no has captado la idea. El amor y el respeto no es un enfoque matrimonial tipo máquina expendedora: "Le mostraré a él un poquito de respeto cada día y entonces él debe amarme todos los días de un modo que me mime y me llene de vigor. Si no lo hace todos los días, esto no está funcionando". Mi consejo es: Sé realista, respétalo *incondicionalmente*, y ten más paciencia».

> *«El que adula a su prójimo le tiende una trampa» (Proverbios 29.5, NVI). Tu cónyuge se rebelará contra tu manipulación y control.*

Les ofrezco la misma recomendación a los maridos que están tratando de ser amorosos después de haber cometido una serie de errores del ciclo de la locura. Si eres uno de ellos, quizás tuviste algo de éxito pero últimamente tu esposa pudo haber retrocedido y volvió a ser la mujer crítica de antes. Bienvenido a la realidad. Sé paciente y persevera en tu esfuerzo por amarla *incondicionalmente*. Si te metes en un oscuro pantano y te adentras en él caminando durante dos horas, necesitarás por lo menos otras dos horas para salirte, y tal vez más tiempo. Asimismo, si lastimaste gravemente a tu esposa en diferentes ocasiones a lo largo de varios años, ella tendrá que comprobar por sí misma que eres digno de confianza y que puede abrirse a ti de nuevo. Eso requiere tiempo y no existen atajos. Además, debes amarla independientemente de su reacción.

¡Recuerda, *incondicional* significa incondicional! ¿Qué pensarías de una persona que anunciara lo siguiente: «¡Estoy poniendo condiciones para amar y respetar incondicionalmente! ¡Sólo haré estos actos incondicionales con la condición de que mi cónyuge responda positivamente y si lo hace ahora mismo! ¡Si no cumple con mis condiciones, entonces voy abandonar todo este asunto de amar y respetar incondicionalmente!»? A todos nos parecería graciosa esta patente contradicción de términos: ¡lo incondicional condicional! Sin embargo, todos debemos admitir que nos sentimos así cuando nuestra pareja no está respondiendo a nuestros gentiles esfuerzos.

Pero ¿acaso el ciclo vigorizante no promete una reacción positiva de mi pareja? ¡No! El ciclo vigorizante es simplemente la mejor de todas las alternativas. Es más probable que el amor del marido motive el respeto de su mujer, que lo que lo haría su odio. Y es más probable que el respeto de una mujer motive el amor de su esposo, que su desprecio por él. Sin embargo, no hay seguridad de que el amor o el respeto produzcan tales motivaciones y por esta razón la palabra *incondicional* se debe colocar al lado de *amor* o *respeto*. En realidad, la paradoja es que el amor y el respeto sólo pueden funcionar de verdad ¡si son incondicionales!

El ciclo vigorizante tiene potencial a largo plazo

A continuación podrás leer un correo electrónico de un hombre que realmente «captó la idea». En los primeros siete años de matrimonio, de los nueve que lleva casado, pasó mucho tiempo parado encima de la manguera de aire de su esposa, criticándola por la mayoría de cosas con las que él no estaba de acuerdo. Este hombre sólo reflejaba la crianza que recibió en el seno de una familia en la que «todo el tiempo todos nos atacábamos unos a otros». Su mujer no podía manejar la situación y simplemente se mostraba poco comunicativa con él.

Pero a este marido la vida le dio un vuelco cuando aprendió sobre el amor y el respeto, especialmente la parte del amor. Él nos escribe:

Me doy cuenta de lo importante que es amar a mi esposa en una manera especial. Lo positivo de la situación es que no estamos pasando tanto tiempo en el ciclo de la locura como antes. La clave es tener paciencia. Yo tomé la decisión de no criticar más a mi mujer y dedicar más tiempo a alabarla. He visto pequeños avances desde que comencé con tu programa, el cual me ha dado una imagen más clara de cómo deben ser los matrimonios según la Biblia. Me siento emocionado por el potencial a largo plazo que tiene seguir este enfoque.

Me gusta en particular la referencia de este esposo al potencial a largo plazo. Cuando dos personas de buena voluntad corren la maratón del matrimonio, por un lado ella deseará reaccionar respetuosamente cuando su marido la ama y, al mismo tiempo, él deseará responder en una forma más amorosa cuando su esposa lo respeta. Y la belleza de esto es que los conceptos que se manejan en C-A-C-C-L-E y C-A-J-E-R-S pueden hacer una polinización cruzada en una gran cantidad de combinaciones, no sólo las que utilicé como modelo en este capítulo.

Por ejemplo, el hombre puede practicar la cercanía mientras su esposa responde positivamente a su autoridad y liderazgo. La mujer puede alabar y admirar lo duro que trabaja su marido mientras él hace las paces disculpándose por alguna palabra brusca que haya dicho antes. El esposo escucha con comprensión las preocupaciones de su mujer y ella responde con una nota especial de agradecimiento por protegerla y proveer para ella.

En todas partes encuentras oportunidades para practicar la regla de oro al estilo del amor y el respeto. Todo puede ocurrir y no hay límites. Las buenas noticias son que el ciclo vigorizante funciona a las mil maravillas, si lo alimentamos con fidelidad y paciencia. Pero también hay una mala noticia: C-A-C-C-L-E y C-A-J-E-R-S son recursos muy eficaces pero no son la panacea. Por mucho que te esfuerces en comunicarte en una forma positiva y vigorizante, es inevitable que haya momentos en los que uno de ustedes diga algo que suene un poco (o muy) negativo. Si el ciclo vigorizante ha de seguir su marcha, es necesario decodificar esta clase de mensajes. En el capítulo 5 vimos que una pareja puede usar la decodificación para detener el ciclo de la locura, Pero, como la mayoría de parejas se han dado cuenta, del ciclo de la locura al vigorizante sólo hay un paso. Y para que este último gire con fuerza, siempre podrás seguir mejorando tus destrezas para decodificar. En los próximos dos capítulos, explicaré por qué la decodificación es una habilidad que necesitas mientras estés casado y también te daré ideas como ejemplo de lo que debes decir para que los dos se mantengan vigorizados.

CAPÍTULO NUEVE

Descifra el código y luego vigorízalo con la clave del C-A-J-E-R-S

(Nota para los esposos: este capítulo es «sólo para esposas», pero si lo desean podrán leerlo juntos.)

Mientras escribía este libro tuve uno de esos días en que sencillamente no podía terminar de hacer nada, o al menos eso parecía.

Meses antes de empezar a escribir, acepté hablar en un desayuno de oración que se realizaría a dos horas de casa. Decidí conducir hasta allí la noche anterior, dormir en un motel, y acudir descansado y preparado temprano por la mañana. El desayuno de oración salió bien y mientras regresaba a casa sonó mi teléfono celular. Era Sarah que me decía que acababa de arreglar una cita para que me hiciera revisar la rodilla. Quería que me hicieran radiografías, porque aunque no me dolía demasiado, me había impedido realizar mi rutina diaria de ejercicios.

Sarah concertó la cita por mí porque le preocupaba mi salud (y estaba cansada de oír mis quejas en tanto yo no hacía nada al respecto). Llegué al consultorio a tiempo para la cita, y esperé, como sucede cuando uno va a ver al médico. Esperé. Y esperé.

Después de una comedia de tres horas, llena de errores porque fui a ver a dos médicos (que resultaron no ser los que tenían que verme), finalmente mi doctor llegó una hora y media tarde, me dio una inyección y se fue. Intenté lograr que el técnico en rayos x volviera de su hora de almuerzo y al fin, una enfermera tomó la radiografía bajo indicaciones telefónicas del técnico. Me dijeron que mi rodilla estaba bien y que sólo necesitaba descansarla un poco antes de volver a hacer ejercicio. Salí de allí decidido a pedirle a Sarah que no volviera a concertarme citas con los médicos de esa clínica en particular.

Llegué a casa y todavía me dolía la rodilla. Tenía una pila de mensajes de correo electrónico que debía responder, y no había avanzado ni una palabra con este libro. Mi frustración aumentó cuando me enteré de que Sarah quería salir a cenar con Kathy, una de sus amigas que había venido de visita desde lejos. Mi esposa esperaba que yo fuera también, pero entendería si me negaba a causa del trabajo atrasado. Me sentí obligado a ser el amable anfitrión y fui con ellas a cenar. Luego volví a mi escritorio, donde encontré más mensajes que pedían respuestas a gritos. Me disculpé mientras Sarah y Kathy fueron a la sala para conversar un rato.

Terminé con los mensajes urgentes y decidí enviarle un mensaje a Sarah, que tiene su computadora en otra habitación de la casa. Ambos pasamos bastante tiempo en nuestras computadoras, respondiendo mensajes de gente que asistió a alguna conferencia o leyó nuestro material. Muchas veces es más rápido y fácil comunicarse por correo electrónico aun estando en la misma casa. Mi mensaje fue breve: «Me estoy sintiendo cada vez más frustrado. No logré trabajar en el libro. Sólo respondí mensajes hoy».

Es lo que dije, pero no lo que quería decir. En realidad, quería transmitirle un mensaje diferente: «Me siento frustrado porque todo lo que sucedió hoy me impidió trabajar y cumplir con un plazo imposible, en especial a causa de esa cita con el médico y la cena de esta noche».

No conforme con enviarle un mensaje, sin embargo, fui a la sala donde Sarah conversaba con su amiga. Logré que me viera, aunque no su amiga. Le dije: «No logré trabajar en el libro hoy. Sólo respondí mensajes». No me veía enojado, ni hablé con tono molesto, sino sólo contándole lo sucedido. Estaba seguro de que lograría descifrar mi mensaje: ¡no tenía éxito en mis conquistas! Sarah me miró pero no dijo nada, y siguió conversando con Kathy. Yo entonces volví a mi computadora.

En cierto sentido yo trataba de culpar a Sarah, pero más precisamente, sólo quería expresar mi frustración al no poder cumplir con mis objetivos. A lo largo de los años le he dicho a Sarah que habría momentos en que me molestaría por algo pero que si me daba tiempo, lo dejaría atrás y podría avanzar. Lo que me molestaba era un tema mío y no de ella, pero tengo que admitir que en ocasiones intentaría enredarla en el tema, molestándola también. Claro está que sabía que no debía haber dicho nada en cuanto a que me frustré por ese día horrible. Era tema mío. Pero como sentía autocompasión, no logré resistir la tentación de lloriquear un poco ¡aun cuando estaba escribiendo un libro sobre la comunicación amorosa con la esposa en el matrimonio!

Lo que no noté es que aunque Sarah no leyó el mensaje, se molestó porque interrumpí su conversación con Kathy para decirle: «No logré avanzar con el libro. Hoy sólo respondí mensajes». Pero intuyó que quería echarle la culpa por esa cita de tres horas en la clínica y por la cena con su amiga. Aunque estaba enojada, se dijo: «Es tema de él. Responderé con respeto en el momento adecuado y lo dejaré pasar».

Más tarde, cuando nuestra invitada se fue a dormir, Sarah leyó mi mensaje: «Me estoy sintiendo frustrado. No pude trabajar en el libro. Sólo respondí mensajes hoy». Eso la molestó todavía más, pero recordó que en el pasado hubo ocasiones en que mis estallidos duraban sólo minutos. Controlando su enojo respondió:

> *Ciertamente no hay hombre justo en la tierra, que haga el bien y nunca peque (Eclesiastés 7.20). ¡Esto incluye a tu esposo!*

> Puedo decirte que lamento lo de la cita con el médico y el tiempo que perdiste, pero también quiero contarte que desperté por la noche pensando que debías ir a ver al médico para que no te preocuparas por la rodilla y por no hacer ejercicio. Te di la opción de no ir a la cena y de veras no me habría molestado si no hubieses querido ir. Lamento que no pudieras trabajar en el libro pero estoy convencida de que lo terminarás.
>
> Además, estemos felices porque no hay nada malo con tu rodilla. Veamos el vaso medio lleno o medio vacío. Como dices a veces: «Tú decides. Decide con sabiduría». Podrías estar pensando ahora en la cirugía de rodilla y eso te habría quitado al menos otro día entero de trabajo con el libro, además de un par de semanas para recuperarte.
>
> Haré lo posible por apoyarte, como las citas con el médico, las instrucciones de cómo llegar a un lugar, reservas en el hotel o los vuelos, y avisar cuándo no podamos asistir a una cita. Pero además de eso, no puedo hacer más que orar para ayudarte.

En verdad Sarah había descifrado bien mi mensaje de frustración en cuanto al trabajo con el libro. Pero no me permitió subirla al vagón de la culpa por el día que tuve, aun cuando para ella habría sido fácil enojarse después de mi estallido. También podría haber decidido usar balas verbales para derrotarme, pero no lo hizo. O podría haber puesto los ojos en blanco y decirle a su amiga: «Emerson suele sentirse un tanto abrumado cuando está escribiendo un libro», pero no hizo eso tampoco. En cambio, respondió a mi mensaje y a la interrupción de su charla con Kathy, con madurez, paciencia y compasión.

Después de tantos años de trabajar en nuestra comunicación como matrimonio, Sarah sabía que esa era una de esas ocasiones en que recibiría su mensaje con la misma buena voluntad con que ella lo envió. Aunque podría considerarse infantil mi conducta, desde nuestra perspectiva era más una cuestión de dar expresión a mis sentimientos (de gran frustración), por no poder alcanzar los objetivos de ese día. Sarah respondió con respeto y sinceridad. Yo pude desahogarme y ella me mostró su corazón. Fue todo lo que hacía falta. Sarah confiaba en que recibiría su respetuosa exhortación y seguiría avanzando. Y eso hice.

Cuando fui a dormir esa noche Sarah dijo que tenía que quedarse despierta preparando el trabajo del día siguiente. No habló de lo sucedido ni de su mensaje. Yo tampoco lo mencioné. ¿Dejaríamos que se pusiera el sol sobre nuestro enojo?[1]

> *«El que cubre la falta busca amistad; mas el que la divulga, aparta al amigo» (Proverbios 17.9).*

No en esta ocasión, porque expresé mi frustración y decidí seguir adelante, en tanto Sarah contuvo su enojo y me respondió con respeto, avanzando también.

Hay una delgada línea entre lo vigorizante y la locura

A la mañana siguiente Kathy y Sarah reían divertidas mientras yo, de buen humor como es usual, me preparaba para seguir adelante con los muchos puntos de la agenda de nuestro ministerio. Antes de iniciar la rutina cotidiana, sin embargo, debí haber dicho algo como: «Gracias, Sarah, por tu mensaje de anoche. Fue el mejor del día». Habría sido el comentario perfecto, pero para ser sinceros ni se me ocurrió. Toda la experiencia me mostró que Sarah y yo seguimos estando en un proceso. Tal vez jamás alcancemos la perfección pero sí podemos hacer que nuestra comunicación sea menos imperfecta, si aprendemos de nuestros errores.

Días más tarde, mientras trabajaba en el libro, me di cuenta de que mi «día horrible» había sido un excelente ejemplo de cómo descifrar los mensajes negativos de su cónyuge sin pisarle la manguera. Escribí en borrador lo sucedido y se lo mostré a Sarah. Luego, y sólo entonces, supe que a ella le había molestado mi mensaje de «sólo respondí correos».

«Sí me enojaste al interrumpir nuestra conversación con Kathy como un maleducado», admitió Sarah. «Y casi dije algo, aun estando Kathy allí, pero me contuve porque vi que era un tema tuyo y no mío. Y es lo que intenté decirte luego en mi mensaje».

El comentario de Sarah me tomó por sorpresa. Sinceramente no había detectado enojo en su mensaje (aunque ahora que lo veo de nuevo, me doy cuenta de que sí estaba irritaba pero que trataba de ser firme y respetuosa a la vez). El incidente fue una ocasión más (y ha habido muchas) en que yo estaba en las nubes. Me había sentido frustrado por un día improductivo y por eso expresé mi enojo en tono calmo. Eso no me impidió volver a trabajar momentos más tarde.

Ahora, este incidente en términos del amor y el respeto muestra que lo que pasaba en realidad era que sentí que no me respetaban ni con el trato incompetente en la clínica (¡tres horas de espera!), ni con el impacto que esa incompetencia tuvo en mi programa de trabajo (¿No sabía esta gente que yo no tenía tiempo que perder mientras decidían qué hacer?). Como necesitaba expresar mi enojo, hice lo que hacemos casi todos los esposos: lo expresé en casa, con mi esposa, en tono poco amoroso.

> *Todos hablamos y escuchamos, pero «El hombre se alegra con la respuesta de su boca; y la palabra a su tiempo, ¡cuán buena es!» (Proverbios 15.23).*

Si Sarah hubiera respondido sin respeto, habría frenado o detenido el ciclo vigorizante, llevándonos al de la locura. Yo estaba llevando la situación a ese punto, pero ella logró calmar las cosas porque decidió ser respetuosa (¡y madura!), mientras que yo en ese momento no era exactamente la mejor propaganda para el Ministerio Amor y Respeto. Más bien, podría haber usado mi fotografía para practicar tiro al blanco con los dardos.

Lo que quiero mostrar aquí es que hay una delgada línea entre el ciclo vigorizante y el de la locura. Todo matrimonio tiene días locos en que intentan seguir en el ciclo vigorizante. Y cuando surgen esos días (o momentos) es más importante que nunca poder descifrar los mensajes y actuar con madurez. Si no lo hacemos, el ciclo vigorizante se frenará y detendrá, y entonces subiremos al de la locura. No lograremos el objetivo de permanecer en el ciclo vigorizante.

Es obvio que no puedo brindar ayuda específica para la innumerable cantidad de distintas observaciones que pueden descifrarse en un matrimonio. Cada matrimonio es único. Cada cónyuge tiene su forma de enviar mensajes. Lo que sí puedo hacer es presentar algunos lineamientos bíblicos que nos ayudarán a satisfacer la mutua necesidad de amor y respeto.

En el resto de este capítulo comentaré las típicas observaciones negativas que hay que descifrar y luego ofreceré sugerencias positivas sobre qué decir en respuesta, para mantener en funcionamiento el ciclo vigorizante.

No importa qué palabras ofensivas se hayan dicho, escucha siempre cuál es la necesidad básica de tu cónyuge. A fin de cuentas, en todos los casos y en toda conversación, puedes hacerle un enorme favor a tu matrimonio si piensas que lo que ella busca es sentirse amada, o como en este capítulo, que él busca sentirse respetado. ¡Entonces podrás darle gracia a tu cónyuge!

Cómo usar los principios del C-A-J-E-R-S para descifrar que tu esposo pide respeto a gritos

¿Nos brinda la Biblia recursos, a los esposos y esposas, que podamos usar para descifrar las palabras del otro? Claro que sí. En el capítulo 8 vimos una descripción general de las dos cajas de herramientas del ciclo vigorizante: C-A-C-C-L-E para uso de los esposos y C-A-J-E-R-S para que la usen las esposas. En el resto de este capítulo mostraremos cómo la esposa puede usar los principios bíblicos del C-A-J-E-R-S- para descifrar (y quizá desactivar la bomba) los comentarios negativos que pueda hacer su esposo. Y en el capítulo 10 veremos cómo puede el esposo usar los principios bíblicos del C-A-C-C-L-E para hacer lo mismo ante los comentarios negativos de la esposa.

> *La esposa que codifica las quejas de su esposo y lo vigoriza con respeto es, en efecto, «un don del Señor» (Proverbios 19.14, NVI).*

Más veces de las que la esposa pueda ver, el esposo dirá algo sin amor, cuando en realidad pide respeto a gritos y hay que descifrar su comentario. La observación puede estar dirigida a algo que ella dijo o hizo, o referirse a algo que sucedió. Acabamos de ver un caso. Tuve un día malo y le mandé a Sarah un mensaje codificado que casi la culpaba por muchos de mis problemas, cuando en realidad estaba más molesto por el fiasco de la clínica y por no haber podido trabajar.

En vez de sentirse herida por las palabras poco amorosas del esposo, la esposa puede buscar explicaciones posibles a su conducta e intentar cumplir con el llamado de Dios a darle el regalo del respeto incondicional, que él no merece (Efesios 5.33).

Para mostrarle respeto incondicional a su esposo, la esposa ha de poner en práctica los principios del C-A-J-E-R-S:

- Conquista: aprecia que él desee trabajar y lograr cosas.
- Autoridad: aprecia su deseo de servir y liderar.
- Jerarquía: aprecia su deseo de proteger y proveer.

- Entendimiento: aprecia su deseo de analizar y aconsejar.
- Relación: aprecia su deseo de una amistad codo a codo.
- Sexualidad: aprecia su deseo de intimidad sexual.

Mi experiencia confirma que la mayoría de los esposos envían a sus esposas cada tanto mensajes que tienen que ver con seis necesidades básicas. A continuación, brindo ideas sobre cómo descifrar esos mensajes y responder de modo que mejore la comunicación con tu esposo.

CONQUISTA: Si él siente que su trabajo no se aprecia, te enterarás de ello.[2]

Empezando por Adán, Dios tuvo por designio que el hombre trabajara. Lo leemos en Génesis 2.15: «Tomó, pues, Jehová Dios al hombre, y lo puso en el huerto de Edén, para que lo labrara y lo guardase». Pero Dios tenía más planes para el trabajo de Adán: «Y dijo Jehová Dios: No es bueno que el hombre esté solo; le haré ayuda idónea para él» (Génesis 2.18).

Cuando su esposa es ayuda idónea, compañera contra la soledad y que apoya su esfuerzo en el lugar de trabajo, el esposo se siente respetado. Pero si la atención y energía de la esposa se apartan de su esposo, ella le oirá decir: «Los niños… siempre te concentras en ellos. Me encanta que seas buena madre, pero ¿qué hay de nosotros dos?» Sería fácil para la esposa considerar este comentario como falto de amor, egoísta incluso (porque cuando él dice *nosotros*, por lo general está pensando: «¿Qué hay de *mí*?» La esposa necesitará descifrar ese mensaje para encontrar su significado verdadero: un pedido que ruega por respeto.

No le servirá de mucho decir: «Siempre se trata de ti», o «Hago todo lo que puedo», etc., el comentario de su esposo suena a crítica, pero el corazón del hombre le está diciendo: «¿Qué pasó con la porrista que conocí cuando éramos novios, la chica que creía en mí y me hacía sentir que podría conquistar el mundo?» Cuando la esposa percibe que su esposo no se siente respetado, apoyado, que se pregunta si es tan sólo un bolsillo con dinero para la familia, podrá usar o adaptar los siguientes comentarios vigorizantes:

- «Amor, tienes razón. Me preocupo demasiado por los chicos. ¿Me perdonas?»

- «Gracias a ti puedo ser mamá a tiempo completo. Lamento si te hago sentir que sólo importa el dinero que traes. ¿Qué puedo hacer para cambiar?»
- «Estoy tan orgullosa de lo que haces en el trabajo. Se lo digo a todos, menos a ti. Cambiaré y comenzaré a cambiar eso ahora mismo».
- «Apartemos un momento esta noche para nosotros dos. Quiero oír cómo te va en el trabajo».
- «La Biblia dice que Eva era la ayuda idónea de Adán, ¿Soy yo tu ayuda idónea? ¿Qué puedo hacer para mejorar?»
- «Me siento mal porque estás frustrado en el trabajo, pero creo en ti y te apoyo en todo lo que hagas».

Observa cómo este último comentario se corresponde con lo que Sarah me dijo en su mensaje: que lamentaba que estuviera frustrado por no poder avanzar con el libro, pero que estaba convencida de que podría terminarlo.

Hay muchas formas de enviar un mensaje vigorizante, y sólo es cuestión de gustos personales en cuanto a cómo expresarlo. (Al rcpasar las preguntas que aparecen en «Conquista» del capítulo 1, encontrarás más ideas sobre comentarios que puedes hacerle a tu esposo en lo que concierne a su necesidad de sentirse respetado.)

> *Para el entendimiento mutuo y la buena comunicación, «Panal de miel son los dichos suaves; suavidad al alma y medicina para los huesos» (Proverbios 16.24).*

AUTORIDAD: Escucha y respeta su deseo de servir y liderar.

La Biblia enseña con claridad que la esposa no debe buscar contienda. Piensa en Proverbios 21.9: «Mejor es vivir en un rincón del terrado que con mujer rencillosa en casa espaciosa». Hay muchas formas de ser rencillosas, peleadoras, pero cuando le faltamos el respeto al papel del esposo según Dios lo ha designado, estamos pisando el freno del ciclo vigorizante con todas las fuerzas.

Como dije en *Amor y respeto*, si quieres que tu esposo se sienta respetado le dirás que como tiene al menos el 51% de la responsabilidad, también él tiene el 51% de la autoridad.[3] Pero ¿qué sucede cuando ambos enfrentan una decisión difícil y no le permites a tu marido tomar la decisión final? Escucharás algo así como: «¿Quieres que sea el líder o no?» O, si está realmente exasperado, dirá:

«¡Deja ya de tratar de ser quien lleva los pantalones en esta familia!» Los comentarios de este tipo suenan duros, faltos de amor, pero probablemente no sea esa la intención de tu esposo. La esposa tendrá que descifrar las palabras y entender que él no está diciendo: «No te amo», sino: «Si soy el responsable principal y luego vetas mi decisión, siento que no me respetas».

En un matrimonio de amor y respeto, tiene que haber una ida y vuelta en las decisiones que afectan a ambos, pero si el esposo tiene que decidir, apreciará a la esposa que le respete, aun si está en desacuerdo con lo que él haga. Cuando la esposa descifra la frustración de su esposo por no poder cumplir con el rol del liderazgo, podrá decirle algo respetuoso y vigorizante, como:

- «Muchas veces, cuando me quejo o critico, en realidad busco seguridad. Sé que suena a falta de respeto ante tu liderazgo. Por favor, perdóname».
- «Dios nos hizo iguales, pero a ti te hizo responsable de mí y de los niños. Perdóname por no respetar tu autoridad».
- «Me siento segura gracias a tu fuerza y autoridad, en especial con nuestros hijos adolescentes. Sólo quiero que lo sepas».
- «Cuando discuto o estoy en desacuerdo contigo no estoy tratando de llevar los pantalones. Sólo intento ayudar. Por favor, confía en mi corazón».
- «Me he convencido de que últimamente estoy muy peleadora. Por favor, perdóname por no respetar tu liderazgo».

> *Con el carbón se hacen brasas, con la leña se prende fuego, y con un pendenciero se inician los pleitos (Proverbios 26.21, NVI).*

Aquí, nuevamente quiero destacar que el deseo del hombre por servir y liderar no es algo que él pueda expresar con palabras sin dificultad. En vez de ser duros y poco amoroso, sus comentarios tal vez tengan un dejo de humor, como el del hombre que dijo que su esposa era «el cuello que sostiene a la cabeza y la hace dar vuelta». Afortunadamente ella supo descifrar la «broma» y cambió. (Al repasar las preguntas que aparecen en «Autoridad», en el capítulo1 podrás encontrar más ideas de comentarios vigorizantes que puedes hacer con respecto al deseo de tu esposo de servir y liderar.)

JERARQUÍA: *Si ahogas su deseo de proteger y proveer, quizá te envíe un mensaje en código.*

En Efesios 5.22-23 Pablo muestra una dimensión del llamado de Dios a la esposa que en la cultura de hoy, tan influenciada por el feminismo radical, puede sonar controversial. Dice: «Las casadas estén sujetas a sus propios maridos, como al Señor; porque el marido es cabeza de la mujer, así como Cristo es cabeza de la iglesia, la cual es su cuerpo, y él es su Salvador». Como explico en *Amor y respeto*[4] cuando la esposa se pone de buen grado bajo la protección y provisión de su esposo, él se siente respetado. Pero si la esposa se queja porque su esposo no provee lo que ella quiere, o le culpa por sus temores e inseguridades en cuanto a la economía, él podrá decirle cosas como: «Deja de quejarte. Eres una protestona. Nunca te conformas con nada. Nada te satisface», e incluso «Te preocupas por todo. ¡Si no te gusta cuánto gano entonces vuelve a estudiar y mejora tus opciones profesionales para que me mantengas tú a mí!»

Los comentarios de este tipo suenan faltos de amor, en especial si el esposo de veras no provee muy bien y lo sabe. La esposa inteligente, sin embargo, ve que su esposo le está enviando un mensaje en código para pedirle más respeto (así como ella cada tanto envía mensajes sobre su necesidad de sentirse amada). Es posible que él haya cruzado la raya al decirle que es una protestona, pero como sus palabras están en código, lo que dice en realidad es: «Se supone que soy la cabeza de esta familia, y eso a veces da un poco de miedo. Intento ser responsable y podrías ayudarme si me dices que respetas mi deseo de proveer».

En algunos matrimonios el tema de ser cabeza de familia puede ser delicado, pero la esposa que desea descifrar las palabras de su esposo puede ver que él siente que su posición como cabeza de familia es ignorada o está bajo amenaza. En ese caso, podrá utilizar o adaptar estos comentarios para mantener en funcionamiento el ciclo vigorizante:

- «Amor, lamento haber parecido despectiva. Esto no tiene que ver contigo. Son temores que surgen de mi infancia. ¿Me perdonas?»
- «¿Te he dicho alguna vez lo segura que me siento contigo? Es una sensación que me encanta».
- «Siempre agradezco al Señor por la forma en que nos proteges y provees para mí y los niños».
- «Cuando veo que morirías por mí si hiciera falta, me siento sobrecogida por la emoción. ¡Gracias!»
- «Estoy tan agradecida por haberme casado con un hombre responsable. Significa mucho para mí».

- «Amor, me quejo demasiado y no te digo con frecuencia cuánto te respeto. Perdóname».

Todo eso solamente es la superficie de la forma en que puedes hacerle saber a tu esposo que lo ves como protector y protector de la familia, cuando él exprese esta necesidad. Ninguna esposa debiera pasar por alto esta necesidad. Es una prioridad en su esposo, y hay que satisfacerla. (Al repasar las preguntas de «Jerarquía» en el capítulo 1, podrás encontrar ideas de observaciones vigorizantes que puedes decirle a tu esposo en lo referido a su deseo de proteger y proveer.)

ENTENDIMIENTO: No permitas que tu intuición femenina te haga sorda a su deseo de analizar y aconsejar.

Como esposa, debes depender saludablemente de los consejos y entendimiento de tu esposo. Sin embargo, he sido consejero de muchas esposas que rechazan esta idea y que por eso están en peligro de ser engañadas. Como escribió Pablo: «Adán no fue engañado, sino que la mujer, siendo engañada, incurrió en trasgresión» (1 Timoteo 2.14). Las feministas dirán que este pasaje es «machista», pero aquí hay sabiduría para la esposa que quiera verla. Las mujeres tienen el notable don de la intuición pero muchas veces dependen demasiado de su propia opinión y rechazan el entendimiento de sus esposos.[5]

Parte del problema es que la mujer por lo general no quiere consejos ni soluciones. Quiere que la escuchen y comprendan. Cuando el esposo trata de decirle lo que piensa, oirá: «¡Ya no trates de cambiarme!» Y ella entonces podrá oír: «¿Para qué me cuentas tus problemas si luego no quieres mi ayuda?» Este comentario puede sonar falto de amor si la esposa no descifra las palabras de su esposo y ve que está haciendo lo que hacen casi todos los hombres ante un problema: tratan de ayudar ofreciendo soluciones. Cuando la esposa percibe que ha actuado sin respeto hacia su marido al rechazar las soluciones que sugiere, podrá usar o adaptar cualquiera de estos comentarios, para darle aliento y vigor:

- «Amor, lo siento. Sé que estás tratando de ayudar. Es que a veces necesito que solamente me escuches, porque con eso me siento mejor».
- «Sé que a veces me dejo llevar por mis sentimientos. Agradezco al Señor que te haya puesto en mi camino porque necesito de tu entendimiento»
- «Sabes, amor, formamos un gran equipo. Con mi intuición y tu entendimiento, podemos tratar muchos de nuestros problemas».

- «Perdóname por actuar como si no quisiera oír tu opinión sobre cómo lidiar con los niños. Necesito tu opinión. Es que a veces me siento tan frustrada. Siento que nada funciona y me desahogo contigo. Por favor, perdóname».
- «Amor, perdóname por hacer que adivines cuándo quiero que me escuches y cuándo, que me des soluciones. Tengo que decírtelo».
- «Amor, ¿está bien si te pido un consejo?»

Como vimos en el capítulo 8, tiene que haber equilibrio entre la necesidad del hombre de ofrecer consejos y la de la mujer con respecto a sentirse entendida. Es verdad que muchas veces ellas sólo quieren que las escuchemos, y no quieren consejos. Pero al mismo tiempo, la esposa inteligente verá el deseo de su esposo de ayudar y aconsejar, como algo importante para él. Entonces no se enojará con él y lo escuchará. Una esposa hizo esto, al decir: «Gracias por tu opinión. Sé que no soy muy brillante cuando se trata de ciertas cosas. Me alegro de que nos tengamos el uno al otro». (Al repasar las preguntas bajo «Entendimiento» en el capítulo 1, encontrarás más ideas de comentarios vigorizantes para decirle a tu esposo acerca de su deseo de analizar y aconsejar.)

RELACIÓN: Su deseo de una amistad codo a codo puede parece un tanto extraño, pero mantén tus oídos abiertos de todos modos.

Para entender cómo la esposa puede satisfacer la necesidad que su esposo tiene de una amistad codo a codo con ella, veamos lo que Pablo aconseja a Tito, que incluye además que las mujeres mayores enseñen a las más jóvenes: «amar a sus maridos y a sus hijos» (2.4). En la mayoría de los casos, cuando Pablo enseña a sus lectores sobre el amor, utiliza el término griego *ágape* pero aquí usa *píelo* que significa esencialmente que la mujer ha de ser amante y amiga de su esposo.[6]

> *Da al sabio, y será más sabio; enseña al justo, y aumentará su saber (Proverbios 9.9).*

Cuando la esposa es amigable y muestra que a ella le gusta su esposo, en particular cuando realizan actividades codo a codo, él se sentirá respetado. Pero si ella se vuelve demasiado absorta en sus propias obligaciones y no parece tener tiempo para él, quizá oiga algo como: «¿No podrías dejar eso por unos minutos? Ven y siéntate conmigo y veamos los últimos dos minutos del juego». La esposa podrá responder a este pedido diciendo: «¿No sabes que tengo mucho que hacer?», o podrá descifrar el mensaje de su esposo, dejando de lado sus obligaciones por un rato, y diciendo: «Claro, será divertido verlo juntos».

La clave está en responder de manera amigable, no como resignándote como mártir, ni mostrando que no tienes ganas. Ser amiga de tu esposo es una de las cosas más efectivas que puedes hacer para fortalecer tu matrimonio. Cuando las esposas me escriben desesperadas porque su matrimonio se hunde, suelo darles una tarea de inmediato: «Puedes hacer tres cosas para que cambie tu matrimonio: 1. Sé su amiga. 2. Sé amigable. 3. Sé su amigable amiga. P.D.: En caso de que haya olvidado decírtelo, sé su amiga». También les pido que enumeren siete cosas que pueden hacer para ser más amigables, que las pongan en práctica y luego en seis semanas vuelvan a escribirme para contarme qué pasó.

Lo clásico es que ante la amistad de sus esposas los esposos digan: «¿Quién eres, y qué has hecho con mi esposa?», o «No sé qué droga estarás tomando, pero no pierdas este hábito».

Si ser amigable puede ayudar a la esposa a detener el ciclo de la locura, será más efectivo aún para mantener en funcionamiento el ciclo vigorizante. Recuerda que cuando se trata de ser amigable, siempre será inteligente no comentar directamente «quiero ser mejor amiga». En cambio, actúa porque las acciones hablan con claridad, cuando busques siempre la oportunidad de mostrarte amistosa con él. Por ejemplo, si está haciendo algo en la casa, sólo siéntate y obsérvalo durante quince o veinte minutos. Si te pregunta por qué estás sentada allí sólo dile que quieres estar con él y asegúrale que no viniste porque «tienen que hablar». Si eres una mujer como cualquier otra, quizá te resulte insoportable permanecer callada, pero resiste la tentación de hablar. Recuerda que una de las mejores formas de comunicarte con tu esposo ¡es no intentando comunicarte con él! ¡Luego observa su actitud! (Al repasar las preguntas bajo «Relación», en el capítulo 1, encontrarás ideas sobre comentarios vigorizantes que puedes hacer con respecto al deseo de tu esposo de tener una amistad codo a codo contigo.)

SEXUALIDAD: Escucha con atención. Su deseo de tener intimidad sexual va mucho más allá de lo físico.

La necesidad sexual del esposo es algo que solamente su esposa puede satisfacer, y si él ve que ella lo hace, se sentirá respetado y honrado.[7] Del mismo modo, la necesidad de afecto y cercanía emocional de la esposa sólo puede ser satisfecha por el esposo, y cuando él lo hace ella se siente amada y querida. Estas dos grandes necesidades pueden causar a veces un obstáculo que impedirá que el ciclo vigorizante siga funcionando, a menos que uno de los dos dé el primer paso.

Cuando la esposa avergüenza a su esposo, es «como carcoma en sus huesos» (Proverbios 12.4). Una de las formas en que podría avergonzarlo es en el aspecto sexual. Si parece considerar que su necesidad sexual es despreciable («¡Basta ya! ¡No tengo ganas!»), el hombre se siente herido y quizá responda: «Nunca tienes ganas», y podrá añadir «¿Buscas castigarme?», o «Ya estoy harto de este chantaje sexual»? En este momento el ciclo vigorizante se ha detenido y el de la locura ya está andando. La esposa podría dejar que el hombre masculle su frustración, o podrá tratar de descifrar su pedido de respeto. La esposa que desea honrar la sexualidad de su esposo podrá usar o adaptar los siguientes comentarios para hacer que siga funcionando el ciclo vigorizante:

- «No trato de chantajearte al mezquinarte el sexo. Por favor, perdóname por hacer que pareciera así. No es mi intención».
- «Disfruto hacer el amor, pero primero necesito que me abraces y me hables. Yo soy el horno de leña y tú eres el microondas. Tenemos el mismo objetivo, pero a mí me toma más tiempo».
- «No quiero satisfacerte sexualmente. Quiero que ambos estemos satisfechos. Pasemos un poco más de tiempo charlando por la noche, compartiendo momentos juntos. Esto podría ayudarnos a ambos a relajarnos para hacer el amor más tarde».
- «Nunca intenté castigarte al mezquinarte el sexo, pero ahora veo cómo te sentiste cuando me negué. Por favor, perdóname».
- «Cuando te abres más en cuanto a lo que hay en tu corazón y me dices que lo sientes, eso me enciende».
- «Lamento que los chicos y todo lo demás me dejen tan cansada a veces como para querer hacer el amor. ¿Por qué no los dejamos con mi madre y nos escapamos un fin de semana?»

Cuando las esposas están practicando los principios del acrónimo C-A-J-E-R-S, los mensajes de sexualidad pueden ser los más fáciles y los más difíciles de descifrar. Es que hay esposos que serán frontales y no hará falta descifrar demasiado. Pero otros quizá sean demasiado orgullosos como para decir algo obvio y enviarán otro tipo de mensajes para expresar su frustración. No importa cómo comunique el esposo su necesidad de tener sexo, lo mejor que puede hacer la esposa es ver esa necesidad como una de las más fuertes, tratando de satisfacerla aun cuando no sienta ganas.

Michele Weiner-Davis es una entre muchos terapeutas sexuales que están de acuerdo con esto. Ha ayudado a muchos matrimonios a lograr una mejor comunicación, encendiendo una nueva chispa en su relación al aconsejarles que no sólo hablen de sexo, sino que como dice el comercial de Nike: «Sólo hazlo». (Para ver más sobre esto, ver el cuadernillo de trabajo de *Amor y respeto* [Nashville: Integrity, 2005], apéndice V.)

Michele Weiner-Davis habla a partir de la experiencia obtenida en sus veinticinco años de matrimonio. Hubo un tiempo en que no le interesaba tanto el sexo como a su esposo, pero lograron trabajar en la solución del problema y profundizaron su vínculo. Cuando la mujer protesta por tener que ser más sexual para que su esposo sea más afectuoso y atento, Weiner-Davis sencillamente le pregunta: «¿Y si tu esposo se quejara porque le envié a casa con la tarea de hablarte más, de salir más, de ser más romántico para que tú quieras tener más intimidad sexual?» Si esto suena a «si... entonces», o a condición, como hablamos en el capítulo 8, tienes razón: así es. Weiner-Davis dice que los buenos matrimonios se basan en la idea de que la gente que se ama mutuamente cuida de las necesidades y deseos del otro, y cuando eso sucede ¡se da la reciprocidad![8] (Al repasar las preguntas sobre «Sexualidad» en el capítulo 1 encontrarás más ideas de comentarios vigorizantes que puedes hacer con respecto al deseo de tu esposo de tener intimidad sexual.)

Descifra sus deseos en cada una de las categorías necesarias, en C-A-J-E-R-S... pero esto es sólo la mitad de la historia

En este capítulo nos centramos en cómo puede la esposa utilizar los principios del C-A-J-E-R-S para descifrar los mensajes negativos que pudiera enviarle su esposo de manera que se frenara el ciclo vigorizante si ella no respondiera a esos mensajes de manera madura y con respeto. Miles de mujeres han descubierto que el C-A-J-E-R-S sí funciona, cuando entienden que las necesidades masculinas que descubrí son legítimas y muy reales para la mayoría de los hombres.

Pero ¿qué hay de las necesidades de la esposa? Las describimos en el acrónimo C-A-C-C-L-E que cubre seis de las más básicas necesidades femeninas. Todo esposo debiera aprender a descifrar las necesidades que se describen en C-A-C-C-L-E, porque allí está el secreto para conectarse con su esposa y hacer que se sienta amada. Lo veremos en el próximo capítulo.

CAPÍTULO DIEZ

⚍⚍⚍

Descifra el código y luego vigorízala con la clave de la pareja

(Nota para las esposas: Este capítulo es «sólo para esposos», pero pueden leerlo juntos si lo desean.)

Cuando Sarah y yo estábamos cerca de los cuarenta, nuestros tres hijos ya eran adolescentes y pasábamos por esos momentos de tensión comunes a todas las familias. Todo eso a veces creaba situaciones difíciles en el matrimonio. En mi diario describí una de esas noches de las que nos dan un vistazo microcósmico de cómo era la vida para nosotros en esa época:

> Sarah está desanimada. Siente que nuestra familia se aleja. Uno de los chicos está distante y malhumorado, en tanto el otro no muestra interés por estar en la casa. Ambos han salido con sus amigos y Joy está en casa de una amiga, donde se quedará a dormir. Es claro que para ellos, la diversión está fuera de estas cuatro paredes. Eso la entristece y la desalienta.

Según recuerdo, escribí eso un viernes en la noche. Casi siempre escribía en mi diario cuando me sentía desalentado, ese era uno de esos momentos. Sarah y yo habíamos cenado a solas, y ella lanzó una «bomba verbal» al decirme que nuestra situación familiar era «aburrida». No es que estuviera atacándome. Más bien, expresaba sus pensamientos en voz alta, pero me costó aceptar lo que dijo. Allí estaba yo, comiendo y sintiéndome culpable y sin saber qué hacer. Mi corazón estaba apenado, así que busqué la forma de alegrar un poco las cosas.Miré al perro y le dije: «¡Supongo que tú también saliste hoy!»

La respuesta de Sarah no se hizo esperar, pero yo no vi que quisiera hacerse eco de la broma. Dijo: «Soy yo la que necesita salir, escapar».

Nos quedamos allí, mirándonos, sabiendo que ser padres no equivale a participar en un concurso de popularidad. Que es más una maratón que una carrera. Uno quiere confiar en su Creador celestial y en sus promesas, pero en esos frecuentes momentos de incertidumbre, se puede sentir pánico. Esa noche de viernes sentimos justamente eso, y parecía que nuestros hijos sólo querían alejarse de casa.

La sensación de culpa me agobiaba y empecé a repetir para mis adentros cosas extrañas, como: «Los chicos se van porque no sirves como figura de autoridad. Si hubieras hecho las cosas de manera diferente cuando todavía usaban pañales, tus adolescentes estarían aquí, alrededor del fuego asando malvaviscos y cantando 'Kumbaya', contándote de su pasión por ir a las misiones y ser mártires de la fe… cuando terminen de estudiar medicina en Harvard». Acorralado por los comentarios de Sarah, pensé: *¿Por ser tan mal padre, no puedo ser ministro tampoco? ¿Qué haré entonces? ¿Renuncio a la iglesia y vendo Biblias puerta a puerta?*

Temía decir más de lo que Sarah pudiera entender, y por eso callé. Me pareció una ironía que años antes nuestra casa hubiera parecido una estación de ferrocarril, de tan transitada que estaba. En efecto, yo era como el flautista de Hamelin, porque los chicos del barrio tocaban a la puerta y preguntaban: «¿Puede salir a jugar el señor E?» Pero ahora que eran adolescentes, en especial cuando Jonathan y David obtuvieron su licencia para conducir, el juego había cambiado. Las reglas ahora eran diferentes.

> *¡La palabra adecuada es valiosa! «La congoja en el corazón del hombre lo abate; mas la buena palabra lo alegra» (Proverbios 12.25).*

Aunque la casa seguía estando abierta para sus amigos, y les alentábamos a invitarlos, estábamos viviendo lo que casi todos los padres viven en esta etapa de la vida, cuando los chicos se independizan. La casa ya no es el lugar «donde hay que estar». El objetivo de sus vidas es «estar en cualquier parte». Es normal, aunque para los padres no es nada divertido esperar y mirar el reloj. Esa noche en particular, Sarah había pensado que estarían todos en casa, junto a sus amigos. Se imaginaba una sala llena de risas. Y en cambio aquí estábamos los dos, sin risas, sin diversión.

Irónicamente, sin los chicos en casa, teníamos una oportunidad perfecta para disfrutar de nuestra mutua compañía. Podríamos haber ido a tomar un helado, o quizá haber visitado a nuestros amigos, para luego... al volver a casa... disfrutar de... ¿quién sabe qué? Nada de eso ocurrió. Sarah pasó la noche limpiando el garaje y yo fui al club a nadar unos largos en la piscina.

«¿No te *importa* dónde está tu hijo?»

Sarah seguía desilusionada, desalentada con respecto a la adolescencia de nuestros hijos...

Fue otro viernes por la noche que David parece que olvidó volver a casa. No sabíamos dónde podría estar y Sarah empezaba a preocuparse. Ya de madrugada, vino a mi estudio y me preguntó en tono acusador: «¿No te importa dónde está tu hijo? No preguntaste nada en toda la noche».

Un tanto aturdido por la interrupción, ya que me hallaba concentrado en un escrito para la reunión de la iglesia que estaba próxima, respondí lo mejor que pude: «Que no pregunte no significa que no me importe». En esa época todavía no había predicado mi serie de sermones sobre el matrimonio, y no había descubierto aún las verdades del amor y el respeto de Efesios 5.33. Mi respuesta tenía cierto dejo de defensiva, pero por supuesto no tenía intención de herirla. Claro que me importaba David, y muchísimo. Pero Sarah no veía evidencia de ello. Se dio vuelta y salió del estudio. Minutos más tarde, fui a ver qué hacía y encontré que estaba muy apesadumbrada. Pero no supe qué decir o hacer.

Ahora que han pasado los años, sé cuál sería la respuesta adecuada de amor y respeto: darle un abrazo y decir sencillamente: «Sí, me importa y mucho. Lamento haber dado la impresión de que no fuera así. Oremos por David ahora mismo y luego hablemos de lo que podemos hacer». En esos años, sin embargo, todavía yo no había efectuado la conexión del amor y el respeto. Sí, claro, sabía algo del amor y también veía que las lágrimas de Sarah me pedían a gritos una respuesta amorosa. Pero en esos casos, sus preguntas en tono de confrontación, su negatividad, parecían dejarme sin palabras y era incapaz de pronunciar algo que transmitiera amor.

> *Esposos, aun al mismo Jesús una mujer le preguntó: «¿No te importa?» (Lucas 10.40). Cuando tu esposa te acuse de ser indiferente, descifra qué es lo que quiere decir en el fondo*

Y mucho menos sabía del respeto y de cómo yo, como hombre, lo necesitaba. Percibía que Sarah no estaba atacándome en realidad con esa actitud de confrontación. Pero al mismo tiempo sentía algo que hoy reconozco como falta de respeto. No lograba expresarlo pero allí estaba, y de alguna manera comunicaba esa sensación de que no me sentía respetado… pero la imagen que Sarah percibía era la de la despreocupación, la falta de interés o afecto. Supongo que me estaba encerrando sin saberlo. Estaba atrapado, sin saber qué hacer.

Tampoco había descubierto todavía el importante concepto del descifrado. La pregunta de Sarah: «¿No te importa dónde está tu hijo?» sonaba a acusación, pero en realidad, lo que ella hacía era sencillamente dar rienda suelta a su frustración al no saber qué hacer como madre. Quería que nuestra familia respirara amor y diversión. Quería que todo en la casa anduviera sobre ruedas. Los adolescentes muchas veces logran impedir que eso suceda, y en ocasiones nos causaba desazón e incertidumbre a los dos. Y como yo no era capaz de descifrar, ni de saber cómo funcionaba todo eso, lo único que hacía era responder lo mejor que podía.

Más tarde esa noche, después de que Sarah fuera a dormir, me quedé escribiendo reflexiones en mi diario:

Cuando la esposa expresa su profunda carga maternal, expresa cosas de manera muy negativa. Si soy maduro, no lo tomo como algo personal. Es que Dios parece haber creado al varón con esta capacidad de no tomarlo todo como personal. ¡Tal vez fuera por esa continua necesidad que tienen las esposas de expresar sus emociones negativas!… Pero ¿cómo puede un tipo responder a la acusación de que algo no le importa?

> *Cuando te sientas*
> *provocado recuerda:*
> *«El que es paciente*
> *muestra gran*
> *discernimiento;*
> *el que es agresivo*
> *muestra mucha*
> *insensatez»*
> *(Proverbios 14.29,*
> *NVI)*

Supongo que en cierto sentido yo descifraba las palabras y acciones de Sarah, aunque no sabía cómo calificarlas. Al menos, intentaba ser comprensivo. Sarah decía a menudo —y aún hoy lo dice— que soy la persona más comprensiva que conoce. Y en ese entonces también entendí algo: Sarah necesita expresar sus sentimientos negativos. Pero cuando lo hacía, la marea me tapaba y ahogaba en lo que parecía ser una situación que yo no sabía manejar.

Cuando Sarah me confrontó y me preguntó: «¿No te importa?», refiriéndose a David, me estaba enviando este mensaje: «Dime que te importa David, y que te importo *yo*. Di o haz algo *para ayudarme*». Aunque yo trataba de entender y no tomar sus observaciones como algo personal, no lograba todavía descifrar sus palabras y hacer algo que le fuera de utilidad. Lo único que podía hacer era preguntarme qué decir ante este comentario de que parecía no darle importancia al asunto.

Con los años aprendí a descifrar mejor

Estas escenas de épocas pasadas en nuestro matrimonio son algo típico de aquellos momentos en que intentaba entender y responder con amor hacia mi esposa, sin lograrlo. No podía, o no quería, decir o hacer lo que hacía falta. ¿Y por qué? Tal vez por orgullo, provocado por las preguntas de Sarah, que me dejaban herido y a la defensiva. Claro que sabía que ella no quería herirme, pero sus palabras me dolían de todos modos. Tengo la corazonada de que muchos esposos se sentirán identificados conmigo en este tipo de situaciones, lo cual nos muestra qué importante es estar conscientes de la necesidad de descifrar las palabras de nuestras esposas y seguir aprendiendo cómo hacerlo cada vez mejor.

No fue sino muchos años más tarde que aprendí a utilizar los principios del amor y el respeto para primero descifrar lo que dice o pide Sarah y luego responder de manera que ayude a que se sienta mejor, al menos un poco mejor.

Por ejemplo, he intentado llamar por teléfono a mi hijo David todas las noches para que oremos juntos, porque estamos de acuerdo en que es importante pedirle a Dios que nos guíe en todo lo que hagamos. Él produce los videos de los Ministerios Amor y Respeto, y además ha lanzado su propia productora. A veces contesta el teléfono, pero como por lo general llamo después de que se ha ido a dormir, dejo mi oración en su contestadora. A la mañana siguiente mi hijo escucha el mensaje y esto le da aliento para comenzar el nuevo día.

Tengo que confesar, sin embargo, que a veces olvido llamarlo a causa de la presión que significa escribir. Sarah casi nunca lo olvida, y cuando nota que no lo hice, me pregunta invariablemente: «¿Llamaste y oraste por David?» La semana pasada olvidé llamarlo, dos noches seguidas y cuando Sarah me lo recordó, sentí que estaba demasiado cansado como para darle ánimo a alguien. La noche siguiente Sarah esperó hasta tarde, y al ver que seguía absorto en mi trabajo (como siempre) entró en mi estudio y preguntó: «¿Es que ya nunca más vas a llamar a David?»

En una época eso me habría parecido de lo más irrespetuoso, un insulto casi, y habría dicho algo sarcástico como: «Bueno, no lo llamé y no creo que vuelva a hacerlo nunca más». Pero luego, claro está, habría permanecido encerrado tras mi muralla durante toda la noche y aun quizá hasta la mañana siguiente. Ahora, como ponemos en práctica el amor y el respeto y como sé cómo piensa Sarah, me niego a permitir que me irriten sus palabras, que podría muy bien haber interpretado como un reto por mi falta de responsabilidad. En cambio, descifré su pregunta como un simple mensaje de que se sentía preocupada por David, y porque a causa de que ha vivido conmigo en el ministerio cree de veras que mis oraciones tienen el poder de impactar la vida de nuestro hijo. No estaba criticándome. ¡Quería que yo animara a David! Claro, al decir «nunca más» estaba exagerando, pero sé que ella habla así cuando está ansiosa y necesita seguridad.

Todo eso se me cruzó por la mente en cuestión de uno o dos segundos. Miré a Sarah y dije: «¡Ah! Y yo, aquí, comprometido a orar por nuestro hijo cada noche y sin embargo, tan ocupado que lo olvido. Gracias, amor, por recordármelo. Lo haré ahora mismo. Por favor, pregúntame siempre si lo he llamado. Con la presión de la fecha de entrega del manuscrito necesito toda la ayuda posible».

No importa cuántas veces descifre los dichos de Sarah, sigo esforzándome por encontrar siempre algo nuevo para descubrir en mi esposa y cómo «leer» a esta persona que amo. A lo largo de los años he hablado con cientos de esposos, enojados y confundidos por lo que les dicen sus esposas. Créeme, los entiendo porque yo también me sentía de esa manera. Es que los chicos no podemos descifrar el cien por ciento de lo que hacen o dicen nuestras chicas. Pero podemos aprender y hacer las cosas mucho mejor. El resto de este capítulo ayudará al típico esposo a descifrar lo que dice su esposa, utilizando los principios del C-A-C-C-L-E. Y así, mantener en funcionamiento el ciclo vigorizante.

¿Se dan estos seis principios en *todas* las ocasiones en que hace falta descifrar el mensaje que envían las esposas? No. Porque, como dije en el capítulo 9, no hay forma de darte ayuda específica para cada situación. Todas las parejas son distintas, y todas las esposas tienen su propia forma de enviar mensajes. Aun así, estos seis principios del C-A-C-C-L-E pueden darte un marco de referencia que te ayude a escuchar cuáles son las necesidades básicas de tu esposa. Y lo que ella diga que suene a crítica o comentario negativo, deberá ser leído como una necesidad básica de amor. Por lo general, podrás satisfacer esta necesidad poniendo en práctica los principios del C-A-C-C-L-E: cercanía, apertura, comprensión, conciliación, lealtad y estima.

> *«Las palabras que brindan consuelo son la mejor medicina; las palabras dichas con mala intención son causa de mucha tristeza» (Proverbios 15.4, BLS). Las palabras de amor que pronuncia el esposo son como buena medicina, que da vida al matrimonio.*

Cómo utilizar las Escrituras para descifrar que tu esposa pide amor a gritos

A veces la esposa hará comentarios que al esposo le sonarán irrespetuosos. Muchas de sus observaciones en realidad son pedidos de amor a gritos, y tenemos que descifrar el mensaje. Habla así porque ve, o cree ver,[1] que su esposo no cumple con el llamado de Dios para cada uno: «Ame también a su mujer como a sí mismo» (Efesios 5.33). Como vimos en el capítulo 8, Dios manda al esposo a poner en práctica los principios del C-A-C-C-L-E. La razón por la que Dios nos llama a hacerlo es que los seis provienen de las Escrituras. Así que veamos un par de ejemplos sobre cómo puede el esposo utilizar el C-A-C-C-L-E para descifrar y responder a los comentarios negativos de su esposa, y mantener el ciclo vigorizante en funcionamiento.

CERCANÍA: *Si no estás cerca, te enterarás*

El esposo «dejará el hombre a su padre y a su madre, y se unirá a su mujer, y serán una sola carne» (Génesis 2.24). Una interpretación simple y bastante limitada de este versículo es la del sentido físico: «tendrá sexo con ella». Aun así, el sexo no tendrá un significado supremo para ella si su esposo no se esfuerza por estar cerca emocionalmente, conectado. Y por eso quizá le oiga decir: «Sexo y comida, eso es todo lo que quieres», o «Sólo pareces interesado en mí cuando quieres hacer el amor». Sí, son comentarios de crítica, pero su corazón te está diciendo en realidad: «Significas para mí más que cualquier otro adulto y eres el único que puedes satisfacer esta necesidad que siento de tener tu amor. Te necesito».

Si el esposo oye de su esposa palabras que puede descifrar como «Quiero que estés más cerca de mí en todo sentido», ¿qué podrá decir? Aquí van algunas ideas sencillas, palabras vigorizantes, que puedes usar o adaptar según te parezca adecuado al caso:

- «Después de la cena, tomemos una taza de café y me cuentas cómo fue tu día».
- «Lo lamento. Estoy preocupado. Por favor, repite lo que dijiste».
- «Lo siento. No te quiero sólo para tener sexo. Por favor, perdóname por parecer egoísta».
- «Cambiaré mi horario de trabajo. Tenemos que pasar más tiempo juntos».
- «¿Qué te parece si volvemos a salir una noche a la semana?»
- «Me gusta planificar juntos los cambios de la casa. Hagámoslo más seguido».

Observa que muchas de las sugerencias se centran, de una forma u otra, en el diálogo o en situaciones que alientan a la conversación. Como señalamos en el capítulo 8, cuando el esposo habla con su esposa y pone en práctica la cercanía o apertura, hay más posibilidades de que ella desee la intimidad sexual más tarde. Recuerdo el caso de un esposo a quien le presentamos los principios del C-A-C-C-L-E y le hablamos de la necesidad de cercanía de su esposa. El hombre dijo: «Ojalá lo hubiera sabido hace años. No habría tenido que dormir tantas noches en el sofá». (Repasando las preguntas sobre la cercanía del capítulo 1, quizá encuentres más ideas de observaciones vigorizantes que puedas decirle a tu esposa en respuesta a su necesidad de cercanía.)

APERTURA: *muéstrate distante o irritado y creerá que estás enojado con ella*

Dios manda a los esposos: «Amad a vuestras mujeres, y no seáis ásperos con ellas» (Colosenses 3.19). En algunas traducciones, se utiliza la palabra «duros» en lugar de ásperos, y una versión en inglés insta a los esposos «a amar a sus esposas y ser amables con ellas».[2] Cuando la mirada y la voz del esposo son duras, o por lo menos faltas de amabilidad, la esposa no se sentirá amada ni vigorizada, pese a lo fervientes que fueran las promesas mutuas de entrar en el ciclo vigorizante. Si él luce enojado o molesto y mantiene esa actitud, oirá lo siguiente en algún momento: «¿Qué te hice ahora? Suenas enojado conmigo»; «¿Por qué estás tan quisquilloso? Pareciera que últimamente tengo que andar como pisando huevos cuando estoy contigo»; u «Oye, parece que hoy nos levantamos protestones». Será sabio el esposo que pueda descifrar estas palabras, u otras similares, y ver que su esposa no está faltándole el respeto. Lo que quiere es sencillamente, la seguridad de que él no está enojado con ella, y de que la ama.

Cuando el esposo recibe el mensaje de que podría ser un poco menos (o mucho menos) duro y no parecer enojado, ¿qué puede decir para comunicarse de manera que vigorice y transmita amor y amabilidad? Intenta con lo siguiente, o adáptalo a tu caso:

- «Lo lamento. No quise parecer enojado. ¿Me perdonas?»
- «No estoy enojado contigo. Estoy enojado conmigo mismo. Lo siento».
- «Me resulta más fácil pensar que hablar, pero eso no es comunicación. Intentaré incluirte más».
- «Oí que alguien dijo que la esposa le da tiempo al esposo para que procese las cosas, siempre que él prometa conversar sobre ello más tarde. ¡Prometo que hablaré contigo sobre esto!»
- «A partir de hoy voy a responder con amor cuando me preguntes qué estoy pensando, y me gustaría que me dijeras si lo hago bien».

- «¿Qué te parece si nos tomamos unos minutos cada noche para conversar sobre cómo nos fue ese día? Si te parece bien, comencemos hoy mismo».

Si ambos han estado funcionando como relojitos en el ciclo vigorizante, y tu esposa dice algo que te hace saber que tienes que «mostrarte un poco más amable» intenta el toque de humor: «¡NO ESTOY enojado! Dame un beso», o algo parecido que suene descabellado y le haga saber que bromeas, pero que entendiste el mensaje. Hazlo, claro está, sólo si a ambos les parece bien comunicarse así. (Repasar las preguntas sobre la apertura en el capítulo 1 quizá te dé más ideas de frases vigorizantes que puedas efectuar en respuesta a la necesidad de apertura de tu esposa.)

COMPRENSIÓN: ella prefiere que la escuches, no que des un discurso.

En 1 Pedro 3.7, a los esposos se les instruye: «Sean comprensivos en su vida conyugal» (NVI) ¡Presten atención, esposos! Si la mujer se siente comprendida, se siente amada. Y si no se siente comprendida, el esposo oirá: «Es que parece que nunca entiendes», «Creo que no entiendes», o «¿Por qué no puedes tan sólo *escucharme*?» La mujer que dice cosas como estas necesita que descifren sus dichos, no que se la acuse de ser irrespetuosa o despectiva. Está tratando de enviar un mensaje que dice: «Por favor, ámame mostrándome un poco de comprensión, que sabes qué es lo que siento». Si el esposo quiere que su esposa sienta que la comprende, o que al menos lo intenta, podrá decir frases vigorizantes como estas:

- «Lamento no haber sido comprensivo. ¿Me perdonas?»
- «Por favor, repite lo que dijiste. Esta vez prometo escucharte».
- «Esto es lo que oigo que dices. Dime si lo entendí».
- «Lamento parecer tan absorto. Claro que quiero entender lo que me dices».
- «No lo he vivido, pero lo que está pasándote luce difícil y lo siento».
- «Lo siento, ¿Cómo puedo ayudarte?»

> «El hombre iracundo levanta contiendas» (Proverbios 29.22). ¡Lo mismo pasa con el esposo que se muestra enojado!

Recuerda que son sugerencias, y nada más que eso. Podrás usar las palabras que más prefieras. Sólo asegúrate de ser comprensivo y amable. La mejor forma, de todos modos, será escuchar y mostrar interés genuino. Una esposa me escribió para contarme que los principios del amor y el respeto ayudaron a su esposo: «Lo impactaron, para siempre. Veo que de veras intenta decirme que me ama y quiere servirme. Anoche me preguntó si quería que me escuchara o que hiciera algo. Fue muy lindo». (Repasar las preguntas sobre la comprensión en el capítulo 1 quizá te dé más ideas de frases vigorizantes que puedas decirle a tu esposa en respuesta a su necesidad de que la comprendas.)

CONCILIACIÓN: Si ella siente que son «uno solo», hay paz

Cuando los fariseos fueron a preguntarle a Jesús si el divorcio era legal, Él hizo referencia al libro de Génesis y señaló que como el hombre y la mujer fueron creados varón y hembra, el hombre: «dejará padre y madre, y se unirá a su mujer, y los dos serán una sola carne… por tanto, lo que Dios juntó, no lo separe el hombre» (Mateo 19.4-6). Jesús está diciendo que el ideal de Dios es que el matrimonio no se «separe», es decir que no se divorcie. Como Dios los ha unido ya no son dos sino uno solo.

El esposo y la esposa son un equipo, y como tal deben vivir en armonía, trabajando por resolver sus conflictos para que su relación no termine. Vivir en paz con su esposo es algo que la esposa valora enormemente. Cuando siente que están en paz, que son «uno», se siente amada y vigorizada.

Por otra parte, si la esposa siente que falta la armonía entre ambos, quizá diga: «¿Por qué soy siempre yo la que tiene que disculparse?», «Es invento mío o soy yo quien siempre carga con la culpa de todo», o en tono un tanto más irrespetuoso, «A veces pareces no tener idea siquiera de lo que significa ser un matrimonio». Si la esposa envía mensajes sobre su necesidad de vivir como uno solo, en armonía, está diciéndole a su esposo que él es el único hombre con quien quiere vivir en paz y en intimidad, pero que hay algo que se interpone. En respuesta, el marido debiera utilizar o adaptar las siguientes frases, que pueden vigorizar a la esposa.

Después de instruir a los esposos Pedro escribe: «Sed todos de un mismo sentir… Busque[n] la paz, y siga[n]la» (1 Pedro 3.8, 11).

• «Lamento lo que dije. Me equivoqué. ¿Me perdonas?»

- «Volvamos al asunto. Me disculpo. Estaba pensando en lo que iba a decir y creo que sólo logré causar confusión».
- «No tengo que ponerme a la defensiva. Porque te hiero y no quiero hacerlo. ¿Me crees?»
- «Esta semana apartemos cuarenta dólares para el que asuma la responsabilidad del problema, en lugar de culpar al otro. Me vendrían bien unos billetes de más».
- «Veamos cómo puede usar Dios los desacuerdos en nuestro matrimonio. Quiero que pasemos unos minutos orando juntos, pidiéndole sabiduría».
- «Vayamos a esa clase para matrimonios nuevos en la iglesia, donde enseñan cómo crear situaciones en las que nadie pierde en el matrimonio».

De todas estas sugerencias, la más potente y, por lo general, más efectiva es la primera. Si sientes que se acerca una situación de quiebre, que pudiera perturbar el ciclo vigorizante, utiliza entonces el enfoque directo: «Lamento lo que dije. Me equivoqué. ¿Me perdonas?» No hay mejor forma que esta para actuar, según la sabiduría de Salomón: «La blanda respuesta quita la ira» (Proverbios 15.1). A lo largo de los años, he oído decir a varios esposos: «Pensé que si le decía "perdóname", iba a seguir insistiendo y culpándome. Pero sucedió lo que dijiste. Se sintió mal por lo que había dicho y hasta se disculpó conmigo». (Repasar las preguntas sobre la conciliación en el capítulo 1 quizá te dé más ideas de frases vigorizantes para decirle a tu esposa en respuesta a su necesidad y deseo de estar en paz contigo».

LEALTAD: ¿Está segura de que siempre estarás allí?

El profeta Malaquías es duro con ciertos esposos que traicionaron a sus esposas y se divorciaron de ellas. A Malaquías le deja atónito el hecho de que un hombre pudiera hacerle eso a su esposa «siendo ella tu compañera, y la mujer de tu pacto» (Malaquías 2.14). Algunas esposas me han dicho que lo que más temen es que sus esposos las abandonen. Preferirían morir de cáncer junto a un esposo leal y comprometido que vivir sanas para luego ser cambiadas por un nuevo modelo.

La lealtad le habla de amor a la esposa, pero si ella no tiene la certeza porque las acciones o palabras de su esposo le dan lugar a dudas, por pequeñas o vagas que sean, podrá decir cosas como: «¿Me amas de verdad? Me lo pregunto cada tanto», «¿Me quieres por lo que soy? A veces no estoy del todo segura». O quizá tratando de disfrazar sus sentimientos tras una pregunta jocosa: «Dime

¿Te quedarás a mi lado cuando esté viejita y canosa?» Con eso no está buscando faltarte el respeto, ni sugerir que eres desleal. Lo que anhela es sencillamente saber que sólo la muerte podrá separarlos.

Cuando la esposa dice algo así como: «¿Me amarás para siempre?», el esposo podrá usar o adaptar cualquiera de las siguientes frases para vigorizar la situación:

- «Amor, no te podrás escapar. No te dejaré hasta que me sepulten a dos metros de profundidad».
- «Eres la única mujer para mí. Por favor, créelo».
- «Envejeceremos juntos, y te amaré igual que ahora. Vamos de compras, a buscar un par de sillas de ruedas que combinen».
- «Siempre le doy gracias a Dios por haberte puesto en mi vida. ¡Me regocijo en ello!»
- «Amor, perdóname si hice algo que te hiciera dudar de mi amor por ti. Siempre te amé y siempre te amaré».
- «¿Si te amaré por siempre? Vayamos a caminar y hablemos de la renovación de votos».

A veces el esposo podrá sentirse tentado a pensar: *¿Lealtad? Eso no es problema para nosotros. Ella sabe que la amo, y punto.* No estés tan seguro. Porque nuestra cultura exhibicionista pone al matrimonio bajo asedio continuo.

Una esposa desalentada, evidentemente dentro del ciclo de la locura, escribió:

Es probable que pudiera aguantar muchas cosas si tan sólo él me hiciera sentir segura en el matrimonio, pero no me dice que soy bella, que sigo atrayéndolo, ni nada que me haga sentir que no me dejará. En cambio, como hace cualquier otro hombre, mira a otras mujeres. Y se me ha cruzado la idea de que quizá, si me operara los senos, o si bajara de peso... entonces me amaría. Sé que son pensamientos ridículos, pero ya no sé qué hacer. Sólo tengo veintisiete años. La vida no tendría que ser así.

Claro que la vida no tendría que ser así para ninguna esposa. Es de esperar que estés en el ciclo vigorizante y que tu esposa no esté pasando por los mismos problemas, pero las palabras de esta mujer refuerzan una verdad que todo esposo comprometido con Cristo debiera tener presente: todas las esposas aprecian que se les diga que se ven lindas, y todo tipo de frases y comentarios que le demuestren que sigues comprometido. Dile esas cosas con frecuencia. (Repasar las preguntas sobre la lealtad en el capítulo 1 quizá te dé más ideas de frases vigorizantes que puedes decirle a tu esposa en respuesta a su necesidad de saber que estás con ella para siempre.)

ESTIMA: *La esposa también necesita que la respeten*

La última parte de 1 Pedro 3.7 decreta con claridad: «dando honor a la mujer… como a coheredera[s] de la gracia de la vida». La mujer necesita sentirse respetada, y cuando siente que su esposo la respeta (la honra), se siente amada. Pero si siente que es ciudadana de segunda, llegará el momento en que dirá: «Muchas veces parece que hay un doble juego de reglas aquí». O tal vez, algo como: «Bien, amor, haz lo que quieras. Soy sólo tu esposa, nada más». Y si realmente está enojada y hay peligro de que el ciclo vigorizante se detenga, el esposo tal vez oiga: «No sé por qué pero últimamente me siento como un felpudo».

Todo comentario que sugiera que la esposa no se siente una igual con su esposo tendrá que ser descifrado como lo que es: no es un intento por faltarle el respeto ni por despreciarlo, sino un esfuerzo por motivarle a tratarla con amor y amabilidad. Solamente él puede hacer que ella se sienta amada como lo desea.

Y es raro, pero a veces cuando más negativas suenen las palabras de la esposa, ¡tanto más está buscando el amor nutritivo de su esposo!

El marido sabio descifrará las palabras negativas de su esposa. El marido necio se enojará y le contestará de mal talante, o se apartará y se encerrará tras un muro de silencio. El esposo sabio intentará darle seguridad a su esposa, vigorizándola con frases como:

- «Amor, sea lo que sea que haya dicho o hecho para que sientas que eres un felpudo, ha sido un error de mi parte. ¡Por favor, perdóname!»
- «De veras lamento que sientas que en nuestra familia hay doble juego de reglas. ¿Qué puedo hacer para cambiar esa sensación?»
- «No quiero hacer lo que me venga en gana. Quiero hacer lo que nos guste hacer juntos».
- «Eres lo mejor que me pasó en la vida. Te diré por qué…»
- «¡Eres fantástica! Veo que Dios te utiliza de tantas maneras… en especial en nuestra familia».
- «¿Qué hice, o qué hicieron los chicos, para que pienses eso?¡Eres la mejor madre y esposa que pudiera pedir un familia!»

A menudo les digo a los esposos que no posterguen las muestras de estima hacia sus esposas, y que aprovechen toda oportunidad que haya para hacer que se sientan la prioridad en sus vidas. Muchas veces tenemos el

> «Y su marido también la alaba: "muchas mujeres hicieron el bien; mas tú sobrepasas a todas"» (Proverbios 31.28-29).

elogio a flor de labios pero callamos porque pensamos: «Ella ya sabe lo que siento. No hace falta decírselo». Tienes que decírselo, y cuanto más a menudo, mejor será. He oído decir con gran tristeza a algunos viudos: «Ojalá le hubiera dicho cuánto significaba para mí. ¿Cómo puede uno vivir tanto tiempo con alguien y no ver el tesoro que tiene delante de los ojos?» (Revisar las preguntas sobre estima del capítulo 1 podrá darte más ideas sobre frases vigorizantes que puedes decirle a tu esposa en respuesta a su necesidad de sentirse honrada y respetada.)

Sigue afinando tu habilidad para descifrar

En este capítulo, como en el capítulo 9, he estado intentando poner énfasis en que cuando tu esposa se torna negativa, ambos podrán caer fuera del ciclo vigorizante. Es esencial que entiendas que la negatividad de tu esposa nace de la sensación de que no es amada o respetada. Cuando descifres los mensajes de tu esposa y tomes conciencia de sus necesidades más profundas, podrás decirle algo que muestre amor o respeto y así lograr que tu matrimonio siga progresando.

Aun así, por muy valiosa que sea la capacidad para descifrar, no será lo único que necesitarás para permanecer en el ciclo vigorizante. No todo lo que sucede en el matrimonio tiene que ver con el amor o el respeto, ni necesita descifrarse o corregirse. Hay muchas cosas en relación a las tareas más simples, como lavar los platos, cortar el césped, hacer las compras, llevar el auto a lo del mecánico, etc., que hay que comunicar. Tú y tu esposa tienen que comunicarse en este mundo de todos los días, y aunque tenga que ver con lo simple y mundano, no significa que no haya problemas de comunicación si no lo hacen.

Como todos sabemos, la falta de comunicación se da a lo largo de todo el día. Ella dice algo que no queda claro, o que parece tener doble sentido. Él no escucha con atención cuando ella explica qué necesidades tiene. Ella olvida hacer una llamada telefónica. Y él olvida decirle que alguien llamó. Y así sigue, y sigue. Esas cosas menores no son temas de amor y respeto, en principio, pero pueden convertirse en algo más grande si no nos ocupamos de ellas con habilidad y actitud positiva. En el capítulo que sigue Sarah y yo mostraremos lo fácil que es darle paso a la falta de comunicación, y qué hacer cuando eso sucede.

CAPÍTULO ONCE

Cómo tratar con los desafíos cotidianos

Hemos visto cómo pueden los principios del C-A-C-C-L-E cruzarse con los del C-A-J-E-R-S, para crear un efecto tipo «si-cuando» que podrá darles la oportunidad a ti y a tu cónyuge de poner en práctica la regla de oro, en muchas maneras (capítulo 8). Y hemos visto cómo los esposos y las esposas pueden utilizar los principios del C-A-C-C-L-E y el C-A-J-E-R-S para descifrar las observaciones críticas o negativas del otro, respondiendo de manera positiva para mantener en funcionamiento el ciclo vigorizante (capítulos 9 y 10).

Como destaqué en los capítulos 8 al 10, implementamos la capacidad para descifrar después de que el otro dice una o varias cosas que nos hacen pensar que siente falta de amor o respeto de parte de su cónyuge. Y podría haber también algún otro tema sobre la mesa, referido a cuándo irse, qué comprar o cómo hacer algo. Pero en este momento ese no es el tema que nos incumbe. Aquí lo que nos importa es la falta de amor o respeto, y tenemos que aprender a descifrar esos mensajes.

Pero también, y por muy importante que sea la capacidad para descifrar, existe lo que llamo la clarificación. Y es igual de relevante porque clarificar es algo que hacemos antes de que la conversación llegue al punto en que el otro siente que no es amado ni respetado.

La clarificación es imprescindible porque se refiere al área de la comunicación en general, al campo de lo que en todo matrimonio surge como pequeñas diferencias de opinión, conflictos menores o malentendidos insignificantes. Uno de los dos dice algo que no queda claro, o que quizá el otro no oyó bien. Ambos tienen que aclarar qué dijeron o qué quisieron decir, porque de otro modo este asunto menor podrá convertirse en el gran tema de la necesidad de amor y respeto.

Le he puesto un nombre a esta área: «Desafío cotidiano». Todo matrimonio sabrá de qué estoy hablando porque los malos entendidos son algo inevitable. Hay momentos en que se producen. Porque en la vida, estas cosas pasan cuando hay interacción entre dos seres humanos. Quiero mostrar con un ejemplo cómo Sarah y yo fallamos al comunicarnos hace poco.

Sólo dije: «Me voy»

Era una bella mañana de junio en Michigan, donde vivimos. La época ideal para desayunar en el patio viendo el colorido de las flores y mirando el estanque con sus nenúfares y colas de zorro. Acababa de comer mis cereales cuando Sarah salió de la casa, acercándose con la Biblia y los devocionales en la mano. Apenas la vi, dije: «Me voy». No dije: «Buenos días», ni: «Hola», sino: «Me voy».

¿Estaba enojado con ella? No. Sólo recordaba otros momentos en que al encontrarme en el patio me había dicho: «Encuentro un rinconcito que me gusta y tú me lo quitas». Pensando que me diría lo mismo esta vez, traté de tranquilizarla, diciéndole que me iría para no invadirle su precioso rincón que la llenaba de paz y calma. No vi la necesidad del saludo formal del «Buenos días», o el «Hola» Además, estaba seguro de que sabría exactamente a qué me refería, y por eso sólo dije: «Me voy».

Pero, ¿qué oyó ella cuando dije: «Me voy»? No estaba pensando en que yo le quitara su momento de paz. Interpretó mis palabras en sentido contrario y sólo dijo: «No te preocupes. No vine para hablar contigo».

¿Estaba ofendida porque dije: «Me voy» tan abruptamente? No estaba ofendida. Estaba recordando muchas otras ocasiones en que yo había tenido que salir corriendo, por lo que pensó que yo le hacía saber que no tenía tiempo para hablar con ella. En una situación diferente, esto podría haberle molestado, pero hoy trataba de decirme solamente que no tenía intención de conversar conmigo.

Ahora, la respuesta de Sarah no fue lo que yo esperaba. Pensé que me diría: «Gracias por dejarme el patio. Tenía pensado hacer mi devocional aquí». Pero me dijo que no me preocupara porque no había venido a hablar conmigo. Malinterpretó mi «Me voy»,

> *La Biblia reconoce el sentido común en la comunicación: «Lo mismo sucede con ustedes: si no usan su lengua para pronunciar palabras que se puedan entender, ¿cómo va a saberse lo que están diciendo?» (1 Corintios 14.9, DHA).*

y quedé atónito. Podría haber reaccionado de muchas formas, casi todas negativas. Porque ese tipo de observaciones menores y sin sentido, a veces hacen que surjan preguntas: ¿Qué quiso decir con que no quería hablar conmigo? ¿Estaba señalando algo con sutileza? ¿Me metí en líos sin enterarme siquiera? Allí mismo decidí aclarar las cosas, por lo que la miré y dije de pasada: «¿Por qué dijiste eso? ¿Pensaste que dije: «Me voy», porque no quiero hablar contigo?»

Mi observación, en forma de pregunta, podría llamarse respuesta proactiva. Eso era, en mis propias palabras, la respuesta proactiva a lo que pensé que me estaba diciendo. Es importante que lo formulara como pregunta. Porque estaba invitándola a hablar, a decirme qué había querido decir.

Y eso hizo Sarah: «Bueno, ¿no fue por eso que dijiste que te irías?»

Observa que Sarah también formuló una pregunta. Si escucho con atención, veo que interpretó mal mi: «Me voy». Ahora, podría decidir: ponerme a la defensiva («¿Cómo se le ocurrió pensar algo así?») o ser amable y tratar de corregir el malentendido.

Elegí la segunda puerta, y aclaré con cuidado: «No, no es lo que quise decir. Sé que te gusta este rincón para pasar un momento en paz. Porque has bromeado acerca de que en ocasiones usurpé tu lugar. Cuando vi que venías quise que supieras que no estaba ocupando el lugar que tanto te gusta, que me iría. ¿Ves lo que quise decir?»

Hice una pausa para que Sarah pudiera responder, y su mirada confundida se convirtió en una sonrisa: «¡Oh!, lo siento. No debí decir eso. Gracias por pensar en mí. Me encanta este rincón. Con sólo sentarme aquí me siento tan bendecida».

Aclaradas las cosas y evitado el conflicto en ciernes, terminé de comer mi cereal y llevando el pote vacío a la cocina me dirigí al estudio para seguir trabajando en este libro. Sarah se acomodó con su Biblia y su devocional en el patio, disfrutando la belleza y la paz con unos parajitos que se posaron sobre los plumerillos de la cola de zorro en el pantano que está a unos metros de allí.

Esta escena que acabo de describir es sencilla, pero muy conocida para todos. En este caso ambos entendimos mal la intención del otro, pensando que le leíamos el pensamiento, y así sacamos conclusiones apresuradas. ¡Bienvenidos al club de los casados! ¡Bienvenidos al desafío cotidiano de comunicarte con éxito con tu cónyuge!

> *No te pongas a la defensiva ni discutas: «Con paciencia se convence al gobernante. ¡La lengua amable quebranta hasta los huesos!» (Proverbios 25.15, NVI).*

Regla número uno para la buena comunicación diaria

Hay muchas teorías sobre la comunicación, algunas realmente complejas y difíciles de poner en práctica. Pero después de más de veinticinco años como consejero matrimonial, y habiendo oído tantas historias sobre la mala comunicación y los malos entendidos, mi regla principal y más importante para mejorar la comunicación cotidiana es sencillamente: *Tómate el tiempo para hablar claro.* Y para ser claro, aprende a *hablar con cuidado* como para que el otro te entienda. Igual de importante, claro está, es *escuchar con atención* para poder entender. Es una regla fácil de decir, pero no siempre tan fácil de hacer, como lo demuestra mi: «Me voy» con Sarah en el patio de casa. Es muy fácil sacar conclusiones erróneas y a veces uno se convierte en un holgazán para comunicarse (como hice yo en esa ocasión), suponiendo que el otro sabe qué es lo que queremos decir. Pero no siempre es así. No siempre sabrá el otro lo que quieres decir, y la posibilidad de un pequeño malentendido crece hasta convertirlo en un problema enorme.

Una observación o comentario ingenuo motiva una repuesta determinada que a su vez, da lugar a otro comentario agudo.

> *Un objetivo para aquel de pocas palabras: «Quizás yo sea un mal orador, pero tengo conocimiento. Esto se lo hemos demostrado a ustedes de una y mil maneras» (2 Corintios 11.6).*

De ida y de vuelta, las emociones se encienden y pronto se encuentran «discutiendo acaloradamente» sin saber muy bien por qué. Cuando eso sucede, es obvio que han cruzado la línea entre un tema menor y otro que tiene que ver con el amor y el respeto. Al menos uno de los dos ha pisado la manguera del otro, haciendo que se sienta falto de amor y respeto. El ciclo vigorizante se detiene y el de la locura está listo para echar a andar o ya está andando.

Descifrar y aclarar no es lo mismo

Justamente aquí nos será de utilidad definir cuál es la diferencia entre descifrar y aclarar. Descifrar es lo que hacemos *después* de pisar la manguera del otro, o desinflar su espíritu. Descifrar es lo que hacemos cuando sospechamos —o sabemos— que pisamos la manguera del otro. Quizá ella sienta que no la amas, o él que no lo respetas. En ese momento el ciclo de la locura ya está girando.

La esposa reaccionará de manera aparentemente irrespetuosa, pero en realidad está tratando de que su esposo entienda que ella no se siente respetada. Sus palabras o acciones son un mensaje codificado. Está diciendo: «Necesito sentir tu amor».

El esposo reaccionará de manera aparentemente poco amorosa, pero espera que su esposa entienda que él siente que ella no lo respeta. Está codificando el mensaje mediante acciones o palabras que parecen faltas de amor. Dice: «Necesito sentir que me respetas».

¿Qué hay con respecto a la clarificación? Esto es lo que hacemos antes de pisarle la manguera al otro o desinflar su espíritu. Por ejemplo, estamos conversando y notamos que se produjo un malentendido. Uno de los dos no habló con claridad, o no oyó bien. En ese mismo momento, aclaran el malentendido antes de que el espíritu del otro se desinfle. Aclaramos las cosas con amor o respeto, para que el otro no sienta que no es amado, que no es respetado. La razón por la que nos esforzamos por aclarar un argumento que parece no tener importancia es para impedir que la situación se convierta en un gran tema de amor y respeto que necesite luego descifrarse. Porque aclarar es lo que se hace para mantenernos alejados del ciclo de la locura, para que los sentimientos positivos vigorizantes sigan fluyendo entre los dos, de modo que puedan seguir en el ciclo vigorizante.

Volvamos a mi «Me voy», para ilustrar la diferencia entre aclarar y descifrar. Como yo no había dejado en claro qué estaba pensando, Sarah podría haber interpretado este «Me voy», como una frase de rechazo hacia ella. Si hubiera querido conversar —como suele suceder—, mis palabras habrían hecho que se sintiera no amada, y quizá con sarcasmo podría haberme dicho: «Bien, no tomes tiempo para tu esposa. Corre a trabajar en ese nuevo libro sobre amor y respeto y diles a los matrimonios cómo conversar». Ese tipo de observación me habría indicado con toda claridad que yo desinflé su espíritu y que necesitaba descifrar sus palabras. Definitivamente, habría tenido entre manos entonces un tema de falta de amor.

Afortunadamente, mi «Me voy», no ofendió a Sarah. Su respuesta: «No te preocupes. No vine para hablar contigo», me decía que intentaba respetar mi necesidad de empezar el día de trabajo. Me hacía saber que no tenía expectativas en cuanto a que me tomara el tiempo para hablar con ella pero, por otra parte, yo no podía leer su mente.

Sentía que tenía que aclarar las cosas porque pensé que capté un tono defensivo cuando dijo: «No te preocupes. No vine para hablar contigo». Quizá estaba programado para captar algo porque con los años, cuando se acercaba de ese modo, lo primero que decía era: «¿Podemos hablar?»

Y para complicar más la dinámica de este breve intercambio, durante muchos años pasé la mayor parte de mi tiempo de estudio y trabajo en casa, en la sala que utilizo como oficina. Muchas veces estoy absorto pensando en alguna idea nueva, aun mientras desayuno en el patio. Sarah respeta mucho mi privacidad cuando trabajo en la oficina, pero en el patio se supone que estoy disponible para conversar, claro está.

¿Qué estaba diciendo Sarah en realidad? ¿Me decía que no iba a molestarme con una conversación? ¿Se sentía herida aunque actuaba como si no pasara nada, como si no le importara? ¿O me estaba diciendo nada más que tenía otras cosas que hacer? Yo tenía que entender bien las cosas y por eso, de inmediato le respondí para aclarar lo que cada uno había querido decir. Y como lo que dije para aclarar las cosas sonó amable, sin tono de amenaza, pudo admitir de hecho que pensó que me iba porque no quería hablar con ella. Sólo quería respetar mi deseo de empezar con el trabajo. Cuando pude aclarar eso, pude explicar qué había querido decir con «Me voy».

Es posible que todo esto suene a que hago demasiada alharaca por algo sin importancia. Justamente, ese es el punto. Porque muchas veces los matrimonios discuten y pelean porque hacen algo grande de una pequeñez. En las interacciones cotidianas con tu cónyuge, las insinuaciones e intenciones sutiles muchas veces pueden interpretarse mal si no se aclaran. La conversación que tuve en el patio luce sencilla, insignificante, algo que no vale la pena mencionar, pero las cosas podrían haber tomado un rumbo muy diferente. Al detenernos, al brindarle respuesta proactiva y recibir la de Sarah, pudimos evitar un obstáculo potencialmente enorme y mantenernos dentro del ciclo vigorizante.

Sarah y yo tenemos un matrimonio maravilloso. Somos muy amigos pero aun así, a veces surgen pequeños malentendidos que podrían convertirse en conflictos si no aclaráramos quién quiso decir qué cosa. Para aclarar hay que volver a la conversación, hablando con cuidado y escuchando al otro con atención. El cuidado significa recibir y dar información clara que establezca con seguridad qué es lo que cada uno entiende en las palabras del otro. La mayoría de las personas no nacemos con esa capacidad. Es algo que tenemos que aprender y siempre podemos seguir aprendiendo a hacerlo mejor. (Para más detalles sobre esto, lee el Apéndice D: «Cómo usar la respuesta proactiva para aclarar las conversaciones».)

Así como los escritores de la Biblia deben aclarar, también tú debes aclarar las cosas, diciendo: «Quiero decir que...» (1 Corintios 1.12).

Cómo pude aprender a escuchar y hablar con más cuidado

Empecé a aprender acerca de la necesidad de escuchar con atención para entender y hablar con cuidado, de modo que me entendieran cuando ingresé en la Academia Militar de Missouri, a los trece años. Con excepción de los veranos, en que iba a casa, pasé los siguientes cinco años de mi vida allí. Como cadete y luego como líder de cadetes, interactuaba a diario con otras personas. Desde las 6:20 de la mañana —cuando sonaba el clarín y despertábamos de un salto—, hasta las 9:45 de la noche —al toque de diana— cuando agotados nos íbamos a dormir, viví en comunidad.

No es de extrañar que cuando se vive en comunidad uno aprenda mucho sobre las comunicaciones ¡Y casi todo, mediante el método del ensayo y el error! Por ejemplo, un día siendo líder de cadetes, estaba a cargo de una unidad de más de cien de ellos. Acababa de llamarlos a formar cuando noté que en las últimas filas un cadete comenzaba a alejarse.

—Cabo —dije con tono firme—. Vuelva a la fila. Esta unidad todavía no ha sido llamada a descansar.

Para mi desazón me enteré de que el comandante le había ordenado a ese cadete que fuera al dormitorio a buscar el cinturón que olvidó. Como el comandante era un hombre de baja estatura, yo no lo vi detrás de las filas de cadetes. Sólo había visto a aquel joven dejando la formación. Podría haberlo detenido, para preguntar qué pasaba y así enterarme del motivo de su acción. En cambio, ladré como lo haría cualquier sargento de la marina, y terminé siendo objeto de una mirada desaprobadora de parte de mi comandante, sintiéndome avergonzado, como un tonto.

Ese incidente fue sólo un pequeño detalle en el gran esquema de las cosas, pero me enseñó que hay una forma correcta y otra incorrecta para interactuar con los demás. La manera correcta de comunicarse consiste en escuchar y hablar con cuidado.

Desde esa época en la academia, a lo largo de las décadas, he conocido y ministrado a miles de personas. Muchas de ellas nunca aprendieron a hablar ni a escuchar con cuidado y atención. Todos creemos que sabemos hacerlo, pero sólo nos dedicamos a parlotear, creyendo que entendemos lo que el otro dice y suponiendo que nos entenderán perfectamente. Aprendí que no importa cuánto tiempo pase estudiando la dinámica de la comunicación y esforzándome por hacerlo mejor, lo más relevante es tratar de entender y asegurarte de que te entiendan. Suponer que el otro entiende automáticamente es cosa de tontos, y lo es en especial cuando ocurre en el matrimonio.

Al graduarme de la academia militar me inscribí en Wheaton, una pequeña universidad cristiana de artes, al oeste de Chicago. Inicié mi camino como cristiano hacía poco tiempo y lo que anhelaba era comunicar eficazmente mi nueva fe a los demás, hablándoles de cosas trascendentes. Vi que tenía mucho que aprender. Luego de asistir a algunos cursos, llegué a la clase de «Dinámicas interpersonales». La descripción del curso mencionaba principios que me ayudarían a entender a los demás y me permitirían hacerme entender. ¡Era lo que quería! Casi no podía creer lo afortunado que era al poder asistir, y pasaba horas fascinado con las enseñanzas de la doctora Lois LeBar. Lo que nos enseñó, cambió por completo mi forma de comunicarme.

Recuerdo que dijo: «Antes de hablar con alguien, en especial si el tema es emocional, pregúntense: "¿Estaré edificando o minando la confianza que hay entre ambos al expresar lo que voy a decir?"»

Esa pregunta revolucionó mi forma de interactuar, porque me hizo ver la importancia crucial de estar consciente de cómo transmitía mi mensaje. La doctora LeBar me presentó el desafío de leer las expresiones faciales de los demás, para determinar si mi forma de comunicarme los acercaba o alejaba.

Curso bíblico acelerado sobre cómo comunicarnos

Jamás olvidé lo que me enseñó la doctora LeBar, y al graduarme ingresé al seminario para luego volver a la universidad. Encontraba todo el tiempo la confirmación de sus dichos en los pasajes de las Escrituras que hablaban de la importancia de la comunicación en la que se busca hablar y escuchar con atención. Por ejemplo, estos tres proverbios me brindaron imágenes que me hacían pensar en lo que significa hablar y escuchar con atención:

Proverbios 18.13, NVI: «Es necio y vergonzoso responder antes de escuchar».
Proverbios 15.28, NVI: «El corazón del justo medita sus respuestas, pero la boca del malvado rebosa de maldad».
Proverbios 16.23, NVI: «El sabio de corazón controla su boca; con sus labios promueve el saber».

Si escuchamos antes de responder… si meditamos antes de hablar… si el corazón controla nuestra boca… entonces lo que digamos hará que el otro se sienta respetado.

Y Santiago 1.19 aconseja al esposo y la esposa algo que no podemos pasar por alto: «Por esto, mis amados hermanos, todo hombre sea pronto para oír, tardo para hablar, tardo para airarse». Las palabras de Santiago y los proverbios como los que acabo de citar, han quedado grabados en mi mente, haciendo un positivo impacto en mi matrimonio. Es como si el Señor me diera una palmadita en el hombro para decirme de manera clara, aunque inaudible: «Primero escucha, Emerson. Sé pronto para escuchar como lo eres para hablar. Es más, *primero escucha*. Y cuida tu humor. Sé lento para enojarte porque lo que piensas que pueda haber dicho o hecho Sarah no es tan malo como quiere hacerte creer tu primer impulso».

Desde que se produjo ese *clic* en mi mente en cuanto al amor y el respeto, he visto la utilidad de lo que aprendí con la doctora LeBar y las Escrituras, cosas que pueden ayudar a los cónyuges. El esposo bien dispuesto que quiere mejorar la comunicación con su esposa puede hacerlo con bastante facilidad, con sólo preguntarse: «¿Harán mis palabras que se sienta amada, o no?» La esposa de buena voluntad que quiera mejorar la comunicación con su esposo sólo tendrá que preguntarse: «¿Se sentirá respetado o no con esto que voy a decirle?»

Detenernos para preguntarnos esto puede obrar maravillas en el matrimonio, como lo sabemos muy bien Sarah y yo. Inténtalo, y notarás que tu voz se suaviza, que eliges tus palabras con más cuidado y escuchas al otro con más paciencia. En muchos casos, recibirás una respuesta equivalente: palabras que te edifiquen y paciencia para escucharte. Y de manera asombrosa se da el entendimiento mutuo, el cual lleva a la buena comunicación.

El tono de voz y la expresión del rostro son cruciales

En nuestras conferencias destacamos cuán importante es comunicarse utilizando el tono de voz adecuado y la expresión facial que acompañe al mensaje. Es un problema para hombres y mujeres por igual, pero por motivos distintos. He aconsejado a muchos matrimonios en los que la esposa se queja de que el esposo transmite tosquedad y falta de afecto. Desde la perspectiva de las chicas, él frunce el ceño y luce severo, y hasta enojado, como desaprobando lo que ella dice. Y desde la perspectiva masculina, lo único que el hombre está tratando de lograr es expresarse con precisión y firmeza. Es obvio que él necesita ponerse los anteojos y lo auriculares de las chicas, para ver cómo oye y ve la esposa. El hombre quizá ni siquiera se dé cuenta de los efectos dañinos que causa su mirada severa. Es que la esposa puede sentirse ofendida. Porque aunque el mismo hombre mire a otro tipo de manera idéntica para decirle: «Vete ya y no molestes más», sin que el otro se ponga a llorar, Dios no diseñó a la esposa o hija para recibir ese tipo de mirada. No es que la mujer esté equivocada. Es que fue diseñada de manera diferente a la del hombre.

He hablado con muchas esposas que querrían decirles a sus esposos: «Baja el volumen, por favor, y ante todo fíjate en cómo me siento cuando me hablas con tono severo y me miras enojado. Hay pocas cosas que me hieren tanto como eso. Unas veces mi corazón galopa y otras, quedo helada. Me siento devastada. Más que nada quiero conversar contigo pero cuando gruñes y protestas, como si yo hubiera hecho algo malo o tonto, lo único que quiero es encerrarme o gritar».

> *«¿Por qué te enojas y pones tan mala cara?» (Génesis 4.6, DHH).*

Al mismo tiempo, he oído decir a muchas esposas que saben que son culpables de hablar con tono negativo y con expresión amarga. No es que suenan enojadas, sino más bien despectivas, y eso acompañado muchas veces de un gesto con los ojos en blanco. La esposa que se conduce de ese modo necesita ponerse los anteojos y los auriculares del varón, para que vea que su actitud denota falta de respeto según lo que entiende su esposo. Muchas mujeres piensan que están diciendo lo que hace falta y hasta piensan que lo dicen bien, con respeto. Pero no ven ni oyen lo que ve y oye su esposo. En nuestras conferencias de amor y respeto les digo esto a las esposas: «Después de tu próxima discusión "encendida" con tu marido, cuando creas haber dicho con respeto lo que hacía falta, ve al baño, cierra la puerta, y repite todo lo que hiciste o dijiste. Intenta usar el mismo tono de voz, movimientos, gestos y expresiones utilizadas al hablar con él». Veo que muchas contienen el aliento al recordar alguna escena reciente. Y también muchas me han dicho que hicieron la prueba y encontraron para su asombro cosas que ni siquiera sospechaban. ¿Habían tratado de transmitir desdén y desprecio? En la mayoría de los casos, no es así. No quiero sugerir que su intención sea mala. Quiero mostrar que lo que hacen es percibido por el hombre como falta de respeto, y eso hiere el espíritu masculino.

Es obvio que el tono severo o despectivo y la expresión agria o enojada son enemigos mortales del ciclo vigorizante y amigos perfectos del ciclo de la locura. Los investigadores de las relaciones matrimoniales concuerdan en que un enorme porcentaje de los problemas de comunicación entre esposos y esposas no se deben a lo que se dice sino a cómo se dice: la actitud y el tono de voz. Para continuar en el ciclo vigorizante y mantener a raya al ciclo de la locura, hay que hacer ajustes en la actitud y romper con viejos hábitos. Es difícil sí, pero puede hacerse *si uno de veras quiere cambiar.*

He aquí lo que una esposa escribió en una conferencia de «Amor y Respeto»:

[Pienso todos los días] en que debo aprender a hablar con suavidad con mi esposo para mostrarme respetuosa no sólo con mis palabras sino con mi tono de voz y mi lenguaje corporal. ¡Esto funciona a la perfección y es muy liberador para los dos! Y esa observación… sobre pensar cómo querrías que tu nuera le hable a tu hijo… ¡eso sí da qué pensar! No lo olvido nunca. Querría que mi nuera fuera amable, amorosa, suave y respetuosa con mi hijo. Siempre pienso en eso cuando hablo con mi esposo.

No he escrito mucho aquí sobre la importancia del tono de voz y la expresión del rostro pero, por favor, no pienses por eso que no creo que importen. En esa carta la esposa expresa a la perfección lo que pienso al respecto:

> Creo que la razón por la que muchas mujeres olvidan el tema del «tono negativo y la expresión del rostro» es porque pareciera algo pequeño en comparación con los problemas que tienen. Les cuesta creer que con un ajuste tan pequeño el impacto podría ser tan diferente. Para ellas, hay montañas de problemas: él no se ocupa como padre, no es el líder espiritual del hogar, deja que todo siga como está, trabaja demasiado, ya no me invita a salir, etc. Y por eso les cuesta creer que con un ajuste tan pequeño como ese puedan solucionarse cosas tan grandes.

Estoy completamente de acuerdo. Sólo quiero agregar algo más: intenta hacer este «pequeño ajuste» y fíjate si no mejoran esos problemas relevantes.

Este capítulo se ha dedicado a la importancia de aclarar las cosas pequeñas, mostrando cómo pueden llevar a una mejor comunicación, ayudándote a evitar problemas. Pero hay más en torno al tema de los desafíos cotidianos. Así que en el capítulo 12 veremos más de cerca esto de la clarificación y en qué manera usar la pregunta: «¿Cómo se sentirá con lo que digo…?» Además, presentaré otras estrategias importantes que pueden ayudarte a evitar o eliminar tus problemas de comunicación para que puedas seguir en el ciclo vigorizante.

CAPÍTULO DOCE

Más estrategias que permiten solucionar los baches en la comunicación

En el capítulo 11 presenté el concepto de la clarificación y lo importante que es para evitar que algo menor se convierta en un problema más grande ya que uno de los dos comienza a sentir que el otro no lo ama o no lo respeta. También alenté a cada uno a preguntarse: «¿Harán mis palabras que el otro se sienta amado y respetado, o no?» En este capítulo quiero presentar más conceptos acerca de la forma en que la clarificación opera junto con la pregunta que acabo de mencionar, con el fin de promover el entendimiento mutuo y una mejor comunicación.

Como sucede con muchas estrategias en este enfoque de amor y respeto sobre el matrimonio, es sencillo formularse lo siguiente: «¿Harán mis palabras que el otro se sienta amado y respetado, o no?» Aun así, no es fácil hacerlo todo el tiempo. ¿Me pregunto esto cada vez que surge un conflicto o un potencial problema con Sarah? No, porque a veces lo olvido. ¡Y otras, estoy tan molesto que no quiero hacerlo!

Aun así, hay algo que puedo decir con certeza: cuando me hago esta pregunta y le hablo a Sarah con suavidad y amor, y cuando ella se formula la pregunta y me habla con respeto, nos mantenemos firmes en el ciclo vigorizante. Pero cuando no nos formulamos esta pregunta y cuando transmito falta de amor o ella transmite falta de respeto, salimos del ciclo vigorizante y comienza a funcionar el ciclo de la locura.

Si utilizas continuamente esta pregunta, puedo garantizarte dos cosas: hablarás con más cuidado y escucharás con más atención.

¿Cómo puedo garantizar tal cosa? Con mi experiencia. Cuando escucho con más atención, suelo entender mejor a Sarah. Y también ella se siente comprendida y no se pone a la defensiva. *Porque se siente amada.* Y cuando hablo con cuidado, Sarah suele entenderme mucho mejor. Y si me siento comprendido, no me pongo a la defensiva. *Porque me siento respetado.*

Cuando se produzcan los baches, emplea la respuesta proactiva para aclarar las cosas

A pesar de tus buenas intenciones, habrá momentos en que se producirán baches o problemas en la comunicación. Cuando eso suceda no acuses al otro de no escuchar con atención o no hablar con cuidado. Al contrario, toma la iniciativa para aclarar las cosas. Si no suena claro lo que te dice tu esposo, dile: «Lo siento. Creo que no entiendo. Pensé que decías… [y explícate lo mejor que puedas]. ¿Es eso lo que querías decir?»

O si pareciera que el otro no te oyó, o malinterpretó tus palabras, podrás decir: «Lo siento. No hablé con claridad. Lo que quise decir fue… [y explícate lo mejor que puedas]. ¿Eso fue lo que oíste?»

Sé paciente al utilizar estas sencillas preguntas. Recuerdo que cuando empecé a hacerlo a menudo, me asombró ver lo mal que escuchan algunos. Yo quería ponerme a la defensiva, decir que había sido muy claro ¡y pedirles que se lavaran las orejas! Pero vi que todo eso era inútil, infructuoso, en especial con Sarah. Así que decidí sonreír y seguir adelante, volviendo a repetir lo que había dicho, y negándome a permitir que el enojo se apoderara de mí. Y resultó. He sentido gran alegría al poder guiar una conversación sin caer víctima de los malos entendidos. Esto, en beneficio tanto mío como de la otra persona.

> *En momentos en que se produzca un malentendido, ¿Qué pasaría si respondiéramos «con toda humildad y mansedumbre, soportándoos con paciencia los unos a los otros en amor» (Efesios 4.2)?*

Por qué aprendí a escuchar con atención más a menudo

Una de las razones por las que aprendí a ser paciente con los demás es que yo mismo tengo problemas para escuchar, sobre todo cuando me habla mi esposa. Pareciera que al menos una vez al mes no presto atención a lo que ella dice. Por ejemplo, hace poco me dijo que pasaría unos días en casa de una amiga para ayudarla con su bebé cuando naciera. Se acercaba la fecha del parto y Sarah me recordó sus planes, pero no recordé que me los mencionó antes, ni que me anunció que pasaría unos días fuera de casa. Claro que en el pasado, mi reacción habría sido: «Es que jamás me lo dijiste». Pero ya no. He aprendido que cuando se trata de relaciones o emociones, Sarah sabe exactamente qué dijo y qué no. Es más, su memoria para este tipo de conversaciones es prácticamente infalible. Muchas veces la he oído repetir una conversación palabra por palabra, con cronología exacta ¡y hasta con la inflexión de voz idéntica!

En mi experiencia aprendí algo que sugiero a los maridos: no discutan si su esposa dice: «Sí que te lo dije». En lugar de decir que no hablaron con claridad, admitan que es muy probable que no hayan escuchado con atención. Confíen en ellas, y otórguenles el beneficio de la duda. Si algo hay que poner en duda, que sea la memoria del esposo porque es típico que no escuchamos con atención. Y afortunadamente, cuando yo no escucho con atención, Sarah me perdona. Si le pregunto algo que acaba de decirme, se molesta muchísimo pero responde con paciencia, repitiendo sus palabras. En vez de entrar en la rutina de «sí lo hice… no lo hiciste», Sarah me concede gracia.

Para resumir, cuando les parezca que alguien no habló o no escuchó con atención, no desperdicien energías en defensivas y enojos. Busquen la respuesta proactiva y repitan lo dicho o escuchen con más atención. Aclaren el punto para que no se convierta en el gran tema. Como digo siempre, no tiene sentido tener razón y decirlo en alta voz haciendo lo incorrecto.

Un consejo para las que hablan mucho…

Aunque es importante aclarar las cosas, puede existir un peligro aquí. He sido consejero de muchas esposas que sienten que sus esposos no las entienden. Este tipo de esposa puede pensar, erróneamente, que «aclarar» significa hablar y escuchar durante horas, para lograr un mutuo entendimiento. Lo que digo puede parecer hecho a la medida para que la muy conversadora presione a su marido poco hablador, de modo que converse más con ella y haga que se sienta amada. A decir verdad, muchos esposos no querrán aclarar las cosas automáticamente, con la misma disposición con que intenté hacerlo con Sarah en el patio. Y

> *Esposo, cuando interactúas o estás en desacuerdo con tu esposa, ¿puede sentir ella de todos modos que «El corazón de su marido está en ella confiado» (Proverbios 31.11)?*

puedo identificarme con ellos porque yo estaba en su situación años atrás. Me llevó tiempo lograr que lo aprendido en la academia militar y en la universidad me sirviera para ser un esposo amoroso. Casi nunca el hombre quiere hablar tanto como quisiera la mujer.

La Biblia nos habla de este problema en 1 Pedro 3.1-6. Allí el apóstol instruye a las esposas a respetar a sus maridos, no hablándoles demasiado sino mostrando un espíritu de paz. En efecto, Pedro dice que la esposa que tenga un esposo «que no cree en la palabra» puede ganárselo «sin palabra», mediante una conducta casta y respetuosa (vv. 1-2). Aunque este pasaje se dirige más a quienes están en el ciclo de la locura, creo que también puede ser útil al matrimonio que intenta mantener en funcionamiento el ciclo vigorizante. En muchos matrimonios que están dentro del ciclo vigorizante, el esposo puede ser callado en tanto que la esposa habla hasta por los codos. Por eso, cuando destaco que el esposo y la esposa necesitan hablar y escucharse con cuidado y atención, la esposa no debe interpretar mis palabras como permiso para que le exija a su esposo plena disposición al diálogo en todo momento que a ella se le ocurra.

> *Señoras, tengan cuidado: «Como gotera constante es la mujer pendenciera» (Proverbios 19.13, DHH).*

Cuando las mujeres se reúnen suelen hablar con toda libertad sobre sus relaciones y sus problemas. Y hay mujeres que tienen una tendencia natural a hacer lo mismo cuando están con sus maridos. Su idea para hacer que se mantenga el ciclo vigorizante es hablar... hablar de todo. Verás, aunque el matrimonio esté en el ciclo vigorizante, o al menos intente estarlo, habrá mujeres que no se conformen con eso. Suponen: «Si hablamos de algo, puedo señalar cómo me siento para ayudarle a entenderme y para que cambie, de forma que me ame mejor».

Y si la esposa trata de hablar *más con* él, quizá termine hablando en *contra* de él. Y entonces el ciclo vigorizante encuentra dificultades para operar. Porque aunque parezca que el esposo no intenta entenderla, y que las necesidades del matrimonio no le parezcan tan importantes, será sabia la esposa que habla menos; en especial si es de las muy conversadoras. No debe pensar que si él habla más ella podrá respetarlo más. En efecto, lo más probable es que si ella comienza a aturdirlo con palabras ¡el hombre sienta que no es respetado![1]

Hablar demasiado sólo hace que el esposo se cierre más, en la mayoría de los casos y sobre todo si se trata de uno callado. Si se lo presiona para que hable más, este tipo de esposo pierde energía.

El hombre entonces se retrae y hasta quizá se encierre tras un muro de silencio. Ahora el ciclo vigorizante se detiene y el ciclo de la locura empieza a funcionar.

Esa necesidad de la mujer de hablar, hablar y hablar suele ser la razón por la que a tantos matrimonios les cuesta permanecer en el ciclo vigorizante. Muchas mujeres hallan que les resulta difícil practicar el consejo de Pedro («sin palabra»). Es que sus sentimientos les indican que tienen que hablarle al esposo, y aun señalarle (claro está, con amabilidad) lo que podría mejorar el matrimonio. Es que ellas lo saben y si pudieran hablar con ellos y si ellos hicieran lo que ellas les dicen, se sentirían de maravillas.

Sí, ya veo que algunas leerán esto y protestarán: «Pero es que hay que hablar. ¿Cómo resolver las cosas si uno no habla?» Mi consejo es: hay que elegir entre resolver algo que no se ve perfecto y buscar permanecer en el ciclo vigorizante. Aun si crees que lo que quieres decir es necesario y verdadero, si lo presionas demasiado para que hable sobre ello puedes transmitir falta de respeto y desprecio por él; y eso es justamente lo que el Señor te advierte que no debes hacer.

En última instancia, tendrás que decidir: si creer que porque Dios te dio la necesidad de hablar hay que hablar, o aceptar que Dios le ha dado a tu esposo menos necesidad de hablar, y entonces buscarás ser más paciente con él.

Con firme convicción, recomiendo a las esposas que sigan las instrucciones de 1 Pedro. Porque estarán protegidas de su tendencia natural a hablar de manera que garantice el muro de silencio del esposo. Cuando vean que el espíritu de su esposo se desinfla, apliquen el consejo de Pedro: «ganarlo sin palabras». ¿Digo con esto que no tengan que hablar jamás? ¡Claro que no! Pero al mostrar un espíritu calmado y amable, y aprender a tratar los temas con respeto, verán que su esposo se abre otra vez y vuelve a iniciarse la comunicación.

Muchas mujeres están condicionadas por nuestra cultura de corte feminista, a creer que si callan y no cuentan todo lo que sienten perderán su poder, su autoestima y que nada se resolverá en el matrimonio. Que nada mejorará. La esposa que siente ese tipo de temores debe recordar que las instrucciones que Dios nos da siempre tienen un propósito profundo. De lo que oímos en las conferencias sobre amor y respeto y de lo que leemos en los mensajes electrónicos que nos llegan, vemos que muchos esposos se sienten motivados a cambiar mucho más rápido si la esposa se muestra respetuosa, con un espíritu calmado y tierno, como enseña 1 Pedro 3.1-6. Mi consejo para todas las esposas casadas con hombres de buena voluntad es: Si practicas la calma y el respeto incondicionales, tu matrimonio mejorará, los problemas se resolverán y aumentará tu autoestima y tu poder.

Es que el espíritu amable, callado y respetuoso *funciona*. Una esposa me escribió diciendo: «Ahora veo cómo puedo malinterpretar a mi esposo cuando me habla, así que me tomo el tiempo para escucharlo con más atención y le hago preguntas. Soy más paciente y me ofendo menos. También dejo de pensar en lo que me dolió en el pasado... y vivo más en paz».

Entonces, pon a prueba ese espíritu de paz y calma durante tres meses, y observa qué sucede en tu matrimonio. Recuerda que la clave para motivar al otro siempre está en satisfacer su necesidad más profunda. Si la esposa satisface la necesidad de respeto que tiene el hombre, este se siente motivado a satisfacer la necesidad de ella: la de sentirse amada.

Observa también que el espíritu calmo no significa que jamás debas pronunciar palabras sobre tu necesidad de sentirte amada. Puedes mencionar tu necesidad, pero siempre con respeto y a un ritmo que él pueda tratar. Al señalar tu necesidad (que presentamos en los principios de C-A-C-C-L-E), recuerda la necesidad de él (presentada en los principios de C-A-J-E-R-S), en todo momento. Tu objetivo es el entendimiento mutuo, y no únicamente lograr que él entienda lo que dices.

Admito que para la esposa esta será una prueba. Así que, para mantener a raya el ciclo de la locura y permanecer en el vigorizante (aunque a veces funcione muy lento), «oren sin cesar» (1 Tesalonicenses 5.17, NVI). Y mantengan siempre vivo su sentido del humor, en especial cuando sientan frustración o desaliento. Una esposa oró: «Querido Señor, te pido sabiduría para entender a mi hombre, amor para perdonarlo, y paciencia para sus estados de ánimo, porque Señor, si te pido fuerzas, ¡creo que lo mataría a golpes!»

Consejo para el marido que no habla

Habiendo advertido a las mujeres sobre los posibles riesgos que trae el hablar demasiado, quiero ahora hablarles a los esposos que quizá sean culpables de no hablar lo suficiente. Lo que dije con respecto a que la esposa no debe hablar demasiado no ha de entenderse como confirmación del marido callado en cuanto a que tiene razón al no hablar y que no necesita mejorar su capacidad de comunicación. Vemos que Pedro, luego de instruir a las esposas para que hablen menos y sean más calmadas, a que vivan con respeto hacia sus esposos (1 Pedro 3.1-6) dice: «Vosotros, maridos, igualmente, vivid con ellas sabiamente, dando honor a la mujer como a vaso más frágil,[2] y como a coherederas de la gracia de la vida, para que vuestras oraciones no tengan estorbo» (v. 7).

Aquí hay mucho para que piense el esposo que habla poco. Una de las formas en que honrará a Cristo será obedeciéndole en cuanto a ocuparse de las necesidades de su esposa. Ha de esmerarse por comprenderla, escucharla y saber que si se aparta y casi no le habla, ella se sentirá ignorada y hasta en peligro. Pedro instruye a los esposos específicamente a vivir siendo comprensivos con sus esposas, porque en cierto modo y por naturaleza, el varón casi nunca intenta comprender. Suele apartarse de ese camino emocional, para hacer cosas de varones. Y hay pocas cosas que duelan más a la esposa que la sensación de no ser amadas.

Desde que iniciamos nuestro ministerio, Amor y Respeto, he pensado mucho en lo que habrá querido decir Pedro con eso de que «vivan siendo comprensivos con sus esposas». Y si el marido de buena voluntad quiere tratar a su esposa como vaso más frágil y no como cubo de hierro, y estimarla como coheredera en Cristo, hay algo que puede hacer para permanecer en el ciclo vigorizante. Si pudiera hablar de hombre a hombre con ese esposo, le diría:

- Cuando tu esposa quiera hablar contigo, escúchala. Ten conciencia de que acude a ti porque eres lo que más le importa. Tiene necesidades emocionales que sólo tú puedes satisfacer. A veces dirá cosas que para ti no tienen sentido, y probablemente exagere o diga algo inconveniente si está molesta, pero no la hagas callar. Al contrario, escucha lo que dice su corazón. Dale la oportunidad de expresar lo que siente y cuando lo haga, no trates de corregirla. No le des tus soluciones, a menos que te las pida.
- En ocasiones pídele a tu esposa sugerencias, o que te indique de manera constructiva cómo te comportas como esposo. Esto quizá no te resulte divertido, porque oirás cosas como: «Tú siempre…» y «Tú nunca….» Eso duele, pero enfréntalo con honor. Con conciencia de que podrías aplastar su espíritu enseguida si te pusieras a la defensiva o la apartaras. Claro que puedes hacerlo, pero no querrías usar tu fuerza para ello. En vez de eso, sé humilde. Discúlpate y busca mejorar.
- Cuando tu esposa no hable con exactitud y necesite más información, explícale las cosas con calma. No seas condescendiente ni arrogante. Deja que la verdad la convenza.
- Enseña a tu esposa para que te diga las cosas con respeto. No hace falta que explotes o grites para que te respete. Sólo dile qué cosas te hacen sentir que te está faltando el respeto. Al mismo tiempo, no seas blandito, y si ella se pone emocional, pídele que se calme, con amor. Sé firme pero tierno y con el tiempo tendrás una esposa muy feliz y tú serás un hombre muy feliz.

Un esposo trazó la comparación del lugar donde estaban él y su esposa, antes de descubrir Amor y Respeto: «Cuando Teresa venía a contarme un problema, yo la escuchaba pero casi siempre le decía "Te diré qué haría yo". Escuchaba para hacerme oír. Pocas veces escuchaba con el fin de entender». El resultado era predecible. Pasaron muchísimo tiempo en el ciclo de la locura, pero hoy disfrutan de su ciclo vigorizante aplicando los principios del amor y el respeto. El hombre añade: «Ahora, encuentro que escucho con más atención para entender qué quiere decir al contarme un problema y quiero entender qué siente. Ya no se trata de: "Vamos, apúrate, así puedo decirte qué pienso al respecto"».

> *Si tu esposa te falta el respeto o hasta es insultante, ¿cuál de las dos actitudes te describe mejor?: «El necio al punto da a conocer su ira; mas el que no hace caso de la injuria es prudente» (Proverbios 12.16).*

Trata de mantener bajo control el tejido de telarañas

El esposo dispuesto que desea esforzarse por escuchar mejor debe recordar que encontrará obstáculos, entre los cuales el más intrigante será el tejido de telarañas. Este no es un término que puedan encontrar en el diccionario, aunque la mayoría de los matrimonios reconocerá de qué se trata. Uno de los dos comienza en el punto A y, sin cerrar ese tema, pasa el siguiente, pero tampoco lo termina y desde allí, vuelve al tema B, anterior al A. Las mujeres que pueden cumplir con varias tareas a la vez son maestras de ese arte. Se reúnen y empiezan a hablar de algo. Jamás terminan de hablar de un tema porque cada cosa les recuerda otra más y pueden hablar durante media hora pero siempre acaban haciendo de la conversación un círculo ¡y logran cerrar todos los temas!

Para los esposos, sin embargo, este tipo de conversaciones no suelen ser tan sencillas. Aquí muestro un ejemplo típico de conversación con una tejedora de telarañas:

Ella: «Amor, ¿te enteraste? En la escuela hoy sonó la alarma y llevaron a todos los niños afuera. Pero Joey no llevaba puesto el saco y estuvo fuera, en la nieve, durante veinte minutos. Ahora está resfriado, así que lo llevé a que lo viera el médico».

Él: «Oh, ¿qué pasó? ¿Hubo un incendio?»

Ella: «No, era un simulacro de incendio».

Él: «¿Y Joey se resfrió?»

Ella: «Sí, pero no fue eso lo que te decía. Resulta que el doctor Smith se va a divorciar. Dejará a su familia. Hablé con Mary, su recepcionista. La conoces. Yo fui a la escuela secundaria con su hermano. Salí con él un par de veces. Era tan simpático... ¿Recuerdas que dejó la escuela? Pero ahora Mary me dijo que es millonario, está en el negocio de la construcción. ¿Puedes creerlo? Construyó un centro comercial enorme en Peoria. Se casó y tiene cuatro hijos. Uno de ellos es discapacitado, me da tanta tristeza eso. La próxima vez que pasemos por Peoria tenemos que ir a ver ese centro comercial. Oh, ¿pasaste a buscar mi vestido por la tintorería del centro comercial al volver a casa? Tenemos que estar en esa fiesta esta noche, antes de las 7:30. ¿Podríamos salir a las 7:10? Conseguí una niñera nueva. Acaban de mudarse de Tucson y parecen una buena familia. Emily me habló de ellos el otro día cuando fuimos a correr juntas. Y te digo, me duele otra vez la espalda. ¿Enviaste el cheque del pago mensual del club?, el mes pasado sentí vergüenza cuando le di mi tarjeta a la chica y me dijo que nos habíamos atrasado con el pago».

Ahora, si esta conversación fuera entre dos mujeres, la que oye el monólogo podría repetirlo casi textualmente. Pero, ¿qué hay del hombre promedio? Queda con ojos vidriosos y dolor de cabeza. Se perdió en algún punto, cuando alguien construyó algo en Peoria. Y la razón por la que el esposo promedio quedaría totalmente confundido ante el tejido de telarañas es que Dios lo diseñó para ser *lineal.*

Pensemos en una reunión de directorio donde todos son hombres. Tienen una agenda de temas con los puntos A, B, C y D. Comienzan hablando del punto A y se mantienen en ese tema. Luego votan, el resultado es 9 a 3 y terminan con ese asunto. Pasan entonces al punto B y hacen lo mismo. Son como bulldogs, obstinados y centrados en cada punto de la agenda. Están diseñados para terminar del todo un tema antes de pasar al siguiente. Es lo que llamamos pensamiento lineal, y el hombre promedio se siente muy cómodo con este tipo de conversación. Ahora, cuando habla con su esposa y ella salta de un punto a otro —con la intención de volver a cada uno de los temas para cerrarlo— el hombre queda con esa mirada vaga y confusa. La esposa lo nota y dice: «No me estás escuchando».

Hay hombres que quedan tan enredados en la telaraña que sólo pueden decir: «¿Ah?» Otros sonríen tímidamente y admiten: «Amor, tienes razón». Y otros, a quienes no les parece para nada gracioso, toman el control remoto de la televisión. Sea cual sea la reacción, hará que el ciclo vigorizante pierda impulso y se detenga.

Hay esposas que piensan que a sus maridos no les importa si ellas hablan tejiendo telarañas. No es así. Los hombres sencillamente no pueden absorber toda la información que se les brinda de ese modo. ¿Cuál es la respuesta? ¿Deben dejar de tejer telarañas las mujeres y convertirse en pensadoras y conversadoras lineales? Creo que eso jamás sucederá de este lado de la tierra prometida. Lo que necesitan hacer los matrimonios es concederse gracia mutua. Los hombres necesitan dejar que sus esposas expresen sus emociones y cuenten sus cosas. Y las esposas necesitan hacerlo tejiendo lo menos posible, dejando la telaraña para cuando hablen con sus amigas.

Los malos entendidos mundanos no equivalen a un mal matrimonio

Este tipo de conversación en forma de telaraña es un divertido ejemplo de cómo las cosas más mundanas y triviales pueden causar problemas cuando los esposos y las esposas intentan comunicarse, así que por favor no lo tomes a la ligera sólo porque se trate de menudencias. Quizá te parezca que exagero con respecto a lo trivial y mundano, pero no puedo evitarlo. He aconsejado a muchísimos matrimonios cuyos conflictos, discusiones y peleas comienzan con observaciones que parecen triviales y superfluas. Mi consejo a todos los esposos y esposas es que acepten el hecho de que son inevitables los malos entendidos en torno a temas triviales. Los intercambios como el que tuvimos Sarah y yo en el patio ¡nos suceden *a todos*! Sarah y yo tenemos nuestro propio conjunto de características y truquitos, y cada matrimonio tiene el suyo. Tan pronto como aceptes esto, podrás usar la sabiduría de este capítulo para forjar un matrimonio más sólido.

> *Un consejo para las esposas que hablan mucho: «Ciertamente las muchas palabras multiplican la vanidad» (Eclesiastés 6.11). Consejo para los hombres de fusible demasiado sensible: «Por esto, mis amados hermanos, todo hombre sea pronto para oír, tardo para hablar, tardo para airarse» (Santiago 1.19).*

Lo que no deben pensar ni siquiera por un momento es que los malos entendidos menores significan que su matrimonio no funciona. Pueden terminar sintiéndose derrotados ante lo que les parece un mal matrimonio, cuando son tan normales como cualquiera.

Una de las razones por las que muchas esposas en particular pueden pensar que su matrimonio no es lo romántico que querrían o como esperan que lo sea, es a causa de lo que ven en la pantalla, esa pequeña que hay en la sala de sus casas, y también en la grande de los cines. Por favor, no caigan en esa trampa para tontos. Los episodios románticos que ven en las películas son escenas de ficción, interpretadas por actores y actrices expertos en crear éxitos de taquilla.

Pero ¿por qué dejarse influenciar por actores y actrices que interpretan apasionadas escenas de romance ante las cámaras y luego fracasan siempre en sus relaciones en la vida real? La verdad es que puertas atrás, los actores y actrices no son distintos a todos nosotros. Es que los seres humanos tenemos las mismas necesidades: las mujeres quieren amor y los hombres quieren respeto. Sarah y yo sabemos que se puede disfrutar de un matrimonio más rico, más pleno y más romántico si ambos ponen en práctica los principios del amor y el respeto.

Pero eso sólo sucederá si aceptan el hecho de que el matrimonio se fortalece a través del conflicto y no evitándolo. Las Escrituras nos dicen que «[en la vida matrimonial] tendrán aflicción» (ver 1 Corintios 7.28), pero también nos dan la sabiduría para resolver los problemas, conflictos y malos entendidos que surgen a partir de cosas mundanas en la vida cotidiana, además de aquellos temas más serios. Desde 1973, que Sarah y yo dijimos: «Sí, acepto», hemos estado aprendiendo cómo aplicar la sabiduría bíblica a los desafíos cotidianos. Y cuando lo hacemos, nunca quedamos decepcionados.

Para nosotros, permanecer en el ciclo vigorizante no significa que tengamos que estar constantemente en la cima de la dicha (aunque claro que tenemos también esos momentos). Y nos apartamos de todo lo que pudiera ser muy malo, buscando el amor de mí hacia ella y el respeto de ella hacia mí. Las cosas van tranquilamente mientras nos ocupamos de lo nuestro en el trabajo y el hogar, pero cuando hay problemas, cuando surgen los malos entendidos o el conflicto, lo tratamos con amor y respeto. Mi amor la motiva a respetarme y su respeto me motiva a amarla. El ciclo vigorizante es un camino de ida y vuelta. *Y funciona.*

Hay un ciclo más por el que debe pasar todo matrimonio

Hemos visto cómo utilizar las palabras y actitudes correctas para detener el ciclo de la locura y lograr que funcione sin problemas el ciclo vigorizante. Pero la comunicación que nace de la inspiración bíblica además, nos mueve hacia otro ciclo más. Lo llamamos ciclo de la recompensa porque señala que Dios nos recompensará, más allá de lo que pase en nuestro matrimonio. Si tu cónyuge se niega a comunicarse contigo en este momento, igual puedes comunicarte con Dios. Y si ambos van a toda velocidad por el ciclo vigorizante, también necesitan estar conscientes del ciclo de la recompensa, que enseña que todo lo que hagan por *amar* y *respetar* al otro, primero lo hacen por obediencia a Dios. En el capítulo 13 explicaré cómo funciona el ciclo de la recompensa y por qué es esencial para la buena comunicación.

QUINTA PARTE

El ciclo de la recompensa: la dimensión incondicional de la comunicación

En la introducción a este libro, aclaré que la clave del matrimonio no es la comunicación en sí misma. La verdadera clave está en el entendimiento mutuo, que se logra cuando cada uno aprende el idioma del otro, y el marido le habla con amor a su esposa, en tanto ella le habla con respeto a él. Y a medida que van entendiéndose mejor, la comunicación mejora con naturalidad.

Aunque todo esto es verdad, hay una dimensión en el matrimonio que sobrepasa el entendimiento mutuo y la buena comunicación. En un sentido ulterior, este libro no habla principalmente ni de una cosa ni de la otra porque tu matrimonio no es sólo la relación que hay entre esposo y esposa. Ante todo, el matrimonio tiene que ver con la relación de ambos con Dios y con comunicarse como Él manda. La forma de comunicarse en el matrimonio según la voluntad de Dios, es mediante palabras de incondicional amor y respeto. Cuando hablas palabras de amor y respeto Dios te recompensa. En efecto, te recompensa aunque tu cónyuge no responda de manera positiva a tus palabras de amor y respeto. Eso es lo que llamamos el ciclo de la recompensa. En este libro usé la palabra *incondicional* con frecuencia. En los cuatro capítulos que siguen espero poder ayudarles a entenderlo a un nivel totalmente diferente. En términos de la comunicación el ciclo de la recompensa enseña:

QUE SUS PALABRAS DE AMOR HACIA ELLA BENDICEN,
INDEPENDIENTEMENTE DE LAS PALABRAS DE RESPETO HACIA ÉL.

QUE SUS PALABRAS DE RESPETO HACIA ÉL BENDICEN, INDEPENDIENTEMENTE DE LAS PALABRAS DE AMOR HACIA ELLA.

En el capítulo 13 verás la importancia de concretar que están en la incondicional dimensión de la vida que llamamos reino de Dios, que significa que has de hablar palabras de amor o respeto a tu cónyuge, de manera incondicional, como si estuvieras hablándole a Cristo. Se te faculta para hablar de este modo por medio de tu fe en Cristo y tu deseo de seguirle. El ciclo de la recompensa tiene que ver con tu Señor y tu relación con Él, que te manda a expresarte con amor y respeto, y siempre incondicionalmente. El esposo le hablará de manera amorosa a su esposa porque reverencia a Cristo. Y la esposa intentará hablarle a su esposo de manera respetuosa porque también ama a Cristo. Tu interés aquí no se centra en cómo responderá el otro. Seguir a Cristo, por amor y gratitud es tu primera prioridad y al hacerlo cosecharás recompensas en esta vida y, en medida sin límites, en la eternidad.

Quiero repetir, que las palabras de amor y respeto incondicional no significan que uno haga la vista gorda ante las malas conductas del otro. Es posible que haya que confrontar la conducta de pecado. Porque la verdad no puede negociarse. Pero uno dice la verdad, con amor y respeto. Este es el regalo que le das a tu cónyuge. ¡Y por cierto, tu cónyuge no se ha ganado esta confrontación de gracia, ni tampoco está en tu naturaleza darle tal regalo! Si eres como cualquier otro ser humano, eres propenso a cantarle las verdades a tu cónyuge, expresando tu ira y mostrándole los dientes. Pero te apartas de esta forma de reprender porque el Señor nos ordena no hacerlo, no hablar de este modo. Dios nos ha revelado una forma diferente de comunicarnos y Él recompensa esa forma de hablar.

En los capítulos 14 a 16 aprenderás cinco maneras específicas y bíblicas en que puedes expresarle oralmente amor o respeto incondicional a tu cónyuge. Aunque aprendemos sobre el amor y el respeto en Efesios 5.22-23, en ningún lugar de este pasaje Pablo habla específicamente del uso de la boca. ¿Por qué? Porque escribió en detalle cómo han de usar la boca los cristianos en Efesios 4.25, 5.21, dándonos cinco valiosísimas muestras de sabiduría, que espera que sus lectores apliquen en el matrimonio. El esposo que intenta amar a su esposa y la esposa que intenta respetar a su esposo expresarán palabras que de *justicia*, de *santidad*, de *verdad*, de *gratitud* y de *reverencia* a Dios. Expresar esas palabras incondicionalmente, honra a Dios porque hablamos como Él. Y cuando honramos a Dios, Él nos honra y recompensa en esta y en la vida eterna venidera.

CAPÍTULO TRECE

~~~~~~~~~

Por qué el ciclo de la recompensa es para todos los matrimonios: los calientes, los fríos y los tibios

Al llegar a la última parte, la más importante de *Descifra el código de la comunicación,* tendremos que repasar brevemente las anteriores:

1. ¿Cómo desaceleramos o detenemos el ciclo de la locura?

Logrando el mutuo entendimiento al aprender cada uno el idioma del otro: palabras de amor hacia la esposa y palabras de respeto hacia el esposo. Este entendimiento mutuo lleva a una mejor comunicación.

2. ¿Cómo mantener al ciclo de la locura en su jaula?

Entrando en el ciclo vigorizante y permaneciendo allí hablando palabras de amor y respeto, practicando los principios del C-A-C-C-L-E y del C-A-J-E-R-S.

Quienes aprenden sobre el amor y el respeto y buscan ponerlo en práctica, por lo general no encuentran problemas para dominar el concepto del ciclo de la locura ni para entender por qué es una amenaza constante que hay que mantener contenida sin permitirle salir a hacer de las suyas. El ciclo vigorizante también es bastante sencillo de entender, y es la forma de mantenerse alejados del ciclo de la locura: practicando el esposo el amor hacia ella con los principios del C-A-C-C-L-E y practicando ella el respeto hacia su esposo con los principios del C-A-J-E-R-S.

Aun así, todos los matrimonios —incluido el nuestro— descubren que el ciclo vigorizante no funciona a la perfección. Y, para ser sinceros, tampoco nadie puede poner en práctica los principios del C-A-C-C-L-E y el C-A-J-E-R-S a la perfección puesto que somos humanos. Recuerda que nadie puede hablar de perfección propia (ver Santiago 3.2). Tú o tu cónyuge fracasarán también en algo por mucho que intenten amar o respetar a la perfección. ¿Y entonces qué pasaría? Oímos de matrimonios que logran detener el ciclo de la locura pero que no logran hacer que el ciclo vigorizante adquiera velocidad porque su comunicación no es perfecta y se desaniman.

Aquí es donde entra en juego el ciclo de la recompensa, que nos enseña:

QUE EL AMOR DE ÉL BENDICE, INDEPENDIENTEMENTE
DEL RESPETO DE ELLA.
QUE EL RESPETO DE ELLA BENDICE, INDEPENDIENTEMENTE
DEL AMOR DE ÉL.

Es decir, que el ciclo de la recompensa es *incondicional*. No importa qué tan negativo sea el matrimonio en ese momento, por muy atascado que parezca estar en el ciclo de la locura, el esposo tiene que decidir amar *incondicionalmente*, y la esposa ha de decidir respetar *incondicionalmente*. No hay aquí «sí… entonces», o «pero… tal cosa», ni negociaciones o parámetros como «le hablaré con respeto si él me muestra que lo merece», o «seré más amoroso si ella comienza a mostrar más respeto por mí». (Para ver más sobre qué significa dar amor y respeto incondicionalmente, lee el apéndice E: «El amor y el respeto incondicionales no funcionan según la escala del 1 al 10»).

El ciclo de la recompensa no tiene que ver contigo ni con tu matrimonio. Tiene que ver contigo y con Jesucristo. Entiendes que tu primer deber es amar, sentir reverencia y servir a Cristo por muy negativas que se vean las cosas con tu cónyuge. En estos últimos capítulos quiero enfatizar que estar en el ciclo de la recompensa significa que la comunicación con Dios es en efecto más importante que la comunicación con tu cónyuge. Puede ser que en este momento tu cónyuge ni siquiera se interese por comunicarse contigo. Por eso gran parte de este capítulo se enfocará en la necesidad de orar, de hablar constantemente con Dios, contándole tus problemas, obteniendo Su apoyo y fuerza para amar y respetar incondicionalmente a tu cónyuge. Sin embargo, has de recordar que al hablar palabras de amor y respeto incondicional en servicio a Cristo, suele suceder algo maravilloso. Tu matrimonio es más feliz, se comunican mejor y comparten verdadera unidad y genuina amistad.

Observa que dije que *a menudo* suceden cosas maravillosas. No siempre. Uno de los dos puede querer vivir según los principios de amor y respeto, y quizá al otro no le interesen para nada, o tal vez muestre directamente hostilidad y quiera irse, separarse o divorciarse. O es posible que ambos se comprometan al amor y el respeto pero que uno de los dos sea mucho menos fervoroso y disciplinado para ponerlo en práctica. Más allá de los aspectos específicos, es imperativo entrar en el ciclo de la recompensa. El esposo o esposa que tenga un cónyuge desinteresado o rebelde, sabe que su primer objetivo es servir y honrar al Señor, no importa qué esté sucediendo en el matrimonio, y que de allí vendrán las recompensas.

El ciclo de la recompensa también es para las parejas felices

¿Estoy diciendo que el ciclo de la recompensa es sólo para los matrimonios en los que hay problemas, y en los que uno de los dos cónyuges no coopera? Una de las cosas que más nos ocupan a mí y a Sarah al enseñar en nuestras conferencias, es que los matrimonios entiendan que el ciclo de la recompensa también es para quienes están —al menos por el momento— disfrutando del ciclo vigorizante. Sabemos partir de la experiencia personal que ningún matrimonio podrá vivir permanentemente en el ciclo vigorizante sin que haya inconvenientes. El hecho de que Sarah exprese palabras de respeto no garantiza que me vea motivado a responder con una canción de amor. Tal vez tenga yo uno de esos días de «locura con el correo electrónico», y responda con palabras no tan amorosas. Parafraseando Santiago 3.2, no cometer faltas al hablar no significa que uno tenga que ser perfecto. Sabemos que la perfección no es posible de este lado del cielo.

> *Para todos los que se encuentran en el ciclo de la recompensa: «No perdáis, pues, vuestra confianza, que tiene grande galardón» (Hebreos 10.35).*

¿Qué pasa entonces cuando el ciclo vigorizante no opera como esperamos, las veinticuatro horas, los siete días de la semana? No es fácil seguir pisando el acelerador del ciclo vigorizante si uno acaba de decirle algo con amor y respeto al otro, y encuentra que la respuesta no es recíproca. Volvamos al ejemplo en el que Sarah habla con respeto pero yo no respondo con palabras de amor. Allí el ciclo vigorizante pierde velocidad, y hasta puede detenerse. Sarah entonces podría decir: «Bueno, hice mi parte. Ahora le toca a él dar el paso y regresar al camino». Pero supongamos que soy obstinado y no hago nada parecido a decir: «Lo siento». Quizá esté tan absorto en lo mío que ni siquiera me dé cuenta de que mis palabras han sido muy poco amorosas. O es posible también que por diferentes razones, mis palabras de amor hacia Sarah obtuvieran un comentario poco respetuoso hacia mí. Este tipo de diálogo imperfecto se da hasta en los mejores matrimonios.

Aun así, es justamente en este punto que el ciclo de la recompensa ayuda a los seguidores de Cristo a decidir que verán el matrimonio de manera distinta.

> *«Por ellas [tus enseñanzas] queda advertido tu siervo; quien las obedece recibe una gran recompensa» (Salmo 19.11, NVI). Dios recompensa tu obediencia cuando actúas con amor y respeto, ¡aunque tu cónyuge no responda de la misma manera!*

Si tomas en serio el ciclo de la recompensa sabrás que hay un motivo más grande para actuar de tal modo en el matrimonio, más allá de simplemente amar a tu esposa para que te respete, o de respetar a tu marido para recibir amor de parte de él. Cuando más madures en Cristo, más podrás entender que no das para recibir. El matrimonio con amor y respeto no actúa basado en la manipulación: «Si me das sexo, te hablaré con palabras de amor», o «Te daré sexo si me das dinero para gastar».

Así que, ¿a qué conclusión llegamos Sarah y yo con respecto al motivo principal para amarnos y respetarnos? El ciclo de la recompensa nos recuerda a todos que el motivo más importante para hablar con amor y respeto en el matrimonio es que uno desea obedecer a Cristo.

El ciclo de la recompensa definido una vez más

Permítame definir el ciclo de la recompensa en términos de comunicación:

LAS PALABRAS AMOROSAS DE ÉL BENDICEN, INDEPENDIENTEMENTE DE QUE ELLA LE HABLE PALABRAS RESPETUOSAS.
LAS PALABRAS RESPETUOSAS DE ELLA BENDICEN, INDEPENDIENTEMENTE DE QUE ÉL LE HABLE PALABRAS AMOROSAS.

Conozco a un esposo a quien se le presentaron cuatro veces los principios de amor y respeto, incluyendo dos veces en conferencias, antes de que entendiera de veras la importancia del ciclo de la recompensa. Ted y su esposa Tammy practicaron el amor y el respeto con resultados variados, a menudo «repitiendo los mismos errores tontos y cayendo una y otra vez en el ciclo de la locura».

Parecía que ante cada conflicto o confrontación, él prefería escapar en lugar de tratar de aplicar los principios del C-A-C-C-L-E.

Durante dos años intentaron aplicar el amor y el respeto en su relación, pero las discusiones y peleas parecían nunca acabar. Para Ted era más fácil descartar los problemas poniendo excusas como: «Así soy y no vas a poder cambiar mi forma de ser». Afortunadamente, siguió escuchando el mensaje de amor y respeto y la cuarta vez, funcionó. Me escribió:

> Durante la parte del ciclo de la recompensa en la conferencia, preguntaste: «¿Cuál es el propósito del matrimonio?» Procrear, criar a la nueva generación de líderes siendo modelos de los valores cristianos en el hogar. Estas fueron algunas de mis respuestas. Pero tu respuesta fue que el matrimonio es terreno de pruebas, el proceso de desarrollo que nos prepara para la suprema relación con Dios Padre, y que podemos glorificar a Dios a través de nuestro matrimonio. Eso me llegó y cuando miro mi matrimonio desde esa perspectiva, me doy cuenta de cuánto fallé.

Ted era un exitoso vendedor que trataba a clientes y potenciales compradores con el encanto propio de Dale Carnegie. Su servicio a ellos era del mejor nivel. Como resultado, tenía muchos clientes que lo recomendaban, y vendía muy bien. Al oír la enseñanza del ciclo de la recompensa por cuarta vez pudo ver por fin que cuando se trataba de Tammy y sus hijos, solía echar por la ventana toda su habilidad y actuaba sin amor, cuestionando sus motivos y dándole doble sentido a todo lo que su esposa dijera. Le dio la impresión de que si Tammy fuera un cliente o un prospecto de cliente, no volvería a oír de ella por la forma en que actuaba a veces.

Tammy era la persona que Dios le dio a Ted como regalo, para honrar y amar incondicionalmente, ¡pero él trataba mejor y con más paciencia a sus clientes! Cuando empezó a entender los principios del ciclo de la recompensa, cuando oyó que se suponía que su matrimonio le estaba preparando para una relación más íntima y cercana con Dios y la recompensa suprema, Ted decidió que tenía que ir primero ante Dios y luego hacer algo para amar incondicionalmente a su esposa.

Ted dice en el cierre de su carta:

> Dios me cambió durante su conferencia, y me alegra poder decir que esta vez oí Su mensaje en el ciclo de la recompensa. He efectuado cambios en mis prioridades y me esfuerzo por vivir según estas. Tammy y yo nos hemos estado comunicando mejor que nunca y aunque cada tanto volvemos a entrar en el ciclo de la locura, enseguida lo captamos y nos bajamos en la siguiente parada.

Lo que más me gusta de la carta de Ted es que ahora ve que las recompensas de parte de Cristo son muy reales aquí en la tierra y en este momento, así como en el cielo para toda la eternidad. El ciclo de la recompensa no es un cuento de hadas y no lo añadimos a nuestras conferencias de amor y respeto para darles un toque espiritual. La premisa del ciclo de la recompensa, de que el amor y el respeto son recompensados por Dios aunque tu cónyuge no responda del mismo modo, es el concepto más importante que enseñamos. El hecho de que tus palabras con amor o respeto no reciban recompensas en tu matrimonio no quiere decir que no las reciban de parte de Dios. Tu matrimonio le importa demasiado como para que no lo haga. Cada palabra que le dices a tu cónyuge te da la oportunidad de mostrar qué sientes hacia Dios. Como paráfrasis de Efesios 6.8, las palabras buenas que le digas a tu cónyuge te traerán recompensas de parte del Señor.

El ciclo de la recompensa te ubica en la dimensión incondicional

Cuando cualquier matrimonio —muy feliz, más o menos feliz o terriblemente infeliz— entiende el significado real del ciclo de la recompensa, entran en lo que llamo: «Dimensión incondicional». No es este un estado esotérico o misterioso, sino la sencilla conciencia fresca y nueva de que como creyente formas parte del reino de Dios. Como parte de Su reino, has de actuar y por supuesto hablar, de manera que honre a Dios, no importa cuánto te cueste hacerlo. Sarah dijo ese día en que descubrí los tres ciclos del matrimonio: «El ciclo de la recompensa no equivale a decir que hay una fórmula mágica para los matrimonios. A veces tenemos que hacer lo que hacemos, por amor y reverencia a Dios».

En ocasiones me preguntan: «Entonces, ¿de dónde vienen las recompensas? ¿Y cómo funciona en realidad el ciclo de las recompensas?» Es claro que las recompensas vienen de Dios cuando vives tu matrimonio con fidelidad, como para Él. Ante todo vives la presencia y poder de Dios aquí y ahora, con Su sostén y respuestas a tus oraciones, cada día. Y en segundo lugar, te esperan recompensas

> *¿Se ha vuelto tu cónyuge en contra de ti? «Cuando por mi causa la gente los insulte, los persiga y levante contra ustedes toda clase de calumnias. Alégrense y llénense de júbilo, porque les espera una gran recompensa en el cielo» (Mateo 5.11-12, NVI).*

infinitamente más grandes en el cielo. No importa qué situación debas enfrentar aquí en la tierra, todo eso parecerá casi nada en comparación con el gozo del cielo.

En efecto, Jesús enseñó a todos los cristianos a vivir en la dimensión incondicional cuando dijo: «Porque si amáis a los que os aman, ¿qué recompensa tendréis? ¿No hacen también lo mismo los publicanos? Y si saludáis a vuestros hermanos solamente, ¿qué hacéis de más? ¿No hacen también así los gentiles?» (Mateo 5.46-47).

Pedro se hizo eco de las enseñanzas de Jesús, al escribirles a los cristianos perseguidos:

> Criados, estad sujetos con todo respeto a vuestros amos; no solamente a los buenos y afables, sino también a los difíciles de soportar. Porque esto merece aprobación, si alguno a causa de la conciencia delante de Dios, sufre molestias padeciendo injustamente. Pues ¿qué gloria es, si pecando sois abofeteados, y lo soportáis? Mas si haciendo lo bueno sufrís, y lo soportáis, esto ciertamente es aprobado delante de Dios. Pues para esto fuisteis llamados; porque también Cristo padeció por nosotros, dejándonos ejemplo, para que sigáis sus pisadas; el cual no hizo pecado, ni se halló engaño en su boca; quien cuando le maldecían, no respondía con maldición; cuando padecía, no amenazaba, sino encomendaba la causa al que juzga justamente (1 Pedro 2.18-23).

A través de Jesús y de Pedro Dios estableció su parámetro para vivir en la dimensión incondicional: dar amor aun cuando la otra persona no lo haga; hacer lo correcto, más allá de cómo nos traten. Creo que este parámetro se aplica directamente al matrimonio.[1] El esposo que habla con amor a su esposa irrespetuosa será recompensado. Y la esposa que habla con respeto a su esposo desamorado y que no merece respeto, será recompensada. Seas esposo o esposa, la recompensa es lo que puede mantenerte avanzando en medio de la locura: saber que Dios se agrada en ti, saber que has encontrado Su favor con tus palabras y acciones.

Oigo a muchos esposos y esposas que me dicen que sus cónyuges hablan mal de ellos, que los traicionan, que los abandonan. Para quien esté en cualquiera de esas situaciones, las palabras de Pedro tienen un significado especial: «Si sois vituperados por el nombre de Cristo, sois bienaventurados, porque el glorioso Espíritu de Dios reposa sobre vosotros» (1 Pedro 4.14).[2] Una esposa, por ejemplo, escribe:

> Mi esposo se ha ido y dice que ya no me ama. Dice que no sabe qué pasó... ni siquiera es la misma persona de hace seis meses. El hombre con quien pasé

los últimos trece años no permitía que nada ni nadie le alejara de su esposa e hijos durante mucho tiempo, pero ahora pareciera que no le molesta. Amo a mi esposo y lo quiero de regreso… Hice la tarjeta de respeto[3] como me indicaste. La única señal que recibí fue que la noche siguiente, hablamos de veras, por teléfono…

Le he dado espacio y no impedí que se fuera. El sigue diciendo que necesita estar solo. Oro todos los días y sé que Dios está obrando, pero ¿hay algo más que pueda hacer? Necesito a mi esposo y nuestros hijos necesitan a su padre. Jimmy cumplirá ocho años en abril, y esto le cuesta mucho… tiene pesadillas… no quiere ir a la escuela. Candice tiene cuatro años y no entiende. A veces la veo con fotografías de nosotros dos juntos, como la de la boda. Todos lo extrañamos y queremos que esté en casa. No entiendo por qué actúa como si me odiara, cuando no puede decirme qué es lo que está mal. Sin Dios no podría haber soportado todo esto hasta hoy.

Y un esposo cuya esposa se fue con su instructor de baile, escribe:

No importa qué haga para mostrarle amor a mi esposa, todo esfuerzo durante el último año y medio no dio como resultado respuesta alguna de su parte. Es como si emocionalmente estuviera muerta respecto a mí. Y siento tanta falta de respeto de su parte, con esta relación que tiene con él. Se fue de casa hace más de un mes, por decisión propia, aun cuando el consejero matrimonial no lo aprobó. Ahora a va a ver a otro consejero, y dice que es para «encontrar consejo adecuado».

Mañana es el Día de San Valentín… creo que lo correcto será llamarla y hacer planes para vernos el fin de semana, pero aunque hiciéramos eso, sólo estaríamos cumpliendo con un hábito porque desde hace ya varios meses, me siento emocionalmente muerto también. Lo que dijiste sobre mostrarle amor pese a cómo responda ella, me ha hecho ver una oportunidad, un momento divino digamos, en que lo que decidamos hoy pueda afectar quizá el futuro. No sé cuánto queda en mí, pero no me será fácil. Aunque sí sé qué es lo que Dios quiere que haga. Lo único que me queda es la esperanza y la confianza en Dios.

Nunca, ¡nunca te rindas!

Las dos cartas que acabas de leer describen una triste realidad. El esposo puede decidir no amar y dejar el hogar. La esposa puede elegir no respetar e irse con otro hombre. Pero, ¿significa eso que no hay esperanza para el matrimonio? ¡Para nada! Observa que la esperanza y la confianza en Dios es lo que mantiene en pie a esas dos personas que escriben, así que, ¡Jamás pierdas la esperanza! Si la puerta a la reconciliación no está cerrada absolutamente, porque tu cónyuge volvió a casarse, entonces *siempre* hay esperanza.

Si Dios no ha cerrado la puerta, no tienes por qué cerrarla tú. Sólo porque sientas que no hay más que hacer en tu matrimonio, no quiere decir que desde la perspectiva de Dios o a la luz de su poder no haya esperanza. También es muy posible que tu cónyuge tenga dudas internas sobre decisiones que tomó y que internamente quiera volver. En casos en que la reconciliación se da, he oído decir tanto a hombres como a mujeres: «Yo quería volver a casa pero nunca se lo dije. De hecho, en esos momentos me portaba peor que nunca. Porque peleaba conmigo mismo(a)».

Todos sabemos que justo antes del amanecer, hay más oscuridad. He visto tantos casos en que las cosas se revierten. ¡No te rindas! Abundan las historias de sanidad y restauración. Uno de esos relatos llegó por correo. Cuenta de cómo una esposa restauró su matrimonio, yendo de la desesperanza a la decisión de deleitarse en las bendiciones de Dios. Tenía un lindo hogar, tres hijos preciosos y un esposo que siempre le causaba enojo y frustración. «Me sentía no amada, incomprendida» escribe. «Y reaccionaba con furia tratando de obtener alguna reacción positiva… Nada funcionaba. Nuestra comunicación se deterioraba cada vez más».

Luego, llegó a sus manos nuestro libro *Motivating your man God's way* [Motívalo a la manera de Dios] (publicado por Emerson y Sarah Eggerichs, disponible en línea en Loveandrespect.com en inglés). Aunque le costaba entender los conceptos del respeto incondicional hacia su esposo y el ciclo de la recompensa, decidió que aunque su vida aquí en la tierra no era lo que había soñado, se centraría en su vida eterna. Sabía que Dios estaba llamándola a hacer un último intento, y se propuso cumplir con las tareas que indicaba el libro, al pie de la letra. De ese modo podría mirar a sus hijos a los ojos y decirles: «Mamá hizo todo lo que pudo».

Hacer «todo lo que podía» para poner en práctica el respeto incondicional pronto fue más de lo que le permitían sus fuerzas. Se apoyó en las promesas de la Palabra de Dios, incluyendo: «Todo lo puedo en Cristo que me fortalece» (Filipenses 4.13, NVI). Varias veces fue a llorar al garaje, pidiéndole a Dios que le diera fuerzas para respetar incondicionalmente a su esposo y apartarse de su deseo natural de faltarle el respeto. Al acercarse más a Dios, sintió cómo se acercaba Él más a ella también. Vio que Dios

> «*¿Cómo sabes tú, mujer, si acaso salvarás a tu esposo? ¿O cómo sabes tú, hombre, si acaso salvarás a tu esposa?*» (1 Corintios 7.16).

podía hablarle al corazón de su esposo mucho mejor que ella, con sus reclamos y reproches. Pronto, su esposo empezó a notar que su conversación era más respetuosa. Las discusiones se hicieron menos frecuentes y empezaron a reír juntos otra vez.

Entonces, comenzó a crecer en él el hambre de Dios. Hizo amigos cristianos y se unió al estudio bíblico y a la escuela dominical para hombres. Llegó a ser líder espiritual de su hogar, y a fin de cuentas habló ante cien personas, dando testimonio de que la fe que su esposa tenía en Dios y su incondicional respeto por él permitieron que Dios les cambiara los corazones y su matrimonio. Cuando oyó al hombre que meses antes había proclamado: «¡Detesto vivir aquí!», contarle a la gente cómo Dios hizo volver el amor a su matrimonio, la esposa casi sintió que Dios la abrazaba y le susurraba: «Bien hecho, sierva buena y fiel».

En su carta, concluye:

> Seguimos trabajando, somos una obra en construcción, y las misericordias de Dios se renuevan cada día. Puedo decir con sinceridad que el dolor de dejar de lado mi orgullo y el ir contra lo que la sociedad te dice con respecto a que hay que ganarse el respeto fueron lo que me liberó. No soy un felpudo como le gustaría a Satanás que nos viéramos. He sido elevada a un lugar en mi hogar, por el que solía pelear. Mi esposo viene a buscar mi consejo si lo necesita. Eso es una recompensa mucho mayor que dar consejo cuando no se me pide o aprecia. Nos comunicamos y queremos estar juntos. La química que creí estaba muerta para siempre, ha sido renovada. Y Dios fue quien lo hizo todo.

Suelo destacar que una de las más grandes recompensas que puede tener el cónyuge que persevera es la de ser buena influencia y buen ejemplo para los niños. Observa que la mujer que escribió esta carta sabía que Dios la llamaba a hacer un último intento. Se propuso hacerlo sabiendo que no importa qué ocurriera, podría mirar a sus hijos a los ojos y decir: «Mamá hizo todo lo que pudo».

Ella no quería un «Comebiblia» como esposo

A veces el esposo puede ser el instrumento que transforme a la esposa. En cierto caso, tuvimos un matrimonio que enfrentó dificultades durante años. Ni Elliot ni Lindsay conocían a Jesús como su Salvador o Señor. Los continuos problemas de Elliot con las drogas y el alcohol contribuyeron a que Lindsay tuviera una aventura con alguien de su trabajo. Cuando Elliot recibió la noticia, le cayó como una bomba atómica. Fue a ver a un amigo que le había estado hablando de Cristo. Su crisis le convenció de que necesitaba la ayuda y el perdón de Dios, y entonces decidió ser cristiano.

El cambio fue tan evidente que a Lindsay le llamó la atención, aunque primero de manera negativa. Como había tenido problemas con las drogas y el alcohol, ella pensaba que esta nueva devoción a la lectura de la Biblia era una nueva adicción. No quería un «comebiblia» por esposo. Pero le asombraba la diferencia en su marido. Cuando su amante la llamaba para que se vieran, ella postergaba las citas. Como el hombre había cambiado de empleo ya no se veían todos los días y al fin el amorío terminó. Mientras tanto el muro de resentimiento entre Elliot y Lindsay empezó a caer cuando ella vio que necesitaba lo que él tenía: una relación con Cristo.

Lindsay escribe:

> Me arrodillé, le pedí perdón a Dios y lo invité a entrar en mi corazón. ¡Oh! Fue entonces que nuestro matrimonio entró en el carril correcto. Encontramos una iglesia, comenzamos a estudiar la Biblia, empezamos a cuidar niños, luego tuvimos mellizos y más tarde adoptamos dos niños más... y podría seguir y seguir. ¡Dios es tan bueno!

Años más tarde cuando Lindsay y Elliot asistieron a una conferencia de Amor y Respeto y oyeron del ciclo de la recompensa, vieron que era exactamente lo que ellos habían vivido. La conferencia fortaleció su matrimonio a tal punto que la Navidad siguiente Lindsay le regaló a Elliot un nuevo anillo de bodas que llevaba grabado Efesios 5.33. El concepto del ciclo de la recompensa les brindó un marco que les permitió explicarles a otras personas qué les había sucedido. Esperan iniciar un ministerio de Amor y Respeto en su iglesia, para contarles a otros que el primer paso es entregarse por completo a Dios, buscando amar y respetar incondicionalmente, y que entonces empiezan a suceder las cosas buenas. Elliot fue recompensado con el favor y la aprobación de Dios, por haberle perdonado a Lindsay su adulterio, por corregir su vida y por seguir en el matrimonio a pesar de que ella lo despreciara y despreciara su fe. Y luego recibió la recompensa adicional cuando Lindsay puso su fe en Cristo y así disfrutaron de un matrimonio con amor y respeto.

¿Pasarán todos los matrimonios por una transformación como las que acabamos de ver? Mientras el divino regalo del libre albedrío siga vigente, no hay garantías que vengan con el ciclo de la recompensa. Jesús reconoció el doloroso potencial del divorcio (ver mateo 19.3-13; Marcos 10.11-12) y Pablo reconoció que el no creyente puede abandonar el hogar para siempre y terminar con el matrimonio (ver 1 Corintios 7.10-15).

Si no hay transformación y sólo hay un punto de inflexión, ¿se habrá desperdiciado todo esfuerzo? Por lo general, no. De hecho, los cónyuges rechazados muchas veces reconocen que cuando actúan y hablan a partir del amor y el respeto, sucede el efecto «Clink». En *Amor y respeto* presento en lenguaje pictórico a mil millones de ángeles que sostienen una enorme palanca.[4] Cada vez que un esposo o esposa dicen o hacen algo con amor o respeto hacia su cónyuge que parece no apreciarlo, todos esos ángeles hacen girar esa palanca, y «Clink», un secreto tesoro de bendiciones cae dentro de una colosal vasija de oro. No, no es que apareciera una editorial con un cheque enorme. Es que las bendiciones de Dios recompensan al cónyuge obediente aun en circunstancias que parezcan no tener solución o cuando parezca que todo va demasiado lento.

Una esposa escribió para contarnos que su asistencia a la conferencia de Amor y Respeto con su esposo, y dijo que durante un tiempo la comunicación mejoró. Pero luego notó que él se acercaba a ella con amor, sólo si ella se portaba «bien». Es decir que su amor por ella se sentía como algo muy condicional. Luego, siguiendo el principio del ciclo de la recompensa, ella comprendió algo:

> *El amor o el respeto incondicional jamás serán desperdiciados. Aférrate a esta promesa: «No nos cansemos, pues, de hacer bien; porque a su tiempo segaremos, si no desmayamos»* (Gálatas 6.9).

Lo que el Señor me reveló fue que lo que yo deseaba en mi corazón era que si mi esposo me amaba mi dolor desaparecería. Pero las Escrituras me dicen que sólo Dios ha de ser el deseo de mi corazón. Él tiene que ser lo Único que ocupe el lugar de prioridad. Todo lo demás que desee debe venir después, al punto de que si no obtengo lo demás, mi amor por Dios y Su amor por mí satisfaga mi más profundo anhelo (por Él) porque ya tengo lo que más quiere mi corazón.

Su esposo notó el cambio en ella, pero aunque había sido cristiano desde su niñez, sigue amándola *condicionalmente*. Ella dice:

Cuando estoy cerca de Dios, y por eso busco ser más como Jesús, parezco gustarle a mi esposo. Pero si no, él me evita. El truco está en ser indiferente a su respuesta, y contentarme con la situación en que Dios me ha puesto porque estoy llena del amor de Dios. He avanzado mucho, pero todavía tropiezo.

Un esposo que ha entendido la visión del ciclo de la recompensa afirma que este le sostiene aunque su esposa lo abandonó después de veinticinco años de casados. Ella no dejó el hogar por infidelidad, abuso u otras de las típicas razones. La única «razón» que puede darle es que ya no lo ama ni lo respeta. Él escribe:

> En medio de este rechazo y de todo el dolor que conlleva, he quedado atónito ante la idea de venganza que parece siempre presente en mi mente. Deseo actuar y reaccionar hacia ella con honor e integridad como lo haría Jesús, y es sólo por Su poder en mi vida que tengo esperanza de poder hacerlo.

En medio de lo que ya llevaba dos años de batalla, este esposo leyó *Amor y respeto* y también vio el DVD. Con lágrimas en los ojos pronunció la oración de compromiso y se arrepintió por dudar de que Dios pudiera hacer algo para que su matrimonio cambiara. Su carta dice al final:

> Agradezco a Dios esta oportunidad de acercarme más a Él y honrarle, aun en esto. Sé que mi desafío es amarla incondicionalmente, y por eso oro para que Dios me muestre cómo hacerlo aunque ella me dejó… Gracias por hablar palabras de verdad que han dado luz a mi corazón en medio de la niebla… he fracasado en tantas cosas, y he perdido tanto… pero oro porque esta sea una de esas siete veces en que el justo cae y vuelve a levantarse, mirando sólo a Jesús.

Las cartas citadas aquí representan los cientos de misivas que recibo cada año y que describen cómo es vivir en el ciclo de la recompensa. Algunas hablan de milagrosos retornos, y otras cuentan de desesperados intentos por aferrarse a una última hilacha de esperanza. Pero todos estos esposos y esposas tienen algo vital en común: como creen en Dios y en Su respuesta personal, oran con fe y actúan con obediencia.[5] Dios ha respondido, está respondiendo o va a responder sus oraciones. Aquí, ahora, Dios está honrando su fiel testimonio y ejemplo hacia sus hijos, sus amigos y todo el que esté en su esfera de influencia. Las recompensas son reales y continuas, pero la mejor noticia de todas es que las recompensas más grandes todavía están por venir.

Las recompensas de aquí palidecen comparadas con las de allá

Aun cuando las recompensas en esta vida, por obedecer al Señor en tu matrimonio puedan ser sustanciales, palidecen si las comparamos con lo que nos espera en el cielo. Allí las recompensas son tan gloriosas que no podemos describirlas en términos terrenales. Lo que sea que hayas tenido que soportar en la tierra valdrá miles de millones más cuando estés cara a cara ante tu Señor. Pablo, al recordar las horrendas dificultades y sufrimientos por los que había pasado, habló de su desgaste exterior, pero dijo que por dentro se renovaba día a día. Y luego añadió: «Porque esta leve tribulación momentánea produce en nosotros un cada vez más excelente y eterno peso de gloria» (2 Corintios 4.17).

Anótalo: Dios recompensará tus palabras y tus acciones. Está preparando para ti lo que yo llamo: «El eterno ¡Ahhhh!» Como digo en *Amor y respeto*, cuando te preguntas cómo será el cielo, piensa nada más en todas las maravillosas y bellas ocasiones que viviste, desde tu boda al nacimiento de tus hijos, a las graduaciones y las promociones, las increíbles vacaciones y las gloriosas puestas de sol, en todos esos momentos en que exclamaste: «¡Ahhhh! Qué bello y maravilloso». Imagínate unir el gozo y la dicha de todos esos momentos felices y gloriosos. Y luego, cuando estés ante tu Señor en el cielo, imagina el gozo que sentirás, millones de veces más grande y obviamente, más allá de la comprensión humana. El «¡Ahhh!» que pronuncies entonces significará infinitamente más porque Dios te está recompensando directa, plena y eternamente.

Cuando estés ante Dios después de vivir una vida de amor o respeto incondicional con tu cónyuge, no importa cuál sea su respuesta, oirás: «Bien, buen siervo y fiel; sobre poco has sido fiel, sobre mucho te pondré; entra en el gozo de tu señor» (Mateo 25.21). Pablo habla de este mismo tipo de recompensa cuando escribe:

> Y todo lo que hagáis, hacedlo de corazón, como para el Señor y no para los hombres sabiendo que del Señor recibiréis la recompensa de la herencia, porque a Cristo el Señor servís (Colosenses 3.23-24).

El ciclo de la recompensa es bastante sencillo. Hablas palabras que bendicen a tu cónyuge para bendecir a Dios, que a su vez te bendecirá. Como dice Pedro: «no devolviendo mal por mal, ni maldición por maldición, sino por el contrario, bendiciendo, sabiendo que fuisteis llamados para que heredaseis bendición» (1 Pedro 3.9).

Sean santos y la felicidad llegará

Cuando estaba en la universidad oí decir: «Dios no quiere que seas feliz. Quiere que seas santo». Jamás lo olvidé y muchas veces se lo he dicho a las personas que vienen por consejería. El punto, claro está, es que cuando buscas ser santo y vivir para Dios, el gozo interior es un maravilloso subproducto. Muchos terapeutas matrimoniales, sin embargo, suscriben la idea de que por sobre todas las cosas, la persona tiene que ser feliz. En una encuesta entre divorciados, el

35% dijo que su consejero quería salvar el matrimonio, el 41% dijo que era neutral, y el 14% dijo que los alentaba a divorciarse.[6] Estas cifras sugieren que muchos terapeutas brindarán poco apoyo a los esposos y esposas que quieran seguir el curso del ciclo de la recompensa, y aun así creo que esto es lo que Dios quiere. Como dije antes, no importa cómo o hacia dónde vaya el matrimonio, la reconciliación siempre tiene que ser el objetivo, a menos que la puerta se cierre por completo.

Hay muchas advertencias sobre el juicio de Dios en la Biblia, aun para los cristianos para quienes la salvación se asegura. Así que no pienses que puedes hablar con amor o respeto durante un tiempo y decidir después que las voces de la sabiduría del mundo tienen razón y que es más importante «ser feliz» que seguir esforzándote hasta el final. Juan advierte contra los engaños de los maestros de mentiras, que podrían aplicarse fácilmente a lo que sucede con muchos matrimonios en estos días: «Cuídense de no echar a perder el fruto de nuestro trabajo; procuren más bien recibir la recompensa completa» (2 Juan 1.8, NVI).[7]

No es trillada la declaración de que el cristiano vive para un público de Uno solo. Dios está presente y no es sordo. Como enseñó Jesús: «De toda palabra ociosa que hablen los hombres, de ella darán cuenta en el día del juicio» (Mateo 12.36). Y Pablo habla de cómo los creyentes en Cristo edifican en Él, y que lo que edifican será probado por el fuego. Si pasa la prueba, el creyente recibe recompensa; pero si no la pasa, lo edificado se quemará (ver 1 Corintios 3.12). Creo que parte de lo que construimos está conformado por lo que digamos, por las palabras que usemos. Nuestras palabras amorosas o respetuosas, o las que carecen de ambas cosas, sí importan porque todos nuestros dichos serán juzgados. Nuestras palabras reflejan nuestro corazón y aunque no perdamos nuestra salvación, podemos perder las recompensas que Dios quiere darnos.

«No desfallezcan vuestras manos, pues hay recompensa para vuestra obra».

Entonces, ¿cómo podemos seguir adelante y no renunciar a las recompensas que Dios

> *Elige con cuidado a tu consejero matrimonial, porque «hay muchos rebeldes, charlatanes y engañadores… que están arruinando familias enteras al enseñar lo que no se debe; y lo hacen para obtener ganancias mal habidas» (Tito 1.10-11, NVI).*

quiere darnos? La carta que sigue lo explica. Está escrita por un esposo cuyo matrimonio es menos que perfecto:

> Dios definitivamente está obrando para transformarme, y si mantengo mis ojos en Él, voy bien. Pero cuando miro mis circunstancias, me sumo en la amargura y equivoco el camino. La clave está en leer la Biblia, por lo que dice sobre mí, y no sobre mi esposa. Mi amor por la Palabra de Dios ha crecido mucho y hay muchos pasajes que me hablan directamente, pero uno que siempre llevo conmigo anotado en una tarjeta es 2 Crónicas 15.7-8. El versículo 7 dice: «No desfallezcan vuestras manos, pues hay recompensa para vuestra obra». Y luego personalizo el versículo 8: «Cuando oyó Cedric las palabras... cobró ánimo».

Yo añadiría que Jesús le dice personalmente a Cedric: «He aquí yo vengo pronto, y mi galardón conmigo, para recompensarte, Cedric, según sea tu obra» (ver Apocalipsis 22.12).

Amigo, amiga: sea que Dios entre en tu vida, o que acudas primero a Él, siempre quiere darte sus recompensas. Así que anímate, sé fuerte y no abandones. Los esposos y esposas que buscan agradar a Dios serán recompensados por sus palabras de amor y respeto.

En los tres capítulos siguientes mostraré cinco tipos de discurso que agradan especialmente a Dios. Cuando comiences a utilizar este tipo de palabras, tendrás recompensas en tu matrimonio aquí y ahora, y seguramente en ese día de dicha cuando estés ante Él y oigas: «Bien hecho, siervo bueno y fiel».

CAPÍTULO CATORCE

Hablar como Jesús. Primera parte
Cómo comunicarse con amor y respeto

Tenía dieciocho años cuando mi padre decidió creer en Jesucristo. Él tenía cincuenta y un años y el primer cambio que le observé fue su vocabulario. Dejó de usar malas palabras e insultos. Al recordar el pasado, ese cambio en mi padre sucedido casi de la noche a la mañana, rememoro lo que sucedió luego de los avivamientos en Gales, en 1904. Muchos de los mineros galeses que pusieron su fe en Jesucristo se sintieron tan profundamente afectados que dejaron de utilizar palabras soeces. El problema, sin embargo, era que las mulas que tiraban de los carros cargados con carbón estaban habituadas a responder las órdenes con insultos. Cuando los mineros, redimidos ya, intentaban darles órdenes sin usar malas palabras ¡las mulas se negaban a moverse! La producción de carbón se vio afectada hasta que reentrenaron a las mulas para que obedecieran las órdenes nuevas, que no incluían insultos.

Con esto no quiero decir que mi padre le hablaba a mamá como si ella fuera una mula. Es más, casi no hablaba y su lenguaje era aceptable. Pero si percibía que mamá había hecho algo que contrariaba sus preferencias (como comprar muebles que él consideraba innecesarios), se enojaba y en un arranque de ira insultaba a quien tuviese delante. Pero luego de entregar su vida a Cristo, reconoció que era hipócrita confesarse creyente y al mismo tiempo decir malas palabras e insultar airado.

Entendió que si quería obedecer y agradar a Dios no podía seguir dando rienda suelta a la ira, hablando ese tipo de cosas. Ahora que era salvo, papá tenía dos relaciones, una con mamá y otra con Dios, y vio que ambas iban juntas y no podían separarse. Claro que no podía hablarle a Dios de una manera y a mamá de otra.

Que yo sepa, papá nunca más volvió a insultar a nadie como solía hacerlo antes de decidir que seguiría a Cristo.

Santiago le escribió a la primera iglesia, presentando un reto a la comunidad de creyentes justamente con respecto a este tema: uno no puede separar lo vertical de lo horizontal. No podemos hablarle a Dios de una forma y a nuestra familia, amigos y conocidos, de otra. Al advertir sobre el poder de la lengua Santiago escribió: «Con ella bendecimos al Dios y Padre, y con ella maldecimos a los hombres, que están hechos a la semejanza de Dios. De una misma boca proceden bendición y maldición. Hermanos míos, esto no debe ser así» (Santiago 3.9-10).

Tu matrimonio en realidad es un triángulo

Para aplicar las palabras de Santiago al matrimonio pensemos en un triángulo. En el vértice inferior izquierdo tenemos al esposo, y en el derecho a la esposa. El vértice superior del triángulo es Jesucristo. Es fácil comprender esto, y sin embargo tiene un sentido muy profundo: de la misma manera en que te comunicas en sentido horizontal, con amor y respeto o no, te estás comunicando en forma vertical con el Señor. Para el seguidor de Cristo, el matrimonio no es una relación de dos solamente, sino de tres. El esposo, la esposa y el Señor, están todos conectados.

> *«Si alguno se cree religioso entre vosotros, y no refrena su lengua, sino que engaña su corazón, la religión del tal es vana» (Santiago 1.26).*

Después de que mi padre decidiera seguir a Cristo, enseguida pareció entender que cuando disparaba palabras hirientes hacia mi madre, también las disparaba hacia el cielo. Era como si el Señor estuviera preguntándole a mi padre: «Ed, ¿Qué es lo que acabo de oír que le dijiste a Jay?» Al principio mi padre respondería: «Señor, no estaba hablando contigo. Le estaba diciendo todo eso mi esposa».

A lo que el Señor respondería: «No, Ed. El matrimonio es un recurso que utilizo para revelar la condición del corazón. La forma en que hablas con tu esposa muestra lo que hay en tu corazón, no sólo hacia ella sino también hacia mí. Cuando ella se apena por lo que dices, oigo sus llantos. Todos estamos conectados y no puedes separarnos pensando que puedes hablarme de una forma y a ella de otra».

Mi padre se convirtió a Cristo antes de que el Señor me llevara a descubrir la conexión entre el amor y el respeto, pero no le llevó mucho tiempo entender cómo debía hablar un esposo con su esposa. No es que se convirtiera en un santo, ni en el esposo y padre perfecto, ¡pero sí dejó atrás muchas de sus imperfecciones! A medida que mi padre maduraba en su andar con Cristo, podría haberse hecho eco de la antigua oración: «Sé que no soy lo que voy a ser pero gracias, Señor, porque no soy lo que solía ser».

También hay una maravillosa verdad en el principio que dice que las palabras que pronunciamos también van hacia el cielo. Cuando mi padre aprendió a hablar de manera que bendijera a mi madre también bendecía a Dios, que estaba escuchando cada una de sus palabras. Y lo mismo se aplica a todos nosotros. Podemos bendecir a Dios hablando de manera positiva con nuestro cónyuge. Y podemos apenar a Dios hablando de manera negativa y destructiva. Siempre depende de nuestra decisión.

¿Qué pasa si mi cónyuge no merece mi bendición?

Recuerda que no puede haber condiciones para las bendiciones de amor irrestricto que pronuncias hacia tu cónyuge. Es muy fácil morderse la lengua para no decir cosas negativas pero al mismo tiempo podrías estar negándote a hablar de una manera positiva y cálida que pudiera bendecir a tu cónyuge porque no crees que lo merezca. Tienes razón en cierto aspecto. Tu cónyuge no siempre merece una bendición. Pero te equivocas si piensas que esto solamente incumbe a tu relación conyugal.

Recuerda que estás hablándole a Cristo a través de tu cónyuge. Es más, si quieres bendecir profundamente el corazón de Dios, dile palabras de bendición a tu cónyuge después que él o ella te diga cosas que no son de bendición para ti. Tu esposo o tu esposa puede insultarte o ser desagradable contigo. Sea cual sea el caso, tu objetivo será devolverle palabras de bendición. Como dice Pedro: «No devolviendo mal por mal, ni maldición por maldición, sino por el contrario, bendiciendo, sabiendo que fuisteis llamados para que heredaseis bendición» (1 Pedro 3.9).

> *«Pues aún no está la palabra en mi lengua, y he aquí, oh Jehová, tú la sabes toda» (Salmo 139.4).*

Tal vez que preguntes: *¿Cómo puede uno bendecir al otro, en especial si la conversación dista de ser positiva o color de rosas?* Hablando palabras de amor o respeto incondicional. A veces nos sentimos tentados a pensar que las palabras de bendición tienen que sonar muy sagradas o espirituales, como la bendición del ministro después de su sermón. Hay un momento para ese tipo de bendiciones también, pero en tu matrimonio pueden bendecirse uno al otro cada día de diferentes maneras poniendo en práctica el amor y el respeto.

¿Qué es exactamente una bendición?

Por definición, podemos decir que bendecir es darle a alguien algo por lo cual podrá sentir agradecimiento, algo que le haga sentirse seguro, respaldado, contento, animado. En otras palabras, tú y yo podemos bendecir a nuestros cónyuges si les damos amor o respeto en medida suficiente como para descifrar algo que acaban de decir donde quizá encontremos que estén en juego el amor o el respeto. O podemos bendecir a nuestro esposo o esposa tratándoles con amor y respeto al aclarar algo que para alguno de los dos no está del todo claro.

Y por cierto podemos bendecir a nuestro esposo o esposa con lo que decimos, aunque el otro haya sido desagradable, devolviéndole palabras de amor y respeto incondicional: «Lamento que mis palabras te hicieran sentir que no te amo o te respeto». En otras ocasiones quizá estemos hablando de temas sensibles. Nuestras palabras podrán bendecir al otro o no. Es el momento en que nos preguntaremos: «¿Le harán sentir mis palabras que siento amor o no?» En cualquier situación que sea, ¡podemos estar seguros de que el Señor está oyendo! Nuestras palabras no pasan inadvertidas para Él, porque estamos hablando con amor o respeto primero a Dios y luego a nuestro cónyuge. Y al hablar con nuestro esposo o nuestra esposa como si habláramos con el Señor, nuestro cónyuge se sentirá animado, afectado y, por cierto, bendecido.

Finalmente, como explicaré más adelante en este capítulo, puedes bendecir a tu cónyuge de diferentes maneras hablando como Jesús. El cimiento de esta forma de hablar como Jesús, es el acrónimo: V-A-P-G-B. Palabras de verdad, de ánimo, de perdón, de gracias y de la Biblia. Cuando pronuncias estas palabras puedes bendecir a tu cónyuge de diferentes maneras.

A veces, sin embargo, podrás bendecirlo sin decir nada. Una pareja comenzó a poner en práctica el amor y el respeto pero pronto empezaron a entrar en desacuerdo sobre algo. Él lucía desamorado, y cuando ella empezó a decir algo para «evitar que le pisara la manguera», recordó 1 Pedro 3.9: «No devolviendo mal por mal... sino bendiciendo». Ella nos escribe:

Me tapé la boca con la mano para no decir algo irrespetuoso, pero como tenía que decirlo, me tapé con la otra mano también. Allí estuve, de pie contra el armario, mirándolo, incómoda porque en realidad quería responder según acostumbraba. Él me miró desde su lugar en la cocina y me dijo con suavidad: «Gracias».

Con esa palabra, toda su frustración y sus ganas de responder sin respeto, ¡se esfumaron por completo! Fue respetuosa y su esposo se sintió bendecido. Terminaron pasando una muy linda noche, lo contrario a la anterior en que fueron a dormir sin hablarse. En los meses siguientes su relación mejoró. Ahora hablan más, ella se esfuerza por permitir que él sea quien tome decisiones, y ambos buscan hablarse con amor y respeto. Concluye, en su carta, diciendo: «Por fin estamos haciéndonos amigos, después de tantos años de haber levantado muros que nos separaban».

Imagina que ves a Jesús por sobre el hombro del otro

Una de las imágenes verbales que uso en las conferencias de amor y respeto les ha sido de gran utilidad a muchas personas. Les digo: «Con los ojos de la fe, imagina que ves a Jesús de pie detrás de tu cónyuge, escuchando cada una de las palabras que dicen, sean agradables o tensas. Cuando hablas con amor o respeto a tu cónyuge, estás hablándole a Cristo. Y resulta que tu cónyuge también está presente». Esta verdad ha santificado los labios de muchos. En lugar de proferirse cachetadas verbales o de ahogarse con la idea de decir algo positivo, ahora muchos se ven motivados a hablar palabras de amor o respeto incondicionales.

Un esposo escribió que para él el punto clave al asistir a nuestra conferencia fue esa imagen de Jesús de pie detrás de su esposa, porque le recordaba a Santiago 2.12-13:

> Hablen y pórtense como quienes han de ser juzgados por la ley que nos da libertad, porque habrá un juicio sin compasión para el que actúe sin compasión. ¡La compasión triunfa en el juicio! (NVI)

Su carta concluye diciendo:

> Aprender lo mucho que necesitamos a Jesús y su perdón, me ha permitido escuchar y amar a mi esposa, y al comunicarme con más paciencia, ella me responde del mismo modo. Al tomarnos menos en serio y ya no compitiendo, nos sentimos más libres en el amor, y ganamos.

La próxima vez que tú y tu cónyuge tengan una conversación tensa, mira a Cristo,

> *«El que guarda su boca y su lengua, su alma guarda de angustias» (Proverbios 21.23).*

allí de pie, detrás de tu esposo o tu esposa. Y al hacerlo recuerda Sus palabras: «De cierto os digo que en cuanto lo hicisteis a uno de estos mis hermanos más pequeños, a mí lo hicisteis» (Mateo 25.40). Sea que visitemos a alguien que esté en prisión, que alimentemos al hambriento o demos de beber al sediento, o que hablemos una palabra de amor y respeto, todo lo que hagamos es hacia y para Cristo.

¿Por qué lo llamamos «Ciclo de la recompensa»?

En Efesios 6.7-8, Pablo se hace eco de las palabras de Jesús al exhortar a los creyentes a hacer la voluntad de Dios con el corazón «sabiendo que el bien que cada uno hiciere, ése recibirá del Señor, sea siervo o sea libre». Por cierto, «el bien que cada uno hiciere» incluye las palabras que pronunciamos. Pablo les escribió a los colosenses:

> Y todo lo que hacéis, sea *de palabra* o de hecho, hacedlo todo en el nombre del Señor Jesús, dando gracias a Dios Padre por medio de él… Y todo lo que hagáis, hacedlo de corazón, como para el Señor y no para los hombres; sabiendo que del Señor recibiréis la recompensa de la herencia, porque a Cristo el Señor servís (Colosenses 3.17, 23-24, énfasis mío).

Estas palabras resuenan para todos los creyentes en la iglesia de Colosas, pero Pablo nombra específicamente a las esposas, esposos, padres y esclavos (ver Colosenses 3.18-22). Es claro que en el matrimonio, la familia y en el hogar, cuando hablamos palabras de bendición le estamos hablando al Señor y por ello seremos recompensados.

Cuando entiendas la verdad sencilla pero maravillosa de que el creyente ha de hacerlo todo, incluso hablar, en el nombre del Señor, verás por qué llamamos a esta parte de la enseñanza de amor y respeto «Ciclo de la recompensa». Cuando le hablas con amor a tu esposa, independientemente de cómo te haya hablado ella Dios te recompensa. Cuando le hablas con respeto a tu esposo, independientemente de cómo él te haya hablado, Dios te recompensa. Todas las cosas buenas que hables Dios te las recompensará.

> *«Sean gratos los dichos de mi boca y la meditación de mi corazón delante de ti, oh Jehová, roca mía, y redentor mío» (Salmo 19.14).*

Al hablar como Jesús estamos más cerca del objetivo

El aspecto más hermoso del ciclo de la recompensa es que Dios te ha brindado la forma de hablar de Jesús para ayudarte a alcanzar el objetivo de hablar con amor y respeto en toda situación, y no solamente cuando las cosas marchan bien. Que decidamos hablar con amor y respeto, como si lo hiciéramos con Cristo, es una cuestión. Y una cuestión totalmente diferente es lograr hacerlo siempre. Si te pareces a mí, de vez en cuando te preguntarás: «¿Estoy hablando con amor? ¿Debería decir esto o no? ¿Haré que se sienta amada con lo que le digo? ¿Cómo sé qué palabras tengo que usar?»

Hablar como Jesús nos ayuda a luchar contra toda tendencia a dudar, porque nos da lineamientos para nuestro discurso. Puedes estar seguro de que estás tratando de hablar con amor o respeto aun cuando tu cónyuge no responda de manera positiva. A los ojos de Dios puedes comunicarte con amor y respeto aun cuando parezca que la comunicación no va por buen camino, aun cuando parezca que el otro no te está escuchando, aun cuando tu cónyuge no esté de humor.

Y lo que más vale quizá, es que al hablar como Jesús podrás evaluar tus propias palabras en esos momentos en que no parecieras poder conectarte con el otro o los otros. En mi comunicación con Sarah y con otras personas, hablar como Jesús me ayuda a decidir por qué a veces no me siento bien con lo que digo. Y utilizo los principios del V-A-P-G-B para recordar que he de hablar palabras de verdad, de ánimo, de perdón, de gracia y de la Biblia. Con eso tengo una lista que me ayuda a verificar y evaluar los errores que pueda cometer sin darme cuenta, y evitar así estropear la comunicación de amor y respeto con Sarah.

¿Qué quiero decir con «estropear»? Simplemente lo siguiente: que Emerson tiene buena voluntad pero poco sentido de la ocasión, y quizá hará que su esposa no se sienta amada. O que Sarah tiene buena voluntad pero no se da cuenta de que su esposo no se siente respetado. Porque aunque conozcamos muy bien la conexión de amor y respeto, de vez en cuando cometemos errores. Y aquí es donde nos ayuda tanto hablar como Jesús. Recordar lo que nos enseña la Biblia sobre nuestras palabras en estas cinco áreas nos ayuda a ver que quizá no estábamos pensando o que tal vez tenemos un punto ciego que nos impide ver lo que está sucediendo.

> *«Y todo lo que hacéis, sea de palabra o de hecho, hacedlo todo en el nombre del Señor Jesús»* (Colosenses 3.17).

Pablo nos enseña a hablar como Jesús

No son los evangelios sino la Carta de Pablo a los Efesios lo que nos enseña a hablar como Jesús. En el capítulo 4 Pablo pasa de la doctrina a la aplicación práctica en la vida cotidiana. Allí Pablo les recuerda a los efesios (y a nosotros) que ya no deben vivir como viven los que no creen, alienados de la vida divina a causa de su ignorancia y de entregarse a la vanidad, la lascivia y la impureza (ver Efesios 4.17-19). «No habéis aprendido así a Cristo, si en verdad le habéis oído, y habéis sido por él enseñados, conforme a la verdad que está en Jesús» (Efesios 4.20-21), dice Pablo. Les manda dejar atrás la pasada manera de vivir, renovar sus mentes y vestirse del nuevo hombre a imagen y semejanza de Dios (ver Efesios 4.22-24).

Luego Pablo procede a describir en detalles lo que es vestirse del nuevo hombre, y aquí es donde encontré la forma de hablar de Jesús, cinco lineamientos para comunicar amor y respeto en la dimensión incondicional:

PALABRAS DE VERDAD: «Hablad verdad cada uno con su prójimo» (Efesios 4.25).

PALABRAS DE ÁNIMO: «Ninguna palabra corrompida salga de vuestra boca, sino la que sea buena para la necesaria edificación» (v. 29).

PALABRAS DE PERDÓN: «Quítense de vosotros toda amargura, enojo, ira, gritería y maledicencia, y toda malicia… Antes sed benignos unos con otros, misericordiosos, perdonándoos unos a otros, como Dios también os perdonó a vosotros en Cristo (vv. 31-32).

PALABRAS DE GRACIAS: «Ni palabras deshonestas, ni necedades, ni truhanerías, que no convienen, sino antes bien acciones de gracias» (Efesios 5.4).

PALABRAS DE LA BIBLIA: «Hablando entre vosotros con salmos, con himnos y cánticos espirituales, cantando y alabando al Señor en vuestros corazones» (v. 19).

Habrás notado que el acrónimo *V-A-P-G-B* se forma con las iniciales de *verdad, ánimo, perdón, gracias* y *Biblia*. Estarás pensando que ya tienes bastantes acrónimos para recordar: C-A-C-C-L-E si eres esposo, y C-A-J-E-R-S si eres esposa. Como vimos, estos dos están en el centro del ciclo vigorizante porque nos brindan una caja de herramientas con las que el esposo o la esposa pueden ser amorosos o respetuosos y así vigorizar al otro. Entonces, ¿para qué añadir un acrónimo más? Es porque estos cinco tipos de palabras, para hablar como Jesús, son el cimiento de la comunicación en nuestro ministerio de Amor y Respeto.

Verás con la siguiente imagen lo que quiero decir para que puedas recordarlo con mayor facilidad. Imagina un racimo de uvas, donde cada uva es un tipo de palabras que puedes usar para hablar como Jesús. ¿Por qué usé estos cinco tipos de palabras? Ante todo, porque están en la enseñanza de Pablo a los cristianos, sobre cómo hablar. En segundo lugar porque Pablo sabía que si hay una forma segura de volver a la manera pasada de vivir, es la forma en que hablamos.

Estas cinco características del discurso son la forma en que Pablo califica lo que los cristianos hemos de hacer al vestirnos del hombre nuevo (ver Efesios 4.25—5.21). Luego aplica esta enseñanza a diferentes grupos y en su primera aplicación, presenta su inigualable tratado sobre el matrimonio en Efesios 5.22-33. Es como si dijera: «Esposos y esposas, así es como se vestirán del hombre nuevo; así es como Dios quiere que vivan; así es como Él quiere que se hablen; así es cómo les guiará para hablar palabras de amor o respeto, sin que tengan que dudar». El VAPGB es el cimiento sobre el que puedes edificar una comunicación de amor y respeto.

Te diré por qué:

- Las palabras de amor y respeto deben ser verdades, porque las mentiras y las medias verdades minarán tu relación.

- Las palabras de amor y respeto han de animar a tu cónyuge, edificándole y no manipulándole.

- Las palabras de amor y respeto han de incluir el perdón, porque tu cónyuge te fallará en ocasiones.

- Las palabras de amor y respeto han de incluir las gracias, que expreses a tu cónyuge. No te fijes en los defectos y debilidades.

- Las palabras de amor y respeto han de basarse en las Escrituras. Evita toda idea contraria al corazón de Cristo.

> *«Delante de Dios en Cristo hablamos» (2 Corintios 12.19).*

Por qué nos cuesta hablar siempre como Jesús

Una de las razones principales por las que nos cuesta aplicar siempre este principio del VAPGB es que nuestra tendencia humana nos lleva a molestarnos cuando el otro no llega a comunicarse todo lo bien que esperamos. La esposa oye palabras poco amorosas de parte de su esposo y es claro que se sienta herida, enojada. ¡No hay excusa para que él le hable de ese modo! Y por eso, le contesta sin respeto, pero no oye sus dichos como los capta su esposo, ni como percibió ella lo que dijo él. Además, él tendría que entender por qué contesta ella de esa manera, porque después de todo, fue él quien la hirió.

Claro que la situación inversa también es cierta. El esposo oye palabras irrespetuosas y se pone a la defensiva, enojado. ¡Ella no tiene excusa para hablarle así! Y entonces él responde con palabras airadas y poco amorosas, o se cierra y no dice nada, como «respuesta» amable a su esposa. En ambos casos, él piensa que ella tendría que entender con toda claridad que la equivocada fue ella.

La trampa de pensar según la disposición y no según la situación

¿Por qué suelen los esposos y esposas pensar en términos favorables hacia sí mismos cuando alguien les pisa la manguera? Una explicación que brinda la psicología indica que solemos pensar según nuestra disposición y no según la situación. Si tu cónyuge te habla con palabras hirientes, es natural que pienses que lo que dice proviene de su mala disposición. Y que pienses (claro está) que la raíz está en sus defectos de carácter. Aunque por supuesto, cuando quien dice cosas feas eres tú, jamás pensarás que se debe a un defecto. Lo atribuirás en cambio a la situación. Eres víctima de las circunstancias. Te muestro lo que sucede con un ejemplo.

Ha sido un día largo y duro para la esposa que cría en casa a dos niños pequeños y a su bebé. Ha intentado preparar la cena para comer a cierta hora, pero su esposo llega tarde del trabajo porque hay demasiado tráfico. Cuando él abre la puerta, el bebé está llorando a más no poder, uno de los pequeños se cuelga de la falda de su mamá, el asado se quema en el horno y la sopa hierve. La esposa hierve también, y le hace saber al esposo que él *siempre* llega tarde. ¿Cómo puede ser tan desconsiderado?

Este ataque toma al esposo con la guardia baja. Después de otro enloquecedor traslado del trabajo a la casa, esperaba encontrar algo de paz y tranquilidad, y quizá una bebida para refrescarse antes de la cena. Por eso, responde gritando que había más paz y tranquilidad en la autopista que en esa casa. Furioso, va a la sala y enciende la televisión para ver las noticias, dejándola confundida porque ella entonces no entiende qué sucede. La esposa siente que quizá es verdad que sus palabras no fueron todo lo respetuosas que podrían ser, pero la impulsaron sus circunstancias. ¿Es que no puede ver lo duro que es quedarse en la casa con los niños? Por supuesto que explotó, hirviendo como la sopa. Y además, ella sabe que su esposo gritó prácticamente todas esas cosas feas porque es un insensible, falto de afecto, ¡un desconsiderado!

Ahora veamos la situación desde el punto de vista del esposo. Allí va él, por la ruta hacia su casa, con el tráfico congestionado, el motor del auto recalentándose, y sin poder llamar a casa para recordarle a su esposa que necesita una camisa planchada esa misma noche porque hay reunión de la junta de la iglesia. Cuando por fin ella contesta el teléfono, se oyen los gritos de los niños, y la comunicación está entrecortada porque el celular tiene la batería casi agotada. ¿Dónde ha estado?, dice él. Hace más de media hora que está llamando. ¿Qué hace durante todo el día, además? Esta autopista es un caos, el auto se recalienta ¡y él necesita la camisa azul! Es que quiere usarla para la reunión de la junta.

Atónita ante esas exigencias, ella le grita. Estuvo trabajando duro todo el día, mucho más que él. Si se tomara el tiempo de contarle todo lo que hizo, su esposo quedaría agotado de sólo oírla. Y en cuanto a lo que hace todo el día, parece que muchas veces es su esclava, así que ¡que se planche él mismo la camisa que quiere! La esposa corta la comunicación y nuestro noble guerrero de las autopistas queda perplejo, evaluando la conversación desde su perspectiva. Sí, es cierto que le habló un tanto impaciente, pero ella tendría que darse cuenta de que la situación es de lo más frustrante, el tráfico no avanza más que centímetros y el auto recalienta. En cuanto a ella, no tenía derecho a contestar tan irrespetuosamente. Es obvio que tiene que hacer algo para mejorar ese carácter tan peleador.

Si tú y tu cónyuge tienen este tipo de intercambios con frecuencia, uno de los dos o ambos sentirán en algún momento: «Yo soy mejor persona que el otro». En esa instancia, tendrán que recordar la Palabra de Dios: «Por lo cual eres inexcusable, oh hombre, quienquiera que seas tú que juzgas; pues en lo que juzgas a otro, te condenas a ti mismo; porque tú que juzgas haces lo mismo» (Romanos 2.1). Es decir, que ante el Señor somos todos culpables. Y cuando somos igual de

> «Hermanos, no murmuréis los unos de los otros. El que murmura del hermano y juzga a su hermano, murmura de la ley y juzga a la ley; pero si tú juzgas a la ley, no eres hacedor de la ley, sino juez» (Santiago 4.11).

culpables, Pablo y también Jesús (Mateo 7.1-5) nos enseñan que no hemos de criticar sino ser totalmente sinceros con respecto a nuestra conducta. Según Pablo no es buena idea: «juzga[r] a otros y sin embargo hace[r] lo mismo que ellos» (Romanos 2.3).

Tal vez no tengas la intención de criticar, pero es algo que vi en muchos matrimonios. He visto que en lugar de hablarse con palabras de verdad, ánimo, perdón, gracias y Palabra de Dios, muchos murmuran para sí cosas como:

- «Sí, claro que a veces digo lo que no debo, pero no voy a admitirlo porque *él jamás* lo admite. Es arrogante».
- «¿Y por qué tengo yo que edificarla a ella? Si sólo sabe demolerme y no me interesa ser amable en respuesta a su veneno».
- «No voy a tolerar las cosas duras y crueles que dice, aunque sean en son de broma. Es malo y busca herirme. No voy a perdonarlo».
- «¿Por qué tengo que decirle que aprecio lo que hace por la familia? Sí, trabaja duro con los niños, pero ¿cuándo me agradeció ella lo mucho que trabajo para que podamos vivir como vivimos? Siempre tiene que ser ella el centro de todo».

«¡Eso es porque no conoces al otro como lo conozco yo!»

Es fácil ver por qué al pensar según la disposición y no según la situación podemos llegar a conclusiones de crítica, que hagan que dejemos de amar o respetar. Y no sólo eso, sino que este tipo de actitud también te mantendrá dentro del ciclo de la locura. Después de todo, ¿qué esperanza hay, si el otro es «mercadería de segunda»?

Muchas personas me dicen: «Si mi situación fuera diferente, y mi cónyuge quisiera cambiar, quizá el amor y el respeto funcionarían con nosotros. Pero siento que mi matrimonio es una excepción a tu enseñanza. Sinceramente, mi cónyuge tiene problemas personales. Hay quien te dirá que es una persona maravillosa, pero yo sé muy bien cómo es. ¡No lo conoces como lo conozco yo!»

«El necio cree que todo lo que hace está bien, pero el sabio atiende los consejos» (Proverbios 12.15, DHH).

Hay muchas menos posibilidades de sanidad para el matrimonio en el que uno de los dos tiene esta actitud. Si has estado haciendo comentarios como este, te pido que des un paso atrás y te preguntes: «¿Me estoy hundiendo con estas reacciones y comentarios, tan negativos o dañinos como lo que dice o hace mi cónyuge?¿Me otorgo gracia y critico al otro?» Te urjo a otorgarle a tu cónyuge la misma gracia que te concedes porque si no lo haces, le juzgarás de maneras que sólo lograrán que ambos quieran dejarse. Deja de juzgar ¡y empieza a extender misericordia! Deja de hacer el perfil psicológico de tu cónyuge, porque no es eso lo que Dios hace. Puedo señalar a varias parejas que confiaron en este consejo, y aunque tuvieron dificultades y sufrieron durante un tiempo, al fin su matrimonio se transformó.

Por eso aliento a todo esposo y a toda esposa a comprometerse a hablar como Jesús. En lugar de permitir que te controle la tensión de la situación, puedes decir: «Porque amo al Señor y sé que recompensa toda buena palabra, seré fiel a la verdad aunque mi esposo (o esposa) no lo sea. También le hablaré con palabras de verdad, ánimo, perdón, gracias y de la Biblia, porque mi objetivo supremo es agradar al Señor. No importa qué defectos o malos hábitos tenga mi cónyuge, no voy a permitir que eso me haga pecar con mis labios».

El héroe del Antiguo Testamento, Job, y su esposa, son una ilustración gráfica del impacto que tiene nuestra perspectiva sobre las circunstancias de la vida. Sufrieron trágicas pérdidas de su familia a causa de calamidades terribles. Observa qué dice la esposa y cómo responde Job: «Entonces le dijo su mujer: ¿Aún retienes tu integridad? Maldice a Dios, y muérete. Y él le dijo: Como suele hablar cualquiera de las mujeres fatuas, has hablado. ¿Qué? ¿Recibiremos de Dios el bien, y el mal no lo recibiremos? En todo esto no pecó Job con sus labios» (Job 2.9-10).

Quizá tu cónyuge te critique, te vitupere o abuse verbalmente de ti, pero no podrá hacer que peques con tus labios. Eso lo decides tú. Tus reacciones hacia tu cónyuge revelarán ante Dios tu compromiso a hablar de manera que le bendiga y darán como resultado eterna recompensa para ti. La forma en que bendices a Dios y a tu cónyuge con tus dichos es basándote en las palabras del acrónimo V-A-P-G-B, el cimiento del amor y el respeto en la práctica. Pero, ¿cómo lograr esta «bendición»? En los dos capítulos siguientes al ver más de cerca cada uno de los cinco lineamientos para hablar como Jesús, te mostraré varias formas específicas en que puedes bendecir a tu cónyuge.

CAPÍTULO QUINCE

~~~~~~~~~~

Hablar como Jesús. Segunda parte
Para amar y respetar, utiliza palabras de verdad, ánimo y perdón

En el capítulo 14 te presentamos cómo hablar como Jesús, con palabras de verdad, ánimo, perdón, gracias y de la Biblia, dándote los cimientos de cómo hablar con amor y respeto. También te presentamos la ilustración del triángulo, que te muestra que lo que le digas a tu esposo, también lo dices a Dios. Él es ese público de «Uno Solo» que escucha todas tus conversaciones. Cuando hablas de acuerdo a los lineamientos de V-A-P-G-B, sabes que estás hablando como Dios quiere que lo hagas.

Este capítulo se centrará en los primeros tres principios: Verdad, ánimo y perdón. Y en el capítulo 16 leerás sobre cómo hablar dando gracias y con la Biblia. En este y el que sigue, te invito que al leer te comprometas a ser más como Jesús, al hablar como Él. Aunque tu cónyuge no responda, Jesús te estará escuchando y Jesús siempre responde a los corazones que se abren a Él.

PALABRAS DE VERDAD:
Di siempre la verdad porque aun la mentira más pequeña desacreditará tus palabras de amor y respeto.

Cuando Pablo inicia su curso breve sobre cómo «vestirnos del hombre nuevo» (ver Efesios 4.24), lo primero que menciona son las palabras de verdad (es decir, la sinceridad). «Por lo cual, desechando la mentira, hablad verdad cada uno con su prójimo; porque somos miembros los unos de los otros» (Efesios 4.25). Este es el primer paso para hablar como Jesús, y Dios quiso que los habitantes de Éfeso lo aprendieran, así como quiere que lo aprendamos nosotros. Como Jesús no mentía, los de Éfeso tampoco debían mentir. Como Jesús jamás pecó y siempre habló verdad (Juan 8.45-46) a los efesios también se les indica que hablen la verdad. Unos versículos más adelante cuando Pablo habla del matrimonio (Efesios 5.22-23), dice que espera que los matrimonios recuerden cómo decía Jesús las cosas: con palabras de verdad, como esposo amoroso o esposa respetuosa.

Es triste pero aun en los matrimonios cristianos esta no es siempre la situación. Existen las mentiras y no hay cosa más destructiva en cualquier relación, y en especial dentro del matrimonio. El mentiroso pisa terreno peligroso y es presa fácil para los ataques de Satanás. Jesús fue duro con los fariseos cuando les dijo que eran como su padre el diablo porque querían hacer lo que él deseaba que hicieran. «No ha permanecido en la verdad, porque no hay verdad en él. Cuando habla mentira, de suyo habla; porque es mentiroso, y padre de mentira» (Juan 8.44).

Jesús les dice cosas duras también a los fariseos en el Evangelio de Mateo:

> «O haced el árbol bueno, y su fruto bueno, o haced el árbol malo, y su fruto malo; porque por el fruto se conoce el árbol. ¡Generación de víboras! ¿Cómo podéis hablar lo bueno, siendo malos? Porque de la abundancia del corazón habla la boca» (Mateo 12.33-34).

La mentira y las palabras malas provienen del corazón. Por ejemplo, ¿qué se obtiene cuando un vendedor de autos usados, alcohólico y mentiroso, deja de beber? Se obtiene un vendedor de autos mentiroso, pero sobrio. Esto no equivale a decir que el mentiroso no pueda dejar de mentir, pero sí que esta persona necesita confesar que la mentira está en el ADN de su ser. La mentira no es causada por el entorno.

Observa que las palabras buenas y de verdad también provienen del corazón. Oye cómo corteja un hombre a una viuda. Su primer marido era un mentiroso y por supuesto, ella pregunta: «Si me caso contigo, ¿me dirás siempre la verdad?» Y él responde: «Diré la verdad, te cases conmigo o no». Le convendrá a esta viuda tomar bien en cuenta a este posible segundo esposo. Porque le dice que siempre le dirá la verdad, ya que ha decidido ser sincero. Es que el buen fruto viene de la buena raíz.

Oigo a veces de cónyuges de buena voluntad que equivocadamente creen haberse casado con alguien, también de buena voluntad. En un caso, una esposa oyó el rumor de que su marido tenía una aventura amorosa. Nos cuenta: «Él me dijo: "Sólo quería que supieras que andan diciendo por ahí que te engañé, y eso no es verdad. Jamás haría nada que hiciera peligrar nuestro matrimonio, ni que te hiriera a ti o a los chicos"». Como esposa amorosa y sincera, apartó todo pensamiento de aventuras y amantes... hasta que vio la cuenta del teléfono celular. El hombre le había enviado 518 mensajes de texto a su amante, y ella le había respondido con 516. Además, habían hablado durante 918 minutos. La carta concluye: «Me sentí furiosa, y tan herida. Pero en lugar de disculparse, él se enojó conmigo por haberlo descubierto».

Mi mensaje de correo electrónico me revela que la mentalidad de ese esposo también es compartida por muchos. Y me pregunto qué habría dicho él si la infiel hubiese sido su esposa. Pero no importa cuál sea el caso: los mentirosos no pueden amar ni respetar a su pareja. Y también oigo de parte de los traicionados, en especial de las mujeres, que podrían perdonar el adulterio del otro, pero que les molesta más la mentira. Es mucho más difícil de perdonar la mentira.

El adúltero de los mensajes de texto es un ejemplo de lo que es un flagrante mentiroso, pero hay otras formas en que se puede mentir y engañar, aunque uno básicamente tenga buena voluntad. Tener buena voluntad no te exime de la tentación a pecar. Hay situaciones típicas —de las que leo en los mensajes de correo electrónico— que me envían personas que asisten a nuestras conferencias. Deciden «hacer la prueba del amor y el respeto» durante seis semanas o seis meses quizá, pero hay casos en que la esposa no muestra tanto interés como el esposo (por lo general es a la inversa, pero no siempre). El esposo se esfuerza por ser amoroso con su esposa, pero recibe poco y nada a cambio. Después de uno o dos meses empieza a preguntarse si vale la pena su esfuerzo. Y un día, quizá habla más de lo necesario con su atractiva compañera de trabajo, separada de su esposo. Es agradable conversar con ella y pronto se encuentra contándole sobre su vida (de manera muy casual, claro está), de sus dificultades matrimoniales, etc.

Pronto, descubre que ya salen juntos a almorzar y la compañía de esa atractiva mujer le conforta porque ella parece comprenderlo. Empieza a no ser sincero cuando su esposa le pregunta qué pasa en el trabajo. Como su mujer no le ha mostrado respeto (en tanto su nueva amiga sí se muestra muy respetuosa), el hombre no siente culpas por esconder la verdad para que su esposa no se entere de la otra mujer. Para ese momento, ha entrado en una aventura emocional que va rápidamente por el camino a algo más. Aunque sigue tratando de poner en práctica el amor en su casa, la sinceridad con su esposa ya no es prioridad (ver

¿Verdadero o falso? Cuando mientes, «No has mentido a los hombres, sino a Dios» (Hechos 5.4).

Efesios 4.25). El cimiento del V-A-G-P-B, base del amor y el respeto, se ha rajado y como consecuencia, sucede lo inevitable.

En este caso, el marido disfraza la verdad, y por eso sus palabras de amor hacia su esposa son huecas, en particular a los ojos de Dios. Y cuando su mentira sale a la luz, destruirá no sólo el amor sino también la confianza de ella.

¿Podría suceder lo mismo, pero a la inversa? ¿Si la esposa comienza a disfrazar verdades? Claro que sí, pero lo que más importa es que te preguntes si podría pasarte a ti. ¿Podrías cansarte si tu cónyuge no respondiera a tu necesidad de amor o respeto, en especial si haces el esfuerzo por cumplir con tu parte?

Quizá la idea de una aventura emocional te suene descabellada, pero hay muchas otras formas de disfrazar verdades. No importa cómo ni por qué se deje de lado la sinceridad, dejas de comprometerte con la verdad y ya no puedes pronunciarla en toda ocasión. Buscas entonces el lado oscuro del engaño.

Hay muchas formas de mentir

Para muchos de los esposos y esposas que leen este libro las historias que acabo de presentar quizá no tengan sentido ni aplicación. Es que no engañan ni mienten abiertamente, con lo cual es posible que la sección sobre las palabras de verdad no les parezca relevante. Por desdicha, la mayoría de nosotros sabemos instintivamente que no es así. Hay muchas formas de mentir y no ser sincero. Por ejemplo, hay cónyuges que pasan años sin sincerarse con respecto a la forma en que contribuyen a los problemas en su matrimonio.

Una esposa me escribió para contarme que ella y su esposo habían asistido a una de nuestras conferencias y que, por obvias razones, ella lo llamó: «Seminario Quitavigas». Durante más de veinte años había estado tratando de quitar la «paja» de su esposo (ver Mateo 7.3-5). Camino a casa, su esposo se sintió henchido de emoción porque lo que acababa de oír con respecto a su necesidad de sentirse respetado le hacía sentir que por fin alguien lo comprendía en lugar de condenarlo. La esposa vio que ella había sido quien siempre le hacía sentir condenado y esta verdad le dio de lleno en el pecho: «Después de la conferencia de amor y respeto, me confesé ante el Señor, ante mi esposo y ante mi familia, por mi falta de respeto. Durante una semana el Señor con toda suavidad me mostró muchas cosas que yo necesitaba confesar».

> *Cuando sientas la tentación de mentir, ora: «La mentira aborrezco y abomino; tu ley amo» (Salmo 119.163).*

Me encanta el sentir de esa mujer. Porque durante veinte años no tuvo intención de faltarle el respeto a su esposo, pero se fijaba tanto en lo que consideraba falta de amor, que no había mostrado respeto alguno hacia él. La conferencia le hizo ver la viga en sus ojos, y se sinceró consigo misma, confesando sus culpas y haciendo cambios.

Aun así, las palabras de verdad han de tratarse con cuidado. Porque el esposo o la esposa no deben pronunciarlas sin respeto por el otro. Decir algo que hiere, y luego tratar de taparlo con: «Sólo quiero ser sincero», puede ser algo engañoso y cruel. Conozco un esposo que por fin vio que podía usar la verdad para herir, en especial a su esposa. Y dejó de decir: «Soy sincero», porque vio que sonaba tan falto de amor.

Podríamos decir mucho más sobre cómo lidiar con la verdad (por ejemplo, no decirla porque temes que tu cónyuge reaccione con enojo o desprecio, quizá). En ocasiones tendrás que decirla y estar dispuesto a soportar las consecuencias. En la mayoría de los casos es mejor errar por ser fiel a la verdad, pero debo añadir que también es esencial decirla con amor y respeto.

Al buscar utilizar siempre palabras de verdad, quizá encuentres obstáculos en el camino. Para evitarlos, comprométete diciendo algo como lo que presentamos a continuación:

> En última instancia, la mentira es incompatible con la forma de hablar de Jesús. La mentira no es lo que aprendí en Cristo.[1] Jesús siempre habla la verdad, y lo mismo haré yo.

PALABRAS DE ÁNIMO
Habla siempre de manera que animes a tu cónyuge y no uses el amor o el respeto como forma de manipularle para satisfacer tu propia necesidad de amor o respeto.

Continuando con su enseñanza a los cristianos de Éfeso sobre cómo hablar y conducirse como si fuera con Cristo, Pablo presenta las palabras de ánimo: «Ninguna palabra corrompida salga de vuestra boca, sino la que sea buena para la necesaria edificación, a fin de dar gracia a los oyentes» (Efesios 4.29). La traducción bíblica Dios Habla Hoy dice: «que edifiquen la comunidad y traigan beneficios a quienes las escuchen». En el matrimonio que funciona con amor y respeto, ambos cónyuges hablan palabras de edificación y gracia. Con ello se animan uno al otro e imitan la forma

> «Una respuesta sincera es como un beso en los labios» (Proverbios 24.26, NVI).

de hablar de Jesús. Lucas señala: «Y todos daban buen testimonio de él, y estaban maravillados de las palabras de gracia que salían de su boca» (Lucas 4.22).

De cómo el esposo edifica a su esposa

Mientras trabajaba en este libro, pareció caer del cielo un ejemplo de cómo el esposo puede utilizar palabras de gracia y edificación. Vinieron a visitarnos Gary y Carla, amigos nuestros. Gary y yo conversamos un poco y le conté sobre lo que estaba escribiendo y de cómo esperaba ayudar a los matrimonios a comunicarse mejor. Se me ocurrió preguntarle, al tocar el tema de las palabras que animan: «¿Qué tipo de palabras usas para edificar a Carla?»

Casi sin pensarlo Gary dijo: «Es interesante tu pregunta, porque estaba pensando en eso justamente esta mañana. Carla ha estado muy contenta últimamente y dice que una de las razones es que yo he estado haciendo más por afirmarla, tanto en lo que es como en lo que hace».

En los últimos años Carla ha estado trabajando muy duro, utilizando su talento para escribir y editar. Trabaja ahora a tiempo completo para una compañía que se especializa en ofrecer a las escuelas secundarias seculares, un currículum que se centra en cómo la Biblia afectaba a los habitantes que fundaron y construyeron nuestro país.

> En el pasado, cuando los niños eran pequeños, Carla no tenía tiempo para ocuparse de su profesión por lo que dejó un poco de lado sus intereses y talentos. Ahora que puede trabajar en algo que le encanta y que sirve al Señor, finalmente veo que sacrificó muchas cosas por nuestra familia y por eso me esmero por hacer cosas que creo que llamarías «edificarla».

«¿Qué tipo de cosas?» quise saber, esperando una o dos buenas ideas. Gary me dio mucho más que eso, sin embargo, y tomé nota con premura mientras mencionaba una larga lista de maneras en que edificaba a su esposa.

«La elogio delante de los demás siempre que puedo», me explicó. «Por ejemplo, cuando invitamos a alguien a cenar, durante la cena menciono los talentos de Carla, que incluyen su capacidad para la música. Hace poco les dije a nuestros invitados que cantaría como solista en la iglesia ese domingo y que nos gustaría verlos allí. Por supuesto, me encanta hablar del impacto que tiene sobre miles de chicos de escuela secundaria en el país, al ayudar a vender los libros que hablan del rol de la Biblia en la historia

«Por lo cual, animaos unos a otros, y edificaos unos a otros, así como lo hacéis» (1 Tesalonicenses 5.11).

de Norteamérica. Y no debo olvidar el enorme impacto que Carla ha tenido en nuestros propios hijos, al orar con fidelidad por ellos mientras crecían. Nuestra hija menor irá a África este verano, en un viaje de misiones breve y no dudo que Lisa sintió el llamado a misionar gracias a las oraciones de Carla».

«Son buenas ideas» dije, pensando que allí acabaría la lista. Pero sólo acababa de empezar. Continuó:

«Hemos vivido en esta ciudad durante veinticinco años y por mi trabajo suelo ver gente que nos conoce a los dos. Siempre le transmito a Carla cualquier buen comentario que diga alguien sobre ella. Aunque se trate de algo dicho al pasar, no me lo guardo. Por ejemplo, hace poco alguien me dijo que Carla había editado un material que era para promover un concierto y que su trabajo le impresionó muy bien. Me ocupé de decírselo a Carla, eso es algo que hace unos años habría olvidado hacer».

«¿Hay algo más?», pregunté viendo que ya se me acalambraba la mano.

«Bueno, Carla siempre ha preparado la comida para la familia y los invitados, y es una excelente cocinera. Pero ahora que trabaja a tiempo completo muchas veces soy yo quien va al mercado y prepara la comida».

Recordando cómo era Gary años atrás, comenté que eso no sonaba como la actividad típica del macho que solía pelear a la más mínima provocación y que una vez la emprendió contra todo un departamento de policía después de que un agente le multara por su forma de conducir. Gary sonrió y dijo: «Es que me gusta cocinar, y no me cuesta organizar mis horarios para hacerlo. Así que si decidimos no comer afuera, yo preparo la cena. No es problema para mí pero lo mejor es ver cómo se anima Carla al entrar a la casa y ver que ya preparé la comida».

Gary hizo una pausa y luego añadió:

«Oh, sí, hay algo más. Tengo amigos y colegas que vienen a casa bastante seguido y siempre invito a Carla a participar de la conversación si lo desea. Le digo que me gusta involucrarla por el impacto que ella tiene en nuestras conversaciones».

Es posible que esta lista de Gary te luzca «demasiado buena para ser cierta», y que muchos esposos digan: «Impresionante, pero sé que yo no podría hacer todo eso». Quizá sea así, pero en realidad, casi todos los esposos pueden hacer mucho por animar a sus esposas. La lista de Gary contiene ideas que todos podemos adaptar. Y a mí seguramente me servirán algunas, para poder animar y edificar a Sarah.

¿Puede ser demasiado amable la esposa?

Las palabras de ánimo son muy potentes. Encontré un ejemplo de esto en una esposa cuyas palabras de ánimo y amistad tuvieron un gran efecto en su esposo, que juega en la Liga Nacional de Fútbol. Su esposa asistía a un estudio bíblico para mujeres en el que la maestra desafió a cada una de las participantes a animar y alentar a sus esposos con palabras de admiración y afirmación. Más o menos en la misma época, el esposo empezó a quejarse porque no se sentía bien. Concertó una cita con el médico, que le indicó varios estudios.

Mientras esperaban los resultados, ella seguía siendo amable y edificando a su esposo, a tal punto que finalmente el hombre empezó a preguntarse si algo estaría mal. Por fin, pensando que la había llamado el médico, dijo ansioso: «Bueno, dímelo ya. Hablaste con el médico y te dijo que tengo una enfermedad terminal. Por eso estás tan amable conmigo. Sólo tratas de hacerme sentir bien antes de que muera».

Es una historia real, y cómica. Pero al mismo tiempo nos muestra una verdad básica: las palabras de ánimo y edificación son para usarlas a menudo, en especial cuando la esposa no es demasiado amigable con su esposo. Ya dije antes que mi consejo para las mujeres que quieren que sus esposos sean más amorosos es: 1. Sé su amiga. 2. Sé amigable. 3. Sé su amigable amiga. P.D. ¡En caso de que no te lo halla dicho, sé su amiga!

Acabo de presentar dos buenos ejemplos de cómo un esposo o esposa pueden animar más a su cónyuge, pero también debo mencionar casos en que sucede todo lo contrario. Quizá tu cónyuge no use palabras que te edifiquen, y lo único que hace es no decirte nada, o peor aún, criticarte todo el tiempo. Si decides vivir en el ciclo de la recompensa, tendrás un desafío por delante: «¿Voy a tratar de satisfacer su necesidad con palabras de amor o respeto porque esto es lo que Jesús quiere de mí, o me cerraré porque mis necesidades no son satisfechas?»

En ese momento decisivo, ese esposo o esa esposa tienen un auxiliador muy potente: el Espíritu Santo. Es obvio que unos y otras necesitan Su ayuda. En las conferencias de amor y respeto insisto en que los hombres sean más amorosos y actúen basándose en los principios del C-A-C-C-L-E (ver en especial capítulos 8 y 10). Pero después de tantos años también intento ayudar a las esposas, mostrándoles que a menudo el poder está en ellas, y en que han de estar dispuestas a respetar a sus esposos incondicionalmente. No me canso de repetir que por lo general la esposa que quiere que su esposo sea más amoroso tendrá que poner en práctica el respeto incondicional, a propósito y con toda conciencia de ello. Y que gran parte de lograrlo está en dejar de criticarlo «aunque lo merezca».

Proverbios 14.1 contiene un valioso consejo para cualquier esposa: «La mujer sabia edifica su casa; mas la necia con sus manos la derriba». Y yo agregaría que la mujer necia puede derribar su casa con la boca. Basado en los cientos de mensajes de correo electrónico que recibo, estoy convencido de que las mujeres tienden a centrarse en lo negativo. Además, no notan que lo hacen y que naturalmente fijan su atención en lo que está mal en sus esposos y que intentan ayudarlos y corregirlos, como lo hacen con sus hijos.

¿Por qué las esposas suelen ser madres de sus esposos?

Sin duda, muchas veces la esposa tiene razón con respecto a los errores o defectos de su esposo. Pero al concentrarse en todo ello, en lo que *no hay*, suele dejar de ver lo que *sí hay*. Su esposo ha sido creado a imagen de Dios. Aunque sigue siendo una obra en construcción, no por eso deja de ser creación divina. Sin embargo, la esposa parece centrarse en la parte incompleta, haciendo listas de lo negativo en su mente, y repasándola a diario. Las mujeres parecen estar naturalmente equipadas para preocuparse, por su matrimonio, por sus hijos, hasta por la fiesta de bienvenida por el bebé de una amiga… Hay algo en la naturaleza de ella que necesita la carga de algo o alguien. Y muchas veces, la carga será su esposo. Es que ella necesita ayudarlo para que mejore, y en especial, para que le muestre mejor su amor.

En los primeros años de casados, antes de que descubriera la conexión del amor y el respeto, a veces Sarah y yo teníamos conflictos por alguna cosa. Todos los meses parecía tener alguna queja con respecto a mí. Un día decidí hablarle, no con un versículo de la Biblia sino con un comentario basado en las Escrituras. Ella recuerda que le dije con mucho amor: «Sarah, quieres que la vida sea perfecta. Y no puede serlo a causa del pecado». No es que estuviera intentando salvarme. Lo dije porque ella presionaba intentando lograr un matrimonio libre de conflictos. Quería un matrimonio perfecto, pero sus expectativas irrealistas la frustraban, y ¡también a mí!

Sarah dice que mi comentario le cambió la vida y la forma de ver nuestra unión. Desde ese momento se esforzó por ver la vida de manera más positiva y también por ajustar y controlar su propensión femenina a ser madre. No teníamos hijos todavía, pero como todas las mujeres estaba diseñada para ser madre, creada con el inherente deseo de mejorar y corregir. Eso es lo que hacen las

> *¿Te sientes tentada a ver lo negativo? Ora: «Pon guarda a mi boca, oh Jehová; guarda la puerta de mis labios» (Salmo 141.3).*

madres, y en su esfuerzo por lograr un matrimonio perfecto Sarah estuvo com-
portándose como si fuera mi madre. Sin embargo, las esposas no deben ser
madres de sus esposos. Un esposo me dijo: «Ya tengo madre. No necesito otra.
Muchas gracias».

Cuando combinamos el perfeccionismo maternal de la esposa, con el mundo y el esposo imperfectos, lo que tenemos son los ingredientes para la esposa
quejosa y el marido obstinado. Sarah reconoció eso y buscó controlar su perfeccionismo, en especial en lo referente a mí. Y con eso hizo un enorme cambio,
porque comencé a oír menos quejas y más palabras animadoras; este es el patrón
de nuestra relación aún hoy (aunque todavía se pregunta por qué dejo tiradas en
el suelo las toallas húmedas). Al mismo tiempo, sé que sus motivos son puros. Es
una mujer que ama a Dios y su forma de tratar de corregir las cosas está arraiga-
da en su anhelo de ayudarme y servirme. Les digo a los hombres que no resien-
tan los motivos de sus esposas cuando se comporten como madres. ¡Si la mayoría
de ellas lo *son*! Aun las mujeres que no tienen hijos, han nacido para cuidar y alimentar, y eso es algo que los hombres no podemos olvidar.

Pero volvamos a la tendencia femenina a la crítica, aunque sea constructiva. Como las esposas son por lo general la parte que más critica, suelo pedirles
que den un paso atrás y se pregunten: «¿Me gustaría que mi esposo me criticara
como lo critico yo?» Afortunadamente, suele suceder que la esposa tiene buena
voluntad y busca mejorar su matrimonio. No critica porque desee hacer daño,
sino para ayudar a su esposo a que entienda sus frustraciones y cómo mejorar la
relación. Mi pregunta sobre las críticas hace que muchas se vean a sí mismas y
a sus esposos bajo una luz diferente, y en estos casos, la mujer de buena voluntad cambia su conducta. Dondequiera que voy, me impresiona la capacidad de
enseñar que tienen ellas.

Una esposa me escribió para decirme que ahora se centra en las cosas buenas de la relación con su esposo (Filipenses 4.8-9) porque no quiere destruir su
matrimonio. Afirma: «Últimamente, he estado pensando en la sensibilidad de
mi esposo, en cómo se disculpa, etc., y veo que trata de mejorar, por lo que yo
si me quejara por las cosas que no hace estaría derribando sus esfuerzos». ¡Bien
por ella! Esta mujer lo entendió. Verás, el respeto funciona. El ataque, no.

Ahora, habiendo hecho que las mujeres se vieran en el espejo, quiero contarles a los esposos sobre un error que cometí cuando era joven. Aprendí que las
palabras de ánimo y las de verdad suelen estar conectadas, aunque no siempre
de manera positiva. Cuando estaba en la universidad, se me permitió hablar en
la capilla; luego, le pedí al capellán su opinión. Su comentario fue: «No azotes
a las ovejas». Me dolió oírlo, pero jamás lo olvidé. Aun cuando tengamos buenas intenciones, los esposos podemos azotar con nuestras palabras. Es que decir

palabras de verdad pero que no animan, puede ser desastroso para nuestras esposas. Así que, si has de decirle una verdad que pueda sonarle dura, hazlo con suavidad, como un caballero. Lo que digas quizá no anime a tu esposa de manera extraordinaria, pero tampoco necesitas azotarla y hacer que caiga al suelo.

Jamás busques un beneficio con tus palabras de ánimo

Por favor, recuerda que puedes intentar ser amoroso o respetuosa, y al mismo tiempo no animar de verdad, como Dios quiere que lo hagas. *Siempre deberás verificar cuáles son tus motivos.* Por ejemplo, no funciona usar palabras de ánimo para manipular a tu esposo. No digas palabras de ánimo si en el fondo, lo que quieres es un arreglo, un beneficio.

Oí de parte de una esposa que había hecho la prueba del respeto, un ejercicio para esposas que les ayuda a descubrir el impacto que el respeto puede tener en sus esposos. Les pido a las esposas que hagan este test, acercándose a su esposo para decirle: «Estaba pensando en ti hoy y en todas las cosas de ti que me inspiran respeto. Quiero que sepas que te respeto». ¡Y luego deben salir de la habitación!²

El esposo, claro está, la sigue para descubrir más. Y también comienza a servirla y amarla sin que hagan falta insinuaciones ni quejas. Un mes más tarde, esa mujer me escribió para quejarse: «No me ama como lo hizo después de la prueba del respeto».

Al indagar un poco más, descubrí que ella le estuvo diciendo a su esposo cosas positivas para que cambiara, ¡no para satisfacer la necesidad de él! Por ejemplo, le estuvo diciendo que era buen padre para motivarlo a que lo fuera con sus hijos. Sus palabras eran manipuladoras, no motivadoras, y cuando el hombre lo vio (algo inevitable, claro está), se cerró por completo.

Cuando los cónyuges utilizan palabras de amor y respeto con motivos egoístas, sus esfuerzos casi siempre dan como resultado lo contrario a lo que esperan. Es duro ver que el esposo le diga a su esposa: «Bueno, hoy he sido cariñoso contigo durante todo el día, así que ¿por qué no podemos tener sexo esta noche?» Cuando la motivación del hombre es egoísta, destruye el espíritu de su esposa. Ella ve enseguida que su esposo no estaba intentando satisfacer la necesidad de amor que ella siente, como fin en sí mismo, sino que buscaba algo más: satisfacer su propia necesidad de sexo.

> *«A cada uno le parece correcto su proceder, pero el Señor juzga los motivos»* (Proverbios 16.2, NVI).

El esposo sabio sabe que su esposa necesita mucho ánimo: necesita sentirse segura, animada, día a día. A continuación incluyo algo que digo en las conferencias, y que llamo:

Observación fundamental de Emerson

Las mujeres se animan con las palabras. Si los esposos les hablamos de las necesidades y problemas que nuestras esposas sienten en el alma y buscamos animarlas dándoles seguridad, sentirán sanidad, al menos por este día.

Una esposa escribió para referir algo con respecto a su esposo: «Es fuente de ánimo para mí. Si me equivoco y me disculpo, me dice que no me desaliente y señala que meses atrás, ni siquiera habría visto que necesitaba disculparme».

Otra esposa cuenta: «Mi esposo es una verdadera bendición. Ha hecho y dicho todo lo correcto este año, en que debí someterme a una cirugía de pecho, una doble mastectomía, además de la quimioterapia. El amor y la aceptación de Cristo se reflejan en el compromiso de mi esposo conmigo ¡no importa qué suceda!»

Siempre es bueno que el esposo y la esposa puedan animarse mutuamente, como lo explicó un esposo al escribir: «Hemos conversado muchas veces, aplicando las técnicas del descifrado y respondiendo sin saberlo con amor y respeto. Y luego nos decíamos: "Oye, qué bien nos entendemos y respondemos"».

Los esposos y esposas que se responden mutuamente con amor y respeto saben que todo eso edifica y anima de veras. Los matrimonios con buena comunicación verbal afirman lo positivo. Y los estudios confirman que necesita haber una proporción de cinco a uno: cinco comentarios positivos por cada comentario negativo. Por eso es que importa tanto el V-A-P-G-B, y por qué todo esposo y esposa han de comprometerse diciendo lo siguiente:

Si derribo a mi cónyuge no hablo como Jesús. Animarlo es lo que aprendí de Cristo. Jesús otorgaba gracia a quienes le oían, y usaba palabras de ánimo para satisfacer sus necesidades. Yo haré lo mismo.

PALABRAS DE PERDÓN:
**Sabiendo que mi cónyuge no podrá amarme y respetarme
a la perfección, me comprometo a tener un espíritu perdonador para no
hablarle nunca con desdén ni con odio**

Pablo veía a los cristianos de Éfeso como pueblo típico, con problemas corrientes. Así que, continúa diciéndoles que se libren de la amargura, la ira, el enojo, las palabras duras, la injuria y toda conducta maliciosa (ver Efesios 4.31). En lugar de esa conducta alocada, les aconseja: «Antes sed benignos unos con otros, misericordiosos, perdonándoos unos a otros, como Dios también os perdonó a vosotros en Cristo» (Efesios 4.32). Si Pablo quería que los efesios recordaran algo de lo que aprendieron de Cristo (ver Efesios 4.20), era el perdón. Las palabras perdonadoras constituyen el centro de la forma de hablar de Jesús, porque el perdón era central a la naturaleza misma de Cristo, a Su ser y Su propósito en esta tierra.

Allí, colgado en la cruz en terrible agonía, donde moría para darnos el perdón por nuestros pecados, Jesús dijo: «Padre, perdónalos, porque no saben lo que hacen» (Lucas 23.34). Y cuando caminó en esta tierra les enseñó a Sus seguidores a perdonar (Mateo 18.23-35), advirtiéndonos las consecuencias de no perdonar a otros como Dios nos perdonó (Mateo 6.14-15).[3]

Ya vimos más de cerca el perdón en el capítulo 7, pero necesitamos repasar esta acción que tanto nos cuesta, para ver por qué es esencial para hablar como Jesús. A veces, tu cónyuge no te hablará con amor o respeto aunque le hayas mostrado amor y respeto con tus palabras. ¡Y pocas cosas hay que nos molesten tanto!, todos sabemos que tenemos que usar palabras de perdón sin dudarlo, pero a veces se nos atoran en la garganta. En esos momentos tenemos que elegir si responder con palabras de odio y desdén o permanecer en el curso del amor y el respeto incondicionales. En algunas situaciones quizá debas confrontar la conducta pecadora de tu cónyuge, pero también habrás de decidir: «¿Lo confrontaré con un espíritu de perdón o de amargura y enojo?» Es cierto que no podrías hablar palabras de amor y respeto si sientes amargura y sólo quieres gritarle al mundo lo horrible que te trata el otro. (Encontrarás más ayuda sobre confrontar a un cónyuge de conducta cruel o destructiva en el apéndice B, «Perdonar, pero también confrontar, las tres A: Adulterio, abuso, adicción».)

El verdadero perdón no puede convivir con el resentimiento

Muchos matrimonios detienen el ciclo de la locura y se suben al vigorizante, viendo también la necesidad del ciclo de la recompensa como algo incondicional. Pero es muy fácil volver al modo crítico del pasado sin darse cuenta. Y esto, en especial vale para las esposas que como ya notamos, suelen tener una tendencia natural a la confrontación con el fin de corregir. Y tenemos que enfrentar la verdad, esposos: muchas veces tienen buenos motivos para criticarnos.

> «El odio despierta rencillas; pero el amor cubrirá todas las faltas» (Proverbios 10.12).

El esposo quizá sea sincero en cuando a querer permanecer en el ciclo vigorizante, pero pocas veces logra librarse de sus malos hábitos de la noche a la mañana. Con toda facilidad puede pisarle la manguera a su esposa sin siquiera darse cuenta, y a ella se le acabará entonces la paciencia y el perdón.

Por ejemplo, la esposa lee *Amor y respeto* y se propone sinceramente ser respetuosa, pero su esposo no muestra interés por ser amoroso. Esto continúa durante meses y entonces ella empieza a cansarse de ser quien hace todo el esfuerzo. Decide continuar, pero aunque parece hablar con respeto en casa, va haciendo una lista de las cosas negativas que hace él, y que no transmiten amor.

Antes de darse cuenta, comienza a sentir verdadero resentimiento hacia su esposo. Y se pregunta: «¿De qué sirve tratarlo con respeto?», y por eso comienza a criticarlo. Las instrucciones de Pablo con respecto al perdón en Efesios 4.31-32, pasan de largo, lo mismo que su enseñanza con respecto al modo de hablar, en particular en lo referente a las palabras de ánimo y agradecimiento. Son momentos difíciles y la esposa se enfrenta a una decisión importante: dejar de tratar de respetarlo o decidir que por la gracia de Dios, respetará incondicionalmente a ese hombre que se porta como estúpido. Si decide esto último, la esposa típica naturalmente dotada con elocuencia, deberá orar pidiendo todavía más paciencia porque cuando utilice palabras que derriben a su esposo será muy difícil volver a edificarlo.

En un mensaje de correo electrónico una esposa admitía que por fin reconocía lo mal que se sentía su esposo cuando ella se mostraba crítica, malhumorada o sarcástica con él. Se ha estado esforzando por extenderle perdón y dice: «He podido frenarme y no decir todas las cosas críticas que se agolpan en mi mente. Entiendo que una vez dichas, no hay remedio. Así que al menos agradezco poder tener dominio propio».

> «*Tampoco permitan que nadie cause problemas en el grupo, porque eso les haría daño; ¡sería como una planta amarga que los envenenaría!*»
> *(Hebreos 12.15, BLS)*

Entiendo la frustración de esa esposa, pero veo que progresa bien. Se muerde la lengua cuando quiere pronunciar palabras de crítica, y este es un primer paso muy importante. Ahora necesita orar pidiendo capacidad para perdonar por completo, desde el corazón. Quizá le lleve tiempo, pero he visto que en muchos casos sucede.

La razón por la que pongo énfasis en la necesidad de que la esposa frene su tendencia a criticar y perdone de veras a su esposo, es que las críticas harán que le hable sin respeto, como no lo haría un hombre. He sido consejero de muchos hombres que dicen: «Todo el mundo me respeta, menos mi esposa». No es de extrañar entonces, que la esposa oiga: «Amor, para ti jamás seré suficiente». Cuando la esposa oye algo como esto, es que su esposo está pidiendo respeto a gritos (y hasta quizá esté pidiendo perdón). No es por arrogancia que lo pide, ni por un motivo marginal. Es que Dios puso en el corazón del esposo la necesidad de sentirse respetado, por lo que la esposa deberá criticarlo menos. Y si no entiende él que ella necesita sentirse amada, la esposa deberá indicarle con respeto qué es lo que siente.

El perdón también puede usarse para manipular

Otro de los peligros con las palabras perdonadoras es que uno puede hablar perdón pero buscando que el otro lo pida. El ejemplo clásico sería el esposo que dice: «Te perdono. Ahora dime que no volverás a hacerlo». Esto casi nunca funciona, en especial si tu esposa siente que no hizo nada malo o no siente ánimo de arrepentimiento y no necesita que la perdones. Si tu esposa no siente que tienes que perdonarla y le dices: «¡Te perdono!», la ofenderás (no serás muy sabio si lo haces), porque suenas condescendiente. Lo único que lograrás es que se cierre y sea más difícil que quiera cambiar o lamente lo hecho. Si haces eso, ¡serás tú quien tenga que pedir perdón!

Perdonar al otro tiene que ser siempre el fin en sí mismo, porque el Señor nos manda a perdonar. Pero si sientes que todo el tiempo tienes que perdonar a tu cónyuge, puede haber dos motivos: tu cónyuge tiene problemas personales graves y por eso tienes que perdonarle todo el tiempo, o eres demasiado susceptible y te ofendes enseguida.

Por ejemplo, muchas esposas dicen que se molestan cuando sus maridos caminan delante de ellas, desde la iglesia hasta el estacionamiento. Les dicen que eso no es muestra de amor y añaden: «Tenemos que hablar sobre esto, ¿Qué pensará la gente al ver que caminas delante de mí?» Con eso quedo un tanto confundido. Es que la «verdad» se verá determinada según lo sienta la esposa. Si se siente ofendida, dirá automáticamente que el esposo la ofende y no muestra amor. Exagera entonces, convirtiendo la despreocupación de él en tema de amor y respeto cuando la ocasión ni siquiera lo amerita.

Claro que sería más adecuado que caminaran juntos hasta el auto. Y Sarah con todo tacto me lo ha señalado, cuando absorto en mis pensamientos camino delante de ella. Sin embargo, no exagera las cosas acusándome de ofenderla y no mostrarle amor. Sólo dice: «Por favor, espérame. Me gusta caminar contigo». Eso enseguida me despierta, y entonces pido disculpas y caminamos juntos. Ofenderse por algo así es como colar el jején y «tragarse el camello» (ver Mateo

23.24). Ofenderse con tal facilidad puede plantar malas semillas que germinarán hasta convertirse en problemas grandes si continúa ese tipo de criterio.

Así que, esposos y esposas, cuídense. Si todo el tiempo sienten que deben perdonar al otro, es posible que les consuma la hostilidad o el desprecio. Eso lo vi en mi padre. Después de entregarse a Cristo, confesó que muchas veces sintió resentimiento hacia mamá por cosas pequeñas. Se ofendía por decisiones de ella porque pensaba que eran para molestarlo. No confiaba en sus buenos motivos y se enojaba a menudo o era hostil sencillamente porque no entendía el corazón de mamá.

Cuando decidió seguir a Cristo, papá empezó a ver que gran parte de su ira se arraigaba en los motivos equivocados que percibía en las acciones de mamá. Se sentía provocado por cosas que estaban sólo en su mente. Al crecer como cristiano reconoció que no eran las acciones de mamá lo que le molestaba e irritaba, sino ver que le agobiaba la tonelada de emociones negativas con las que cargaba, y que estas se convertían en ira cuando se sentía ofendido. Logró domesticar sus reacciones volcánicas al aprender a ver el conflicto como parte normal de la vida con su esposa, en lugar de interpretar los desacuerdos como evidencia de que ella no lo respetaba o no lo tomaba en cuenta.

Cuando estamos enojados y nos negamos a perdonar, nuestros sentimientos suelen ser mucho peores que las infracciones que notamos. Tienes que evaluar por qué sientes lo que sientes. ¿Qué es lo que te molesta? Si no es inmoral, peligroso o abusivo, quizá estés exagerando algo pequeño.

Todos somos capaces de sentir cierto resentimiento porque solemos centrarnos en lo que hacemos bien nosotros, y en lo que hace mal el otro. Es algo sutil porque nos cuesta detectar nuestros propios defectos. ¿Recuerdas la diferencia entre pensar desde el punto de vista de la disposición y desde la perspectiva de la situación, que vimos en el capítulo 14? Si tu esposa te critica, sueles pensar que se debe a su disposición (un defecto en su carácter). Pero si tú metes la pata y «enloqueces» por un minuto, lo atribuirás a la situación, que «causó» tu enojo. Los términos psicológicos son interesantes, pero el meollo aquí es nuestra incapacidad de ver nuestro propio pecado como lo que es.

Y algo más sobre el perdón. Durante nuestras conferencias, suelo hacer una advertencia: «Por favor, entiendan esto: muchos se irán hoy de aquí con la intención de hablarse mutuamente con amor y respeto, pero apenas uno de los dos estalle por algo, el otro se sentirá tentado a resentirse. Y a medida que uno y otro cometan errores (porque nadie es perfecto) ese resentimiento podrá crecer. Pronto, el matrimonio de amor y respeto está en arenas movedizas porque no pueden dar amor o respeto con sinceridad y al mismo tiempo albergar resentimiento en su espíritu, sin querer perdonar al otro».

La falta de perdón puede llevar a la injuria

Esto lo veo todo el tiempo en los mensajes de correo electrónico. Ojalá pudiera decir que no es así, pero lo veo muy a menudo. La esposa dirá injurias de su esposo sin darse cuenta. La injuria es criticar falsamente a alguien. Lo típico es que la esposa no lo haga a sabiendas, sino porque se siente dolida o resentida por un conflicto en particular, y entonces estalla. Además, ella sólo ve color rosa en tanto él sólo ve color azul, y por eso sus palabras hacen que él parezca un villano. Como ella se siente tan vulnerable, y él siempre parece tan obstinado e insensible o falto de amor, ella quizá busque darle cierto tinte rosado a los hechos para obtener compasión. Si el esposo se entera, podrá enfurecerse ante la parcialidad del comentario y su enojo podrá convertirse en amargura, con lo cual se cerrará y no querrá hablar más.

Es importante notar que el único comentario de Pablo a los esposos en su Carta a los Colosenses es: «Maridos, amad a vuestras mujeres y no seáis ásperos con ellas» (Colosenses 3.19). ¿Estaría pensando Pablo en esta tendencia femenina a criticar y en la propensión masculina a enojarse y ser duros? No podría afirmarlo, pero a las esposas les convendrá recordar Proverbios 25.23: «Con el viento del norte vienen las lluvias; con la lengua viperina, las malas caras» (NVI).

La esposa sabia se cuidará de no arriesgarse a pronunciar injurias sobre su esposo al hablar con su familia a espaldas de él, esto incluye a los hijos, los amigos y los compañeros de trabajo. Su esposo sabe que no es perfecto, pero también si sabe que ella no lo critica delante de otros, buscará bendecirla (ver Proverbios 31.26-31, en especial el versículo 28). Aquí presento un ejemplo de parte de un esposo que escribió para expresar aprecio porque su esposa se comprometió desde el principio a nunca criticarlo ante sus amigas:

> Poco después de casarnos, mi esposa y yo fuimos a la despedida de soltera de una de sus mejores amigas. Muchas de las presentes estaban casadas, y a mi esposa le impactó la forma en que muchas de las mujeres criticaban a sus esposos ausentes. Aunque mi esposa entendía bastante bien muchos de mis defectos, se negó a unirse al clan de las criticonas. Fue, y sigue siendo, su perspectiva ante nuestra relación: nunca me critica delante de otras personas.

Esposa, el mejor motivo para no criticar a tu esposo y concentrarte en perdonarlo, es que Dios te perdonó a ti (ver Efesios 4.32; Colosenses 3.13). Esposo, si tu esposa dice

> «*La gente chismosa revela los secretos; la gente confiable es discreta*» *(Proverbios 11.13, NVI).*

algo que te suena a injuria, debes perdonarla por la misma razón. Vean también que las señoras suelen recurrir a otras mujeres buscando apoyo. Claro que puede cruzar la línea que tú no cruzarías, pero si fueras mujer, buscarías apoyo también si tu esposo no fuera amoroso o humilde contigo. No juzgues a tu esposa pensando que quiere avergonzarte delante de los demás. Ese no es su objetivo. Si fueras más tierno con ella, acudiría a ti y no a otras personas. Habría dejado de lado sus sentimientos negativos si la comprendieras, escuchándola y orando con ella. Recuerda que es una mujer de buena voluntad. Su objetivo no es injuriarte, ¡sino conectarse contigo! ¡Perdónala!

Cuando tienes un espíritu de perdón, las palabras de amor y respeto fluirán automáticamente de tu boca, y verás que el Señor te escucha en momentos como este. Él sabe que tienes el poder que Él mismo te otorgó. Sabe que no eres débil, ni tonto, ni que buscas la paz al precio que sea. Te ve a Su imagen, sabio, comprometido a imitarle, buscando oír que te diga: «¡Bien hecho!»

Así como te comprometiste a decir la verdad, a hablar palabras que edifiquen, comprométete también a perdonar:

> El espíritu que no perdona no es compatible con la forma de hablar de Jesús. Perdonar a mi cónyuge es lo que aprendí de Cristo. Jesús me perdonó y por eso perdono a mi cónyuge.

Hemos visto las palabras de verdad, de ánimo y de perdón, que son las tres primeras partes del V-A-P-G-B. Pero nos quedan dos principios muy importantes. ¿Oye tu cónyuge que digas palabras de agradecimiento? ¿Usas palabras de la Biblia en casa? Estas, y otras preguntas importantes, estarán junto con las respuestas en el capítulo 16, donde terminaremos de hablar del ciclo de la recompensa.

CAPÍTULO DIECISÉIS

Hablar como Jesús. Tercera parte

Amar y respetar: ser agradecido, bíblico y fiel

Tenemos en el V-A-P-G-B dos aspectos más para examinar. Las palabras de gracias y las de las Escrituras también tienen su origen en Dios. Cuando tú y tu cónyuge las usan de forma incondicional para bendecirse mutuamente, bendicen a Dios de manera especial. Porque Dios se complace en quienes son agradecidos y bíblicos.

> **PALABRAS DE AGRADECIMIENTO:**
> **Puesto que es fácil ser negativo, concéntrate en las**
> **buenas cualidades de tu cónyuge y expresa agradecimiento**
> **con palabras positivas de amor o respeto.**

¿Cuán a menudo le agradeces a tu cónyuge lo que hace por ti día a día? ¿Le mezquinas las palabras de agradecimiento porque crees que no las merece o que no las recibirá con agrado? Pablo, en su Carta a los Efesios, advierte a la iglesia contra obstáculos como la inmoralidad, la impureza y la codicia (ver 5.3) y luego añade: «ni palabras deshonestas, ni necedades, ni truhanerías, que no convienen, sino antes bien acciones de gracias» (v. 4).

No ha de sorprendernos que las palabras de agradecimiento formen parte del discurso de Jesús, según lo describe Pablo para los efesios y para nosotros. El mismo Jesús hizo del agradecimiento una prioridad y daba gracias siempre que tenía ocasión (por ejemplo, antes de alimentar a los cinco mil [Juan 6.11]). Hablar como Jesús es dar gracias, y Él espera que Sus seguidores den gracias a Dios y al prójimo. Cuando sanó a los diez leprosos observó que sólo uno de ellos ¡un samaritano para colmo! regresó para darle las gracias (Lucas 17.11-19).

Podremos preguntarnos: *¿Por qué contrasta Pablo entonces el dar gracias con las cosas negativas como las necedades, la deshonestidad, las palabras soeces?* Creo que quería que los que recibieran su carta pensaran en la enorme diferencia que hay entre la persona agradecida y la que se ocupa de decir obscenidades, tonterías y chistes sucios. Pablo estaba convencido de que si los creyentes de su época daban gracias, eso sería un elemento de disuasión contra la tentación de volver a la vieja manera de vivir en la inmoralidad, de la que habían sido liberados tantos gracias al Evangelio.

Las palabras de Pablo son útiles para nosotros también. De lo que oigo en las sesiones de consejería, en muchos matrimonios hay bastante más que chistes sucios o malas palabras.

Para citar sólo un par de ejemplos, es inadecuado y humillante que el esposo esté todo el tiempo bromeando con respecto al aumento de peso de su esposa, y si lo hace delante de otras personas es peor aún. También es igual de humillante que la esposa suspire continuamente, que ponga los ojos en blanco, estando delante de otros también, como diciendo: «No entiendes nada».

La forma de hablar de Jesús nos llama a centrarnos en lo positivo y a no quedar atascados en aquellas cosas de nuestros cónyuges que nos desagradan y que tratamos de cambiar con comentarios tan desagradables.

¿Significa esto que los cónyuges no pueden hacer bromas y chistes, divirtiéndose sanamente? Claro que no. Pero la clave está en asegurarse de que la diversión no sea a expensas del otro. Es fácil cruzar esa fina línea al territorio en que el cinismo o el sarcasmo parece indicar: «No te valoro ni te aprecio».

Pero volvamos al tema del agradecimiento. Supongo que los esposos o esposas que leen este capítulo tendrán respuestas diversas a la pregunta: «¿Hasta qué punto le expresas agradecimiento a tu cónyuge?» Tal vez seas de los que admiten que sueles decirle cosas tontas, degradantes, desagradable y hasta obscenas. Y es probable que lo hagas de manera sutil y digas que sólo bromeas, pero la verdad es que quizá estés enfocándote en lo negativo y dejes de ver lo bueno, lo positivo. La forma en que Dios diseñó a tu cónyuge tal vez no te convenza del todo. Es que nunca pensaste que conseguirías a alguien tan distinto a ti. (Si ese es el caso, será buena idea volver atrás al capítulo 3, releerlo y pensar por qué Dios hizo a las mujeres de color rosado y a los hombres de color azul.) Si sigues sin agradecer, a causa de las «grandes diferencias» seguramente entrarás en el ciclo de la locura y esta falta de gratitud no te ayudará a salir de allí.

O quizá seas de los que creen que tienen buenas razones para no agradecer, al menos en este momento, porque tu cónyuge dice o hace cosas tan desamoradas, tan faltas de respeto. Podría llenar un libro con las cartas que envían los esposos y esposas cuyos cónyuges cometen adulterio, consumen drogas o alcohol, no se interesan por la familia, no invierten nada en el matrimonio y un largo etcétera. Si no ves en tu cónyuge nada que te mueva a agradecer a Dios, al menos puedes agradecer las pruebas que Dios permite en tu unión, porque te hacen profundizar tu fe en Él. Y recuerda que los agradecidos siempre encuentran algo para darle gracias a Dios.

No sólo agradecen lo bueno sino que pueden sentir gratitud en medio de lo malo también.

Es posible que tú y tu cónyuge logren permanecer durante mucho tiempo en el ciclo vigorizante. Al poner en práctica los principios del C-A-C-C-L-E- y el C-A-J-E-R-S, ¿das gracias a Dios por tu cónyuge? Como esposa, tal vez te preguntes: «¿Agradezco lo que mi esposo hace y dice para mostrarse cerca, abierto, comprensivo, conciliador, leal y con estima? ¿O en ocasiones me vuelvo negativa y crítica, diciendo cosas sarcásticas sobre lo que no hace o no dice?»

Como esposo, te podrás preguntar: «¿Doy gracias a Dios por mi esposa, y por lo que hace y dice para poner en práctica los principios del C-A-J-E-R-S, apreciando mi deseo por esforzarme y lograr más, proteger y proveer, servir y liderar, analizar y aconsejar, ser amigos y tener intimidad sexual? ¿O a veces soy culpable de bromear en forma desagradable y sentirme negativo y hasta amargado por lo que ella no hace o no dice?»

Es obvio que el esposo que desea hablar con amor a su esposa no puede ser ingrato y no apreciarla. Y la esposa que quiere hablar con respeto a su esposo no puede al mismo tiempo quejarse de él. Si intentas utilizar palabras de gratitud pero no te has comprometido con sinceridad a comportarte con amor o respeto, tus palabras sonarán huecas, falsas o sarcásticas. Para ser respetuosa con tu esposo, necesitas dar gracias con respeto. No quieres sonar como que dijeras: «Gracias por cargar combustible en mi auto después de que te lo pidiera tres veces». Y para ser amoroso con tu esposa, tus palabras de gratitud tienen que ser sinceras de modo que no digas, astutamente: «Gracias por limpiar la casa ¡por primera vez este mes!»

También recuerda que la gratitud en el matrimonio tiene que ser algo recíproco. Si quieres que tu esposo exprese aprecio porque buscas tratarlo con respeto, tienes que hablar con gratitud cuando él te exprese amor. Y si quieres que tu esposa exprese aprecio por tus intentos por ser amoroso, háblale palabras de gratitud cuando te trate o te hable con respeto.

> *«Dad gracias en todo, porque esta es la voluntad de Dios para con vosotros en Cristo Jesús» (1 Tesalonicenses 5.18).*

¿La gratitud tiene que ver con tu cónyuge? ¿De veras?

Quizá todo esto te suene demasiado básico y simple. Claro que debieras agradecer a Dios por tu cónyuge. Eso lo sabes. Y por muchas otras cosas también has de dar gracias, por supuesto. Pero como sucede con todo lo demás en el ciclo de la recompensa, no intentas ser agradecido por tu propio poder. Si crees en la forma de hablar de Jesús, usarás palabras de gratitud en tu matrimonio porque esto no se refiere básicamente a tu cónyuge y a su conducta. Orarás: «Señor, porque te amo, te pido hoy que hagas de mí una persona agradecida porque mi objetivo supremo es agradarte y oírte decir: "Bien hecho", o "Bien dicho"».

Volvamos ahora a Efesios. En el capítulo 5.1-2, Pablo dice: «Sed, pues, imitadores de Dios… Y andad en amor, como también Cristo nos amó, y se entregó a sí mismo por nosotros». Cuando intentas imitar a Dios y andar en amor es mucho más fácil ver lo positivo en tu cónyuge en vez de lo negativo. La esposa quiere que su matrimonio sea más positivo pero si se fija sólo en los defectos de su esposo, estará alimentando su negatividad. Y el esposo que quiere que su matrimonio no sea tan negativo deberá esforzarse por convertirlo en positivo, porque de otro modo sólo estará sosteniendo lo negativo. Para que lo positivo pueda florecer, busca primero a Dios e intenta imitarlo. Te será más fácil dar gracias por tu cónyuge y convertir a tu matrimonio en una relación positiva.

> *«Yo alabaré a Jehová en gran manera con mi boca, y en medio de muchos le alabaré» (Salmo 109.30).*

Mi esposa es una de esas personas que ha decidido dar gracias a Cristo por todo.

He visto cómo Dios le da a Sarah la capacidad de ver lo positivo en prácticamente cualquier situación. En los últimos años, por ejemplo, hemos tenido que tomar decisiones cruciales, y muchas de ellas no han sido exactamente lo que Sarah habría preferido. Pero no importa qué camino tomemos, Sarah dirá: «Está bien que vayamos por aquí», y luego da varias razones para explicarse.

Con esto no quiero decir que en ocasiones Sarah no prefiriera hacer algo diferente. Puede expresar su opinión con firmeza, y de hecho lo hace. Pero si las circunstancias no nos permiten hacer lo que ella prefiere, no se enoja ni protesta. Decide ser positiva y agradecida, buscando las cosas buenas que Dios pone en su camino. Me recuerda mucho a las palabras de Pablo en su Carta a los Filipenses: «He aprendido a vivir en todas y cada una de las circunstancias» (4.12, NVI).

Siempre hay oportunidades para dar gracias

Recibo muchos mensajes de correo electrónico de parte de cónyuges afiliados a Amor y Respeto, que encuentran oportunidades para dar gracias o apreciar lo que Dios ha hecho en sus vidas y sus matrimonios. Incluyo algunos ejemplos:

Un esposo escribió:

> Parte de mi plan consiste en recordar que debo apreciar y agradecer a Dios por mi esposa. Ha estado conmigo durante muchos años y es una madre maravillosa para nuestros tres hijos. Este mes se cumplen diez años de mi infarto, cuando casi morí y pasé por una cirugía a corazón abierto. Luego perdí mi puesto ejecutivo. Perdimos nuestra casa, todos nuestros ahorros. Ella entonces decidió capacitarse y obtener la licencia de agente inmobiliario, y desde entonces ha sido la que sostiene la casa. Yo nunca volví a encontrar un puesto gerencial, pero trabajo por horas. Y cada vez que mi esposa suena crítica, sarcástica o irrespetuosa, me recuerdo lo afortunado que soy al tenerla junto a mí todavía. Estoy decidido a trabajar en mi relación con Cristo, a orar más, para estar preparado en caso de que lleguen los conflictos. Deseo ser más receptivo a la guía del Espíritu Santo en esos momentos para poder reaccionar lentamente, con amor y paciencia.

Y una esposa escribe: «Todos los días anoto una cosa de mi esposo por la que agradezco, y se lo digo muchas veces, para darle ánimo. Quiero centrarme en sus virtudes y oro porque Dios restaure en mí el deseo, el amor y la confianza hacia él».

Otra esposa expresó de manera creativa su agradecimiento enviándole a su esposo un mensaje a través de la estación local de radio, cuya política incluía la transmisión de mensajes de personas a sus amigos o seres amados, cada hora durante un período de veinticuatro horas. Kim aprovechó el Día de San Valentín y este es el mensaje que su esposo y docenas de amigos y compañeros oyeron en la radio:

> Kim dedica esta programación a su esposo Kary, el Día de San Valentín. Efesios 5.33 dice: «Por lo demás, cada uno de vosotros ame también a su mujer como a sí mismo; y la mujer respete a su marido». Y Kim dice: «Kary, gracias por ser un esposo que me ama y ama a nuestros hijos como nos ama Cristo, incondicionalmente y con sacrificio. Gracias por trabajar duro por nuestra familia para que nuestra vida sea más fácil y divertida. Sé que entregarías tu vida por nosotros si fuera necesario. Estoy orgullosa de ser tu esposa. Mi amor por ti ha aumentado con los años, pero mi respeto por ti como esposo y como hombre ha aumentado todavía más. Con todo mi respeto, Kim.

Su carta continúa: «¡No creerías lo que dijeron los que oyeron este mensaje! ¡Los hombres lo envidiaban! Las mujeres creen que es dulce, pero no lo entienden del todo».

Cuando Kary oyó las palabras de Kim en la radio, lloró con lágrimas de gratitud. No sólo acababa su esposa de agradecerle por ser lo que era como marido y como hombre, sino que además lo había edificado».

Agradece aun cuando no parezca lógico

Decir palabras de gratitud y elogiar a tu cónyuge son cosas sencillas, pero por diversas razones a algunas personas les cuesta hacerlo. Un esposo admite que tiene una «esposa fabulosa» con virtudes «que no podría encontrar en ninguna otra mujer» pero confiesa: «Por la forma en que fui criado me cuesta elogiarla sin sentirme incómodo. Me resulta más fácil criticar… para ella esto es muy duro».

En contraste, una esposa que había estado casada durante cuarenta años, empezó a leer *Amor y respeto* pero su esposo no quería leerlo con ella. La mujer empezó a sentirse negativa hacia él y pidió ayuda al Señor. Esa noche, aún despierta, sintió que Dios le decía: «Quiero que imagines que eres un faro y que echas tu luz sobre las cosas sinceras y verdaderas de tu esposo. Mira a tu esposo con Mis ojos». Se levantó y empezó a escribir, y llenó páginas enteras con palabras que describían por qué respetaba a su esposo y sentía gratitud por tenerlo. Decidió que no le importaba que su marido no quisiera leer el libro. Seguiría sintiéndose bendecida y agradecida por él, y mostrándole el respeto que él necesitaba. Ella nos escribió:

> Dios me llenó con Su amor por mi esposo y echó Su luz sobre nuestra relación. El resto de esa semana fue como una segunda luna de miel. De hecho, ¡fue mejor que la primera! Mi esposo ahora comparte más conmigo y se muestra más amoroso, y me siento tan bendecida, tan plena como esposa. Es una bella historia de lo que Dios quiere hacer en nuestros matrimonios, y que muestra que sólo tenemos que abrirle nuestro corazón y permitir que cambie nuestra forma de pensar.

La forma de pensar es muy importante cuando buscas agradecer lo que Dios te da. Lo que admiro en Sarah es que agradece el tenerme a mí y al resto de la familia, porque puede ver más allá y dar gracias a Dios. En efecto, uno de los salmos favoritos de Sarah es el 50.23: «El que ofrece sacrificios de alabanza me honrará, y al que ordene su camino, le mostraré la salvación de Dios» (RV95). En su diario ella escribió:

Recuerdo cuando nuestro hijo David se rompió la pierna jugando béisbol en el octavo grado. Al ver cómo sufría por perder el sueño de jugar algún día en las ligas mayores, entendí que no podría arreglar ni su pierna ni su sueño. Y sufrí con él. ¿Cómo pasar por ese momento? Luego Dios me mostró que no era una crisis con mi hijo, sino una crisis de fe para mí. Sabía que Dios quería que diera gracias en todas las cosas, pero eso no parecía algo para agradecer. Entonces entendí lo que dice el Salmo 50.23, sobre «sacrificios de alabanza».

Al llegar a este versículo mientras David se recuperaba, al principio no me pareció lógico agradecer. Pero luego pensé en Abraham, a quien Dios le pidió que sacrificara a su único hijo en el altar. No era algo natural tampoco. Y entendí que a veces tenemos que dar gracias en forma de sacrificio aun cuando las cosas no vayan bien.

Fue la primera vez de muchas otras ocasiones en mi vida en que ofrecí sacrificio de alabanza y gratitud. Fue como un precalentamiento, con muchas sesiones de entrenamiento. No sabía que estaba practicando para el gran juego que llegaría un día: el día en que me dijeron *cáncer de mama*.

En esos diez años que hubo entre la desilusión de mi hijo y mi diagnóstico de cáncer, aprendí a encontrar gozo en la gratitud. Cada vez que ofrecía sacrificio de alabanza y gratitud, sabía que honraba a Dios. Y aunque mis circunstancias no siempre cambiaban, algo sucedía en el cielo ¡y en mi alma!

Sarah pasó por una doble cirugía de mastectomía y no necesitó tratamiento posterior. Hoy no tiene cáncer. Y todo el tiempo siguió dando sacrificio de alabanza y gratitud al Señor porque ella ve más allá de sus circunstancias, a Dios. De eso se trata la gratitud. Sea cual fuere la relación con tu cónyuge en este momento, como motivo de gratitud, de poca o de ninguna, te urjo a que utilices la actitud de Sarah en tus circunstancias. Evita el pozo de la ingratitud, o sal de él, haciendo un compromiso que diga:

Con la ayuda de Dios voy a oponerme a los pensamientos negativos con respecto a mi cónyuge, dando gracias por sus cualidades. Sé que Jesús no permite que mis debilidades o defectos le impidan verme como soy. Él me valora y aprecia, y no se burla de mí. Trataré a mi cónyuge como Jesús me trata. ¡Es lo que aprendí de Cristo!

PALABRAS DE LA BIBLIA:
Para seguir hablando palabras de amor o respeto, mantén tu corazón en las Escrituras, confiando y hablando sobre Sus promesas como ayuda.

«Así que, ofrezcamos siempre a Dios, por medio de él, sacrificio de alabanza, es decir, fruto de labios que confiesan su nombre» (Hebreos 13.15).

El último aspecto del V-A-P-G-B son las palabras bíblicas a las que Pablo se refiere cuando completa su comparación de cómo ha de andar y hablar el cristiano, en contraste con la forma de vivir del que no cree (Efesios 4.17—5.21). Pablo ha hecho referencia a las palabras de verdad, ánimo, perdón y gratitud. Ahora, en Efesios 5.18-21, pareciera trazar una extraña comparación entre el viejo y el nuevo ser: los efesios no han de «embriagarse con vino», sino que serán «llenos del Espíritu» (v. 18). Luego dice que han de hablarse «con salmos, con himnos y cánticos espirituales, cantando y alabando al Señor en vuestros corazones» (v. 19).

A primera vista pareciera que Pablo busca la elocuencia en torno a cómo realizar un servicio de adoración, y algunos comentaristas piensan que este es el sentido del pasaje. Pero creo que si miramos el contexto más de cerca, veremos que también se refiere a cómo hablamos día a día.

Ante todo ¿por qué contrasta Pablo la embriaguez con los salmos e himnos en nuestro discurso? Encontramos la respuesta cuando insta a los creyentes a no embriagarse con vino sino a «ser llenos del Espíritu». Emborracharse al punto de perder el control es dejarse dominar por el exceso de vino, y con ello, vivir en egoísmo. En contraste con el ebrio que sólo se centra en sus propios deseos, desilusiones o culpas, los creyentes han de centrarse en las palabras y el Espíritu de Cristo, permitiéndole tomar el control e influir en la forma en que se comunican, usando salmos, himnos y canciones espirituales.

En lugar de dedicarnos al «Yo», Pablo dice que los creyentes hemos de llenarnos del Espíritu, lo cual significa permitir que el Espíritu reine en nuestras vidas. Enfocándonos en los deseos, intenciones y la gracia de Dios.

Pablo nos da una excelente pista sobre cómo llenarnos con el Espíritu, en el pasaje paralelo de Colosenses 3.16: «La palabra de Cristo more en abundancia en vosotros». Hemos de dejar que las palabras de Cristo llenen nuestros corazones porque cuando ellas inundan nuestras almas el Espíritu puede orar con mayor libertad en nuestras vidas.

Pablo continúa su Carta a los Efesios y no creo que sea por casualidad que enseguida se dirija directamente a los esposos y esposas en Efesios 5.22-23, el pasaje más profundo que hay en la Biblia con respecto al matrimonio. Si hay una relación que deba destacarse por el uso de las palabras de la Biblia, es el matrimonio.

Como sucede con los otros cuatro tipos de palabras, Jesús es nuestro modelo en cuanto al uso de la palabra bíblica. Constantemente hablaba sobre las Escrituras, y preguntaba a su audiencia con frecuencia: «¿No han leído?» En Mateo 19.4-5 los fariseos intentan tenderle una trampa con preguntas respecto a cuándo se permite el divorcio. Jesús les dijo: «¿No habéis leído que el que los hizo al principio, varón y hembra los hizo... y se unirá a su mujer, y los dos serán una sola carne?» (Para más ejemplos de «¿No habéis leído?», ver Marcos

2.25; 12.10; 12.26). Si los efesios habían «aprendido de Cristo» (ver Efesios 4.20), entenderían cuánta importancia le daba a las Escrituras.

Aquí nuevamente tenemos que entender que la forma bíblica de hablar no es sólo con respecto a tu cónyuge sino con respecto a tu relación con Dios en Cristo. Si tomas en serio la forma de hablar de Jesús, evitarás decir lo que contradiga Su palabra. Evitarás centrarte en ti mismo como lo haría el ebrio, y buscarías enfocarte en agradar al Señor con pensamientos, palabras y acciones bíblicas. Para poder hablar bíblicamente tienes que decidir vivir con una perspectiva bíblica. Quizá recuerdes las pulseras que decían: «¿Qué haría Jesús?» Ese brazalete era un potente recordatorio de que hemos de pensar como Jesús y como indican las Escrituras.

En sentido muy real, los brazaletes que decían: «¿Qué haría Jesús?», se parecen a mi sugerencia de que imagines a Jesús parado detrás de tu cónyuge, en especial si la conversación es tensa. De hecho, podrías preguntarte en ese momento: «¿Qué diría Jesús en este instante, para mostrar amor o respeto?»

Las palabras de la Biblia pueden detener el ciclo de la locura

> *Tres veces le respondió Jesús al diablo «escrito está» (Mateo 4.4, 7, 10). Para Jesús, lo que decía la Biblia lo decía Dios, y lo que Dios decía lo decía la Biblia.*

Hablar palabras bíblicas no significa que tengas que citar versículos cada vez que abras la boca, pero sí que has de pensar en las promesas de Dios, y que confíes en Él. Hablar palabras bíblicas es vivir y pensar según los principios y valores divinos. Por ejemplo, te propones buscar primero el reino de Dios y su justicia, y no dejar que te preocupen «las cosas de este mundo» (como pagar las cuentas), ni que dominen tu discurso ni tus pensamientos. Si las preocupaciones del mundo son el centro de tu atención, más que Dios y Su verdad, es probable que inicies el ciclo de la locura. El pensamiento y el discurso bíblico pueden mantenerlo a raya.

Al mismo tiempo las Escrituras en sí mismas no son una bala de plata. Puedes memorizar muchísimos versículos, pero perder de vista su aplicación correcta. Por ejemplo, una esposa nos escribió diciendo que había solicitado mucho material, y que «el Señor me está frenando. Antes me memoricé largos pasajes de 1 Pedro al respecto, pero no sabía por qué mis palabras y acciones no tenían efecto. Es que no entendía qué es el respeto. No veía que dependiera de mi decisión».

Esta esposa está en el ciclo de la recompensa, no en el de la locura. Ella dice: «Aunque no vea cambios en el matrimonio sé que estoy haciendo lo que le agrada a Dios y eso me da paz y alivia mi dolor y mi sufrimiento. Las emociones ahora ya no son tan fuertes, y hay esperanza. Cuando fracaso sólo doy gracias a Dios por Su misericordia y paciencia».

El correo electrónico de otra esposa hablaba de que al leer *Amor y respeto*, cuando una amiga se lo prestó, irrumpió en llanto al ver que su matrimonio estaba «definido por el ciclo de la locura». Se habían casado hacía ya nueve años, y los últimos tres los pasaron en consejería. Las cosas mejoraban por períodos, pero cada tanto «se daban de cabeza contra la pared», y eso les hacía preguntarse si su matrimonio sería un error. No podían creer eso porque «ambos somos creyentes y sabemos que Dios obra para bien en todas las cosas… pero no entendíamos por qué discutíamos todo el tiempo»

Insisto: las Escrituras no son una fórmula mágica ni una receta («Lea tantos versículos al día y todo irá bien»). El compromiso, la disciplina y la confianza en Dios tienen que estar presentes. Cuando los problemas de la vida nos acorralan es fácil apartarse de las Escrituras y de la Palabra de Dios porque parecen no dar resultados. Quizá uno pierda el trabajo, o tenga poco dinero, o enferme… Y para colmo, el amor y el respeto que uno muestra hacia su cónyuge no son correspondidos. A veces en esas situaciones uno se siente tentado a enojarse con Dios. Uno piensa que si actúa según Él manda, la vida tendría que ser mucho mejor, pero no funciona como lo esperamos.

Lo entiendo, porque Sarah y yo pasamos por eso también. Y aprendimos que cuando las cosas van mal, en esos momentos tenemos que acudir a las Escrituras y a Dios, más que nunca.

A continuación cito una carta escrita por una esposa cuya familia pasaba por una gran crisis financiera. Aunque su esposo no era en realidad el responsable de su situación, cargó con la culpa y pasó muchos días sintiéndose deprimido. Como el Señor obraba en el alma de la esposa, y ella deseaba confiar en Sus promesas, decidió responder ante su esposo como no lo hacía antes, cuando solía ser crítica y negativa.

Ella nos escribe: «Decidí en mi corazón que no iba a criticarlo. Le decía todo el tiempo que todo se arreglaría, que Dios obraría para bien. Me negué a permitir que el enemigo se apoderara de mi corazón y mi lengua y nos pusiera en el ciclo de la locura». Su situación financiera de repente mejoró, y ella da crédito por todo eso a Dios: «Creo que Dios nos dio un milagro porque decidí controlar mi lengua y mi actitud y apoyé y respeté a mi esposo durante ese problema financiero que era realmente acuciante».

Oigo de parte de muchos cónyuges que enfrentan las dificultades permaneciendo fieles a las Escrituras. De hecho, la razón por la que una simple analogía como la del ciclo de la locura les hace entender las cosas, es porque se basa en las Escrituras (ver Efesios 5.33). No puedo exagerar al decir que si detenemos el ciclo de la locura y lo mantenemos detenido, todo funcionará bien a largo plazo, siempre que tú y tu cónyuge utilicen palabras bíblicas, se paren con firmeza en las promesas de Dios y confíen en Él. Mi corazón se alegra cuando la gente envía mensajes firmados con versículos como Proverbios 3.5-6: «Fíate de Jehová de todo tu corazón, y no te apoyes en tu propia prudencia. Reconócelo en todos tus caminos, y él enderezará tus veredas».

A lo largo de los años Sarah y yo nos hemos centrado en pasajes clave de las Escrituras para animarnos y guiarnos, incluyendo Proverbios 3.5-6. Anhelo que Dios me use, pero he pasado por momentos de mucho desaliento. Me pregunto: *¿quiere de veras usarme Dios?* En esos momentos de duda Sarah y yo nos renovamos y recuperamos fuerzas con el Salmo 37.3-5:

> Confía en Jehová, y haz el bien;
> Y habitarás en la tierra, y te apacentarás de la verdad.
> Deléitate asimismo en Jehová,
> Y él te concederá las peticiones de tu corazón.
> Encomienda a Jehová tu camino,
> Y confía en él; y él hará.

> *«¡Cuán dulces son a mi paladar tus palabras!... De tus mandamientos he adquirido inteligencia... Lámpara es a mis pies tu palabra... Afligido estoy en gran manera; vivifícame, oh Jehová, conforme a tu palabra» (Salmo 119.103-107).*

Cuando Sarah pasó por el cáncer de mama Dios nos dio el Salmo 112.7: «No tendrá temor de malas noticias; su corazón está firme, confiado en Jehová». Cuando me enteré de que yo tenía melanoma, el mismo versículo ministró a mi corazón.[1]

La Biblia puede acercarlos

Un beneficio extra que disfrutamos Sarah y yo al centrarnos en las promesas de Dios en las Escrituras, es que ellas nos acercan y fortalecen nuestro matrimonio. Y a otras parejas les sucede lo mismo. Un joven esposo nos escribió:

Nuestra relación está mejorando porque intentamos seguir el ejemplo de Cristo. Estamos tratando de entregarnos mutuamente nuestras vidas, y de ver al otro como prioridad. En el último año hemos crecido espiritualmente más de lo que imaginamos. Dios está obrando en nuestras vidas y en verdad nos asombra. La capacidad de Dios para transformar nuestros corazones y cambiar hábitos de años de matrimonio (y hasta veintisiete años de vida) me asombra más que cualquier otra señal o maravilla de la que haya oído o visto.

Hay razones evidentes por las que mejora el matrimonio de esta joven pareja. Ante todo, este hombre y su esposa decidieron confiar en la Palabra de Dios (observa que se hace eco de 1 Juan 3.16 y Filipenses 2.3). Al confiar en Dios, también se hablaban Sus Palabras y actúan de acuerdo a ellas. Eso trajo aparejado actitudes y acciones saludables, y Dios les honró cambiando sus corazones y aun sus antiguos hábitos. Cuando buscamos a Dios y confiamos en Su Palabra como fuente suprema de significado y seguridad, no exigimos que el otro asuma ese rol en nuestras vidas. Y al aumentar nuestras fuerzas en el Señor como individuos, Él nos acerca como matrimonio.

Por desdicha, mis conversaciones y mi correspondencia con esposos y esposas me indican que muchos matrimonios no suelen orar juntos. Si tú y tu cónyuge no se toman el tiempo para ello, les urjo a hacerlo. Esta puede ser una excelente oportunidad para el esposo en particular, cuando invita a su esposa a hablar con el Señor sobre cualquier cosa que les preocupe. Una cosa es segura: hay poder cuando dos personas oran juntas. Por ejemplo, quizá Dios esté permitiendo que tengan un problema porque su propósito es unirlos para que encuentren fuerza y sabiduría en Él. Sólo hace falta que pasen unos minutos expresándole a Dios lo que pasa en sus corazones. Aun así, sé que hay hombres que creen que es poco varonil orar con sus esposas. Por el contrario, si tu esposa se parece a la mayoría, te verá más varonil porque quiere que seas el líder espiritual de tu familia. Se siente más segura cuando tomas un rol activo para guiar a la familia en la oración y la lectura de la Biblia.

> «Pero si andamos en luz, como él está en luz, tenemos comunión unos con otros» (1 Juan 1.7).

Esposos, por favor, entiendan que no necesitan graduarse en el seminario para liderar a sus familias y centrarse en la Palabra de Dios. Una esposa me dijo: «Aunque oramos, no es la típica hora del devocional. Sin embargo, veo que la Palabra de Dios está constantemente entretejida en la vida de nuestra familia. Toda conversación vuelve a la verdad de Dios... a medida que enfrentamos situaciones cotidianas... Y cuando más veo crecer a mi esposo en fuerza ante Dios, más segura me siento».

En otra carta un esposo contó lo que le escribió a su esposa durante una época de gran tensión y conflicto con uno de sus hijos. Buscando ofrecerle esperanza a su esposa desde una perspectiva bíblica, dijo: «Estoy preocupado por todo lo que está sucediendo. Desearía que hubiese respuestas rápidas y fáciles, pero no las hay. Sé que en algún lugar de la Biblia dice que al casarnos pasaremos tribulaciones, y me gustaría encontrar ese pasaje para citarlo correctamente. De todos modos, seguiremos aferrados a Dios y pasaremos por esto también».

Muchas esposas responden de manera muy positiva cuando sus esposos dicen: «Sigamos confiando en Dios y en sus promesas». Un antiguo himno resume la absoluta necesidad de aplicar las Escrituras a tu matrimonio. Aunque no es la cita exacta de un salmo, es un «cántico espiritual» cuya belleza describe por qué hemos de «estar firmes sobre las promesas de Dios».

Todas las promesas del Señor Jesús
Son apoyo poderoso de mi fe;
Mientras viva aquí cercado de su luz,
Siempre en sus promesas confiaré.[2]

Lo que algunos esposos y esposas no entienden es que tratarse con amor y respeto incondicional es, en su más profundo nivel, una prueba de nuestra fe en Cristo y en las Escrituras. Quienes entienden esta verdad permanecen en curso y por cierto oirán decir a Dios: «¡Bien hecho!» Para evitar el peligro de olvidar centrarnos en las Escrituras, hemos de comprometernos a orar privadamente, diciendo:

Señor, mantén mi corazón centrado en las Escrituras y confiando en tus promesas, para que me ayudes a hablar siempre palabras de amor o respeto incondicional.

Una historia de amor incondicional

A lo largo de este libro he intentado enseñar diversos conceptos que pueden ayudarte a avanzar hacia el mutuo entendimiento y a una mejor comunicación en el matrimonio. Juntos hemos visto todo tipo de aspectos, desde la importancia de la lengua, a la forma diferente en que se comunican hombres y mujeres, desde la buena voluntad al perdón, y de la acción de descifrar a la de aclarar. Al hablar del ciclo de la recompensa hemos estudiado la forma de hablar de Jesús, con palabras de verdad, ánimo, perdón, gracias y bíblicas. En estos capítulos finales, como sucedió en el resto del libro, la clave está en una palabra: *incondicional*. En un sentido muy real, hablar como Jesús es, en síntesis, *Descifrar el código de la comunicación*.

A fin de cuentas, puedes medir hasta qué punto has vivido según el amor y el respeto, recordando el pasado y evaluando tus palabras. ¿Han sido siempre incondicionales? Seguramente, es un parámetro muy alto, demasiado como para alcanzarlo con tus propias fuerzas. Por eso, el ciclo de la recompensa pone énfasis en la necesidad de hacerlo todo en el matrimonio como para Dios. Él está primero, y tu cónyuge después. Pase lo que pase, Abba Padre está escuchando, proveyendo y sosteniendo.

Para cerrar este capítulo y la sección sobre el ciclo de la recompensa, quiero que leas una carta más. Es escrita por un esposo que cuenta cómo él y su esposa estuvieron durante años en el ciclo de la locura, y cómo durante ese tiempo aplicó los principios del ciclo de la recompensa sin conocer en realidad la conexión del amor y el respeto. Esta es la historia de Jack:

> Mi esposa y yo nos casamos llenos de esperanza y amor, como tantos otros matrimonios. Sin embargo, ella cargaba con serias cicatrices causadas por la crianza de unos padres que no la amaban de manera incondicional, y de novios que sólo buscaban una cosa. En lo más profundo de su alma, no estaba segura de que yo fuera diferente, y durante nuestro primer año de casados me puso a prueba. ¿Era yo el hombre con quien creía haberse casado? Jamás lo dijo abiertamente, pero años más tarde salió a la luz durante las sesiones de consejería.
>
> Intentaba manipular y controlar la relación para poder protegerse, pero también para observar si yo la enfrentaba para ver cómo sería eso. ¿Reaccionaría yo con violencia, la abandonaría o permanecería fiel a mi palabra y me quedaría a su lado? Las palabras hirientes eran su arma más letal, las utilizaba con gran precisión. Llegué al matrimonio con expectativas muy altas en cuanto a nuestra relación sexual, pero ella sentía que el sexo era para «usarla», de modo que cuanto menos, mejor. Era un área en la que Lisa me puso a prueba (más subconscientemente que a propósito). Pasábamos quizá una muy linda noche, hablando y divirtiéndonos, y hasta quizá mimándonos. Pero al llegar al dormitorio, todo eso terminaba y ella esperaba que no me sintiera desilusionado, porque en tal caso estaría mostrando que sólo buscaba una cosa.
>
> Eso me dolía mucho emocionalmente porque tener la relación sexual con Lisa formaba parte de mi amor por ella, pero ella lo usaba como arma contra mí. Obviamente nuestra relación física era un punto de fricción. Como dice mi esposa: «Fue un año infernal». Y en cuanto a mí, jamás me había herido nadie en el centro de mi ser, como lo hacía mi esposa.
>
> Pero yo había dado mi palabra, y el divorcio era tomar el camino fácil. También, como cristiano, sabía que la Palabra de Dios me mandaba amar a mi

esposa bajo cualquier circunstancia. No soy santo y claro que cometí errores en nuestra relación, pero una cosa hice bien: amar a mi esposa aun cuando ella no lo mereciera. Hay hombres que dirán: «Yo no puedo hacer eso» y para ser sincero hubo momentos en que me sentía tan vacío, tan dolido que no tenía amor que ofrecerle. En esos momentos acudía a Dios y oraba diciendo: «Padre, sufro tanto. Sabes lo que está sucediendo en mi relación con Lisa. Has oído todas las cosas hirientes que me dijo. No merezco eso. Conoces mi corazón, y sé que ella también está sufriendo. Es que necesita mi amor pero pareciera que ya no queda más en mi corazón. Por eso, Padre, estoy pidiéndote ayuda. Necesito que llenes mi corazón con tu amor, para poder volver allí y amarla como me has dicho que lo haga».

No oraba así muy a menudo, pero cada vez que lo hacía Dios ponía ese amor en mi corazón de manera sobrenatural. Hasta podía sentirlo dentro de mí. Casi siempre sentía Su amor por mí, y entonces era lógico que le diera parte de ese mismo amor a mi esposa.

Jack recuerda que durante ese primer año hubo momentos decisivos. Recuerda en particular la noche en que tuvieron «una pelea muy fea», y que Lisa quería «irse para siempre». Para entonces Jack había aprendido a reconocer cuándo ella lo manipulaba y sabía enfrentarla. Se paró en el umbral de la única puerta del apartamento, y no la dejó pasar. No fue algo físico. Más bien, no se movió a pesar de los golpes de Lisa. Minutos después

> *Debes pedir que Dios te «dé, conforme a las riquezas de su gloria, el ser fortalecido con poder en el hombre interior por su Espíritu» (Efesios 3.16).*

ella echó a llorar y él la abrazó y le dijo que la amaba. Lisa dice que si Jack no la hubiera detenido en ese momento, se habría ido para nunca más volver.

Jack cree que ese fue un momento decisivo porque Lisa ya sabía que él no se iría, por mal que lo tratara, y entonces aprendió que aunque no tuviera fuerzas para continuar, y aunque quisiera abandonarlo, él siempre estaría allí, sosteniendo la relación.

La carta continúa:

Por fin creo que entendió que sería imposible que la relación se disolviera y se sintió a salvo. Ojalá pudiera decir que todo cambió de inmediato. Pero no fue así. Subimos y bajamos del ciclo de la locura varias veces en los primeros años. Nuestro matrimonio era básicamente insatisfactorio para ambos. Aun así, lento pero seguro, ese amor que Dios me dio comenzó a sanar las heridas en mi esposa y en nuestra relación. Como dice la Biblia: «El amor cubrirá multitud de pecados».[3]

Jack luego dice:

Recuerdo otro momento decisivo, más o menos a los diez años de casados. Desde el principio Lisa me responsabilizó de su felicidad, y por supuesto no hay ser humano que pueda con eso. Lisa empezó a sanar de sus heridas pasadas y a confiar más en Dios, sabiendo que Él es bueno, amoroso, digno de nuestra confianza. Empezó a encontrar gozo y felicidad en su relación con Dios, y no sólo en su relación conmigo.

Ya hace diecinueve años que Lisa y Jack están casados, y en estos últimos años, la relación «ha sido fantástica». De hecho, es todo lo que soñó Jack cuando se casó. Ahora ya no hay noches en que pasen buenos momentos que luego se estropean al llegar al dormitorio porque ella piensa que «él sólo piensa en una cosa». Ahora Lisa sabe que parte del amor que Jack siente por ella tiene que ver con hacerle el amor, pero que él no la ama «sólo por el sexo». La carta concluye:

Ahora Lisa me mira a los ojos y dice: «Eres el hombre más honorable que conozco». Y lo dice de corazón. No puedo expresar cuánto la amo. Emerson, como dijiste, puede llevar semanas, meses y hasta años para que la relación sane. Lisa y yo somos prueba viviente de que esto puede suceder por la gracia de Dios. Y de la dulce fragancia de nuestra relación Dios está acercando a Sí a muchos más.

El compromiso de este hombre, de amar incondicionalmente a su esposa, es un modelo para todos los esposos. Y para las esposas también. No hay diferencia: puedes estar pasando por momentos difíciles como Jack, o quizá tengas problemas pero no tan serios, o tal vez estés bendecido con un matrimonio vigorizante, de amor y respeto. En todos los casos, el amor y el respeto mutuo tiene que ser incondicional y la única forma en que podrás ofrecerle esto a tu cónyuge es siendo fiel: a Dios, a Su Palabra y a tu cónyuge. No importa cuántas veces resbales, tropieces o directamente pelees con tu pareja, tu fidelidad a Jesucristo te ayudará a pasar por esos momentos.

> «Estas cosas os he hablado, para que mi gozo esté en vosotros, y vuestro gozo sea cumplido» (Juan 15.11).

En la conclusión de este libro hablaré sobre lo que siento con respecto al matrimonio, al amor y el respeto incondicionales, y a la importancia de la profunda fe en Cristo, con mi hijo Jonathan y su esposa Sarah, que llevan poco tiempo de casados. Te invito a leer.

CONCLUSIÓN

————

En Dios confíen siempre

Como conclusión a Descifra el código de la comunicación *he escrito una carta, con consejos para mi hijo Jonathan y su esposa Sarah. (Sí, ahora tenemos dos Sarahs en la familia.) Jonathan y Sarah acaban de iniciar su vida juntos y quiero compartir con ellos lo que hay en mi corazón, y también contigo, para señalarles el único camino seguro al entendimiento y la confianza mutua, el único camino al matrimonio satisfactorio. Como verás a partir del título de la conclusión, el matrimonio no tiene que ver con nosotros. Tiene que ver con Dios.*

Queridos Jonathan y Sarah:

Cuando este libro se publique ya tendrán dieciocho meses de casados, pero a mí me parece que hace sólo unos días oficié su ceremonia de bodas en la bella Isla de Mackinac, en Michigan. Ese día fue una imagen digna de una postal, con ese cielo azul tan bello, el cálido brillo del sol y el suave oleaje el Lago Hurón que bañaba la orilla, cerca de donde ustedes dos, nuestra familia y amigos, estábamos reunidos para celebrar su intercambio de votos. Ese día yo quería llenar su matrimonio con amor y respeto incondicionales, y después de oírlos decir «Sí» fue de gran gozo para mamá y para mí verlos partir en el carruaje tirado por caballos, saludando como pareja de «Recién casados».

Parece tomado de un cuento de hadas. Casi podía ver otro cartel en la parte trasera del carruaje: «Y vivieron felices para siempre». Si hay alguien que quiere que vivan felices para siempre somos nosotros —mamá y papá— pero sabemos que la vida real no está hecha de dicha continua. Como intenté explicar en este libro, la vida real trae lunes con mañanas de tensión, presión, problemas y —porque son ambos maravillosos pero humanos— conflictos. Pablo advirtió a los corintios: «Los que se casan tendrán que pasar por muchos aprietos».[1]

Confíen en el Señor

Por todo esto, quizá no les sorprenda que papá quiera darles algunos consejos, porque por experiencia propia mamá y yo sabemos que los malos entendidos suceden. Sarah, te molestarás con Jonathan y le transmitirás mensajes codificados sobre tu dolor, mensajes que crees son tan fáciles de ver como la nariz que él tiene entre los ojos. Jonathan, sentirás frustración a veces y esperarás que Sarah sepa qué pasa dentro de ti. Después de todo, es tan fácil darse cuenta. ¡Fácil para ti!

Descubrirán (creo que de hecho ya en dieciocho meses de casados lo habrán visto), que no es siempre sencillo descifrar esos códigos. Escribí este libro para ayudarles, a ustedes y a innumerable cantidad de matrimonios, a entender cómo descifrar los mensajes que esposos y esposas se envían todo el tiempo. El libro está lleno de principios, ideas, consejos, estrategias y cosas prácticas que les indicarán cómo poner en práctica el amor y el respeto incondicionales. Todo eso es útil, claro está, pero el libro tiene un ingrediente más, que es vital: toda idea, cada uno de los principios, están basados en la Palabra de Dios. Y no basé todo en las Escrituras para que fuera «espiritualmente correcto». Lo hice porque creo firmemente que en la Biblia podemos aprender cuál es la intención de Dios para el matrimonio: que el esposo y la esposa confíen siempre en Él.

Verán, dos ateos pueden tener un matrimonio excelente. Conozco algunos casos. Y también dos ateos podrán poner en práctica muchos de los principios que contiene este libro, para su beneficio, pero su matrimonio no complacerá al corazón de Dios porque, como dice el escritor de Hebreos: «Sin fe es imposible agradar a Dios».[2] No digo esto con desprecio por los ateos o agnósticos, sino para señalar que para quien cree en Cristo, el llamado es muy claro: «Confía de todo corazón en el Señor y no en tu propia inteligencia. Ten presente al Señor en todo lo que hagas, y él te llevará por el camino recto».[3]

Podría detenerme aquí y tendrían ya el consejo más importante que quiero darles. Pero conocen a papá. Tengo algunas cosas más, en realidad unas historias, que quiero contarles sobre cómo distintas personas confiaron en Dios en circunstancias diferentes, y sobre cómo Dios honró su confianza. No me extenderé demasiado, pero mamá y yo esperamos que estos relatos les inspiren a tomar la decisión de confiar siempre en Dios en las cosas grandes y las pequeñas. Que «En Dios confiamos» sea el lema en sus corazones al avanzar en este matrimonio ordenado por Dios. Recuerden que Dios está a favor de ustedes. Él está detrás de su matrimonio, a cada paso. Como dijo Jesús: «Lo que Dios juntó, no lo separe el hombre».[4]

Jonathan y Sarah, porque Dios los ha unido, es que quiere que confíen en Él por completo. En especial en los momentos difíciles, quiere que «No perdáis, pues, vuestra confianza, que tiene grande galardón».[5] Dios quiere utilizar sus problemas y las circunstancias dolorosas y frustrantes de la vida (y esto incluye los malos entendidos y los conflictos en la comunicación) para cumplir Sus propósitos en y a través de ustedes.

Como dije, tengo algunas historias que contarles, y cada una de ellas se centra en las necesidades y retos que todos encontramos a lo largo de la vida. Sin embargo, cada una de ellas es un ejemplo de lo que aprendimos, y seguimos aprendiendo, mamá y yo sobre cómo Dios nos llama a confiar en Él. Mi primer consejo entonces es:

Cuando uno de los dos cometa un error, controlen el enojo que puedan sentir y confíen por completo en Dios, no importa qué suceda.

Sarah, Jonathan cometerá errores, pero tu fe los compensará. Jonathan, Sarah cometerá errores, pero tu fe puede ayudar a encontrar la solución. Estoy seguro de que recuerdan la anécdota en que mamá se bebió uno de mis lentes de contacto. Era en la época en que los lentes de contacto eran carísimos. Cometió un gran error, pero yo lo empeoré al gritarle frente a mis padres. Eso pasó mucho antes de que aprendiera sobre la conexión del amor y el respeto, pero definitivamente, durante varios minutos cabalgamos en el ciclo de la locura. Después que nos calmamos, nos pedimos perdón mutuamente y oramos juntos. Mi oración fue breve: «Señor, tú sabes lo del lente de contacto. Que se haga tu voluntad. Por favor, conduce nuestros pasos. Gracias».

Apenas pude fui a ver al óptico que me había hecho los lentes, y le conté lo sucedido. Me revisó los ojos, ya que siempre necesité lentes de graduación diferente. Luego me dio la mala noticia: uno de mis ojos necesitaba lentes más potentes. Me sentí frustrado porque parecía que tendría que comprar dos lentes nuevos, y en ese momento estábamos cortos de dinero. Pero luego me dijo: «La buena noticia es que sólo necesitarás comprar uno porque el que tienes te sirve ahora para el otro ojo. El que perdiste ya no te servía de todas maneras porque ibas a tener que reemplazarlo».

Fui a casa y le conté a mamá, y juntos agradecimos a Dios sabiendo con certeza que Él todo lo obra para bien para quienes le aman.[6] En el «Gran Esquema», el lente que mamá se tragó no era más que una manchita en la pantalla del radar de Dios, pero para nosotros fue uno de los muchos pequeños milagros que le vimos obrar a lo largo de los años.

También vimos que el buen matrimonio no tiene que ver con ser buenos comunicadores que jamás elevan el tono de voz. Tiene que ver con hablar con Dios y escuchar Sus respuestas. A veces, Dios permitirá que alguien se trague un lente de contacto para que podamos ver de verdad. Y el buen matrimonio tampoco tiene que ver con enojarse durante días por un error. Tiene que ver con tragarse el orgullo propio, con tomarse el tiempo para orar y buscar la guía de Cristo.

Paul y Marilyn nos brindan otro gran ejemplo de cómo controlar la ira cuando uno de los dos mete la pata. (Jonathan, quizá recuerdes a esta pareja porque solían pasar un día con nosotros cuando estábamos de vacaciones junto al Lago Michigan.) Este matrimonio quedó con una deuda de mil quinientos dólares con el banco porque Paul hizo un depósito incorrecto. En lugar de enojarse con Paul por ese error, Marilyn decidió orar por su necesidad, y urgió a Paul y a los niños a que hicieran lo mismo. Paul respondió: «¿Qué vas a orar? Supongo que vas a pedirle al Señor que nos envíe un cheque por mil quinientos dólares». Paul era pastor, con una congregación bastante grande, y estuvo de acuerdo en orar pero tenía sus dudas, en especial porque él era el responsable del error.

Pasaron os días y Paul llamaba a Marilyn desde la iglesia para preguntarle en son de broma si había llegado el cheque por correo. Cuando ella contestaba que no, Paul bromeaba y contestaba: «Marilyn, tienes que orar por eso». Marilyn nunca se enojó por esas llamadas, y siempre le mostró a su esposo respeto incondicional aun cuando con su sarcasmo no lo mereciera. Pero, como insisto siempre, ninguno de nosotros merece amor y respeto incondicional. Aunque con la ayuda de Dios, podemos otorgárnoslo mutuamente.

Marilyn siguió orando con calma fe y diez días después de haberse enterado del sobregiro llegó un sobre grande por correo expreso, enviado por un matrimonio que había estado en su iglesia antes de mudarse a la Costa Oeste. Dentro, había dos sobres más pequeños. Uno contenía un cheque por mil quinientos dólares y el otro, una nota: «Por favor, acepten este regalo, no de parte nuestra sino del Señor». Cuando Paul llegó a casa esa noche y Marilyn le mostró el cheque y la nota, cayó sobre el sillón sin poder creerlo. Luego, sintiéndose un poco culpable y quizá más sabio en cuanto a la oración, indicó a toda la familia que se arrodillaran para agradecer al Señor por su respuesta.

Más tarde, una llamada telefónica a la pareja que les había enviado el dinero les reveló que habían estado orando juntos y que súbitamente sintieron convicción en cuanto a que Paul y Marilyn estaban en necesidad. Y no sólo eso sino que ambos, cada uno por su lado, habían decidido enviar el mismo monto: mil quinientos dólares.

Hay dos moralejas distintas en estas dos historias, pero para un matrimonio joven como ustedes, transitando los primeros años de su vida juntos, quizá la mejor lección sea esta: Cuando haya un error, no se culpen ni discutan ni permanezcan enojados durante días, como han hecho tantos matrimonios a los que sirvo como consejero. Cuando mamá y yo empezamos a discutir por algo (sí, todavía sucede), uno de los dos se detiene y dice: «¿Para qué, si no podemos confiar en Dios en esto?» En esos momentos recordamos la amonestación de Santiago a los creyentes que peleaban y discutían: «no tenéis lo que deseáis, porque no pedís».[7] Santiago nos está diciendo que oremos a Dios y que le pidamos ayuda. De hecho, dice que la razón por la que muchos no reciben de Dios ¡es que no piden! Jonathan y Sarah, *siempre pídanle a Dios que satisfaga toda necesidad que les cause tensión*. En especial, pidan cuando uno de los dos no esté mostrando amor y respeto como debe, lo cual nos lleva al siguiente punto...

Dependan del Señor

Es un dato interesante: es posible que ninguno de los dos pueda satisfacer todas las necesidades del otro. Muchos matrimonios pasan años en el ciclo de la locura porque ella piensa que él debiera satisfacer todas sus necesidades de amor y él piensa que ella debiera satisfacer todas sus necesidades de respeto. Mamá y yo también lo hicimos hasta que ambos vimos que pensar que tu cónyuge puede satisfacer todas tus necesidades es avanzar por un callejón sin salida. Entonces, decidimos resolver el tema, hace tiempo. Ambos sabemos que somos llamados a amarnos y respetarnos mutuamente, y que Dios quiere que satisfagamos muchas de las necesidades de uno y otro. Pero, ¿todas? Jamás lo lograremos porque somos humanos. Dios no lo es. Entonces...

Dependan de Dios, y no de ustedes mismos, para la satisfacción de todas sus necesidades.

Ya saben que suelo recibir cientos de correos electrónicos cada semana. Una esposa me escribió para contarme su experiencia, que le hizo abrir los ojos. Era como si el Señor le hablara, diciendo: «Si tu esposo pudiera satisfacer todos tus deseos ¡jamás acudirías a mí!» ¡Allí está! Por eso es que Él no nos pide que satisfagamos todas las necesidades del otro. La carta continúa:

> Darme cuenta de esto fue como chocar contra una pared. De repente, fue como si se me abrieran los ojos por primera vez, para que viera qué estaba haciendo. Siempre había estado tratando de cambiar a mi esposo para que fuera lo que yo necesitaba tener a mi lado. En esencia, le estaba diciendo: «Necesito arreglarte, para que puedas cambiar y arreglarme a mí, porque... en el fondo tengo un deseo insatisfecho y necesito que lo satisfagas». Pero, ¿sabes qué? Jamás podrá hacerlo. Y no puede porque no es perfecto. Ese deseo insatisfecho que hay en mi corazón es el deseo de perfección, y solamente puede ser satisfecho en Cristo y por Cristo.

¡Esta mujer lo entendió! En última instancia, no hay ser humano que pueda satisfacer todas nuestras necesidades profundas. Sí, quizá pueda satisfacer algunas, y parte del viaje consiste en descubrir qué necesidades conservar y cuáles descartar.

Otra esposa escribió para contar que desde el día de su boda ha habido conflicto entre ella y su marido. Durante veinte años continuaron viviendo así, y ella sentía que Dios no la perdonaría. Finalmente decidió dejar de esforzarse por cambiar las cosas por sus propios medios y buscó al Señor, pidiéndole su ayuda y su perdón. Una inexplicable sensación de paz y contentamiento reemplazó su sensación de pánico y preocupación y como resultado, pudo comunicarse con su esposo de manera totalmente diferente. Su carta continúa diciendo:

> Me impresionó la forma en que pude expresar lo que sentía sin atacarlo ni enojarme… La paz que sentí y el deseo de agradar a Dios me asombró. Por lo general sólo quiero mostrar que tengo razón y que él está equivocado… Además, después de ver los videos de *Amor y respeto* comienzo a entender mejor cómo se comunica él… No es mujer, así que no se comunica como mujer. Eso me ayuda a no enojarme. A veces me duele, y mucho, pero tengo una increíble sensación de confianza en Dios y dejo que Él se ocupe de toda situación.

Jonathan y Sarah, dos cosas quiero decirles: Una es que esta mujer dice lo correcto, porque varones y mujeres se comunican de manera diferente. El truco está en intercambiar lentes y audífonos cada tanto y ver y oír lo que ve y oye el otro. En segundo lugar, ahora que ambos iniciaron este camino del matrimonio, encontrarán que hay momentos de descontento y ansiedad. Deténganse y pregúntenle al Señor si esos momentos no son llamadas de alerta que hacen que puedan encontrar su más profundo contentamiento y paz en Él, y no en ustedes mismos. Oh, sí, y algo más. Cuando uno comience a exigirle al otro que satisfaga una necesidad, no digan: «No hagas de mí un Dios. Yo no puedo satisfacer tus necesidades». Sería una forma excelente de decir la verdad, pero la utilizarían de manera errada.

Confíen en Dios para todos los por qué

Mi carta ya acaba, pero quiero darles otro consejo crucial…

Por sobre todas las cosas, confíen en Dios cuando los por qué de la vida amenacen con abrumarlos.

Sí, claro que todos preguntamos «¿Por qué?» Aun Jesús, colgado en la cruz preguntó: «Dios mío, Dios mío, ¿por qué me has desamparado?»[8]

Sabemos que Dios no responde todas nuestras preguntas, y en particular las que comienzan con: «¿Por qué?» Durante esos momentos, ¿buscaremos apartar a Dios o seguiremos confiando en Él? Jesús confió en su Padre celestial aun cuando la cruz parecía convertir al Todopoderoso en alguien sin poder ni amor. Nosotros también tendremos momentos en que algo muy doloroso sobrepase nuestro entendimiento. Y es natural que nos preguntemos: «¿Por qué?» Pero, ¿qué pasa luego? ¿Hacia dónde vamos desde allí?

Hace años casé a una pareja cristiana. Él tenía un defecto genético que le confinó a una silla de ruedas y ella tenía horribles cicatrices en todo el cuerpo a causa de quemaduras que también la dejaron discapacitada. Sin embargo, Mark y Kim veían en su futuro una maravillosa vida juntos, con hijos. Consultaron a especialistas que les aseguraron que podrían tener hijos sanos.

Oraron pidiendo la guía de Dios y por fin, sintiendo que el consejo de los expertos en genética formaba parte de Su respuesta, siguieron adelante y tuvieron una bebé, Elizabeth, que nació con los mismos defectos genéticos que su padre.

El impacto se tornó en profunda desilusión. Mark y Kim sentían que Dios los había abandonado. Preguntaron lo inevitable: «¿Por qué?» Como Dios no respondió, se apartaron de Él. Y también se apartaron entre sí. Su enojo y desencanto creció y aunque los ancianos de la iglesia oraron con ellos su hogar siguió lleno de tensión negativa, y sus corazones permanecieron fríos hacia Dios.

Dos años más tarde Kim vino a mi oficina a contarme que había pasado algo extraordinario. Aunque se había enfriado con respecto a Dios, nunca había dejado de hacer su devocional a diario. Una amiga cristiana la animó a seguir leyendo la Biblia y porque la respetaba mucho, lo hizo aunque sin ganas. Una mañana durante su devocional, Kim sintió la presencia de Cristo en la habitación. Luego oyó una voz inaudible: «Kim ¿estás lista para abrirme tu corazón?»

«¡No!», dijo ella con firmeza, y la Presencia se fue. Cristo había estado a las puertas del corazón de Kim, y la llamó, pero ella no le invitó a entrar en dulce comunión, como en el pasado.[9] Pero no pudo permanecer endurecida después de ese encuentro, y vino a verme para que la ayudara como pastor. Oramos y Kim abrió las puertas de su corazón diciendo: «Señor, no mi voluntad, sino la tuya». Su presencia llenó su alma y nos regocijamos juntos. Poco después de que Kim recuperara su relación con Dios, Mark también lo hizo, aunque hasta el día de hoy su Padre celestial no ha respondido a su «¿Por qué?»

El punto aquí es sencillo aunque no siempre sea fácil de aceptar: Dios no siempre responderá a todas nuestras oraciones como lo deseamos. Sus pensamientos no son los nuestros y sus caminos tampoco lo son.[10] Habrá en ocasiones situaciones «¿Por qué?», que no entenderemos, pero Dios nos llama a confiar en Él a la luz de lo que sí entendemos. Como Mark, que a pesar de su discapacidad llegó a ser un exitoso agente de seguros, y elegido nueve veces como miembro de la «Mesa redonda del millón de dólares», que dice: «No podemos hacer nada por cambiar el viento. Sólo podemos ajustar nuestras velas».

Jonathan y Sarah, no puedo terminar esta carta sin hablar un poco del «por qué» más grande. Es el «por qué», que formulamos cuando muere alguien, en particular si la muerte es prematura o totalmente inesperada. No quiero ser morboso, en especial al dirigirme a personas jóvenes y vitales como ustedes, con toda una vida por delante. Pero hay ocasiones en que Dios se lleva temprano a quienes tienen todo por vivir, incluyendo a Clyde McDowell, uno de mis mejores amigos de la universidad. Tenía varios pastorados fructíferos y llegó a ser presidente del seminario. Entonces me telefoneó un día para decirme: «Ora por mí, Emerson. Tengo un tumor cerebral».

La noticia nos pegó muy duro, pero Clyde no pasó demasiado tiempo preguntando: «¿Por qué?» Durante su enfermedad, con ayuda de su amorosa esposa Lee, escribió un panfleto llamado «Reflexiones sobre un viaje inesperado». Me dijo que él y su familia reflexionaron juntos sobre sus vidas y bendiciones pero que al mismo tiempo reconocieron que habría por delante días difíciles, según el soberano plan de Dios. No dudaban de la bondad de Dios y admitían que al igual que Cristo, tendrían que sufrir además de recibir gozosas bendiciones.[11]

Clyde escribió: «A la luz de los sucesos actuales en nuestras vidas como pareja, aceptamos lo que Dios nos mande... así que aunque es lo más difícil que hayamos vivido en veinticinco años de matrimonio estamos más cerca de Dios que nunca, más unidos que nunca, y también más unidos que nunca a nuestros hijos».

Ese mismo año Clyde partió con el Señor pero su testimonio sigue vivo en muchos corazones, incluyendo el mío y el de mamá. La razón por la que menciono algo tan triste no es para deprimirlos, sino para ser sincero. La realidad de la muerte nos ayuda a mamá y a mí a no preocuparnos por pequeñeces. Claro que tenemos problemitas, pero gracias a nuestra experiencia en la vida, hay muchísimas cosas que no consideramos importantes. Así que mi último consejo es: *Jamás dejen de amarse y respetarse mutuamente a causa de problemas del tamaño de un ratoncito.* Esto no quiere decir que no discutan por temas triviales, porque abundarán. Discutan si hace falta, pero terminen la discusión enseguida. No se pasen la vida, como tantos matrimonios, peleando y discutiendo por dónde ir de vacaciones o por el color de la alfombra que van a comprar.

A veces he oído verdaderos duelos matrimoniales por pequeñeces, que me hacen pensar: «Debieras dar un paseo de una hora por el cementerio, y leer las lápidas. Recordarás entonces que la vida es demasiado corta como para preocuparse y pelear por molestias triviales».

Me gustó mucho la canción que pidieron en su boda: «Al final», resume muy bien el ciclo de la recompensa, y también el mensaje de este libro. La vida no tiene que ver ante todo con ustedes dos y su matrimonio. Tiene que ver primero con su consagración a Jesucristo y con hacer todo lo que hagan para Él. Hagan eso y tendrán amor y respeto incondicionales. Como dice la canción:

> Al final sólo queda una cosa que importa.
> ¿Me esforcé por vivir la verdad? ¿Viví mi vida por ti?
> Al final todos mis tesoros no tendrán importancia.
> Sólo lo que haya hecho por la recompensa del amor pasará la prueba del
>   tiempo.
> Porque me has mostrado que el cielo es mi verdadero hogar…
> Al final, Tú serás mi vida cuando la vida acabe.[12]

Eso es. Es nuestro consejo para ustedes, para este camino, para la más grande aventura que puedan emprender dos personas juntas: vivir para dar gloria al Señor. Sabemos que les irá bien, si confían siempre en Dios.

Con amor y respeto,
Papá y mamá

NOTAS

Agradecimientos
1. Nota del editor: Cada vez que en esta obra se menciona la frase: Amor y Respeto, aparte del concepto en sí, se trata del enfoque que promueve el autor. De modo que cuando el lector la lea en algunos contextos y le parezca incongruente por asuntos del castellano, sepa que es intencionadamente.

Introducción
1. Enfoque a la Familia, departamento de análisis de ministerios, «Encuesta Amor y Respeto 2005». Enfoque a la Familia auspicia muchas de las conferencias de Amor y Respeto para matrimonios, y a pedido nuestro el departamento de análisis realizó un estudio sobre lo que sucede a largo plazo con los matrimonios que conocen el mensaje de Amor y Respeto. La encuesta se realizó con ochocientas personas que habían leído *Amor y respeto*, o que asistieron a una conferencia de Amor y Respeto, visto el video o visitado nuestro sitio web. Los resultados de la encuesta son muy alentadores:

49% respondió que recibió mucha ayuda y que su matrimonio se fortaleció.

88% respondió que seguían aplicando los principios de Amor y Respeto en sus matrimonios.

72% de los que contemplaban la separación ya no pensaban en eso, después de conocer Amor y Respeto.

54% de quienes se habían separado se reconciliaron luego de conocer y aplicar los principios de Amor y Respeto.

72% de los que consideraban el divorcio ya no pensaban en eso luego de aprender sobre los principios de Amor y Respeto.

64% de los que estaban tomando acciones legales para divorciarse las suspendieron luego de haber conocido el material de Amor y Respeto.

El estudio también mostró que los hombres tanto como las mujeres estaban de acuerdo en que la enseñanza de Efesios 5.33, de que las esposas deben respetar incondicionalmente a sus esposos, era un concepto nuevo para ellos, que debiera enseñarse como diferencia clave entre el mensaje de Amor y Respeto y otros programas de ayuda matrimonial.

Capítulo 3

1. Cada vez que señalamos una diferencia entre los varones y las mujeres, es obvio que en cierta medida tenemos que generalizar. Las generalizaciones son peligrosas si no son veraces en términos generales, pero si la generalización sí es verdadera en cuanto a lo general, puede darnos un vistazo del alma de la otra persona. Sé que hay hombres y mujeres que son la excepción a mis observaciones generales, pero aun así dichas excepciones no niegan la verdad de la generalización, que se basa en mi observación de miles de matrimonios. Cada vez que hago una generalización no es mi intención presentar un estereotipo negativo sino aportar un dato para ampliar un concepto y favorecer la comprensión.

2. En la tercera parte, «El ciclo de la locura: enemigo implacable de la comunicación marital», dedico un capítulo entero como recurso que todo matrimonio necesita aprender a utilizar bien: el perdón.

3. Emerson Eggerichs, (Nashville: Integrity, 2004), pp. 145-146 [*Amor y respeto* (Lake Mary, FL: Casa Creación, 2005)].

4. Jueces 4.6-15 es el relato de cómo Débora acompaña a Barac, general de las fuerzas israelitas, a la batalla y luego logra echar a Sísara y su ejército de cananitas para entregarlos en manos de Barac.

5. Para quienes están luchando con su adicción a la pornografía, contacten http://www.pureintimacy.org (en inglés), un ministerio de Enfoque a la Familia. O llamen al 1-800-434-2345 (en español), hablen con un consejero y tengan plena seguridad de la estricta confidencialidad.

6. Al utilizar la frase, *malos no, sólo diferentes* nos referimos a las diferencias entre el hombre y la mujer, que existen como resultado de la creación de Dios. No sugerimos que el esposo o la esposa jamás digan o hagan algo malo. Cuando el esposo o la esposa pecan ¡hacen lo malo!

Capítulo 4

1. Pablo enfrentaba la guerra civil entre el espíritu humano y la carne. Por un lado Pablo vivía en persona la ley de Dios. Había sido creado a imagen de Dios y parte de dicha imagen incluía la ley divina en su interior. Pero luchaba contra la ley del pecado que reside en la carne. Pablo habló de esta batalla en Romanos 7.25: «En conclusión, con la mente yo mismo me someto a la ley de Dios, pero mi naturaleza pecaminosa está sujeta a la ley del pecado» (NVI). ¿Cuál de los dos lados gana? El pecado gana si nos aleja del cielo y nos separa de la fe en Jesucristo y su sacrificio sustitutorio en beneficio de nuestro perdón, aunque igual podamos tener buena voluntad al vivir en la tierra.

Pero como existe la ley del pecado, hay quienes arguyen que ninguna persona puede tener buena intención ni hacer el bien. Algunos interpretan el término *privación total,* como queriendo decir que los seres humanos somos absolutamente incapaces de hacer el bien más mínimo o de tener motivo puro. Sin embargo, total no significa absoluto. La analogía está, por ejemplo, en echar tintura en un vaso de agua. Si echamos una gota de tintura negra en un vaso de agua pura, la tintura teñirá totalmente el contenido pero en el vaso seguiría habiendo H_2O. Del mismo modo, el pecado da color a la totalidad del ser de la persona, pero la ley de Dios que hay dentro sigue allí. El pecado no borra absoluta ni totalmente la imagen de Dios ni la ley de Dios que hay en nosotros.

Tanto los salvos como los no salvos pueden servir a esa ley de Dios en determinado nivel. Unos y otros pueden actuar según la imagen residual de Dios que hay en su interior. Por ejemplo, las personas pueden hacer el bien y tener buena voluntad. Una madre no salva tiene buena voluntad hacia sus hijos y hace el bien en su beneficio, y un cónyuge no salvo puede tener buena voluntad hacia su pareja y hacer mucho bien. Sin embargo no son los motivos adecuados y las acciones benevolentes lo que salva a las personas, es decir, lo que les da entrada al cielo. Nadie puede servir a la ley de Dios en medida suficiente como para merecer la vida eterna. Sólo la fe en lo que hizo Jesucristo en la cruz salva a la persona.

Además, todo creyente tiene el problema de vencer a la carne. La buena noticia es que el Espíritu Santo, el Consolador, ahora está dentro del creyente y en Él podemos confiar para que nos ayude a vencer a la carne. Si eres creyente, cuanto más confíes y dependas del Espíritu Santo más buena voluntad podrás mostrar hacia tu cónyuge, y podrás actuar con mayor consistencia respecto de esas intenciones.

2. En Efesios 6.5-9, Pablo se dirige a los esclavos y amos, pero su enseñanza acerca de «servir de buena gana» se aplica a todos los creyentes. Los esclavos han de servir de buena gana (v. 7) y los amos han de «corresponder a esta actitud» (v. 9) porque en Dios no existe la parcialidad. ¿Cuál es el punto aquí? ¡Que si el esclavo ha de servir de buena gana, también ha de hacerlo el cónyuge!

3. En 1 Corintios 7.25-35 Pablo está diciendo que el celibato es deseable porque así es más fácil concentrarse en servir al Señor, pero que el matrimonio es algo permitido. Pablo tenía el don del celibato, pero sabía que «es preferible casarse que quemarse de pasión» (1 Corintios 7.9, NVI). Se está haciendo eco de la enseñanza de Jesús en Mateo 19 donde cierra la puerta a todo divorcio excepto en los casos de inmoralidad. Cuando sus discípulos le oyen decir que el matrimonio es un acuerdo vinculante a punto tan extremo, responden: «Es mejor no casarse» (v. 10, NVI). Jesús les dice que no todos pueden aceptar sus enseñanzas y luego continúa: «Algunos son eunucos porque nacieron así; a otros los hicieron así los hombres; y otros se han hecho así por causa del reino de los cielos. El que pueda aceptar esto, que lo acepte» (Mateo 19.12). Es decir que Jesús está enseñando que todos, excepto los célibes, deben casarse y permanecer casados. Pablo también sabe que el matrimonio exige madurez y compromiso. En 1 Corintios 7.28 dice: «Pero si te casas, no pecas; y si una joven se casa, tampoco comete pecado. Sin embargo, los que se casan tendrán que pasar por muchos aprietos» (NVI). En 1 Corintios 7 Pablo no se centra en lo negativo: quiere que la iglesia de Corinto sepa que hay un aspecto positivo en

el matrimonio pero que el buen matrimonio requerirá de trabajo y del crecimiento de esposo y esposa, juntos. Pablo explica que el esposo y la esposa se preocupan
por agradarse el uno al otro y que esto es bueno, y que ambos deben confiar en este
hecho fundacional. En otras palabras, con todas las presiones y desafíos del matrimonio, los esposos deben creer en la buena voluntad mutua.

Capítulo 6

1. Algunos estudiosos especulan que Mical estaba tan molesta con la conducta
de David porque su efod no le cubría bien, en especial frente a las esclavas que for-
maban parte de la multitud que festejaba el regreso del arca de la alianza (ver, por
ejemplo, 2 Samuel 6.20). Mi investigación personal, sin embargo, no me permite
dudar que además del efod David vistiera calzoncillos que cubrían «desde la cintu-
ra hasta el muslo» (ver Éxodo 28.42). Creo que David no sólo había usado la vesti-
menta del sacerdote levítico en esta ocasión tan santa, arriesgándose a «exponerse»
de manera impropia. Hacer esto habría sido contrario al mandamiento de Dios a
los levitas. En Éxodo 20.26, por ejemplo, Dios le habla al pueblo a través de Moi-
sés: «Y no le pongan escalones a mi altar, no sea que al subir se les vean los genitales»
(NVI). Exponer la propia desnudez en cualquier medida era una horrible violación
a la ley de Dios. A la luz de este fondo histórico es difícil decir en realidad qué quería significar Mical. Quizá sí pensara que David estaba vestido de manera impropia
y quizá en su opinión le pareciera que se exponía. También es posible que Mical sintiera sencillamente —y este habría sido totalmente un problema suyo— que David
no actuaba ni se vestía como correspondía a un rey, lo cual no sólo traía vergüenza
sobre él sino sobre ella, como su esposa. A causa de su desprecio estoy convencido
de que exagera lo que hizo David para avergonzarlo del mismo modo en que pensaba que él la había avergonzado a ella. El hecho de que dijera que sus acciones fueran vergonzosas, no las convierte en actos vergonzosos. Es interesante ver que David
no cree que las esclavas que le veían danzar ante el Señor sintieran vergüenza. De
hecho, está persuadido de que sólo sienten honra por él (2 Samuel 6.22). Finalmente, debido al hecho de que Mical fue estéril durante el resto de su vida creo que Dios
le juzgó por su actitud despectiva y sus palabras amargas y faltas de verdad.

2. Ver "To Communicate Feelings or Start Discussion," "Taboos," and "Things
to Say to Lighten Up the Relationship" en el libro de Emerson Eggerichs, *Amor y
respeto* (Nashville: Integrity, 2004), pp. 306-307 (en inglés) [*Amor y respeto* (Lake
Mary, FL: Casa Creación, 2005)].

3. Agradecemos a Roy Bronkema, que asistió a una de nuestras conferencias
de Amor y Respeto y luego nos escribió para decirnos cuánto le había ayudado en
su matrimonio. Roy aportó muchas de las ideas para la conversación entre John y
Mary.

Capítulo 7

1. Dios nos manda a perdonar, pero nunca a pasar por necios o tontos. Para ver ideas sobre qué hacer con un cónyuge que comete graves ofensas que ponen en peligro la integridad del otro y de los hijos, ver el apéndice B: «Perdonar, pero también confrontar: las tres A: Adulterio, abuso, adicción».

Capítulo 9

1. Ver Efesios 4.26.

2. Para encontrar toda la información sobre Conquista: apreciar que él desee trabajar y lograr cosas, ver el capítulo 16 de *Amor y respeto* (Lake Mary, FL: Casa Creación, 2005).

3. Para una explicación completa de «la regla del 51%» y otros aspectos de Autoridad: apreciar su deseo de servir y liderar, ver el capítulo 18 de *Amor y respeto*.

4. Para ver una explicación sobre la jerarquía bíblica y cómo el chauvinismo de los hombres y el feminismo de las mujeres malinterpretan las Escrituras, ver el capítulo 17 de *Amor y respeto*.

5. Ver el capítulo 19 de *Amor y respeto*.

6. Para una explicación más completa con ilustraciones sobre cómo funcionan las actividades codo a codo, ver el capítulo 20 de *Amor y respeto*.

7. Para más sobre este tema, ver el capítulo 21 de *Amor y respeto*.

8. Ver Patrick Kampert, "Whetting your appetite for sex", Chicago Tribune, © 2003. Este excelente artículo de Kampert sobre la perspectiva de Michelle Weiner-Davis en cuanto a la consejería matrimonial en cuestiones sexuales, puede consultarse en el sitio de Internet de Smart Marriages (en inglés): http://smartmarriages. com. Para aprender más sobre Weiner-Davis, trabajadora social clínica y licenciada con una maestría en trabajo social otorgada por la Universidad de Kansas, ver sus dos libros: *Olvídese del divorcio* (Editorial Norma, 2006) y *The Sex-Starved Marriage: A Couple's Guide to Boosting Their Marriage Libido* (NY: Simon & Schuster, 2003).

Capítulo 10

1. Sólo porque la esposa no se sienta querida no significa que su marido no la ame. De todos modos, habrá que responder a su negatividad de manera positiva para poder lograr que siga funcionando el ciclo vigorizante.

2. La New Century Version dice, textualmente: «Husbands, love your wives and be gentle with them» [Esposos, amen a sus esposas y sean amables con ellas].

Capítulo 12

1. John Gottman, reconocido como el investigador más respetado en materia de relaciones matrimoniales, dice: «En la literatura investigativa sobre la interacción marital, utilizando métodos de observación, la interacción conyugal de las mujeres

se ha descrito con frecuencia como de confrontación, exigencia, coerción y alto contenido emocional, en comparación con la de sus esposos». Ver John M. Gottman ¿*What Predicts Divorce?: The Relationship Between Marital Processes and Marital Outcomes* (Hillsdale, NJ: Lawrence Erlbaum, 1994), p. iii.

2. Esa frase, «vaso frágil», no ha de interpretarse como indicación de inferioridad con respecto al hombre. Pedro habla de cómo Dios creó a la mujer cual delicada porcelana, no como vasija de cobre o hierro. Para más datos, ver *Amor y respeto* (Lake Mary, FL: Casa Creación, 2005).

Capítulo 13

1. En 1 Pedro 2 el apóstol enseña a los cristianos que sufren persecución a vivir como pueblo elegido de Dios, dándole honor a Él en toda circunstancia, aun al ser maltratados. Después de establecer este parámetro para todos los creyentes, esclavos o libres, el apóstol luego habla a las esposas y a los esposos, diciéndoles que han de vivir de esta manera para honrar a Dios. La esposa que respeta incondicionalmente a su esposo con espíritu gentil y manso cuando él no ha sido amoroso y no merece su respeto, encuentra favor con Dios (ver 1 Pedro 3.1-6). De la misma manera, el esposo que busca comprender a su esposa cuando esto le resulta difícil, en especial si ha sido irrespetuosa, encuentra favor con Dios (ver 1 Pedro 3.7). Tratar al cónyuge con amor y respeto incondicional nos da las bendiciones y recompensas de Dios.

2. Cuando Pedro dice que «el Espíritu de gloria de Dios reposa en vosotros», está utilizando el tiempo verbal continuo. Esto significa que el Espíritu Santo, Espíritu de gloria y de Dios, está actuando para participar de alguna manera en los resultados de la acción. Es decir que el Espíritu Santo reposa sobre el creyente y, en consecuencia, le da reposo y renovación. (La idea es similar a lo que Jesús prometió en Mateo 11.28.) He trabajado con muchos esposos y esposas que pueden percibir que el Espíritu Santo reposa sobre ellos en medio de su sufrimiento a causa de un matrimonio con problemas.

3. ¿Qué es la tarjeta de respeto? Del libro *Amor y respeto*, leemos:

> Supongamos que eres una esposa que confía en su esposo. Quizá él no sea el perfecto jefe de familia, pero quieres permitirle vivir en ese rol y te sujetas a su liderazgo. ¿Cómo aplicas lo que acabo de decir? ¿Puedes mostrarle respeto en su rol como líder y cabeza? Uno de los métodos más simples que sugiero para las esposas es que envíen a sus esposos lo que llamo una «tarjeta de respeto». Según mis investigaciones, pocas veces guardan los hombres las tarjetas que les envían sus esposas, llenas de corazoncitos y dibujos románticos. Pero te garantizo que sí conservará la tarjeta que le envíes con este mensaje: «Estaba pensando en ti el otro día, en que morirías por mí. Es algo que me sobrecoge». Fírmala: «Con todo mi respeto, la que aún te admira». Recuerda no firmar: «Con todo mi amor». Él ya sabe que lo amas. Firma: «Con todo mi respeto». Tu esposo guardará esa tarjeta para siempre. Podrás encontrarlo leyéndola

dentro de varios años. ¿Por qué? Porque lo que dijiste, es según su idioma. Es muy potente poder hablar el idioma natural del hombre: el del respeto.

4. Ver *Amor y respeto*, de Emerson Eggerichs (Lake Mary, FL: Casa Creación, 2005). Esta imagen, «Clink», proviene de mi imaginación. Nadie sabe exactamente cómo lleva Dios un registro de lo que hacemos y decimos para recompensarnos.

5. Al leer este capítulo quizá hayas sentido la necesidad de detenerte y hablar a Dios sobre tu situación, en particular si estás pasando por momentos muy duros en tu matrimonio. Para encontrar aliento sobre cómo pedirle a Dios algo en este momento, lee el apéndice F: «Mi oración en este momento de pruebas».

6. Las estadísticas vienen de "Marriage Friendly Therapy", un trabajo presentado en la conferencia de Smart Marriages en Atlanta, Georgia en junio de 2006, por el doctor William Doherty, miembro del Departamento de Servicios Sociales Familiares de la Universidad de Minnesota. Doherty encuentra con tristeza que hay terapeutas que no son amigables con la institución del matrimonio. Su artículo acerca de cómo hacen daño al matrimonio los terapeutas, "How Therapists Harm Marriages and What We Can Do about It", está disponible en línea, en http://www.marriagefriendlytherapists.com. Acude a este sitio web (en inglés) para que te ayuden a formular las preguntas adecuadas a tu terapeuta.

7. Juan les está advirtiendo a los cristianos en cuanto a las enseñanzas de los gnósticos, un movimiento herético muy prominente en la cultura de su tiempo. Esta enseñanza había infiltrado a la iglesia y estaba difundiendo herejías tales como que la encarnación y la resurrección de Jesucristo no habían sucedido. Lo que escribe Juan también se puede entender como una advertencia a los creyentes de hoy en día por lo mucho que nuestra cultura nos asedia con ideas en contra del cristianismo y el matrimonio.

Capítulo 15

1. Alusión a Efesios 4.20-21 donde Pablo dice enfáticamente: «Vosotros no habéis aprendido así a Cristo, si en verdad le habéis oído, y habéis sido por él enseñados, conforme a la verdad que está en Jesús».

2. En *Amor y respeto* hay más sobre cómo usar la prueba del respeto con tu esposo.

3. Mateo 6.14-15 no ha de interpretarse como que el creyente en Cristo renuncia a la salvación si no perdona a los demás. En cambio, su comunión con Dios es la que se ve interrumpida. Ver el capítulo 7.

Capítulo 16

1. Mientras escribía este libro noté que tenía una mancha oscura en el antebrazo. Sabía que tendría que verlo un médico, por lo que pedí una cita. Mi médico dijo que era melanoma y que necesitaba una biopsia para determinar la gravedad del caso. Durante días me pregunté si mi melanoma sería del tipo mortal (6.500 de

cada 32.000 personas con diagnóstico de melanoma mueren cada año). En medio de mi incertidumbre, entendí que estaba listo para partir, porque estoy en manos de Dios. Sarah y yo nos alegramos cuando los resultados indicaron que mi melanoma era superficial. Días después un cirujano me lo quitó y me declararon completamente curado. Me siento animado y agradecido porque una vez más Dios me mostró que no tengo que tener miedo a las malas noticias sino que debo confiar en que Él me cuida (ver Salmo 112.7).

2. Himno de R. Kelso Carter, 1886. Ver http://www.himnescristians.com/lletres/lletres_a/lletra_016_esp.htm.

3. 1 Pedro 4.8.

Conclusión

1. 1 Corintios 7.28, NVI.

2. Hebreos 11.6.

3. Proverbios 3.5-6, DHH.

4. Mateo 19.6.

5. Hebreos 10.35.

6. Ver Romanos 8.28.

7. Santiago 4.2.

8. Mateo 27.46.

9. Ver Apocalipsis 3.20, un versículo que muchas veces se usa incorrectamente respecto de la salvación. En realidad es para los creyentes que no están en comunión con Jesús.

10. Ver Isaías 55.8-9.

11. Ver Filipenses 3.10-11.

12. Traducción de la canción "When It's All Been Said and Done", escrito por Jim Cowan, © 1999 Integrity's Hosanna! Music.

Apéndice A

1. Para ver cómo tratar al cónyuge que cometió o comete ofensas morales serias, lee el apéndice B, donde explicamos cómo confrontar además de perdonar al ofensor. El perdón puede bien incluir consecuencias que hay que comunicar con amor y hacer cumplir con firmeza.

APÉNDICE A

Cómo salir de un ciclo de locura crónico causado por resentimientos leves

Escucho a parejas de toda Norteamérica y de todo el mundo. Muchas están en lo que llamo «Ciclo de locura crónico». Han estado dando vuelta en este ciclo por meses o inclusive años pero no entienden por qué. En la mayoría de los casos no hay adulterio, abuso ni adicción. Ambos esposos tienen voluntad y son fieles. Pero aun así, se las arreglan para tratarse de manera que ella se siente ofendida y él también. Ambos sienten rencor y resentimiento hacia el otro. Bajo este clima surge a menudo la tristeza, el adulterio, el abuso y la adicción. Cuando ambos se sienten ofendidos y tienen resentimiento, uno o los dos son más vulnerables a las tentaciones y a las presiones de cometer una de las tres A. ¿Cómo puede una pareja salir de un ciclo crónico de locura antes de que algo devastador suceda?

Primero, dándose cuenta de que han estado dentro del ciclo de la locura por meses o años, y que ambos están contribuyendo a dicha locura. La esposa, por no sentirse amada, ha estado alimentando el ciclo siendo irrespetuosa. El marido, por su parte, al no sentirse respetado lo alimenta siendo desamorado.

Los sentimientos negativos hacia el cónyuge pueden disminuir cuando nos reconocemos igualmente pecadores. El desafío de la esposa es darse cuenta de que su falta de respeto está tan mal como la falta de amor de su marido. Ella también está desobedeciendo la orden de Dios sobre el respeto. El desafío del marido es darse cuenta de que su falta de amor está tan mal como la falta de respeto de su mujer. El también está desobedeciendo la orden divina de amar.

Lo que Jesús nos enseñó puede motivarnos a mirarnos a nosotros mismos. «El que de vosotros esté sin pecado sea el primero en arrojar la piedra contra ella» (Juan 8.7).

Si ambos están dispuestos a admitir que hacen falta dos personas para mantener el ciclo de la locura andando, entonces hay esperanza. Ambos deben admitir que alimentar rencores y resentimientos no les ha estado haciendo bien. Algo necesita cambiar, y juntos pueden hacer que suceda el cambio siguiendo los mismos tres pasos del perdón descritos en el capítulo 7. A continuación, lo que pueden hacer:

Primero, compréndanse mutuamente

Marido, comprende a tu esposa. Asumir que, hablando en líneas generales, ella siente que no la amas así como sientes que ella ha sido irrespetuosa. Comparte su dolor, así como esperas que ella sienta el tuyo. Cree que, así como no tuviste intención de ser desairado, ella no quiso ser irrespetuosa. Y así como reaccionó defensivamente, de manera que la ofendiste, ella reaccionó también a la defensiva de manera que te ofendió. Ten en cuenta que ella reaccionó de manera no respetuosa porque sintió que pasaste por alto o descuidaste su necesidad más profunda: tu amor.

No la juzgues por eso, compréndela. Mira más allá de su ofensa (su no respeto) para ver otros factores que explican por qué te ofendió (algo la estaba haciendo sentir que no era amada). Trata de mirar más profundamente en el corazón de tu esposa. Cuando lo hagas, podrás orar: «Padre, perdónala porque no sabe lo que hace».

Recibo un sinnúmero de mensajes de esposas que admiten que no sabían que estaban siendo irrespetuosas. Como dijo una de ellas:

> Le falté el respeto a mi marido y lo deshonré por mi propio dolor, no dándome cuenta de que era equivalente a que él no me mostrara el amor que necesitaba de la manera en que lo necesitaba. Tengo vergüenza y tengo remordimiento, especialmente luego de leer cuánto lo he lastimado por mi falta de respeto. Es que no sabía.

Esposa, comprende a tu marido. Asume que, en líneas generales, él siente que has sido irrespetuosa con él, como sientes que él no ha sido amoroso. Así como reaccionaste a la defensiva de manera que lo ofendió, él hizo y sintió lo mismo. Has de ver que actuó de manera no amorosa porque sintió que estabas descuidando y pasaste por alto su necesidad más profunda: el respeto.

No lo juzgues por eso, compréndelo. Mira más allá de la ofensa (su falla al amar) para ver otros factores que expliquen por qué te ofendió (algo lo estaba haciendo sentir no respetado). Cuando mires más profundamente en su corazón, podrás orar: «Padre, perdónalo, no sabía lo que estaba haciendo». En sus mensajes, los maridos me decían:

> No me daba cuenta de lo que pasaba dentro de mí o cómo me estaba relacionando con mi esposa. Al leer su libro me di cuenta de que mi necesidad de respeto no estaba siendo cumplida, pero tampoco era capaz de señalarlo. Todo lo que sabía era que estaba frustrado y enojado. Hice lo que usted decía que hace un hombre común. Le grité. No la iba a dejar que me tratara de esa manera. Al hacerlo la aplasté. Quería estar cerca de mí pero la aparté.

Segundo, sujeta tu voluntad a la voluntad de Dios

Marido, cuando no te sientes respetado, ¿te enojas y decides no ser amoroso para darle una lección a tu esposa? ¿Te dices: «No voy a ser amoroso hasta que ella comience a mostrarme más respeto»? Tal vez comienzas a evadirla (retirándote y sin decir nada). Cuando actúas de esa manera, ¿actúa tu esposa de forma aun más irrespetuosa y te acusa de no tenerle cariño? En respuesta, ¿reaccionas alejándola aun más? Entiendo tus sentimientos porque he estado allí e hice lo mismo.

Actuando de esa manera, sin embargo, lo único que sucede es que se alimenta el ciclo de la locura. Supongamos que tu esposa comienza algo poniéndose furiosa sin motivo real. Si reaccionas a la defensiva, simplemente arrojas más gasolina al fuego. Empeoras las cosas con tus reacciones desamoradas. No actúas como un bombero sino como el incendiario. De manera que le estás diciendo a Dios: «No tu voluntad sino la mía».

Pero, por supuesto, tu voluntad y tu método no funcionarán. Aunque no puedas manejar la voluntad de tu esposa, puedes rendirte a la voluntad de Dios, la cual es que ames a tu esposa. Cuando haces esto, suceden varias cosas. Se deja de alimentar la locura por tu obstinada falta de amor. Cuando se obedece la voluntad de Dios de amar a la esposa, ella tiende a apaciguarse y, asombrosamente, el resentimiento se evapora junto con el rencor que sentías por ella. A continuación, lo que los maridos me dicen:

> En cualquier momento que discutíamos, sentía que ella me estaba atacando. Para defenderme, respondía con agresiones verbales. Pensaba que esa era la forma de hacerla retroceder, pero ella no lo hacía, y con el tiempo sólo la

incomodé. Luego traté de evitarla, simplemente negándome a hablar, lo que empeoró las cosas.

Luego de oír sobre *Amor y respeto*, me llegó profundo saber que mi actitud no estaba logrando nada en el corazón de mi esposa más que heridas y desilusión. Darle una lección me hizo sentir bien por unos minutos, pero no cambió nada. Fue entonces que supe que tenía que hacer las cosas de manera diferente.

Esposa, cuando te sientes no amada, ¿te enojas y decides no respetar a tu esposo para darle una lección? ¿Dices: «No te tengo mucho respeto cuando eres desamorado»? Si dices algo así, todo lo que él oiga es crítica sin respeto. Él puede o no acusarte de ser irrespetuosa porque probablemente no esté acostumbrado a usar este término, pero siente esa falta de respeto de todas maneras. Entonces quizá reaccione con menos amor, y tú a la vez, tratarás de herir a tu marido con palabras de menosprecio. Mi esposa Sarah entiende tus sentimientos porque ha hecho lo mismo.

Actuando así, sin embargo, sólo se alimenta el ciclo de la locura. Aunque tu esposo haya comenzado las cosas enojándose contigo, cuando reacciones a la defensiva, simplemente le echas más combustible al conflicto. Incrementas el estado de la situación con tus reacciones irrespetuosas. Empeoras las cosas con tus reacciones desamoradas. No actúas como un bombero sino como el incendiario. De manera que, le estás diciendo a Dios: «No tu voluntad, sino la mía».

Pero, por supuesto, tu voluntad y tu método no funcionarán. Aunque no puedas controlar la voluntad de tu esposo, puedes rendirte a la de Dios, la cual es que ames a tu esposo. Cuando hagas esto, sucederán varias cosas. Se deja de alimentar la locura por tu obstinada falta de respeto. Cuando se obedece la voluntad divina de amar al esposo, él tiende a apaciguarse y, asombrosamente, el resentimiento se evapora junto con el rencor que sentías por él. Una esposa que se dio cuenta de que tenía que dejarlo pasar y probar el camino de Dios escribió:

> Antes de familiarizarme con el mensaje de *Amor y respeto*, trataba a mi marido de mala manera, protestaba, le recordaba lo que tenía que hacer, ponía los ojos en blanco, hacía acotaciones sarcásticas y, cuando esos métodos fallaban (la mayoría de las veces), o derivaba en una rabieta y una amenaza de divorcio, o me deprimía y no hablaba más. Mi marido no ha leído *Amor y respeto* y apenas tiene idea del mensaje, pero al cambiar algunas cosas en mí, pienso que mi matrimonio está mucho más fuerte. Trato de suavizar mi tono, de mostrarle respeto en lo que hago y digo, y trato de considerarlo como a alguien a quien

trato de impresionar. Estoy tratando de hacer la voluntad de Dios en Su Palabra, ¡Y funciona! Nos llevamos mejor, mi marido toma su rol como líder de la familia más seriamente, y me trata mejor. Cuando me convencí de que nunca iba a cambiar a mi marido y que sólo podía cambiarme a mí misma, me dispuse a intentar otro camino. Ahora mi camino y el de Dios son el mismo.

Tercero, anticipa la ayuda de Dios en Sus términos

Marido, cuando sujetes tu voluntad a la voluntad divina, estás llegando a Dios en Sus términos. Él esta complacido y puedes anticipar Su ayuda en algún nivel. Sabrás que te has rendido a Su voluntad cuando puedas ser amoroso ante el trato irrespetuoso de tu mujer. Todas las cosas que ella ha estado haciendo para «causar» no ser perdonada y desamorada provocarán una respuesta con amor. ¿Paradójico? Sí. ¿Injusto? Sí, pero esta respuesta de amor incondicional es lo que Dios prefiere. Su actitud amorosa incondicional con su esposa puede precipitar la obra del Espíritu de Dios en sus vidas. Esto no significa que vuelvan a sus maneras pecaminosas, sino que la perdonas y luego la confortas y consuelas con una actitud de amor que es incondicional.

¿Es difícil mostrar amor incondicional? Verdaderamente lo es, pero si tienes confianza en que Dios va a obrar en tu matrimonio, esa actitud es crucial. De manera que, como Jesús, ¿Creerías que —al entregarte al Padre celestial— juzgará Él la situación de manera correcta? ¿Crees que cumplirá Su voluntad cuando digas: «Así sea»?

Entonces perdona y ama incondicionalmente a tu esposa y deja el resto en manos de Dios. Un marido me envió un correo electrónico diciendo que estaba caminado y orando una noche, quejándose a Dios por su matrimonio: «Querido Padre celestial, sabes que te amo y quiero servirte en este matrimonio, pero estoy muriendo. Puedo seguir casado pero no amo a mi esposa. Ni siquiera me gusta. Si no estuviera casado, no seríamos ni siquiera amigos». En ese momento Dios le habló, no con una voz que pudiera oír, pero Kevin sabía que le decía: «Cuando oras y me pides por tu esposa, dices que la razón más importante para casarse es amar a alguien más que a uno mismo y guiar a los niños hacia mí. Bien, te he dado una mujer que necesita mucho amor. Ahora ve y ámala».

Justo allí Kevin se dio cuenta de que Dios lo ayudaba a hablar muy claramente. No era la clase de ayuda que Kevin estaba buscando, pero sabía que Dios lo estaba ayudando de la manera que necesitaba. Decidió escuchar lo que Dios le decía y creyó en su obra. Se fue a casa, lloró ante su esposa, y le dijo que dejaría de tratar de cambiarla. Kevin experimentó lo que el salmo describe: «En mi angustia invoqué a Jehová, y clamé a mi Dios. Él oyó mi voz desde su templo, y mi clamor llegó delante de él, a sus oídos» (Salmo 18.6).

Esposa, cuando sujetes tu voluntad a la voluntad de Dios, es que estás llegando a Dios en Sus términos. Él esta complacido, y puedes anticipar Su ayuda en algún nivel. Sabrás que te has rendido a Su voluntad cuando puedas ser respetuosa ante la falta de amor de tu esposo. Cada cosa que él haya estado haciendo para «causar» que no lo perdones y seas irrespetuosa ahora provocará una respuesta con amor. ¿Paradójico? Sí. ¿Injusto? Sí, pero esta respuesta de amor incondicional es lo que Dios prefiere. Tu actitud de amor incondicional por tu esposo puede precipitar la obra del Espíritu de Dios en sus vidas.

¿Es difícil mostrar amor incondicional? Verdaderamente lo es, pero si tienes confianza en que Dios va a obrar en tu matrimonio, esa actitud es crucial. De manera que, como Jesús, ¿Creerías que —al entregarse al Padre celestial— juzgará Él la situación de manera correcta? ¿Crees que cumplirá Su voluntad cuando le digas: «Así sea»?

Entonces perdona y ama *incondicionalmente* a tu esposo y deja el resto en manos de Dios.

Una esposa escribe:

> Aún peleamos en ocasiones. La mayoría de las veces la lucha es en mi interior, cuando me siento frustrada y tengo que hacer todo el trabajo. Pero trato de recordar que la vieja manera no funciona, entonces mi única oportunidad es tomar mi parte de la responsabilidad, mis acciones, mis palabras y pensamientos. Pido la ayuda divina para no volver a hacer lo que no es útil (lo que era egoísta y usualmente incluía formas de pensar para manipular a mi esposo o divorciarme). Las cosas no son perfectas y sufrimos mucho estrés en nuestras vidas (dos niños pequeños, dificultades financieras y una mudanza a un lugar lejano), pero tengo la esperanza de que las cosas continúen mejorando.

Las cosas están «mejorando» ya que esta esposa anticipa la obra de Dios. Cuando Jesús dijo: «Y yo rogaré al Padre, y os dará otro Consolador, para que esté con vosotros para siempre» (Juan 14.16), ¡quiso decir que el Consolador realmente ayuda!

Qué decir al perdonar ofensas menos serias

Supongamos que tu cónyuge cometió una transgresión moral no tan seria como adulterio, abuso o adicción.[1] La ofensa ha estado allí cada día. Además, tu cónyuge te ha estado frustrando al actuar de manera que no sientes que te ama (si eres la esposa) y que no te sientes respetado (si eres el marido). Aunque hayas dado tres pasos exitosos para comprender a tu pareja sujetando la voluntad propia a la de Dios, y anticipando Su ayuda (esto no conlleva demasiada dificultad), algo parece faltar. Puede ser que necesites extender el perdón y buscarlo también. Para doblar esa esquina y salir del ciclo de la locura relacionado con temas que no sean de las tres A, aquí hay algo de lo que puedes decir o escribir en una nota. Puedes usar el formato siguiente o redactarlo a tu manera:

> Mi enojo conmigo mismo era por no entender antes lo que te estaba pasando y luego reaccionar de manera negativa. Pero estaba también enojado con tu reacción negativa hacia mí. Parece que nos metimos en este ciclo de la locura demasiado rápido y por los temas más ínfimos. Me lastimaste y te lastimé por pequeñas cosas. Pero creo que estarás de acuerdo en que Dios nos revela que ambos tenemos buena voluntad. Estoy seguro de que Dios quiere que se detenga esta pequeña locura. Ambos actuamos a la defensiva, pero es hora de tratar de entendernos y perdonarnos. Te perdono (por más pequeña que haya sido la ofensa) y te pido que me perdones por mis palabras o acciones que ayudaron a causar el problema.

Si escribes una nota basada en el texto anterior, firma: «Con todo mi amor» si le escribes a tu esposa o «Con todo mi respeto» si es para tu marido.

Cómo perdió una esposa su resentimiento y salvó su matrimonio

Si aún no te convences de que los tres pasos del perdón pueden realmente ayudar a quitar el resentimiento hacia tu esposo, por favor lee la siguiente historia:

A menudo lo que se necesita es un *cambio de perspectiva*, como lo descubrió una esposa. Ella escribió para contar que su marido, director de música, tenía que trabajar en una iglesia a ciento veinte kilómetros de su casa. Ella no quería que comenzara en ese trabajo, pero también estaba de acuerdo en que parecía la mejor opción a pesar del largo camino a recorrer cada día.

Su marido viajó por dos años, pero le diagnosticaron problemas de salud, entonces decidieron mudarse cerca de su empleo, lo cual significaba dejar una casa nueva de 2.800 pies cuadrados por otra de 1.500 y vieja debido al valor de las propiedades.

Aunque los hijos se acostumbraron bastante bien, la esposa alejada de su zona de confort estaba un poco resentida. Hacía comentarios en detrimento de su marido con enojo, mientras asumía una actitud de «Miren lo que hice por mi marido». Como resultado su marido se alejó, y cuando ella quería hablar, él se alejaba más aun. Estuvieron por meses en el ciclo de la locura, con la esposa sintiendo que su marido era el que necesitaba cambiar. Luego comenzó a leer *Amor y respeto* y a escuchar nuestros discos. Absorbiendo el mensaje, fue como si se le cayera la venda de los ojos. Su resentimiento y amargura desaparecieron. Le escribió una carta a su marido con una lista de razones por cuales lo respetaba. La carta que me escribió continua así:

> Me disculpo por lastimarlo y por herir el espíritu que Dios le dio como hombre. También le dije que, cuando se necesitan tomar decisiones y no podemos asumir un compromiso, su palabra vale. También traté de explicarle que, si él puede aprender a moverse hacia mí cuando estoy enojada, desvanecería tal situación en gran medida. Era extraño, pero cuanto más me enfocaba en lo que respetaba de mi marido, sentía más amor hacia él. Era como liberarse de un peso enorme. Sé que aún tengo un largo camino por recorrer para que este concepto de respeto venga naturalmente, pero por primera vez en mucho tiempo, estoy contenta de estar con mi marido y lo mismo le sucede a él. Gracias por traerme esta verdad bíblica a la luz. He perdido tanto tiempo simplemente porque no entendía cómo conectarme con mi marido. Apenas puedo esperar para practicar más y más porque sé que vamos a crear una relación ganadora en lugar de perdedora, y sé que nuestros niños van a ser los beneficiados al ver nuestra relación más fuerte y ellos ven así a Dios, a través de nuestro matrimonio.

¿Qué sucede si el otro no responde a tu perdón?

Si has estado en el ciclo de la locura por meses o posiblemente años, estos tres pasos pueden proveer la salida. Pero antes de renunciar a tu amargura y resentimiento con Dios y pasar al perdón, ¿Estás seguro de que tu cónyuge responderá positivamente? No necesariamente. Una esposa escribió contando que dejó ir su enojo y sus heridas y perdonó a su marido, sintiendo que era «la mujer más afortunada al estar casada con él». ¿Cuál fue la reacción de su marido?

Se enojó, la amenazó con divorciarse y la acusó de estar «fuera de sí». Estas cosas pasan. Ten en mente que Jesús también rindió su voluntad al Padre y ninguna de sus circunstancias cambió. Al negarse a tomar represalias, no detuvo a las personas que lo torturaron hasta que murió. Recuerda, renunciamos a la amargura principalmente para producir un cambio en la pareja. No puedo prometerte que tu cónyuge cambiará. Lo que sí puedo decirte es que serás más como Cristo y que tu resentimiento desaparecerá. (Para indagar más sobre este tema lee la quinta parte, «El ciclo de la recompensa: la dimensión incondicional de la comunicación».)

APÉNDICE B

Perdonar, pero también confrontar, las tres A: Adulterio, abuso, adicción

Cuando te urjo a vivir con espíritu de perdón, comprendiendo y siendo compasivo con tu cónyuge, sujetando tu voluntad a la de Dios y anticipando Su ayuda, no quiero decir que tengas que proteger a tu cónyuge de toda consecuencia debida a transgresiones morales serias. Si ha habido adulterio, abuso o adicción, no se te pide que sólo perdones y olvides. Sí, debes tener espíritu de perdón porque Dios en Cristo te ha perdonado tus pecados, pero Él no querría que permitieras que tu cónyuge siga con su aventura amorosa, o que les pegue a ti y a tus hijos, o que siga consumiendo cocaína sin que digas nada. ¡Sería ridículo!

Si tu cónyuge no se arrepiente y cambia de veras, sería ingenuo que supusieras que perdonar significa olvidar y seguir como si nada pasara. Jesús no querría que hicieras algo tan tonto o negligente. Él quiere que te preocupes y ocupes lo suficiente como para confrontar a tu cónyuge, pero que lo hagas de modo amoroso y respetuoso.

Si en este momento estás en un punto donde necesitas decirle a tu cónyuge que tu espíritu es de perdón pero que tiene que cambiar determinadas cosas, querrás utilizar o adaptar las siguientes sugerencias para confrontarlo con amor y respeto.

Por favor, nota que estos comentarios han de decirse con ternura y en verdad. El objetivo es que hables de manera que ablandes, en lugar de endurecer, el espíritu de tu cónyuge, para que pueda abrirse y ocuparse con sinceridad del pecado que afecta a tu matrimonio. Reconozco que estás sufriendo, que recibiste malos tratos, injustos. Y que quizá tu cónyuge merezca tu ira, pero tu objetivo es producir un cambio positivo y esto será más posible si hablas con un tono de perdón y comprensión. No te será fácil, así que prepárate emocional y espiritualmente. Has de saber también que el tono compasivo será más efectivo y convincente que las observaciones hostiles, despectivas y amargas, y que la posición de ignorar la situación totalmente. Acércate de la manera que quisieras que usase el otro para hablar contigo si la situación fuera a la inversa.

Si ha habido adulterio: «No puedo decirte cuánto me duele y cuánto sufro, pero también mi enojo es hacia mí mismo por no entender mejor lo que te estaba pasando. Confío en que Dios nos revelará a ambos cómo manejar esto y que nos ayudará a pasarlo. Aunque me ha dolido mucho te perdono y espero que me perdones por aquellas cosas en las que te fallé. Pero debes acabar con la otra relación. Y necesitamos ver a alguien que pueda aconsejarnos sobre cómo volver a encauzar nuestro matrimonio».

Si ha habido abuso: «Lo que hiciste es inaceptable. No hay excusa. Aunque sufro y siento miedo, te perdono, pero esto no puede volver a suceder. Tienes que aprender a manejar tu ira conmigo y con el resto de la familia. Tenemos que buscar ayuda profesional para que nos indiquen cómo sanar nuestro matrimonio y familia. Tengo varios números de teléfonos de personas en esta zona que pueden ayudarnos. ¿A quién de esta lista prefieres? Yo prefiero a [tu preferencia]». (Nota: si corres peligro, apártate y busca ayuda profesional o a una figura de autoridad para que te ayude.)

Si hay adicción (drogas, alcohol, pornografía, anorexia, etc.): «Todos tenemos tentaciones y debilidades, así que no voy a tirar la primera piedra. Pero tu adicción te está controlando demasiado, y es contraria a lo que sabes que es mejor para ti y para nosotros. Sé que Dios quiere que enfrentemos eso. Creo que nos ayudará. Aunque me duele y sufro desilusión, te perdono y espero que me perdones por aquellas cosas en las que te fallé. Necesitamos contactar a alguien que se ocupe de este tipo de adicción y nos ayude a pelear contra ella y vencerla. Aquí hay algunos números de teléfonos de profesionales en el área, que podrían servirnos».

Todas estas son sugerencias, y nada más que sugerencias. Utilízalas como guía para decir con tus propias palabras lo que quieras decir. Tu objetivo es confrontar a tu cónyuge con firmeza, amor y respeto. Además de hablar cara a cara o escribirle una nota, te recomiendo que busques a un pastor, un consejero cristiano o a otra persona creyente y capacitada en el área donde necesitan ayuda.

No lo postergues. Planifica cómo confrontar el adulterio, el abuso o la adicción. Hay muchos grupos dispuestos a servirte. Si no conoces a ninguno en tu comunidad, contacta a Enfoque a la familia: http://www.enfoque.family.org, o llámalos al 1-800-434-2345.

APÉNDICE C

~~~~~<ιʃℓ>~~~~~

Cómo escribir una nota de amor
o decir un buen discurso que exprese:
«Te amo» a tu esposa

Muchas veces recibo cartas escritas por esposas que se quejan de que sus esposos no expresan su amor con frecuencia, o directamente nunca. Parece que el varón, clásicamente callado, ni siquiera sabe qué decir cuando se trata de pronunciar la frase «Te amo».

Por ejemplo, recibí un correo electrónico de Frank, un hombre de treinta y nueve años que asistió a una de nuestras conferencias de Amor y Respeto con su prometida Emily. Disfrutaron de las sesiones y luego decidieron «poner en práctica lo aprendido». Como típica mujer, Emily enseguida y con toda elocuencia nombró todas las cosas por las que Frank le inspiraba respeto, y eso lo conmovió mucho. Sus palabras hicieron que se sintiera de maravillas, y así se lo hizo saber a Emily.

Luego le llegó el turno a Frank. Tenía que decir por qué amaba a Emily, pero no se le ocurrieron demasiadas cosas. Y lo que había oído en una de las sesiones, sobre que a los hombres les cuesta este tipo de cosas, no le ayudó en ese momento. Tampoco le ayudó ser ingeniero e introvertido, además. Frank balbuceó un par de cosas y Emily quedó con la impresión de que «tenía que pensar» por qué la amaba. En cierto modo, eso es exactamente lo que pasó. Su mensaje dice:

> La verdad es que amo profundamente a Emily y haría cualquier cosa por ella. Su carácter, su sentido del humor, su actitud positiva, su encantadora personalidad, la forma en que me alienta y edifica, en que me hace sentir cuando

me escribe una notita o me deja un lindo mensaje en la contestadora, cómo vive su fe cristiana, cómo muestra interés en lo que me interesa, lo bella que es, cómo me gusta ver el brillo de sus ojos, abrazarla y besarla... toda su persona, y todo lo que significa para mí, son algunas de las razones por las que la amo tanto.

Frank me escribió todo eso A MÍ, pero no se le ocurrió decírselo a Emily en el momento. Admite que su lentitud para responder se debía parcialmente a que deseaba decir algo tan maravilloso como lo que ella le había dicho. Pero siempre le costó hablar con las mujeres. Sus conversaciones siempre tenían muchas pausas largas. Y Emily, que jamás estuvo casada antes tampoco, era la primera mujer con quien Frank tenía una relación importante, así que allí estaba, en una conferencia de Amor y Respeto, intentando decirle algo elocuente a esta mujer a quien tanto amaba. Pero como las palabras no fluían como él quería, empezó a balbucear y ella se sintió molesta y herida. El mensaje termina diciendo:

Me disculpé y dije que me esforzaría por mejorar en eso. Y quiero hacerlo. No soy bueno para dar discursos ni para decir espontáneamente las cosas con palabras lindas. Se me ocurren cosas y puedo anotarlas, claro está. Pero mi expresión oral no es buena cuando tengo que hablar al momento. Tropiezo todo el tiempo. Más tarde esa noche, nos besamos y reconciliamos, y acepté su perdón y dije que no volvería a mencionar ese episodio. En honor a ella, sin embargo, tengo que satisfacer sus necesidades si quiero cumplir con mi deber de amarla como debo. Necesito mejorar. ¿Cómo lo hago?

Mi sugerencia fue que estudiara lo que dijo en su mensaje con respecto a su prometida. Era una declaración de amor muy elocuente, y había visto pocas de ese estilo. Luego tenía que tratar de expresar esas palabras de admiración, afecto y estima en notitas dirigidas a ella. Al ganar confianza, podría tratar de expresar esas ideas y sentimientos en voz alta. ¡Lo que hay en su corazón puede salir por sus labios si confía en que Dios le dará coraje para decirlo!

Dicho esto, quiero decirle algo a la futura esposa de Frank, y a todas las esposas también. Muchas de ustedes tienen esposos que las aman profundamente, pero que no están diseñados para expresar sus sentimientos con la misma facilidad con que lo hacen las damas. Es una verdad simple que muchas mujeres parecen no entender.

Frank, por ejemplo, es introvertido, y además ingeniero. Adivino que en el primer grado se sentaba atrás de todo, temeroso de hablar. Ya más grande, logró desarrollar su actitud ante las conversaciones: no era impulsivo y necesitaba lápiz y papel y bastante tiempo para captar lo que sucedía dentro de él. Y ¡vean qué cosas escribió sobre su prometida!

Para darle a Emily el beneficio de la duda, creo que no se dio cuenta de lo que le sucedía a Frank cuando no supo decir espontáneamente lo que sentía con palabras elocuentes. Se sintió tan herida que echó a andar el ciclo de la locura. Si no hubieran podido reconciliarse, algo logrado en gran parte a que él pidió perdón, la situación podría haber empeorado y quizá ella le hubiera cerrado las puertas a la relación con un hombre que la amaba con el corazón.

Al mismo tiempo hay cosas que el varón poco expresivo puede hacer para mejorar en este aspecto. Para todos los hombres que tienen dificultades con expresar su amor, tengo dos ideas. Ante todo, no sientan vergüenza y anímense a adaptar las frases del mensaje que Frank escribió, porque es un modelo de cómo expresar su amor y devoción por la mujer que aman. En segundo lugar, aunque no puedo indicarles precisamente qué decirles a sus esposas, puedo darles ideas disparadoras que provienen directamente del C-A-C-C-L-E-, y a las que hacemos referencia en *Amor y respeto*, en «Cómo deletrear tu amor por tu esposa».

Recuerden, caballeros, que las esposas quieren conexión, y esto significa mucho más que la sexual. Aquí van algunas ideas tomadas de los principios del C-A-C-C-L-E sobre cómo hacerle saber a la esposa que quieren conectarse con ella:

Cercanía: repasen «Tu esposa se siente cerca de ti cuando…» de *Amor y respeto*, y piensen indistintas formas de responder a las sugerencias con palabras escritas u orales. Por ejemplo:

- Abrázala y di: «Me gusta tanto abrazarte. Significas todo para mí».
- Escríbele una notita: «Lamento haber estado tan ocupado que no pude decirte cuánto te amo. Compremos comida cuando llegue a casa del trabajo y vayamos al lago para hacer un picnic».
- Tómale la mano y di: «Demos un paseo. Tengo una lista de cosas para decirte por qué te amo tanto» (y asegúrate de tener la lista en mente o anotada para poder comenzar a hablar).

Son sólo algunas ideas. Adáptalas o piensa en otras más, que funcionen para ti. El punto es que puedes hacerle saber que quieres conectarte y estar cerca, si lo deseas. Tus palabras no necesitan ser elocuentes, ni necesitas una redacción perfecta. Lo único que necesitas es ser sincero. Aquí hay más ideas de oro de los principios del C-A-C-C-L-E:

Apertura: Repasa «Tu esposa siente que eres abierto con ella cuando...» *(Amor y respeto)* y piensa cómo puedes aplicar las sugerencias de manera verbal o escrita. Por ejemplo:

- Di: «Me gustaría hablar contigo esta noche. He estado trabajando demasiado y necesito tu opinión sobre ciertas cosas».
- Escríbele una nota: «He estado viendo lo bien que te ocupas de que los niños hagan la tarea de la escuela. ¿En qué puedo ayudar yo?».
- Dile: «Vamos a pasear. Quiero decirte por qué me enamoré de ti».

Para más ideas sobre cómo escribirle o hablarle a tu esposa, lee las secciones «Tu esposa se sentirá...» al final de los capítulos 11 a 14 en *Amor y respeto*.

Todas estas sugerencias pueden ayudarte a decirle a tu esposa cuánto quieres conectarte con ella. El problema no está en qué decir, sino en desear tomarte el tiempo y hacer el esfuerzo que se requiere para decirlo. Y cuando lo hagas, tu esposa se derretirá.

APÉNDICE D

Cómo usar la respuesta proactiva para aclarar las conversaciones

A continuación te presentamos algunas ideas más en cuanto a cómo usar la respuesta proactiva para enfrentar el desafío cotidiano (ver el capítulo 11).

• **Has de ver siempre a tu cónyuge como aliado.** De poco servirá la respuesta proactiva si ves a tu cónyuge como enemigo. Es que dar y recibir respuestas proactivas constructivas es algo que tiene que basarse en la buena voluntad de ambos. Los dos necesitan recordar esto aun cuando no concuerden siempre, aun cuando se enojen alguna vez: son amigos, y ninguno de los dos desea herir al otro.

• **¿De quién es el problema en realidad?** Cuando el esposo o la esposa dicen: «¡Tenemos problemas de comunicación!», ¿qué significa eso? En general quien lo dice implica que es el otro quien no habla o no escucha como debe. Las personas pocas veces pensamos que el problema está en nosotros porque lo usual es que siempre creamos lo mejor de nosotros mismos. Pero en las oficinas de Amor y Respeto vemos siempre en las cartas que hay esposos y esposas que solían culpar a sus cónyuges por los problemas maritales y que luego ven que en realidad, la culpa era de ellos mismos.

Por ejemplo, una esposa no entendía por qué su matrimonio no funcionaba, hasta que asistió a una conferencia de Amor y Respeto. Ella nos escribió:

Siempre le falté el respeto [a mi esposo] en diversas formas. El modo en que le hablaba, la forma en que menoscababa su autoridad frente a nuestro hijo, las cosas que le decía, etc. Es que jamás lograba ver que yo era la que hacía mal las cosas. Siempre pensé que yo era genial y que el defecto estaba en él. Por fin entendí que también yo tengo responsabilidades y culpas en esto. Como vengo de un hogar donde mi madre siempre se entretenía burlándose, empequeñeciendo y menoscabando a mi padre, no podía ver lo mucho que me había afectado todo eso. Aun así, Dios también puede romper esas cadenas y con Su ayuda, sé que sucederá. Constantemente me examino para asegurarme de que no estoy faltándole el respeto [a mi esposo].

• *Nunca supongas que lo entiendes.* Al dar y recibir respuesta proactiva entran en juego las emociones. Cuando mis conversaciones con Sarah se tornan emocionales, tengo dos reglas:

1. Nunca supongo que entiendo lo que dijo Sarah hasta que ella me diga que lo entendí.
2. Nunca supongo que Sarah entendió lo que yo dije hasta que me diga lo que piensa que me oyó decir, y entonces pueda verificarlo.

Cuando nuestras conversaciones adquieren ese tono emocional Sarah no dice las cosas como lo haría normalmente, y yo tampoco escucho como lo hago siempre. Si permitimos que surjan malos entendidos, habrá una corriente de negatividad que agotará nuestras energías. Dar y recibir respuestas proactivas puede llegar a ser tedioso, pero impide que ambos lleguemos a conclusiones erróneas sobre lo que se dijo u oyó y también nos permite estar a los dos del mismo lado.

• *Puedes dar el primer paso con habilidad.* Si Sarah y yo vemos que en la comunicación hay baches, ambos queremos dar el primer paso para hacernos caso. Los dos sabemos que hay buena voluntad de parte de ambos, así que si hay un malentendido, suponemos que uno de los dos no habló con claridad o no oyó con atención. Detenemos la conversación, repasamos lo dicho y aclaramos el malentendido. Esta iniciativa hace que ambos sintamos que podemos hacer algo por resolver nuestros problemas. No sentimos que somos víctimas indefensas. A veces tomaré yo la iniciativa. Otras veces lo hará ella. No nos gusta estar con los cables cruzados, pero si eso sucede, no permitimos que nos afecte. Hemos logrado adquirir la habilidad y la confianza suficiente como para aclarar las cosas ¡principalmente porque lo hemos puesto en práctica tantas veces!

• *Abre el paraguas.* Es tonto pensar que uno no tiene tiempo ni energías para aclarar las cosas. Aun en los mejores matrimonios siempre hay posibilidades de nubarrones negativos, de conflictos de alguna clase. Pensar que uno puede ignorar las emociones negativas es como quien lleva el paraguas cerrado aun cuando el pronóstico anuncia lluvia. Hay que estar preparado. La respuesta proactiva es como un paraguas. No hay garantías de que no llueva, pero si sucede, la respuesta proactiva sirve como protección contra las tormentas.

A ambos nos gustaría no tener que pasar por momentos de tensión creados por malos entendidos o emociones negativas. Pero en lugar de resignarnos a lo inevitable, preferimos adaptarnos y decir: «Lo siento. Lo que entendí es esto, y esto, y aquello. ¿Es lo que dijiste?», o «Lo siento. Trataba de decirte esto, y aquello, y lo de más allá. ¿Qué fue lo que oíste?». El siguiente es un ejemplo:

Están a punto de llegar los invitados. Sarah está poniendo la mesa y pregunta: «¿Me traes las copas para el agua?» Digo que sí, y en mi inimitable estilo masculino, traigo los vasos que usamos a diario en la cocina.

«No. Esos no», dice Sarah cuando ve los vasos que puse sobre la mesa. «¿Por qué trajiste esos?»

Estoy perplejo. Pero luego me dice: «Quise decir que trajeras las copas de cristal. Algo lindo, para nuestros invitados».

Aquí tenemos otra de esas escenas simples y casi mundanas, como la del encuentro en el patio esa linda mañana de junio. Y una vez más, el punto es que podría haber habido fricción y hasta discusión porque Sarah no aclaró del todo qué era lo que quería y yo no estaba sintonizado con el tono de la cena, más elegante porque había invitados. Podría haberme sentido mal, pensando que me faltaba el respeto al decir: «¿Por qué trajiste esos?» Hasta podría haber respondido sin amor: «Son vasos y sirven para beber agua. ¿Por qué eres siempre tan quisquillosa y complicada?» Y la conversación habría pasado a ser una discusión. O también, podría haberme callado, sintiéndome herido, encerrándome en un silencio ofendido y haciendo que Sarah se preguntara por qué me mostraba frío y distante.

En cambio, ambos buscamos protegernos de la tormenta. Dije: «Oh, lo siento. Este tipo de cosas con respecto a copas elegantes y vasos de cocina no son algo que me salga por naturaleza. Ya los cambio».

«No hay problema», dijo Sarah. «Pensé que sabrías que hablaba de las copas de cristal. Lamento no haberlo aclarado».

Sarah a veces se siente confundida cuando ve que no entiendo cosas que para ella son de sentido común. Pero intenta ser paciente. Es difícil conseguir ayuda de la buena, en especial justo antes de una cena. ¡Pero logré traer las copas de cristal sin romper ni siquiera una! Y pasamos una agradable noche cenando con nuestros amigos.

• *No exageres con «Estás diciendo que...»* La respuesta proactiva no es algo nuevo en materia de comunicación marital. Ha existido desde hace mucho, y se le conocía como «escuchar activamente». Se sugería por lo general que la persona dijera: «Oí que dijiste....» seguido de lo que uno hubiera entendido. Sin embargo, cuídense de exagerar el uso de «Estás diciendo que...»

Recuerdo haber hablado con una madre que intentaba escuchar activamente a su hija adolescente. Un día la chica volvió de la escuela y la mujer le preguntó: «¿Cómo fue tu día?». Como típica adolescente, la hija respondió: «Bien». La madre dijo: «Estás diciendo que te fue bien. ¿En qué te fue bien entonces?». La hija contestó: «Me saqué una A en inglés». Y la madre dijo: «Estás diciendo que sacaste una A en inglés. ¿Cómo te sientes por eso?». Y la hija, ya harta de tanta pregunta, gritó: «MAMÁ... ¿HAS ESTADO LEYENDO OTRO DE ESOS LIBROS PARA PADRES? ¡BASTA YA!»

Es obvio que la madre exageró un poco con el uso de la técnica para escuchar activamente. Lo mismo puede pasarte con tu cónyuge. Como sucede con toda técnica, la respuesta proactiva debe usarse con tino. No exageres con «Estás diciendo que...» Repetirlo varias veces en una misma conversación, traerá aparejada la reacción de: «¿ESTUVISTE LEYENDO OTRO LIBRO SOBRE EL MATRIMONIO? ¡BASTA YA!» Parafraseando Eclesiastés, hay un tiempo para la respuesta proactiva y hay un tiempo en que no hace falta. Al convivir con tu cónyuge aprenderás cuándo corresponde cada cosa.

APÉNDICE E

El amor y el respeto incondicionales
no funcionan según la escala del 1 al 10

Qué pensarías si tu esposo dijera algo como esto: «En la escala del 1 al 10, tienes que ser al menos un 7 según mis parámetros, antes de que hable contigo en tono amoroso. Si eres 6 o menos, te hablaré como se me dé la gana. Si sueno rudo o frío, acostúmbrate»?

¿Qué pensarías si tu esposa te dijera algo como esto: «En la escala del 1 al ¿10, tienes que ser al menos un 7 según mis parámetros, antes de que hable contigo en tono respetuoso. Si eres 6 o menos te hablaré como se me dé la gana, y por lo general será con desprecio»?

Juzgar al otro según la escala del 1 al 10 no es forma de edificar un buen matrimonio, pero aun así he sido consejero matrimonial durante años y he visto muchas parejas que parecen usar esta perspectiva. La mentalidad pareciera ser: «Tienes que ganarte el amor o el respeto en el discurso porque pongo condiciones para amarte y respetarte».

Si quieres vivir el amor y el respeto incondicionales que hablamos en nuestras conferencias, olvídate de las exigencias, abiertas o sutiles, con respecto a que tu cónyuge se comporte a determinado nivel. Es que usar palabras de amor y respeto incondicionales, significa sencillamente:

- Que *de antemano* decides que hablarás con amor o respeto, *no importa* cómo reaccione o hable el otro.
- Que te comprometes a nunca usar palabras hostiles o despreciativas, incluso cuando en ciertas situaciones las palabras o acciones de tu cónyuge equivalgan al cero en la escala del uno al diez.

- Que decides hablar con amor o respeto porque quieres obedecer a Dios y ser reverente ante Él.

- Que al seguir a Cristo, tus palabras y acciones están gobernadas por lo que crees que Él quiere de ti. No importa entonces cómo hable o actúe tu cónyuge.

- Que recuerdas que tus palabras y acciones son responsabilidad y decisión únicamente tuya. Tu cónyuge no puede *hacerte* decir cosas sin amor o respeto.

- Que cuando no hables con amor o respeto incondicionales pedirás perdón, primero a Dios y luego a tu cónyuge. Y que *seguirás* esforzándote por lograrlo.

Muchas veces me preguntan si el compromiso significa que hay que hacer la vista gorda ante las cosas malas que hace el otro. Esto es piedra de tropiezo para muchos, en especial para las esposas que saben que Dios las llama a hablar con sus esposos con respeto incondicional (ver Efesios 5.33). Piensan que deben hablar con respeto incondicional, acordando o aceptando todo lo que haga o diga su esposo. Porque de otro modo estarían siendo irrespetuosas. Yo comento que según este razonamiento, la esposa debiera poder decirle al marido: «Lo digo con respeto. Me encanta que veas pornografía en Internet». O que el esposo dijera: «Lo digo con amor. Creo que es maravilloso que te descontroles emocionalmente todo el tiempo y que aterrorices a nuestros hijos».

Estos comentarios absurdos son para que veas qué quiero decir. Las palabras de aprobación con respecto a la pornografía o el abuso de los hijos no son de amor ni respeto sino patética suscripción a conductas corruptas. Para utilizar palabras de amor y respeto incondicionales, tienes que confrontar con amor y respeto aquello que tu cónyuge haga en contra de la voluntad de Dios.

Si tu cónyuge hace o dice algo que obviamente está mal, que es inmoral o peligroso, has de confrontar esa conducta. Al hacerlo, sin embargo, no tienes justificación para hablar con tono hostil o despectivo. El sentido común nos dice que las palabras de odio y desprecio no convencen a nadie. Ante el Señor, tienes la responsabilidad de confrontar a tu cónyuge con palabras que transmitan amor o respeto. Porque el discurso de amor y respeto es la única forma en que podrás motivar al otro a corregir la conducta inadecuada. No hay garantías de que responda, claro está, pero este modo tiene más posibilidades de funcionar.

Si las palabras o conductas de tu cónyuge están en la zona gris, porque no te gustan aunque no estén mal, tienes que conducirte con amor y respeto.

Siempre di o haz lo que haces o dices sabiendo que tus palabras o acciones reflejan lo que eres tú, no lo que es el otro.

Las esposas muchas veces me dicen: «Mi esposo no recibe mis palabras de respeto porque él mismo no se respeta. ¿Para qué darle respeto entonces?» Les digo: «¿Estás diciendo que si tú misma no te amaras, tu esposo tendría que dejar de ser amoroso contigo porque de todos modos rechazarías sus palabras?» Y entonces lo entienden. Uno habla con amor o respeto independientemente de cómo pueda responder el otro. Tu cónyuge no es la razón, buena o mala, por la que hablas con amor y respeto. Dios es la razón, y como dependes de Él, podrás ser cada vez más capaz de hablar con amor y respeto con tu cónyuge.

APÉNDICE F

※※※

Mi oración en este momento de pruebas

Esta oración es para todo el que esté pasando por momentos difíciles en su matrimonio, y que necesite el sostén del amor y la ayuda de Dios.

Señor, no sé si mi matrimonio se arreglará o no, pero sé que estás utilizando esta dificultad para revelarme más acerca de ti. Te doy gracias por eso, porque te necesito de muchas maneras diferentes en este momento.

Padre, ante todo deseo tu presencia. Suponiendo que mi matrimonio fuera «perfecto», si no tuviera tu presencia, ¿de qué serviría mi vida? Mis dificultades me dan nuevas oportunidades para encontrarte. Y tu Palabra me promete que te acercarás más a mí si te busco. Así que, con fe, me acerco a ti ahora, confiando en que vendrás para que pueda sentir tu presencia en mi vida.

Señor, sé que en tu palabra dices: «Mi paz os doy». Ahora mismo, en este preciso lugar, te pido que me la des. Confieso que si estuviera totalmente en paz con mi cónyuge, sentiría la tentación de vivir en una burbuja de contento, pensando que no necesito tu paz. Pero ahora, Señor, siento que debo buscarte, porque eres el único en quien hay verdadera paz. Te abro mi corazón, Señor. Otórgame tu paz, hoy mismo, en este momento.

Señor, tu Palabra también afirma que tu gracia ha de bastarme y que tu poder se hace perfecto en mi debilidad. En este momento Señor, estoy muy débil. Mi matrimonio es un desastre y sé ahora que lejos de ti nada puedo hacer. Te doy gracias y te alabo por traerme a este lugar, donde tengo que depender únicamente de ti. No puedo arreglar mi matrimonio por mis propios medios, y esa es una lección que deseas que aprenda. Alabo tu nombre por la oportunidad de andar por la fe, confiando sólo en ti cada día. Ahora sé que cuando soy débil, soy fuerte porque tu poder reposa en mí.

Padre, perdóname por pensar en medio de este sufrimiento que mi vida no tiene propósito. Sé que tienes uno para mi vida y para nuestro matrimonio y te pido que me lo reveles con más claridad. Señor, confieso que buscaba plenitud a través de mi matrimonio en lugar de haber buscado tu voluntad para mi vida. Gracias por llevarme a lo más profundo, para que descubriera tu llamado. Veo que sin esta prueba nunca habría mirado con atención qué quieres hacer en mí y a través de mí.

Te agradezco por mostrarme tus maravillosos caminos, por usarme en maneras pequeñas a lo largo del día cuando sufría por mi matrimonio y por asegurarme de que sí valgo para ti. Me abruma la sencilla verdad de que nunca me abandonaste y que jamás me abandonarás. Sé que tu propósito conmigo es que pueda dar fruto para ti. Mantenme cerca de ti, Señor, y permíteme dar mucho fruto para ti. En el nombre de Jesús. Amén.

ACERCA DEL AUTOR

El entusiasmo y la carga a la vez de Emerson Eggerichs por las relaciones masculinas y femeninas lo motivaron a llevar a cabo las Conferencias de Amor y Respeto en 1999. Él era el pastor principal de la próspera iglesia Trinity Church de East Lansing antes de dedicarse a tiempo completo al establecimiento de matrimonios sanos. El doctor Eggerichs tiene una maestría en comunicaciones de Wheaton College, una maestría en divinidad del Dubuque Seminary y un doctorado en la ecología del niño y la familia de Michigan State University. Él y su esposa, Sarah, viven en Grand Rapids, Michigan y tienen tres hijos adultos. Él es presidente de los Ministerios Amor y Respeto.